U0930886

东卫法学精品文库
法律实务操作指南系列

新型冠状病毒肺炎疫情防控法律应用指南

主编·郝春莉　　执行主编·张世国

图书在版编目(CIP)数据

新型冠状病毒肺炎疫情防控法律应用指南 / 郝春莉主编. -- 北京 : 法律出版社, 2020(2020.5 重印)
ISBN 978-7-5197-4286-7

Ⅰ. ①新… Ⅱ. ①郝… Ⅲ. ①疫情管理-法律-中国-指南 Ⅳ. ①D922.16-62

中国版本图书馆 CIP 数据核字(2020)第031466号

新型冠状病毒肺炎疫情防控法律应用指南
XINXING GUANZHUANG BINGDU FEIYAN
YIQING FANGKONG FALÜ YINGYONG ZHINAN

郝春莉 主编

策划编辑 张发靖
责任编辑 张发靖 陈 熙
装帧设计 乔智炜

出版 法律出版社
总发行 中国法律图书有限公司
经销 新华书店
印刷 天津嘉恒印务有限公司
责任印制 吕亚莉

编辑统筹 法规出版分社
开本 710毫米×1000毫米 1/16
印张 26.5
字数 416千
版本 2020年4月第1版
印次 2020年5月第3次印刷

法律出版社/北京市丰台区莲花池西里7号(100073)
网址/www.lawpress.com.cn
投稿邮箱/info@lawpress.com.cn
举报维权邮箱/jbwq@lawpress.com.cn

销售热线/400-660-8393
咨询电话/010-63939796

中国法律图书有限公司/北京市丰台区莲花池西里7号(100073)
全国各地中法图分、子公司销售电话:
统一销售客服/400-660-8393/6393
第一法律书店/010-83938432/8433　西安分公司/029-85330678　重庆分公司/023-67453036
上海分公司/021-62071639/1636　深圳分公司/0755-83072995

书号:ISBN 978-7-5197-4286-7　**定价**:68.00元

《新型冠状病毒肺炎疫情防控**法律应用指南**》

主 编 简 介

主　编

郝春莉

先后毕业于中国政法大学、中国人民大学，硕士研究生学历。现为北京市东卫律师事务所党总支书记、主任，北京市律师协会副会长，全国律协扫黑除恶专项工作律师辩护代理业务指导委员会委员，全国律协刑事专业委员会委员，中国法学会刑事辩护委员会委员，律师法学研究会特邀研究员，东城区政协委员等。曾办理过央视大火案、周永康案、丁羽心案等刑事案件。先后荣获全国优秀律师、全国律师行业优秀共产党员等称号。

执行主编

张世国

北京市东卫律师事务所创始合伙人、执行主任，中国人民大学法学硕士。中国政法大学民商经济法学院合作导师、中国人民大学法学院律师业务研究所兼职研究员。央视大火案、黄光裕案、丁羽心案的辩护人。

编　委　会

目·录

下·篇 疫情防控 法律风险专论

前言

新型冠状病毒疫情牵动着全国人民的心，举国上下都在为打赢这场“抗击疫情之战”而努力。面对严峻的疫情形势，以习近平总书记为核心的党中央高度重视，先后召开了三次疫情防控工作会议，听取疫情防控工作报告并进行防控工作部署。在党中央和国务院坚强领导下，各地均积极采取了各种有效防控病毒扩散的措施。

各级政府针对新型冠状病毒疫情采取的防控措施，对企业的生产和个人的生活都产生了深刻影响，同时新的法律问题和风险也在不断出现。为帮助公众了解和规避法律风险，助力各方力量依法防控疫情，维护经济社会秩序，北京市东卫律师事务所第一时间成立疫情法律问题研究团队，研讨此次疫情防控中已经出现或可能引发的各类法律问题，并将所撰写的文章刊发于“东卫律师”微信公众号中进行推广。

本专刊共分为“问答”和“专论”两篇。专刊文章作者在充分检索相关法律法规的基础上，结合疫情期间最新颁发的决定、命令、政策性文件，以问答的形式答疑解惑；以论述的形式辨析重点法律问题，并附以相关法律依据及解读。在内容上，涵盖了刑法、公司法、合同法、金融法、行政法、婚姻家事法、劳动法等，既囊括了“公益捐赠”“不可抗力”“延长假期”“劳动就业”等公众所关注的热点问题，也涵盖了企业在疫情防控中的权利与义务以及生产经营过程中所面临的相关法律风险防范等法律问题，以期彰显法律的温度，助力疫情中法律风险的防范及应对，共克时艰！

2020年3月8日

PART ONE

上·篇

疫情防控
法律实用问答

CHAPTER 01

劳动就业

第一章

撰稿人

北京市东卫律师事务所
姜文焕　杨静

北京东卫（成都）律师事务所
颜莉　赵子戈　苟银亮

在新冠肺炎疫情防控期间，为了稳定劳动者和用人单位之间和谐的劳动关系，相关部门出台了一系列规范性文件，如国务院办公厅《关于延长2020年春节假期的通知》，人力资源社会保障部办公厅《关于妥善处理新型冠状病毒感染的肺炎疫情防控期间劳动关系问题的通知》，财政部、国家卫生健康委《关于新型冠状病毒感染肺炎疫情防控有关经费保障政策的通知》等，在充分保障劳动者合法权益的基础上，指导帮助企业渡过疫情难关。

本章从劳动合同签订、工资薪酬支付、假期与休假、加班与岗位调整、工伤认定、劳动保护、劳动合同解除、劳动争议等几个方面，依据《劳动合同法》相关法律法规及国家有关部门发布的规范性文件，对于疫情防控期间涉及的劳动用工问题进行系统分析整理，以期在突发公共卫生事件的特殊背景下能够依法保护劳动者合法权益，促进劳动关系和谐稳定。

一、劳动合同签订

疫情发生前，用人单位已经向求职者下发《录用通知书》，是否可以因为疫情不予录用？

答：不能不予录用。疫情发生前，用人单位已经向求职者下发《录用通知书》，不能单纯因为疫情取消录用。《录用通知书》属于单方民事法律行为，用人单位一旦发出即对其具有约束力。如果因为疫情影响，用人单位确实已经不需要劳动者继续为其提供劳动，用人单位可以与劳动者协商解除双方的权利义务；如果用人单位在疫情结束后需要劳动者继续为其提供劳动，可以与劳动者协商变更入职时间。总之，用人单位不能用简单粗暴的方式，仅凭一纸《不予录用通知书》将劳动者拒之门外，否则其应当承担相应的法律责任。

法律法规及政策依据

（1）《中华人民共和国合同法》[①]（1999 年 3 月 15 日）

第四十二条　当事人在订立合同过程中有下列情形之一，给对方造成损失的，应当承担损害赔偿责任：

（一）假借订立合同，恶意进行磋商；

（二）故意隐瞒与订立合同有关的重要事实或者提供虚假情况；

（三）有其他违背诚实信用原则的行为。

（2）《中华人民共和国民法总则》（2017 年 3 月 15 日）

第一百三十八条　无相对人的意思表示，表示完成时生效。法律另有规定的，依照其规定。

用人单位是否可以因为疫情推迟与劳动者签订劳动合同的时间？

答：可以。《劳动合同法》规定，用人单位最迟应当在与劳动者建立劳动

① 本书“法律法规依据”部分，仅列出紧密相关的条文内容，部分收录的法律法规条款以节录的形式呈现，下同。

关系后一个月内签订劳动合同；通常情况下，用人单位应当在劳动合同到期前30日，就是否与劳动者继续签订劳动合同进行协商。根据人力资源社会保障部办公厅2020年1月24日发布的《关于妥善处理新型冠状病毒感染的肺炎疫情防控期间劳动关系问题的通知》规定，因受疫情影响造成当事人不能在法定仲裁时效期间申请劳动人事争议仲裁的，仲裁时效中止。从中止时效的原因消除之日起，仲裁时效期间继续计算。因受疫情影响导致劳动人事争议仲裁机构难以按法定时限审理案件的，可相应顺延审理期限。

上述规定，同样适用于用人单位与劳动者迟延签订劳动合同的情形，如果因为疫情的原因，用人单位无法及时与劳动者签订劳动合同，不会因超过一个月未与劳动者签订劳动合同而支付双倍工资；待到时效中止事由消除后，用人单位应及时与劳动者签订劳动合同。

法律法规及政策依据

（1）《中华人民共和国劳动合同法》（2012年12月28日修正）

第十条　建立劳动关系，应当订立书面劳动合同。

已建立劳动关系，未同时订立书面劳动合同的，应当自用工之日起一个月内订立书面劳动合同。

用人单位与劳动者在用工前订立劳动合同的，劳动关系自用工之日起建立。

（2）人力资源社会保障部办公厅《关于妥善处理新型冠状病毒感染的肺炎疫情防控期间劳动关系问题的通知》（2020年1月24日　人社厅明电〔2020〕5号）

三、因受疫情影响造成当事人不能在法定仲裁时效期间申请劳动人事争议仲裁的，仲裁时效中止。从中止时效的原因消除之日起，仲裁时效期间继续计算。因受疫情影响导致劳动人事争议仲裁机构难以按法定时限审理案件的，可相应顺延审理期限。

03 用人单位是否可以因为疫情延长试用期限？

答：不可以。《劳动合同法》规定，劳动合同期限3个月以上不满1年的，试用期不得超过1个月；劳动合同期限1年以上不满3年的，试用期不得超过

2个月；3年以上固定期限和无固定期限的劳动合同，试用期不得超过6个月。如果用人单位与劳动者签订劳动合同同时约定试用期，用人单位不能以试用期恰逢疫情期而延长劳动者的试用期限。《劳动合同法》是由全国人大常委会制定并通过的法律，疫情期间任何部门的规章制度都不能与其相抵触。为了确保企业正确运用试用期来考核判断新员工职业能力，建议用人单位可以与劳动者协商暂停试用期，待恢复工作后继续履行剩余的试用期。

法律法规及政策依据

《中华人民共和国劳动合同法》（2012年12月28日修正）

第十九条　劳动合同期限三个月以上不满一年的，试用期不得超过一个月；劳动合同期限一年以上不满三年的，试用期不得超过二个月；三年以上固定期限和无固定期限的劳动合同，试用期不得超过六个月。

同一用人单位与同一劳动者只能约定一次试用期。

以完成一定工作任务为期限的劳动合同或者劳动合同期限不满三个月的，不得约定试用期。

试用期包含在劳动合同期限内。劳动合同仅约定试用期的，试用期不成立，该期限为劳动合同期限。

04 用人单位是否可以以求职者曾感染新冠病毒或来自疫情较重地区为由拒绝录用？

答：不可以。用人单位招用人员，不得以应聘者是传染病病原携带者为由拒绝录用。但是，经医学鉴定传染病病原携带者在治愈前或者排除传染嫌疑前，不得从事易使传染病扩散的工作。首先，任何单位和个人不得歧视传染病病人，传染病病人享有与正常人同等的就业权利。其次，传染病病人不得从事法律、法规、部门规章禁止从事的工作；如果录用的岗位为法律法规限制任职的，用人单位可以拒绝录用。最后，如果劳动者因为曾经患有新冠肺炎而遭受用人单位歧视，劳动者可以根据相关法律规定，以用人单位侵害了劳动者的平等就业权而向人民法院提起诉讼。

法律法规及政策依据

《中华人民共和国就业促进法》（2015年4月24日修正）

第三十条　用人单位招用人员，不得以是传染病病原携带者为由拒绝录用。但是，经医学鉴定传染病病原携带者在治愈前或者排除传染嫌疑前，不得从事法律、行政法规和国务院卫生行政部门规定禁止从事的易使传染病扩散的工作。

二、工资薪酬支付

05 用人单位因疫情停工停产，员工工资应如何支付？

答：用人单位因受疫情影响导致停工停产的，未超过一个工资支付周期（最长30日）的，应当按照正常工作时间支付工资。超过一个工资支付周期的，可以根据员工提供的劳动，按照双方新约定的标准支付工资（不低于当地最低工资）；员工没有提供正常劳动的，用人单位应当发放生活费，生活费标准按各省、自治区、直辖市规定的办法执行。

法律法规及政策依据

（1）人力资源社会保障部办公厅《关于妥善处理新型冠状病毒感染的肺炎疫情防控期间劳动关系问题的通知》（2020年1月24日　人社厅明电〔2020〕5号）

二、企业因受疫情影响导致生产经营困难的，可以通过与职工协商一致采取调整薪酬、轮岗轮休、缩短工时等方式稳定工作岗位，尽量不裁员或者少裁员。符合条件的企业，可按规定享受稳岗补贴。企业停工停产在一个工资支付周期内的，企业应按劳动合同规定的标准支付职工工资。超过一个工资支付周期的，若职工提供了正常劳动，企业支付给职工的工资不得低于当地最低工资标准。职工没有提供正常劳动的，企业应当发放生活费，生活费标准按各省、自治区、直辖市规定的办法执行。

（2）《工资支付暂行规定》（1994年12月6日　劳部发〔1994〕489号）

第七条　工资必须在用人单位与劳动者约定的日期支付。如遇节假日或休息日，则应提前在最近的工作日支付。工资至少每月支付一次，实行周、日、小时工资制的可按周、日、小时支付工资。

第十二条　非因劳动者原因造成单位停工、停产在一个工资支付周期内的，用人单位应按劳动合同规定的标准支付劳动者工资。超过一个工资支付周期的，若劳动者提供了正常劳动，则支付给劳动者的劳动报酬不得低于当地的最低工资标准；若劳动者没有提供正常劳动，应按国家有关规定办理。

（3）北京市人力资源和社会保障局《关于做好疫情防控期间维护劳动关系稳定有关问题的通知》（2020年1月23日　京人社劳字〔2020〕11号）

对于因疫情未及时返京复工的职工，企业可以优先考虑安排职工年休假。其中，职工累计工作已满1年不满10年的，年休假5天；已满10年不满20年的，年休假10天；已满20年的，年休假15天。职工在年休假期间享受与正常工作期间相同的工资收入。职工未复工时间较长的，企业经与职工协商一致，可以安排职工待岗。待岗期间，企业应当按照不低于本市最低工资标准的70%支付基本生活费。执行工作任务的出差职工，因疫情未能及时返京期间的工资待遇由所属企业按正常工作期间工资支付。

06 劳动者因疫情防控无法按时返岗，工资应该怎么发？

答：不具备居家办公条件的企业，与员工协商优先使用带薪年休假或者企业自设福利假；具备远程办公条件的企业，可以安排员工通过电话、网络等方式居家办公，并按照正常工资标准支付工资。

年休假结束后仍未按时返岗的，可以按照关于停工、停产期间工资支付相关规定，与职工协商，在一个工资支付周期内的按照劳动合同规定的标准支付工资；超过一个工资支付周期的，按有关规定发放生活费，生活费标准按各省、自治区、直辖市规定的办法执行。

法律法规及政策依据

(1)人力资源社会保障部、全国总工会、中国企业联合会/中国企业家协会、全国工商联《关于做好新型冠状病毒感染肺炎疫情防控期间稳定劳动关系支持企业复工复产的意见》(2020年2月7日 人社部发〔2020〕8号)

二、灵活处理疫情防控期间的劳动用工问题

(一)鼓励协商解决复工前的用工问题。对因受疫情影响职工不能按期到岗或企业不能开工生产的,要指导企业主动与职工沟通,有条件的企业可安排职工通过电话、网络等灵活的工作方式在家上班完成工作任务;对不具备远程办公条件的企业,与职工协商优先使用带薪年休假、企业自设福利假等各类假。要指导企业工会积极动员职工与企业同舟共济,在兼顾企业和劳动者双方合法权益的基础上,帮助企业尽可能减少受疫情影响带来的损失。

(2)人力资源社会保障部办公厅《关于妥善处理新型冠状病毒感染的肺炎疫情防控期间劳动关系问题的通知》(2020年1月24日 人社厅明电〔2020〕5号)

二、企业因受疫情影响导致生产经营困难的,可以通过与职工协商一致采取调整薪酬、轮岗轮休、缩短工时等方式稳定工作岗位,尽量不裁员或者少裁员。符合条件的企业,可按规定享受稳岗补贴。企业停工停产在一个工资支付周期内的,企业应按劳动合同规定的标准支付职工工资。超过一个工资支付周期的,若职工提供了正常劳动,企业支付给职工的工资不得低于当地最低工资标准。职工没有提供正常劳动的,企业应当发放生活费,生活费标准按各省、自治区、直辖市规定的办法执行。

07 国务院宣布假期延长,用人单位是否需要向劳动者支付工资、加班费及支付的标准?

答: 延长的假期不是法定节假日,属于临时假日,性质为休息日,期间应当参照正常休息日标准计算支付加班工资,对于在延长春节假期间提供正常劳动的劳动者,用人单位应安排补休或按规定支付加班工资,具体根据劳动者的工时不同而具体分为:

(1)标准工时制劳动者。企业安排劳动者工作又不能安排补休的,按照不低于劳动者本人日或小时工资的200%支付工资报酬。

（2）综合计算工时制劳动者。春节延长假计入综合计算周期内，根据整个周期是否存在加班而确定是否支付加班费，如超过法定工时，企业需要向员工支付150%的加班工资。

（3）不定时工时制劳动者。除法定节假日外，其他时间提供劳动不属于加班，不需要支付加班工资。

特别提示：北京市用人单位的复工时间延长到2月9日24时，在此期间，2月3日至7日为工作日，用人单位可灵活安排劳动者在家办公，休息日为2月8日和9日，应正常安排休息。采用综合计算工时的，应当合理计算工时。各地关于复工的政策存在差别，请以当地政府发布政策为准。

法律法规及政策依据

（1）国务院办公厅《关于延长2020年春节假期的通知》（2020年1月26日　国办发明电〔2020〕1号）

一、延长2020年春节假期至2月2日（农历正月初九，星期日），2月3日（星期一）起正常上班。

二、各地大专院校、中小学、幼儿园推迟开学，具体时间由教育部门另行通知。

三、因疫情防控不能休假的职工，应根据《中华人民共和国劳动法》规定安排补休，未休假期的工资报酬应按照有关政策保障落实。

（2）北京市人民政府《关于在新型冠状病毒感染的肺炎疫情防控期间本市企业灵活安排工作的通知》（2020年1月31日　京政发〔2020〕3号）

二、在2020年2月9日24时前，其他企业具备条件的，应当安排职工通过电话、网络等灵活方式在家上班完成相应工作；不具备条件安排职工在家上班的企业，安排职工工作应当采取错时、弹性等灵活计算工作时间的方式，不得造成人员汇聚、集中。

劳动者因疑似感染被采取医学隔离措施期间，工资如何支付？

答：对新冠肺炎患者、疑似病人、密切接触者，在其隔离治疗期间或医学观察期间以及因政府实施隔离措施或采取其他紧急措施导致不能提供正常劳动的，用人单位应当按照正常工资标准支付。

法律法规及政策依据

（1）人力资源社会保障部办公厅《关于妥善处理新型冠状病毒感染的肺炎疫情防控期间劳动关系问题的通知》（2020年1月24日 人社厅明电〔2020〕5号）

一、对新型冠状病毒感染的肺炎患者、疑似病人、密切接触者在其隔离治疗期间或医学观察期间以及因政府实施隔离措施或采取其他紧急措施导致不能提供正常劳动的企业职工，企业应当支付职工在此期间的工作报酬，并不得依据劳动合同法第四十条、四十一条与职工解除劳动合同。在此期间，劳动合同到期的，分别顺延至职工医疗期期满、医学观察期期满、隔离期期满或者政府采取的紧急措施结束。

（2）《中华人民共和国传染病防治法》（2013年6月29日修正）

第四十一条 对已经发生甲类传染病病例的场所或者该场所内的特定区域的人员，所在地的县级以上地方人民政府可以实施隔离措施，并同时向上一级人民政府报告；接到报告的上级人民政府应当即时作出是否批准的决定。上级人民政府作出不予批准决定的，实施隔离措施的人民政府应当立即解除隔离措施。

在隔离期间，实施隔离措施的人民政府应当对被隔离人员提供生活保障；被隔离人员有工作单位的，所在单位不得停止支付其隔离期间的工作报酬。

隔离措施的解除，由原决定机关决定并宣布。

从疫情严重地区返岗上班的劳动者，居家自我隔离观察期间，工资如何支付？

答：因紧急措施导致不能提供正常劳动的职工，用人单位应当支付隔离期间正常工资报酬。

法律法规及政策依据

人力资源社会保障部办公厅《关于妥善处理新型冠状病毒感染的肺炎疫情防控期间劳动关系问题的通知》（2020年1月24日 人社厅明电〔2020〕5号）

一、对新型冠状病毒感染的肺炎患者、疑似病人、密切接触者在其隔离治疗期间或医学观察期间以及因政府实施隔离措施或采取其他紧急措施导致不能提供正常劳动的企业职工，企业应当支付职工在此期间的工作报酬，并不得依据劳动合同法第四十条、四十一条与职工解除劳动合同。在此期间，劳动合同到期的，分别顺延至职工医疗期期满、医学观察期期满、隔离期期满或者政府采取的紧急措施结束。

10 劳动者隔离期结束后需要继续在家休养，休养期间的待遇应当如何确定？

答：隔离解除后，劳动者由于身体原因仍无法返岗工作的，可以凭医嘱休病假，用人单位支付病假工资。比如北京市，除非用人单位对病假工资有特殊规定或约定，用人单位支付病假工资一般不得低于本市最低工资标准的80%。没有病休证明的，用人单位可以考虑安排劳动者休年假、加班补休或公司福利假期，在上述安排的假期期间按照正常标准支付工资。即无病休证明也无任何假期可以使用的劳动者，可以根据公司制度申请事假。

法律法规及政策依据

（1）**人力资源社会保障部 、全国总工会、 中国企业联合会／中国企业家协会 、全国工商联《关于做好新型冠状病毒感染肺炎疫情防控期间稳定劳动关系支持企业复工复产的意见》**（2020年2月7日 人社部发〔2020〕8号）

三、协商处理疫情防控期间的工资待遇问题

（六）保障职工工资待遇权益。对因依法被隔离导致不能提供正常劳动的职工，要指导企业按正常劳动支付其工资；隔离期结束后，对仍需停止工作进行治疗的职工，按医疗期有关规定支付工资。对在春节假期延长假期间因疫情防控不能休假的职工，指导企业应先安排补休，对不能安排补休的，依法支付加班工资。

（2）北京市人力资源和社会保障局《关于做好疫情防控期间维护劳动关系稳定有关问题的通知》（2020年1月23日 京人社劳字〔2020〕11号）

一、企业应当保障患病职工依法享有医疗期和病假工资

根据国家和本市相关法律法规规定，企业职工因患病停止工作治疗休息的，应当享有医疗期。职工医疗期中，企业应当根据劳动合同或集体合同的约定，支付病假工资，病假工资不得低于北京市最低工资标准的80%。

11 如果劳动者被确诊患有新冠肺炎，用人单位应当如何支付工资？

答：劳动者被确诊患有新冠肺炎，在其隔离治疗期间，用人单位应当按照正常工资标准支付；隔离治疗解除后，需要继续休养无法按时返回工作岗位的，可以凭医嘱休病假，用人单位按照病假工资支付；如果需要长期治疗的，劳动者可以享受医疗期待遇。

法律法规及政策依据

（1）人力资源社会保障部办公厅《关于妥善处理新型冠状病毒感染的肺炎疫情防控期间劳动关系问题的通知》（2020年1月24日 人社厅明电〔2020〕5号）

一、对新型冠状病毒感染的肺炎患者、疑似病人、密切接触者在其隔离治疗期间或医学观察期间以及因政府实施隔离措施或采取其他紧急措施导致不能提供正常劳动的企业职工，企业应当支付职工在此期间的工作报酬，并不得依据劳动合同法第四十条、四十一条与职工解除劳动合同。在此期间，劳动合同到期的，分别顺延至职工医疗期期满、医学观察期期满、隔离期期满或者政府采取的紧急措施结束。

（2）《企业职工患病或非因工负伤医疗期规定》（1994年12月1日 劳部发〔1994〕479号）

第五条 企业职工在医疗期内，其病假工资、疾病救济费和医疗待遇按照

有关规定执行。

劳动者确诊患新冠肺炎，需要自己支付医疗费用吗？

答：对于确诊新型冠状病毒感染的肺炎患者发生的医疗费用，在基本医保、大病保险、医疗救助等按规定支付后，个人负担部分由财政给予补助，实施综合保障。

法律法规及政策依据

（1）财政部、国家卫生健康委《关于新型冠状病毒感染肺炎疫情防控有关经费保障政策的通知》（2020 年 1 月 25 日　财社〔2020〕2 号）

一、落实患者救治费用补助政策。对于确诊患者发生的医疗费用，在基本医保、大病保险、医疗救助等按规定支付后，个人负担部分由财政给予补助。所需资金由地方财政先行支付，中央财政对地方财政按实际发生费用的 60% 予以补助。

（2）国家医疗保障局、财政部《关于做好新型冠状病毒感染的肺炎疫情医疗保障的通知》（2020 年 1 月 22 日）

二、确保患者不因费用问题影响就医。一是对于确诊新型冠状病毒感染的肺炎患者发生的医疗费用，在基本医保、大病保险、医疗救助等按规定支付后，个人负担部分由财政给予补助，实施综合保障。二是对于确诊新型冠状病毒感染的肺炎的异地就医患者，先救治后结算，报销不执行异地转外就医支付比例调减规定。三是确诊新型冠状病毒感染的肺炎患者使用的药品和医疗服务项目，符合卫生健康部门制定的新型冠状病毒感染的肺炎诊疗方案的，可临时性纳入医保基金支付范围。

（3）国家医疗保障局办公室、财政部办公厅、国家卫生健康委办公厅《关于做好新型冠状病毒感染的肺炎疫情医疗保障工作的补充通知》（2020 年 1 月 27 日）

二、切实保障疑似患者医疗费用。在按要求做好确诊患者医疗费用保障的基础上，疫情流行期间，对于卫生健康部门新型冠状病毒感染的肺炎诊疗方案确定的疑似患者医疗费用，在基本医保、大病保险、医疗救助等按规定支付后，个人负担部分由就医地制定财政补助政策并安排资金，实施综合保障，中央财政视情给予适当补助。

三、确保确诊或疑似异地就医患者先行救治。异地就医医保支付的费用由就医地医保部门先行垫付，要做好异地就医参保患者信息记录和医疗费用记账，疫情结束后全国统一组织清算。异地就医确诊患者医疗费用个人负担部分，由就医地按照《财政部　国家卫生健康委关于新型冠状病毒感染肺炎疫情防控经费有关保障政策的通知》（财社〔2020〕2号）有关规定执行。对异地就医疑似患者医疗费用，按本通知第二条执行。

13 劳动者感染新型冠状病毒，医疗期如何计算、医疗期享受什么待遇？

答：医疗期，是指单位职工因患病或非因工负伤停止工作治病休息不得解除劳动合同的时限。劳动者被确诊为感染新冠肺炎的，则从其被确诊之日起执行医疗期政策，其隔离时间，不计算在职工依法应享受的医疗期之内。医疗期应按以下标准执行（各地如有地方性规定，按照当地的医疗期标准执行）：单位职工因患病或非因工负伤，需要停止工作进行医疗时，根据本人实际参加工作年限和在本单位工作年限，给予3个月到24个月的医疗期：（1）实际工作年限10年以下的，在本单位工作年限5年以下的为3个月；5年以上的为6个月。（2）实际工作年限10年以上的，在本单位工作年限5年以下的为6个月；5年以上10年以下的为9个月；10年以上15年以下的为12个月；15年以上20年以下的为18个月；20年以上的为24个月。医疗期3个月的，按6个月内累计病休时间计算；6个月的，按12个月内累计病休时间计算；9个月的，按15个月内累计病休时间计算；12个月的，按18个月内累计病休时间计算；18个月的，按24个月内累计病休时间计算；24个月的，按30个月内累计病休时间计算。医疗期计算应从病休第一天开始，累计计算。病休期间，公休、假日和法定节日包括在内。职工患病或非因工负伤治疗期间，在规定的医疗期间内由用人单位按有关规定支付其病假工资或疾病救济费，病假工资或疾病救济费可以低于当地最低工资标准支付，但不能低于最低工资标准的80%。

法律法规及政策依据

（1）《企业职工患病或非因工负伤医疗期规定》（1994年12月1日 劳部发〔1994〕479号）

第三条 企业职工因患病或非因工负伤，需要停止工作医疗时，根据本人实际参加工作年限和在本单位工作年限，给予三个月到二十四个月的医疗期：

（一）实际工作年限十年以下的，在本单位工作年限五年以下的为三个月；五年以上的为六个月。

（二）实际工作年限十年以上的，在本单位工作年限五年以下的为六个月；五年以上十年以下的为九个月；十年以上十五年以下的为十二个月；十五年以上二十年以下的为十八个月；二十年以上的为二十四个月。

第四条 医疗期三个月的按六个月内累计病休时间计算；六个月的按十二个月内累计病休时间计算；九个月的按十五个月内累计病休时间计算；十二个月的按十八个月内累计病休时间计算；十八个月的按二十四个月内累计病休时间计算；二十四个月的按三十个月内累计病休时间计算。

（2）劳动部《关于贯彻执行〈中华人民共和国劳动法〉若干问题的意见》（1995年8月4日 劳部发〔1995〕309号）

59. 职工患病或非因工负伤治疗期间，在规定的医疗期间内由企业按有关规定支付其病假工资或疾病救济费，病假工资或疾病救济费可以低于当地最低工资标准支付，但不能低于最低工资标准的80%。

14 如何认定用人单位拖欠劳动者工资？

答：用人单位迟延支付劳动者工资，实践中主要表现为四种情况：一是没有按照双方劳动合同约定或者国家有关规定及时足额支付工资；二是支付的工资低于当地最低工资标准；三是不按照规定支付加班费；四是未按照规定支付经济补偿。

用人单位逾期不支付的，按应付金额50%以上100%以下的标准，向劳动者加付赔偿金。

法律法规及政策依据

《中华人民共和国劳动合同法》（2012 年 12 月 28 日修正）

第八十五条　用人单位有下列情形之一的，由劳动行政部门责令限期支付劳动报酬、加班费或者经济补偿；劳动报酬低于当地最低工资标准的，应当支付其差额部分；逾期不支付的，责令用人单位按应付金额百分之五十以上百分之一百以下的标准向劳动者加付赔偿金：

（一）未按照劳动合同的约定或者国家规定及时足额支付劳动者劳动报酬的；

（二）低于当地最低工资标准支付劳动者工资的；

（三）安排加班不支付加班费的；

（四）解除或者终止劳动合同，未依照本法规定向劳动者支付经济补偿的。

15 用人单位拖欠劳动者工资，要承担什么法律责任？

答：用人单位拖欠劳动者工资的，首先，劳动者有权解除劳动合同；其次，用人单位应当向劳动者支付经济补偿；再次，用人单位应当按应付金额 50% 以上 100% 以下的标准，向劳动者加付赔偿金；最后，拒不支付劳动报酬可能构成刑事犯罪，被追究刑事责任。

法律法规及政策依据

（1）《中华人民共和国劳动合同法》（2012 年 12 月 28 日修正）

第三十八条　用人单位有下列情形之一的，劳动者可以解除劳动合同：

（一）未按照劳动合同约定提供劳动保护或者劳动条件的；

（二）未及时足额支付劳动报酬的；

（三）未依法为劳动者缴纳社会保险费的；

（四）用人单位的规章制度违反法律、法规的规定，损害劳动者权益的；

（五）因本法第二十六条第一款规定的情形致使劳动合同无效的；

（六）法律、行政法规规定劳动者可以解除劳动合同的其他情形。

用人单位以暴力、威胁或者非法限制人身自由的手段强迫劳动者劳动的，或者用人单位违章指挥、强令冒险作业危及劳动者人身安全的，劳动者可以立即解除劳动合同，不需事先告知用人单位。

第四十六条　有下列情形之一的，用人单位应当向劳动者支付经济补偿：

（一）劳动者依照本法第三十八条规定解除劳动合同的；

（二）用人单位依照本法第三十六条规定向劳动者提出解除劳动合同并与劳动者协商一致解除劳动合同的；

（三）用人单位依照本法第四十条规定解除劳动合同的；

（四）用人单位依照本法第四十一条第一款规定解除劳动合同的；

（五）除用人单位维持或者提高劳动合同约定条件续订劳动合同，劳动者不同意续订的情形外，依照本法第四十四条第一项规定终止固定期限劳动合同的；

（六）依照本法第四十四条第四项、第五项规定终止劳动合同的；

（七）法律、行政法规规定的其他情形。

第八十五条　用人单位有下列情形之一的，由劳动行政部门责令限期支付劳动报酬、加班费或者经济补偿；劳动报酬低于当地最低工资标准的，应当支付其差额部分；逾期不支付的，责令用人单位按应付金额百分之五十以上百分之一百以下的标准向劳动者加付赔偿金：

（一）未按照劳动合同的约定或者国家规定及时足额支付劳动者劳动报酬的；

（二）低于当地最低工资标准支付劳动者工资的；

（三）安排加班不支付加班费的；

（四）解除或者终止劳动合同，未依照本法规定向劳动者支付经济补偿的。

(2)《中华人民共和国刑法》(2017年11月4日修正)

第二百七十六条之一　以转移财产、逃匿等方法逃避支付劳动者的劳动报酬或者有能力支付而不支付劳动者的劳动报酬，数额较大，经政府有关部门责令支付仍不支付的，处三年以下有期徒刑或者拘役，并处或者单处罚金；造成严重后果的，处三年以上七年以下有期徒刑，并处罚金。

单位犯前款罪的，对单位判处罚金，并对其直接负责的主管人员和其他直接责任人员，依照前款的规定处罚。

有前两款行为，尚未造成严重后果，在提起公诉前支付劳动者的劳动报酬，并依法承担相应赔偿责任的，可以减轻或者免除处罚。

16 用人单位拖欠工资，劳动者如何进行索赔？

答：劳动者首先可以向劳动监察部门投诉，由其责令用人单位限期支付；如果劳动监察部门不予受理或者责令用人单位支付后，用人单位未在规定的期限内支付的，劳动者可以向法院起诉。

法律法规及政策依据

《中华人民共和国劳动合同法》（2012年12月28日修正）

第八十五条　用人单位有下列情形之一的，由劳动行政部门责令限期支付劳动报酬、加班费或者经济补偿；劳动报酬低于当地最低工资标准的，应当支付其差额部分；逾期不支付的，责令用人单位按应付金额百分之五十以上百分之一百以下的标准向劳动者加付赔偿金：

（一）未按照劳动合同的约定或者国家规定及时足额支付劳动者劳动报酬的；

（二）低于当地最低工资标准支付劳动者工资的；

（三）安排加班不支付加班费的；

（四）解除或者终止劳动合同，未依照本法规定向劳动者支付经济补偿的。

17 用人单位多处用工，劳动者的待遇应当以何地规定为准？

答：原则上以劳动合同履行地的有关规定为准，劳动合同履行地与用人单位注册地不一致的，有关劳动者的最低工资标准、劳动保护、劳动条件、职业危害防护和本地区上年度职工月平均工资标准等事项，按照劳动合同履行地的有关规定执行。除非用人单位注册地的标准高于劳动合同履行地的标准，且用人单位与劳动者约定按照用人单位注册地的有关规定执行的。

法律法规及政策依据

《中华人民共和国劳动合同法实施条例》（2008 年 9 月 18 日）

第十四条　劳动合同履行地与用人单位注册地不一致的，有关劳动者的最低工资标准、劳动保护、劳动条件、职业危害防护和本地区上年度职工月平均工资标准等事项，按照劳动合同履行地的有关规定执行；用人单位注册地的有关标准高于劳动合同履行地的有关标准，且用人单位与劳动者约定按照用人单位注册地的有关规定执行的，从其约定。

三、假期与休假

18　本次春节延期休假期间，即 2020 年 1 月 31 日至 2020 年 2 月 2 日属于什么性质？

答: 2月2日为休息日，1月31日、2月1日性质上属于休息日。本次国务院《关于延长 2020 年春节假期的通知》所指的延长春节假期，系因疫情防控所需而临时增加的特殊休假，故1月31日、2月1日性质上属于休息日，不属于法定节假日。

法律法规及政策依据

国务院办公厅《关于延长 2020 年春节假期的通知》（2020 年 1 月 26 日　**国办发明电**〔2020〕1 号）

一、延长2020年春节假期至2月2日（农历正月初九，星期日），2月3日（星期一）起正常上班。

二、各地大专院校、中小学、幼儿园推迟开学，具体时间由教育部门另行通知。

三、因疫情防控不能休假的职工，应根据《中华人民共和国劳动法》规定安排补休，未休假期的工资报酬应按照有关政策保障落实。

19　根据疫情的需要，用人单位是否可以延长假期？

答： 根据疫情的需要，用人单位可以安排延长假期。在国务院通知和地方政府通知的基础上，用人单位继续延长本单位劳动者假期的，属于用人单位用工自主权的范畴，由用人单位自主决定，但应注意以下几个问题：（1）统一安排年休假的，应当提前告知员工，并应当向员工支付正常的劳动报酬。（2）安排员工补休的，应当告知员工该假期为原加班的补休，同时向劳动者支付正常劳动报酬。（3）安排综合计时工作制的员工轮休或调休的，按照综合计算工时计算工作时间，正常支付劳动报酬。

法律法规及政策依据

（1）人力资源社会保障部办公厅《关于妥善处理新型冠状病毒感染的肺炎疫情防控期间劳动关系问题的通知》（2020年1月24日　人社厅明电〔2020〕5号）

二、企业因受疫情影响导致生产经营困难的，可以通过与职工协商一致采取调整薪酬、轮岗轮休、缩短工时等方式稳定工作岗位，尽量不裁员或者少裁员。符合条件的企业，可按规定享受稳岗补贴。企业停工停产在一个工资支付周期内的，企业应按劳动合同规定的标准支付职工工资。超过一个工资支付周期的，若职工提供了正常劳动，企业支付给职工的工资不得低于当地最低工资标准。职工没有提供正常劳动的，企业应当发放生活费，生活费标准按各省、自治区、直辖市规定的办法执行。

（2）北京市人力资源和社会保障局《关于做好疫情防控期间维护劳动关系稳定有关问题的通知》（2020年1月23日　京人社劳字〔2020〕11号）

二、企业要妥善安置因疫情被隔离人员和未及时返京复工人员

对于因疫情未及时返京复工的职工，企业可以优先考虑安排职工年休假。其中，职工累计工作已满1年不满10年的，年休假5天；已满10年不满20年的，年休假10天；已满20年的，年休假15天。职工在年休假期间享受与正常工作期间相同的工资收入。职工未复工时间较长的，企业经与职工协商一致，可以安排职工待岗。待岗期间，企业应当按照不低于本市最低工资标准的70%支付基本生活费。执行工作任务的出差职工，因疫情未能及时返京期间的工资待遇由所属企业按正常工作期间工资支付。

20 春节延长假期，用人单位能否要求劳动者以休年假进行抵充？

答：国家法定休假日、休息日，不计入年休假的假期，此次 2020 年 1 月 31 日至 2 月 2 日延长的假期，是国务院根据疫情防控需要，依法决定延长的假期，用人单位无权让劳动者使用年休假对延长的假期予以冲抵。在国务院延长春节假期通知发布前，如果用人单位已经安排劳动者休年休假的，应当与劳动者进行协商变更，妥善安排劳动者休假事宜。

法律法规及政策依据

《职工带薪年休假条例》（2007 年 12 月 14 日）

第三条　职工累计工作已满 1 年不满 10 年的，年休假 5 天；已满 10 年不满 20 年的，年休假 10 天；已满 20 年的，年休假 15 天。

国家法定休假日、休息日不计入年休假的假期。

21 年休假、医疗期与延长的假期期间重叠的，是否顺延？

答：国家法定休假日、休息日不计入年休假的假期，年休假与延长假期重叠的，应当相应顺延。病休期间，公休日、假日和法定节日包括在医疗期内，医疗期与延长 3 天期间重叠的，不应顺延。

法律法规及政策依据

（1）《职工带薪年休假条例》（2007 年 12 月 14 日）

第三条　职工累计工作已满 1 年不满 10 年的，年休假 5 天；已满 10 年不满 20 年的，年休假 10 天；已满 20 年的，年休假 15 天。

国家法定休假日、休息日不计入年休假的假期。

（2）劳动部《关于贯彻〈企业职工患病或非因工负伤医疗期规定〉的通知》（1995 年 5 月 23 日　劳部发〔1995〕236 号）

一、关于医疗期的计算问题

1. 医疗期计算应从病休第一天开始，累计计算。如：应享受三个月医疗期的职工，如果从1995年3月5日起第一次病休，那么，该职工的医疗期应在3月5日至9月5日之间确定，在此期间累计病休三个月即视为医疗期满。其它依此类推。

2.病休期间，公休、假日和法定节日包括在内。

22 因疫情防控推迟开学，劳动者需要照顾未成年子女无法到岗工作，如何处理？

答：对于此种情形，各地规定不同，以北京市为例：

需要照顾的未成年子女，是指就读于中小学和幼儿园的未成年子女。每户家庭可有一名职工在家看护未成年子女，视为因政府实施隔离措施或采取其他紧急措施导致不能提供正常劳动的情形，期间的工资待遇由职工所属企业按出勤照发，但应当落实请假制度，并安排需要看护未成年子女的职工采取错时、弹性等灵活计算工作时间的方式提供正常劳动；劳动者在家看护未成年子女的，应当按照用人单位的要求提交请假申请、未成年子女出生证明、配偶的在职证明等相应证明材料。

法律法规及政策依据

（1）北京市人力资源和社会保障局、北京市教育委员会《关于因防控疫情推迟开学企业职工看护未成年子女期间工资待遇问题的通知》（2020年1月31日 京人社劳字〔2020〕13号）

一、每户家庭可有一名职工在家看护未成年子女，视为因政府实施隔离措施或采取其他紧急措施导致不能提供正常劳动的情形，期间的工资待遇由职工所属企业按出勤照发。

（2）北京市人力资源和社会保障局、北京市教育委员会《关于对〈关于因防控疫情推迟开学企业职工看护未成年子女期间工资待遇问题的通知〉有关问题说明的通知》（2020年2月12日 京人社劳字〔2020〕17号）

一、需要在家看护的未成年子女是指，因中小学和幼儿园推迟开学，疫情防控期间需要在家看护的未成年子女。

二、需要在家看护未成年子女的职工，应当落实请假制度。

三、企业可以安排职工在家看护未成年子女期间，通过电话、网络等灵活方式完成相应工作；可以安排需要看护未成年子女的职工采取错时、弹性等灵活计算工作时间的方式，提供正常劳动；可以实施灵活用工政策，综合调剂使用年度内的休息日。

四、加班与岗位调整

23 因疫情防控需要，用人单位安排劳动者加班，劳动者是否有权拒绝？

答：不可以拒绝，但需保证劳动者的身体健康，延长工作时间每日不得超过3小时，每月不得超过36小时。

法律法规及政策依据

（1）《中华人民共和国劳动合同法》（2012年12月28日修正）

第三十一条　用人单位应当严格执行劳动定额标准，不得强迫或者变相强迫劳动者加班。用人单位安排加班的，应当按照国家有关规定向劳动者支付加班费。

（2）《中华人民共和国劳动法》（2018年12月29日修正）

第四十一条　用人单位由于生产经营需要，经与工会和劳动者协商后可以延长工作时间，一般每日不得超过一小时；因特殊原因需要延长工作时间的，在保障劳动者身体健康的条件下延长工作时间每日不得超过三小时，但是每月不得超过三十六小时。

第四十二条　有下列情形之一的，延长工作时间不受本法第四十一条规定的限制：

（一）发生自然灾害、事故或者因其他原因，威胁劳动者生命健康和财产安全，需要紧急处理的；

（二）生产设备、交通运输线路、公共设施发生故障，影响生产和公众利益，必须及时抢修的；

（三）法律、行政法规规定的其他情形。

因工作需要安排劳动者到重点疫情地区工作，劳动者可以拒绝吗？

答： 根据国家相关部门规定，如果在疫情重点地区尚未复工，并且疫情未得到有效控制的情况下，劳动者有权拒绝；在疫情得到有效控制并且国家相关部门已经批准复工的地区，劳动者一般不得拒绝。

法律法规及政策依据

（1）**《中华人民共和国劳动合同法》**（2012年12月28日修正）

第三十二条　劳动者拒绝用人单位管理人员违章指挥、强令冒险作业的，不视为违反劳动合同。

劳动者对危害生命安全和身体健康的劳动条件，有权对用人单位提出批评、检举和控告。

（2）**《中华人民共和国执业医师法》**（2009年8月27日修正）

第二十八条　遇有自然灾害、传染病流行、突发重大伤亡事故及其他严重威胁人民生命健康的紧急情况时，医师应当服从县级以上人民政府卫生行政部门的调遣。

劳动者被隔离期间，用人单位是否可以单方面变更劳动者工作岗位并调整劳动者工资待遇？

答： 不可以。企业因受疫情影响导致生产经营困难的，可以通过与职工协商一致采取调整薪酬、轮岗轮休、缩短工时等方式稳定工作岗位，尽量不裁员或者少裁员。符合条件的企业，可按规定享受稳岗补贴。企业停工停产在一个工资支付周期内的，企业应按劳动合同规定的标准支付职工工资。超过一个工资支付周期的，若职工提供了正常劳动，企业支付给职工的工资不得低于当地最低工资标准。职工没有提供正常劳动的，企业应当发放生活费，生活费标准按各省、自治区、直辖市规定的办法执行。

法律法规及政策依据

人力资源社会保障部办公厅《关于妥善处理新型冠状病毒感染的肺炎疫情防控期间劳动关系问题的通知》（2020年1月24日 人社厅明电〔2020〕5号）

二、企业因受疫情影响导致生产经营困难的，可以通过与职工协商一致采取调整薪酬、轮岗轮休、缩短工时等方式稳定工作岗位，尽量不裁员或者少裁员。符合条件的企业，可按规定享受稳岗补贴。企业停工停产在一个工资支付周期内的，企业应按劳动合同规定的标准支付职工工资。超过一个工资支付周期的，若职工提供了正常劳动，企业支付给职工的工资不得低于当地最低工资标准。职工没有提供正常劳动的，企业应当发放生活费，生活费标准按各省、自治区、直辖市规定的办法执行。

五、工伤认定

劳动者在工作场所或出差中感染新冠肺炎，是否可以认定为工伤？

答：对于医护人员及相关工作人员，因履行工作职责而感染新型冠状病毒的，应认定为工伤，依法享受工伤保险待遇。已参加工伤保险的上述工作人员发生的相关费用，由工伤保险基金和单位按工伤保险有关规定支付；未参加工伤保险的，由用人单位按照法定标准支付，财政补助单位因此发生的费用，由同级财政予以补助。

人力资源和社会保障部在对相关问题进行解答中明确：在新冠肺炎预防和救治工作中，医护及相关工作人员因履行工作职责，感染新冠肺炎或因新冠肺炎死亡的，应认定为工伤，依法享受工伤保险待遇。如果不是从事新冠肺炎预防和救治的医护及相关工作人员，感染新冠肺炎是不能认定为工伤的。

法律法规及政策依据

人力资源社会保障部、财政部、国家卫生健康委《关于因履行工作职责感染新型冠状病毒肺炎的医护及相关工作人员有关保障问题的通知》（2020年1月23日 人社部函〔2020〕11号）

在新型冠状病毒肺炎预防和救治工作中，医护及相关工作人员因履行工作职责，感染新型冠状病毒肺炎或因感染新型冠状病毒肺炎死亡的，应认定为工伤，依法享受工伤保险待遇。

已参加工伤保险的上述工作人员发生的相关费用，由工伤保险基金和单位按工伤保险有关规定支付；未参加工伤保险的，由用人单位按照法定标准支付，财政补助单位因此发生的费用，由同级财政予以补助。

劳动者在上下班途中感染新冠肺炎是否算工伤？

答：在新冠肺炎预防和救治工作中，医护及相关工作人员因履行工作职责，感染新冠肺炎或因感染新冠肺炎死亡的，应认定为工伤，依法享受工伤保险待遇。在上下班途中，劳动者受到非本人主要责任的交通事故或者城市轨道交通、客运轮渡、火车事故伤害的属于工伤。故此，普通人在上下班途中感染新冠肺炎的不能认定为工伤。

法律法规及政策依据

《工伤保险条例》（2010年12月20日修订）

第十四条　职工有下列情形之一的，应当认定为工伤：

（一）在工作时间和工作场所内，因工作原因受到事故伤害的；

（二）工作时间前后在工作场所内，从事与工作有关的预备性或者收尾性工作受到事故伤害的；

（三）在工作时间和工作场所内，因履行工作职责受到暴力等意外伤害的；

（四）患职业病的；

（五）因工外出期间，由于工作原因受到伤害或者发生事故下落不明的；

（六）在上下班途中，受到非本人主要责任的交通事故或者城市轨道交通、客运轮渡、火车事故伤害的；

（七）法律、行政法规规定应当认定为工伤的其他情形。

28 劳动者从事志愿活动期间意外感染新冠肺炎，是否属于工伤？

答：劳动者在从事维护国家利益、公共利益的志愿活动中受到伤害的，有可能会被认定为工伤。志愿服务是指无偿向社会或者他人提供的公益服务，志愿服务体现了维护国家利益、公共利益的特征。

法律法规及政策依据

《工伤保险条例》（2010 年 12 月 20 日修订）

第十五条　职工有下列情形之一的，视同工伤：

（一）在工作时间和工作岗位，突发疾病死亡或者在 48 小时之内经抢救无效死亡的；

（二）在抢险救灾等维护国家利益、公共利益活动中受到伤害的；

（三）职工原在军队服役，因战、因公负伤致残，已取得革命伤残军人证，到用人单位后旧伤复发的。

职工有前款第（一）项、第（二）项情形的，按照本条例的有关规定享受工伤保险待遇；职工有前款第（三）项情形的，按照本条例的有关规定享受除一次性伤残补助金以外的工伤保险待遇。

六、劳动保护

29 用人单位在防疫期间如何承担安全保障义务？

答：用人单位在防疫期间，应当建立安全管理制度、落实疫情防控措施、及时消除病毒感染传播隐患、及时处理问题、及时进行报告；掌握并及时处理本单位存在的可能引发社会安全事件的问题，防止矛盾激化和事态扩大；对本单位可能发生的突发事件和采取安全防范措施的情况，应当按照规定及时向所在地人民政府或者人民政府有关部门报告。

法律法规及政策依据

《中华人民共和国突发事件应对法》（2007 年 8 月 30 日）

第二十二条　所有单位应当建立健全安全管理制度，定期检查本单位各项安全防范措施的落实情况，及时消除事故隐患；掌握并及时处理本单位存在的可能引发社会安全事件的问题，防止矛盾激化和事态扩大；对本单位可能发生的突发事件和采取安全防范措施的情况，应当按照规定及时向所在地人民政府或者人民政府有关部门报告。

30 企业复工后，劳动者能否以单位不提供口罩拒绝上班？

答：对于大多数企业而言，口罩并不是必须提供的劳动防护用品，如果劳动者的工作岗位或场所不属于必须佩戴口罩才能进行工作的情形，劳动者仅以没有口罩为由拒绝上班，视为违反劳动合同约定或违反单位管理制度，可以按照旷工处理。

法律法规及政策依据

（1）《中华人民共和国劳动法》（2018 年 12 月 29 日修正）

第五十四条　用人单位必须为劳动者提供符合国家规定的劳动安全卫生条件和必要的劳动防护用品，对从事有职业危害作业的劳动者应当定期进行健康检查。

（2）《中华人民共和国安全生产法》（2014 年 8 月 31 日修正）

第四十二条　生产经营单位必须为从业人员提供符合国家标准或者行业标准的劳动防护用品，并监督、教育从业人员按照使用规则佩戴、使用。

31 用人单位为保障复工，可否直接要求劳动者接受隔离措施？

答：不可以，用人单位无权对劳动者采取隔离措施。

对已经发生甲类传染病病例的场所或者该场所内的特定区域的人员，所在地的县级以上地方人民政府可以实施隔离措施，并同时向上一级人民政府报告；接到报告的上级人民政府应当即时作出是否批准的决定。上级人民政府作出不予批准决定的，实施隔离措施的人民政府应当立即解除隔离措施，隔离措施由县级及以上地方人民政府实施并报上一级人民政府报告批准之后实施。

法律法规及政策依据

《中华人民共和国传染病防治法》（2013 年 6 月 29 日修正）

第四十一条　对已经发生甲类传染病病例的场所或者该场所内的特定区域的人员，所在地的县级以上地方人民政府可以实施隔离措施，并同时向上一级人民政府报告；接到报告的上级人民政府应当即时作出是否批准的决定。上级人民政府作出不予批准决定的，实施隔离措施的人民政府应当立即解除隔离措施。

在隔离期间，实施隔离措施的人民政府应当对被隔离人员提供生活保障；被隔离人员有工作单位的，所在单位不得停止支付其隔离期间的工作报酬。

隔离措施的解除，由原决定机关决定并宣布。

32 用人单位提前复工可能会被追究何种法律责任？

答：本次新冠病毒系乙类传染病，但国家已经采取甲类传染病的预防和控制措施。如果由于用人单位擅自提前复工，并导致病毒交叉感染或有感染严重危险，或拒绝执行卫生防疫机构依照《传染病防治法》提出的预防、控制措施的，将可能被追究民事、行政或刑事法律责任。

法律法规及政策依据

（1）《中华人民共和国传染病防治法》（2013 年 6 月 29 日修正）

第七十七条　单位和个人违反本法规定，导致传染病传播、流行，给他人人身、财产造成损害的，应当依法承担民事责任。

（2）《中华人民共和国传染病防治法实施办法》（1991 年 12 月 6 日）

第七十条　有下列行为之一的单位和个人，县级以上政府卫生行政部门报请同级政府批准，对单位予以通报批评；对主管人员和直接责任人员由所在单位或者上级机关给予行政处分：

（一）传染病暴发、流行时，妨碍或者拒绝执行政府采取紧急措施的；

（二）传染病暴发、流行时，医疗保健人员、卫生防疫人员拒绝执行各级政府卫生行政部门调集其参加控制疫情的决定的；

（三）对控制传染病暴发、流行负有责任的部门拒绝执行政府有关控制疫情决定的；

（四）无故阻止和拦截依法执行处理疫情任务的车辆和人员的。

（3）《中华人民共和国刑法》（2017 年 11 月 4 日修正）

第三百三十条　违反传染病防治法的规定，有下列情形之一，引起甲类传染病传播或者有传播严重危险的，处三年以下有期徒刑或者拘役；后果特别严重的，处三年以上七年以下有期徒刑：

（一）供水单位供应的饮用水不符合国家规定的卫生标准的；

（二）拒绝按照卫生防疫机构提出的卫生要求，对传染病病原体污染的污水、污物、粪便进行消毒处理的；

（三）准许或者纵容传染病病人、病原携带者和疑似传染病病人从事国务院卫生行政部门规定禁止从事的易使该传染病扩散的工作的；

（四）拒绝执行卫生防疫机构依照传染病防治法提出的预防、控制措施的。

单位犯前款罪的，对单位判处罚金，并对其直接负责的主管人员和其他直接责任人员，依照前款的规定处罚。

甲类传染病的范围，依照《中华人民共和国传染病防治法》和国务院有关规定确定。

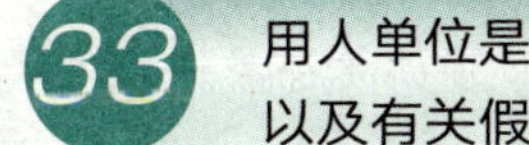

33 用人单位是否有权要求员工报告感染、疑似感染新冠肺炎相关情况，以及有关假期所在地、回岗路线、交通情况等个人信息？

答：可以。用人单位可以依法向员工收集与疫情防控相关的信息，包括但不限于地址、轨迹、健康信息等。用人单位不得收集与疫情防控无关的信息，且收集、处理或者披露应当符合个人信息保护的相关法律规定。

法律法规及政策依据

《中华人民共和国劳动合同法》（2012 年 12 月 28 日修正）

第八条　用人单位招用劳动者时，应当如实告知劳动者工作内容、工作条件、工作地点、职业危害、安全生产状况、劳动报酬，以及劳动者要求了解的其他情况；用人单位有权了解劳动者与劳动合同直接相关的基本情况，劳动者应当如实说明。

七、劳动合同解除

34 用人单位是否可以因疫情与劳动者解除劳动合同？

答：用人单位不能因疫情与劳动者解除劳动合同，劳动合同期限应当顺延至治愈为止。如果员工已经被确诊为新冠肺炎的，应当适用医疗期的相关规定，员工未被确诊为新冠肺炎，但被采取了隔离观察或其他隔离措施的，用人单位均不得依据《劳动合同法》第 40 条、第 41 条单方解除劳动合同，而且劳动合同期限应当顺延至隔离期、隔离措施或者其他紧急措施结束为止。

建议对于因疫情被隔离人员，用人单位应当优先考虑安排年休假，未复工时间较长的，用人单位与员工协商一致，可以安排员工待岗，待岗期间向员工发放生活费。

法律法规及政策依据

（1）**《中华人民共和国劳动合同法》**（2012 年 12 月 28 日修正）

第四十二条　劳动者有下列情形之一的，用人单位不得依照本法第四十条、第四十一条的规定解除劳动合同：

（一）从事接触职业病危害作业的劳动者未进行离岗前职业健康检查，或者疑似职业病病人在诊断或者医学观察期间的；

（二）在本单位患职业病或者因工负伤并被确认丧失或者部分丧失劳动能力的；

（三）患病或者非因工负伤，在规定的医疗期内的；

（四）女职工在孕期、产期、哺乳期的；

（五）在本单位连续工作满十五年，且距法定退休年龄不足五年的；

（六）法律、行政法规规定的其他情形。

（2）人力资源社会保障部办公厅《关于妥善处理新型冠状病毒感染的肺炎疫情防控期间劳动关系问题的通知》（2020年1月24日　人社厅明电〔2020〕5号）

一、对新型冠状病毒感染的肺炎患者、疑似病人、密切接触者在其隔离治疗期间或医学观察期间以及因政府实施隔离措施或采取其他紧急措施导致不能提供正常劳动的企业职工，企业应当支付职工在此期间的工作报酬，并不得依据劳动合同法第四十条、四十一条与职工解除劳动合同。在此期间，劳动合同到期的，分别顺延至职工医疗期期满、医学观察期期满、隔离期期满或者政府采取的紧急措施结束。

35 员工拒绝接受医学观察、检验、检查的，用人单位可以解除劳动合同吗？

答：员工拒绝接受医学观察、检验、检查的，用人单位应当立即向附近的疾病预防控制机构或者医疗机构报告；同时建议向公安机关、社区相关部门及时上报。如果员工被依法追究刑事责任的，用人单位可以解除劳动合同，不必支付经济补偿金。如果虽未被依法追究刑事责任，但在有关机构采取医学措施时不予以配合，或阻碍应急处理工作人员执行职务，情节严重或出现其他严重违反单位规章制度情形的，用人单位也可解除劳动合同，不必支付经济补偿金。

法律法规及政策依据

（1）《中华人民共和国传染病防治法》（2013年6月29日修正）

第三十一条　任何单位和个人发现传染病病人或者疑似传染病病人时，应当及时向附近的疾病预防控制机构或者医疗机构报告。

（2）《中华人民共和国劳动合同法》（2012年12月28日修正）

第三十九条　劳动者有下列情形之一的，用人单位可以解除劳动合同：

（一）在试用期间被证明不符合录用条件的；

（二）严重违反用人单位的规章制度的；

（三）严重失职，营私舞弊，给用人单位造成重大损害的；

（四）劳动者同时与其他用人单位建立劳动关系，对完成本单位的工作任务造成严重影响，或者经用人单位提出，拒不改正的；

（五）因本法第二十六条第一款第一项规定的情形致使劳动合同无效的；

（六）被依法追究刑事责任的。

（3）最高人民法院、最高人民检察院《关于办理妨害预防、控制突发传染病疫情等灾害的刑事案件具体应用法律若干问题的解释》（2003年5月14日　法释〔2003〕8号）

第一条　故意传播突发传染病病原体，危害公共安全的，依照刑法第一百一十四条、第一百一十五条第一款的规定，按照以危险方法危害公共安全罪定罪处罚。

患有突发传染病或者疑似突发传染病而拒绝接受检疫、强制隔离或者治疗，过失造成传染病传播，情节严重，危害公共安全的，依照刑法第一百一十五条第二款的规定，按照过失以危险方法危害公共安全罪定罪处罚。

36 劳动者患有新冠肺炎医疗期届满后，用人单位能否解除劳动合同？

答：劳动者患病或非因工负伤，在规定的医疗期满后不能从事原工作，也不能从事由用人单位另行安排的工作的，用人单位提前30日以书面形式通知劳动者本人或者额外支付劳动者一个月工资后，可以解除劳动合同，应当向劳动者支付经济补偿。如患有新冠病毒肺炎的劳动者医疗期届满尚未治愈，仍需要隔离治疗的，对新冠病毒肺炎患者在其隔离治疗期间，企业应当支付职工的工作报酬，并不得根据《劳动合同法》第40条、第41条与职工解除劳动合同。

法律法规及政策依据

(1)《中华人民共和国劳动合同法》(2012年12月28日修正)

第四十条 有下列情形之一的，用人单位提前三十日以书面形式通知劳动者本人或者额外支付劳动者一个月工资后，可以解除劳动合同：

（一）劳动者患病或者非因工负伤，在规定的医疗期满后不能从事原工作，也不能从事由用人单位另行安排的工作的；

（二）劳动者不能胜任工作，经过培训或者调整工作岗位，仍不能胜任工作的；

（三）劳动合同订立时所依据的客观情况发生重大变化，致使劳动合同无法履行，经用人单位与劳动者协商，未能就变更劳动合同内容达成协议的。

第四十六条 有下列情形之一的，用人单位应当向劳动者支付经济补偿：

（一）劳动者依照本法第三十八条规定解除劳动合同的；

（二）用人单位依照本法第三十六条规定向劳动者提出解除劳动合同并与劳动者协商一致解除劳动合同的；

（三）用人单位依照本法第四十条规定解除劳动合同的；

（四）用人单位依照本法第四十一条第一款规定解除劳动合同的；

（五）除用人单位维持或者提高劳动合同约定条件续订劳动合同，劳动者不同意续订的情形外，依照本法第四十四条第一项规定终止固定期限劳动合同的；

（六）依照本法第四十四条第四项、第五项规定终止劳动合同的；

（七）法律、行政法规规定的其他情形。

(2) 人力资源社会保障部办公厅《关于妥善处理新型冠状病毒感染的肺炎疫情防控期间劳动关系问题的通知》(2020年1月24日 人社厅明电〔2020〕5号)

一、对新型冠状病毒感染的肺炎患者、疑似病人、密切接触者在其隔离治疗期间或医学观察期间以及因政府实施隔离措施或采取其他紧急措施导致不能提供正常劳动的企业职工，企业应当支付职工在此期间的工作报酬，并不得依据劳动合同法第四十条、四十一条与职工解除劳动合同。在此期间，劳动合同到期的，分别顺延至职工医疗期期满、医学观察期期满、隔离期期满或者政府采取的紧急措施结束。

37 劳动者故意传播新冠病毒，用人单位能否解除劳动合同？

答：如劳动者故意传播传染病病毒构成犯罪依法被追究刑事责任的，用人单位可以解除劳动合同。

法律法规及政策依据

最高人民法院、最高人民检察院《关于办理妨害预防、控制突发传染病疫情等灾害的刑事案件具体应用法律若干问题的解释》（2003年5月14日　法释〔2003〕8号）

第一条　故意传播突发传染病病原体，危害公共安全的，依照刑法第一百一十四条、第一百一十五条第一款的规定，按照以危险方法危害公共安全罪定罪处罚。

患有突发传染病或者疑似突发传染病而拒绝接受检疫、强制隔离或者治疗，过失造成传染病传播，情节严重，危害公共安全的，依照刑法第一百一十五条第二款的规定，按照过失以危险方法危害公共安全罪定罪处罚。

38 疫情防控期间，用人单位可以进行经济性裁员吗？

答：可以，但不建议用人单位在此种情形下进行经济性裁员。

用人单位生产经营发生严重困难等原因时，需要裁减人员20人以上或者裁减不足20人但占用人单位职工总数10%以上的，用人单位提前30日向工会或者全体职工说明情况，听取工会或者职工的意见后，裁减人员方案经向劳动行政部门报告，可以裁减人员。

但在疫情防控期间，人力资源和社会保障部以及各地政府均提出建议，用人单位因受疫情影响导致生产经营困难的，可以通过与职工协商一致采取调整薪酬、轮岗轮休、缩短工时等方式稳定工作岗位，尽量不裁员或者少裁员。符合条件的用人单位，可按规定享受稳岗补贴。

法律法规及政策依据

（1）《中华人民共和国劳动合同法》（2012年12月28日修正）

第四十一条　有下列情形之一，需要裁减人员二十人以上或者裁减不足二十人但占企业职工总数百分之十以上的，用人单位提前三十日向工会或者全体职工说明情况，听取工会或者职工的意见后，裁减人员方案经向劳动行政部门报告，可以裁减人员：

（一）依照企业破产法规定进行重整的；

（二）生产经营发生严重困难的；

（三）企业转产、重大技术革新或者经营方式调整，经变更劳动合同后，仍需裁减人员的；

（四）其他因劳动合同订立时所依据的客观经济情况发生重大变化，致使劳动合同无法履行的。

裁减人员时，应当优先留用下列人员：

（一）与本单位订立较长期限的固定期限劳动合同的；

（二）与本单位订立无固定期限劳动合同的；

（三）家庭无其他就业人员，有需要扶养的老人或者未成年人的。

用人单位依照本条第一款规定裁减人员，在六个月内重新招用人员的，应当通知被裁减的人员，并在同等条件下优先招用被裁减的人员。

（2）人力资源社会保障部办公厅《关于妥善处理新型冠状病毒感染的肺炎疫情防控期间劳动关系问题的通知》（2020年1月24日　人社厅明电〔2020〕5号）

二、企业因受疫情影响导致生产经营困难的，可以通过与职工协商一致采取调整薪酬、轮岗轮休、缩短工时等方式稳定工作岗位，尽量不裁员或者少裁员。符合条件的企业，可按规定享受稳岗补贴。企业停工停产在一个工资支付周期内的，企业应按劳动合同规定的标准支付职工工资。超过一个工资支付周期的，若职工提供了正常劳动，企业支付给职工的工资不得低于当地最低工资标准。职工没有提供正常劳动的，企业应当发放生活费，生活费标准按各省、自治区、直辖市规定的办法执行。

用人单位因疫情与劳动者解除劳动合同，应当向劳动者支付解除劳动合同经济补偿金还是支付违法解除劳动合同赔偿金？

答：如果用人单位以员工被确诊为新冠肺炎或被隔离治疗、观察、留验，或被采取其他隔离措施为由，与员工解除劳动关系的，属于违法解除劳动合同，应当支付违法解除劳动合同赔偿金，按照经济补偿金的双倍支付赔偿金。

补偿金计算方式为：每满 1 年支付 1 个月工资的标准向劳动者支付。6 个月以上不满 1 年的，按 1 年计算；不满 6 个月的，向劳动者支付半个月工资的经济补偿。劳动者月工资高于用人单位所在直辖市、设区的市级人民政府公布的本地区上年度职工月平均工资 3 倍的，向其支付经济补偿的标准按职工月平均工资 3 倍的数额支付，向其支付经济补偿的年限最高不超过 12 年。月工资是指劳动者在劳动合同解除或者终止前 12 个月的平均工资。

法律法规及政策依据

《中华人民共和国劳动合同法》（2012 年 12 月 28 日修正）

第四十七条　经济补偿按劳动者在本单位工作的年限，每满一年支付一个月工资的标准向劳动者支付。六个月以上不满一年的，按一年计算；不满六个月的，向劳动者支付半个月工资的经济补偿。

劳动者月工资高于用人单位所在直辖市、设区的市级人民政府公布的本地区上年度职工月平均工资三倍的，向其支付经济补偿的标准按职工月平均工资三倍的数额支付，向其支付经济补偿的年限最高不超过十二年。

本条所称月工资是指劳动者在劳动合同解除或者终止前十二个月的平均工资。

第八十七条　用人单位违反本法规定解除或者终止劳动合同的，应当依照本法第四十七条规定的经济补偿标准的二倍向劳动者支付赔偿金。

八、劳动争议

用人单位要求劳动者返岗，劳动者拒绝返岗，是否构成违纪？

答：这种情形要根据用人单位的性质和工作内容区别处理。在本次疫情防控工作中涉及保障城乡运行必需（供水、供电、油气、通讯、公共交通、环保、市政环卫等行业）、疫情防控必需（医疗器械、药品、防护用品生产运输和销售等行业）、群众生活必需（超市卖场、食品生产、物流配送等行业）和其他涉及重要国计民生急需复工的相关用人单位，可以要求员工提前复工，若员工拒绝的，用人单位可以按照规章制度作为违纪处理。而上述情形之外的各类用人单位，不得早于当地政府规定的延迟复工时间提前复工，用人单位违反规定要求员工提前复工的，员工有权拒绝，且不得作为违纪处理。

法律法规及政策依据

（1）《中华人民共和国劳动合同法》（2012年12月28日修正）

第三十九条　劳动者有下列情形之一的，用人单位可以解除劳动合同：

（一）在试用期间被证明不符合录用条件的；

（二）严重违反用人单位的规章制度的；

（三）严重失职，营私舞弊，给用人单位造成重大损害的；

（四）劳动者同时与其他用人单位建立劳动关系，对完成本单位的工作任务造成严重影响，或者经用人单位提出，拒不改正的；

（五）因本法第二十六条第一款第一项规定的情形致使劳动合同无效的；

（六）被依法追究刑事责任的。

（2）北京市人民政府《关于新型冠状病毒感染的肺炎疫情防控期间本市企业灵活安排工作的通知》（2020年1月31日　京政发〔2020〕3号）

一、在2020年2月9日24时前，本市行政区域内疫情防控必需（药品、防护用品以及医疗器械生产、运输、销售等行业）、保障城市运行必需（供水、供电、油气、通讯、市政、市内公共交通等行业）、群众生活必需（超市卖场、食品生产和供应、物流配送、物业等行业）、重点项目建设施工以及其他涉及重要国计民生的相关企业应当安排职工正常到单位上班。

当事人因受疫情影响无法在仲裁时效内申请劳动人事争议仲裁的，仲裁时效如何计算？

答：因受疫情影响造成当事人不能在法定仲裁时效期间申请劳动人事争议

仲裁的，仲裁时效中止。从中止时效的原因消除之日起，仲裁时效期间继续计算。因受疫情影响导致劳动人事争议仲裁机构难以按法定时限审理案件的，可相应顺延审理期限。

法律法规及政策依据

人力资源社会保障部办公厅《关于妥善处理新型冠状病毒感染的肺炎疫情防控期间劳动关系问题的通知》（2020年1月24日　人社厅明电〔2020〕5号）

三、因受疫情影响造成当事人不能在法定仲裁时效期间申请劳动人事争议仲裁的，仲裁时效中止。从中止时效的原因消除之日起，仲裁时效期间继续计算。因受疫情影响导致劳动人事争议仲裁机构难以按法定时限审理案件的，可相应顺延审理期限。

42 推迟复工期间，上诉期限、举证期限等诉讼期限是否停止计算？

答：不停止计算。2020年春节假期延长至2020年2月2日，如上诉期间、举证期限等期限的最后一日在延长后的春节假期期间届满的，则应顺延至2月3日。所以，除另有规定外，相关诉讼当事人、诉讼代理人均应在法定期限内及时进行相关诉讼活动，但是，当地仲裁机构、法院发布具体规定可以延长有关期限的除外。

法律法规及政策依据

《中华人民共和国民事诉讼法》（2017年6月27日修正）

第八十二条　期间包括法定期间和人民法院指定的期间。

期间以时、日、月、年计算。期间开始的时和日，不计算在期间内。

期间届满的最后一日是节假日的，以节假日后的第一日为期间届满的日期。

期间不包括在途时间，诉讼文书在期满前交邮的，不算过期。

CHAPTER 02

婚姻家事

第二章

撰稿人

北京市东卫律师事务所
李军　李力争　李丹

2019 年 12 月以来，新冠肺炎突然暴发，我国先后有 31 个省、自治区、直辖市为防控新冠肺炎疫情启动重大突发公共卫生事件一级响应。为了有效控制疫情，各地按照党中央和国务院统一安排采取疫区封锁、交通管制、限制出行、居家隔离、停工、停业、停课等措施，公证处、法院等机关基本上也采取网上办公的方式，所有这些举措，都给民众在婚姻家庭与继承等家事领域的涉诉涉法行为带来了严重的影响。

在目前严峻的疫情形势下，本章将对民众在本次疫情中已经遇到或者可能遇到的结婚、离婚、子女抚养、监护、继承、诉讼等家事法律问题，以问答形式进行解读，为广大民众解疑答惑，以利民众理智面对家事纠纷，使其顺利圆满解决。

一、结婚与婚礼

新冠肺炎疫情防控期间可以办理结婚登记吗？

答：可以。但是疫情当下，北京市、湖南省、重庆市、四川省、贵州省、上海市、安徽省、湖北省、广东省与山东省（济南市）等省、直辖市，均已全面取消2020年2月2日（周日）等“吉利日期”婚姻预约登记，多数省、自治区、直辖市同时还暂停结婚颁证服务与举办集体颁证仪式。部分省、直辖市，如北京市、安徽省规定在正常上班期间虽可办理结婚登记，但建议公众和结婚登记申请人理性对待结婚登记日期，不要一味选择所谓“吉利日期”登记，要避免“扎堆登记”，避免人群集中，最好提前网上预约，分散登记。

法律法规及政策依据

北京市民政局《关于取消2020年2月2日办理结婚登记的公告》（2020年1月30日）

根据党中央和国务院有关决策部署和民政部有关要求，为加强新型冠状病毒感染的肺炎疫情防控工作，避免人员聚集，阻断疫情传播，有效保护人民群众的生命安全和身体健康，全市已启动重大突发公共卫生事件一级响应机制，经市政府批准，取消全市婚姻登记机构原定于2020年2月2日（周日）为新人办理结婚登记。

新型冠状病毒感染肺炎疫情防控期间，正常工作日办理婚姻登记的，实行网上预约。请已经预约2月2日办理结婚登记的新人们根据自身情况重新预约时间，具体情况可向各区民政局婚姻登记机构咨询。建议公众和结婚登记申请人理性对待结婚登记日期，从自身健康和安全角度考虑，尽量不要集中在2月14日、2月22日登记。

02 农村地区因受新冠肺炎疫情影响，男女双方未在原定时间办理结婚登记，给付彩礼的一方可以以疫情为由请求退还彩礼吗？

答：不能。因为此时男女双方因客观疫情限制不能在原定时间办理结婚登记手续，并非不再办理结婚登记手续，而是办理结婚登记手续时间的延后，不属于最高人民法院司法解释规定的双方未办理结婚登记手续应该返还对方按照习俗给付的彩礼的情形。当然，双方由于对疫情的认知差异以及其他矛盾等原因而不再办理结婚登记手续的，则给付彩礼的一方可以请求对方退还彩礼。

法律法规及政策依据

最高人民法院《关于适用〈中华人民共和国婚姻法〉若干问题的解释（二）》（2003年12月25日 法释〔2003〕19号）

第十条 当事人请求返还按照习俗给付的彩礼的，如果查明属于以下情形，人民法院应当予以支持：

（一）双方未办理结婚登记手续的；

（二）双方办理结婚登记手续但确未共同生活的；

（三）婚前给付并导致给付人生活困难的。

适用前款第（二）、（三）项的规定，应当以双方离婚为条件。

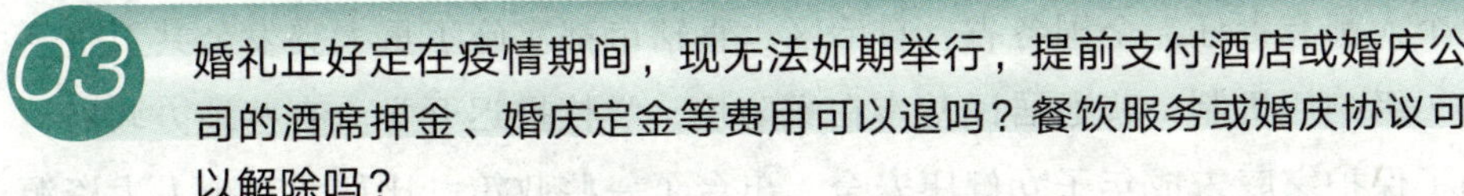

03 婚礼正好定在疫情期间，现无法如期举行，提前支付酒店或婚庆公司的酒席押金、婚庆定金等费用可以退吗？餐饮服务或婚庆协议可以解除吗？

答：可以。当事人取消预定婚宴、婚庆从而请求退款的行为，属于单方解除与酒店、婚庆公司之间签订的餐饮服务、庆典服务等合同。其单方解除合同的行为虽属违约，但由于其单方解除合同是因为受新冠肺炎疫情的影响，而该疫情属于不能预见、不能避免并不能克服的不可抗力因素，因此不能履行合同的，根据我国《合同法》的规定，其可以单方解除合同，且单方解除合同的违约行为，根据不可抗力的影响，可以部分或者全部免除违约责任。因此，当事人可以不承担违约责任。此外，根据《合同法》的规定，当事人可以请求退还其已交付的押金、定金等款项。

当然，如果双方经友好协商，也可以不解除原合同，押金、定金等不退，而是变更合同部分内容，比如延期举办婚礼、酒宴等。

法律法规及政策依据

《中华人民共和国合同法》（1999年3月15日）

第九十七条　合同解除后，尚未履行的，终止履行；已经履行的，根据履行情况和合同性质，当事人可以要求恢复原状、采取其他补救措施，并有权要求赔偿损失。

第一百一十七条　因不可抗力不能履行合同的，根据不可抗力的影响，部分或者全部免除责任，但法律另有规定的除外。当事人迟延履行后发生不可抗力的，不能免除责任。

本法所称不可抗力，是指不能预见、不能避免并不能克服的客观情况。

二、未成年人及老年人权益保护

04 目前疫情形势严峻，各大专院校、中小学、幼儿园推迟开学时间，而家长需要上班，未成年孩子如何看护？

答：目前疫情控制虽有向好趋势但依然严峻，防范疫情蔓延是重中之重，每个人都有责任。全国各省、自治区、直辖市都实施了重大突发公共卫生事件一级响应机制，普通居民基本在家防疫，学校推迟开学。有些地方政府，为了保护家庭未成年子女健康安全，出台了一些政策，比如北京市人力资源和社会保障局联合北京市教育委员会发布《关于因防控疫情推迟开学企业职工看护未成年子女期间工资待遇问题的通知》（京人社劳字〔2020〕13号），规定每户家庭可有一名职工在家看护未成年子女，视为因政府实施隔离措施或采取其他紧急措施导致不能提供正常劳动的情形，期间的工资待遇由职工所属企业按出勤照发。目前其他各省市已制定和正在制定类似的规定，以保护未成年子女的合法权益。

法律法规及政策依据

北京市人力资源和社会保障局、北京市教育委员会《关于因防控疫情推迟开学企业职工看护未成年子女期间工资待遇问题的通知》（2020年1月31日　京人社劳字〔2020〕13号）

一、每户家庭可有一名职工在家看护未成年子女，视为因政府实施隔离措施或采取其他紧急措施导致不能提供正常劳动的情形，期间的工资待遇由职工所属企业按出勤照发。

二、职工看护未成年子女期间，企业不得解除劳动合同；劳动合同到期的，顺延至政府实施隔离措施或采取其他紧急措施结束。

三、鼓励在家看护职工采用电话、网络等灵活办公方式提供劳动；鼓励职工之间调班轮休，发扬互助友爱精神，保证工作和生产正常运转。

05 疫情防控期间，因疑似感染新冠肺炎，父母被隔离，如何对残疾、智障等儿童进行监护、如何保护其生命及身体健康？

答：首先，父母应未雨绸缪，为孩子建立个人档案，提供给临时照顾者或其他监护人，以备不时之需；其次，在家中储备应急物品，如应急食品、应急药品、孩子的特殊用药、照明用品、求救用品（如求生哨、手机、电话）等；最后，根据关系亲疏和获得帮助的难易程度，在维护和家人、朋友感情的同时，为孩子提前建立一个社会支持网络，以便紧急情况发生时，孩子能第一时间得到来自社会支持网络的帮助。

法律法规及政策依据

《中华人民共和国民法总则》（2017年3月15日）

第二十七条　父母是未成年子女的监护人。

未成年人的父母已经死亡或者没有监护能力的，由下列有监护能力的人按顺序担任监护人：

（一）祖父母、外祖父母；

（二）兄、姐；

（三）其他愿意担任监护人的个人或者组织，但是须经未成年人住所地的居民委员会、村民委员会或者民政部门同意。

06 对疫区甚至封城疫区的空巢老人或独居老人（其子女在外地或国外，不能返回），如果病重需要住院医疗手术时谁替他们签字？如失能，财产如何保护维权？如去世，丧葬事宜谁负责处理？

答：出现上述情况，可以用我国民法规定的意定监护制度来解决。意定监护，是指被监护人在有意思表达能力时为自己选任监护人，并将自己的人身照顾和财产管理等事宜委托给监护人，待自己丧失或者部分丧失民事行为能力时，由监护人按照被监护人的意愿处理生活照管、医疗救治、财产管理、维权诉讼和死亡丧葬等监护事宜的制度。我国《民法总则》《老年人权益保障法》对此都作出了规定，老年人在意识清醒、有民事行为能力的情况下，可以与自己的近亲属或者与自己关系密切、愿意承担监护责任的个人、组织，协商确定自己的监护人。在自己丧失或者部分丧失民事行为能力时，由这些个人或组织依法承担监护责任。

在目前疫情防控的情势下，空巢老人或独居老人、心智障碍子女家长、失独家长、婚姻危机的夫妻等人群，可以根据自己的具体情况，签订一份意定监护协议，降低风险的影响，给自己上一份法律上的“意外保险”。不过，因为意定监护属于比较新兴的制度，最好去公证处办理意定监护协议公证，这样更能保证协议的合法性和可操作性。

法律法规及政策依据

（1）《中华人民共和国民法总则》（2017 年 3 月 15 日）

第三十三条　具有完全民事行为能力的成年人，可以与其近亲属、其他愿意担任监护人的个人或者组织事先协商，以书面形式确定自己的监护人。协商确定的监护人在该成年人丧失或者部分丧失民事行为能力时，履行监护职责。

（2）《中华人民共和国老年人权益保障法》（2018 年 12 月 29 日修正）

第二十六条第一款　具备完全民事行为能力的老年人，可以在近亲属或者其他与自己关系密切、愿意承担监护责任的个人、组织中协商确定自己的监护人。监护人在老年人丧失或者部分丧失民事行为能力时，依法承担监护责任。

某企业家有一家大的公司，还有房产若干，妻子已经离世，有儿女各一人，儿子成年，女儿未成年。现企业家感染新冠肺炎，病情较重，住院治疗期间，可以订立遗嘱信托从而更好地保护未成年女儿权益吗？

答：可以。与遗嘱继承相比较，以遗嘱信托方式设计财产传承有更大的弹性空间，更能体现委托人的意旨，灵活执行委托人意图，并且遗嘱信托受托人只依照委托人的意志进行财产管理，而不受继承人或者其他利害关系人的干涉。设立遗嘱信托不仅可以避免继承人、利害关系人的干涉，还可以避免未成年子女被不当侵害而不能及时救济或者因为取证不能而无法得到救济。尤其对公司股权设置遗嘱信托，具有更大的优势，一是可以由专业人士管理公司，二是可以避免股权被侵夺旁落。

遗嘱信托可以更好地保护继承法上的弱者，我国《继承法》虽然规定了遗嘱应当对缺乏劳动能力又没有生活来源的继承人保留必要的遗产份额，但是依此规定，遗嘱只能对这些未成年人、患病被扶养人、老人等安排一定数额的财产，而不能进行量身定做的财产管理安排。该企业家病情较重，生死不可预料，在这种情况下，可以设定遗嘱信托，将公司及房产委托给专业机构代为管理，由机构负责抚养未成年女儿，股权红利用来照顾女儿生活，房产收益归儿子，女儿若死亡股权红利分配给儿子。如此安排既避免了遗产侵夺大战，又避免了继承法上的弱者权益受到不当侵害。

法律法规及政策依据

（1）《中华人民共和国信托法》（2001 年 4 月 28 日）

第八条　设立信托，应当采取书面形式。

书面形式包括信托合同、遗嘱或者法律、行政法规规定的其他书面文件等。

采取信托合同形式设立信托的，信托合同签订时，信托成立。采取其他书面形式设立信托的，受托人承诺信托时，信托成立。

第十三条　设立遗嘱信托，应当遵守继承法关于遗嘱的规定。

遗嘱指定的人拒绝或者无能力担任受托人的，由受益人另行选任受托人；受益人为无民事行为能力人或者限制民事行为能力人的，依法由其监护人代行选任。遗嘱对选任受托人另有规定的，从其规定。

（2）**《中华人民共和国继承法》**（1985年4月10日）

第十九条　遗嘱应当对缺乏劳动能力又没有生活来源的继承人保留必要的遗产份额。

疫情防控期间，疑似病例与确诊患者为不具有完全民事行为能力人的，应当如何确定其监护人？

答：上述问题需要区分三种情况进行分析。

第一种情况，疑似病例与确诊患者系不具有完全民事行为能力的未成年人的，根据我国《民法总则》的规定，其父母为其法定的当然的监护人。若其父母因感染新型冠状病毒死亡或者因此没有监护能力的，由下列有监护能力的人按顺序担任监护人：（1）祖父母、外祖父母；（2）兄、姐；（3）其他愿意担任监护人的个人或者组织，但是须经未成年人住所地的居民委员会、村民委员会或者民政部门同意。

第二种情况，疑似病例与确诊患者系不具有完全民事行为能力的成年人的，根据我国《民法总则》的规定，应由下列不属于疑似病例或确诊患者的有监护能力的人按顺序担任监护人：（1）配偶；（2）父母、子女；（3）其他近亲属；（4）其他愿意担任监护人的个人或者组织，但是须经被监护人住所地的居民委员会、村民委员会或者民政部门同意。需要特别说明的是，在前述两种情况下，父或母担任监护人的，根据《民法总则》的规定，父或母中最后死亡的一方，可以通过遗嘱指定监护人。

第三种情况，疑似病例与确诊患者作为具有完全民事行为能力的成年人，在新冠肺炎疫情防控期间，丧失或者部分丧失民事行为能力的，若其在丧失或者部分丧失民事行为能力以前，已与其近亲属、其他愿意担任监护人的个人或者组织事先协商，以书面形式确定自己的监护人的，则由其意定监护人履行监护职责。

法律法规及政策依据

（1）《中华人民共和国民法总则》（2017年3月15日）

第二十七条 父母是未成年子女的监护人。

未成年人的父母已经死亡或者没有监护能力的，由下列有监护能力的人按顺序担任监护人：

（一）祖父母、外祖父母；

（二）兄、姐；

（三）其他愿意担任监护人的个人或者组织，但是须经未成年人住所地的居民委员会、村民委员会或者民政部门同意。

第二十八条 无民事行为能力或者限制民事行为能力的成年人，由下列有监护能力的人按顺序担任监护人：

（一）配偶；

（二）父母、子女；

（三）其他近亲属；

（四）其他愿意担任监护人的个人或者组织，但是须经被监护人住所地的居民委员会、村民委员会或者民政部门同意。

第二十九条 被监护人的父母担任监护人的，可以通过遗嘱指定监护人。

第三十三条 具有完全民事行为能力的成年人，可以与其近亲属、其他愿意担任监护人的个人或者组织事先协商，以书面形式确定自己的监护人。协商确定的监护人在该成年人丧失或者部分丧失民事行为能力时，履行监护职责。

（2）《中华人民共和国老年人权益保障法》（2018年12月29日修正）

第二十六条第一款 具备完全民事行为能力的老年人，可以在近亲属或者其他与自己关系密切、愿意承担监护责任的个人、组织中协商确定自己的监护人。监护人在老年人丧失或者部分丧失民事行为能力时，依法承担监护责任。

三、家事纠纷处理

疫情防控期间，离婚、继承等家事案件，可以去法院立案吗？

答：可以立案。但是鉴于目前疫情严重，防控形势严峻，各法院一般不再接受直接去法院立案窗口立案的方式。各法院建议当事人、诉讼代理人尽量使用官方网站、“移动微法院”、12368热线、法院诉讼服务微信公众号等信息平台，在线开展立案、缴费、调解、查阅档案等诉讼活动。不便网上立案的，当事人、诉讼代理人可以选择邮寄立案，将立案材料通过邮寄方式向法院提交，在邮件封皮上注明“邮寄立案”。

法律法规及政策依据

北京市高级人民法院《关于新型冠状病毒感染肺炎疫情防控期间全市法院调整立案、诉讼服务和信访接待工作方式的通告》（2020年1月31日）

1.疫情防控期间,到我市三级法院立案的,通过北京法院审判信息网(http://www.bjcourt.gov.cn）、“北京移动微法院”信息平台进行网上立案。不便网上立案的，可选择邮寄方式立案。

2.疫情防控期间，群众需要联系法官、递交诉讼材料、查询诉讼进展、咨询诉讼事项等诉讼服务的，通过北京法院审判信息网、12368热线、“北京法院诉讼服务”微信公众号、“北京移动微法院”信息平台等线上渠道进行。

3.疫情防控期间，群众申诉信访通过北京法院审判信息网、12345政法民声热线等线上渠道进行，或者将信访材料邮寄相关法院。

疫情防控期间，一方起诉离婚，而另一方感染新冠肺炎，又不放弃孩子抚养权，子女抚养权该如何判定？

答：若夫妻一方已被确诊属于新冠肺炎患者或者属于疑似病例，在其未被治愈或虽被治愈但有被再感染风险的情况下，出于对子女身心健康的最大化保护，一般宜由非感染方抚养。若夫妻双方均不属于新冠肺炎确诊患者或者疑似病例，则仍然需要综合考虑双方是否处于疫情严重地区、被感染风险大小以及其他影响子女身心健康的因素确定。若夫妻双方均属于新冠肺炎确诊患者或者疑似病例，除疫情防控期间按规定隔离治疗外，疫情防控结束后，也需要综合考虑双方治愈情况、健康状况、子女的年龄、子女随其生活时间长短、子女随祖父母或者外祖父母生活时间长短、生育能力、有无其他子女等因素确定。

法律法规及政策依据

最高人民法院《关于人民法院审理离婚案件处理子女抚养问题的若干具体意见》（1993年11月3日 法发〔1993〕30号）

1. 两周岁以下的子女，一般随母方生活。母方有下列情形之一的，可随父方生活：

（1）患有久治不愈的传染性疾病或其他严重疾病，子女不宜与其共同生活的；

（2）有抚养条件不尽抚养义务，而父方要求子女随其生活的；

（3）因其他原因，子女确无法随母方生活的。

3. 对两周岁以上未成年的子女，父方和母方均要求随其生活，一方有下列情形之一的，可予优先考虑：

（1）已做绝育手术或因其他原因丧失生育能力的；

（2）子女随其生活时间较长，改变生活环境对子女健康成长明显不利的；

（3）无其他子女，而另一方有其他子女的；

（4）子女随其生活，对子女成长有利，而另一方患有久治不愈的传染性疾病或其他严重疾病，或者有其他不利于子女身心健康的情形，不宜与子女共同生活的。

4. 父方与母方抚养子女的条件基本相同，双方均要求子女与其共同生活，但子女单独随祖父母或外祖父母共同生活多年，且祖父母或外祖父母要求并且有能力帮助子女照顾孙子女或外孙子女的，可作为子女随父或母生活的优先条件予以考虑。

11 夫妻离婚了，孩子判给女方抚养，男方每半个月探视孩子一次。男方是某单位业务员，经常去外地出差，前些日子还去过疫情严重地区，疫情期间，为了孩子的健康，女方有权阻止男方探望孩子吗？

答：可以。探望权是不可剥夺的，这既是法律规定，也是人之常理。但是由于目前疫情形势依然严峻，自行隔离在住处可以将感染新型冠状病毒的风险降至最低，不直接抚养子女的父或母一方，此时行使探望权不利于子女身心健康，为最大化保护子女的身心健康，根据我国《婚姻法》的规定，直接抚养子女的父或母一方，在新冠肺炎疫情防控期间，可以请求另一方中止探望，拒绝另一方到子女住处或者将子女带离其住处进行探望。待中止的事由消失后，应当恢复探望的权利。

法律法规及政策依据

《中华人民共和国婚姻法》（2001 年 4 月 28 日修正）

第三十八条　离婚后，不直接抚养子女的父或母，有探望子女的权利，另一方有协助的义务。

行使探望权利的方式、时间由当事人协议；协议不成时，由人民法院判决。

父或母探望子女，不利于子女身心健康的，由人民法院依法中止探望的权利；中止的事由消失后，应当恢复探望的权利。

12 疫情防控期间，男方在女方分娩后一年内或中止妊娠后六个月内的离婚请求权限制期限是否会中止？

答：不会。前述女方分娩后一年内或中止妊娠后六个月内的期间属于除斥期间，与诉讼时效期间适用中止、中断的法律规则不同，该期间不会因为新冠肺炎疫情这种不可抗力而中止，也不会因为权利人提起诉讼而中断。

法律法规及政策依据

《中华人民共和国婚姻法》（2001年4月28日修正）

第三十四条　女方在怀孕期间、分娩后一年内或中止妊娠后六个月内，男方不得提出离婚。女方提出离婚的，或人民法院认为确有必要受理男方离婚请求的，不在此限。

13 疫情防控期间，一方在离婚后，根据我国《婚姻法》第47条的规定请求再次分割夫妻共同财产的两年诉讼时效是否中止？

答：中止。由于新冠肺炎疫情属于不能预见、不能避免且不能克服的不可抗力情形，根据我国《民法总则》的规定，诉讼时效中止，待不可抗力消除之日起继续计算至满六个月，诉讼时效期间届满。

法律法规及政策依据

（1）《中华人民共和国婚姻法》（2001年4月28日修正）

第四十七条　离婚时，一方隐藏、转移、变卖、毁损夫妻共同财产，或伪造债务企图侵占另一方财产的，分割夫妻共同财产时，对隐藏、转移、变卖、毁损夫妻共同财产或伪造债务的一方，可以少分或不分。离婚后，另一方发现有上述行为的，可以向人民法院提起诉讼，请求再次分割夫妻共同财产。

人民法院对前款规定的妨害民事诉讼的行为，依照民事诉讼法的规定予以制裁。

（2）最高人民法院《关于适用〈中华人民共和国婚姻法〉若干问题的解释（一）》（2001年12月25日　法释〔2001〕30号）

第三十一条　当事人依据婚姻法第四十七条的规定向人民法院提起诉讼，请求再次分割夫妻共同财产的诉讼时效为两年，从当事人发现之次日起计算。

（3）《中华人民共和国民法总则》（2017年3月15日）

第一百八十八条　向人民法院请求保护民事权利的诉讼时效期间为三年。法律另有规定的，依照其规定。

诉讼时效期间自权利人知道或者应当知道权利受到损害以及义务人之日起

计算。法律另有规定的，依照其规定。但是自权利受到损害之日起超过二十年的，人民法院不予保护；有特殊情况的，人民法院可以根据权利人的申请决定延长。

第一百九十四条 在诉讼时效期间的最后六个月内，因下列障碍，不能行使请求权的，诉讼时效中止：

（一）不可抗力；

自中止时效的原因消除之日起满六个月，诉讼时效期间届满。

14 一方对离婚协议反悔，即将满一年，但因管控疫情限制出行，是否必须在一年提起诉讼，否则丧失诉讼时效？

答：是的。双方登记离婚后针对财产分割协议有请求变更或撤销权。我国婚姻法司法解释规定，男女双方协议离婚后一年内就财产分割问题反悔，请求变更或者撤销财产分割协议的，人民法院应当受理。人民法院审理后，未发现订立财产分割协议时存在欺诈、胁迫等情形的，应当依法驳回当事人的诉讼请求。需要明确指出的是，此一年时间属于除斥期间，《民法总则》以及婚姻法司法解释均明确其不适用有关诉讼时效中止、中断和延长的规定。存续期间届满，撤销权、解除权等权利均消灭。因此，在疫情管控情形下，当事人如不能及时行使权利，便会产生权利消灭后果。当前，由于疫情发生和传播的不确定性，加之目前仍在实行严格的防控措施，要求当事人在当下第一时间立案诉讼有违基本的公平原则，也不近人情，但是在国家立法机关尚未明确可以延长的情况下，当事人还是应当通过网上立案、邮寄立案等可能的方式，尽快在一年期限内立案。

法律法规及政策依据

最高人民法院《关于适用〈中华人民共和国婚姻法〉若干问题的解释（二）》(2003年12月25日 法释〔2003〕19号）

第九条 男女双方协议离婚后一年内就财产分割问题反悔，请求变更或者撤销财产分割协议的，人民法院应当受理。

人民法院审理后，未发现订立财产分割协议时存在欺诈、胁迫等情形的，应当依法驳回当事人的诉讼请求。

15 疫情防控期间，一方发现对方的出轨证据，而疫情严重，是否必须在一年内提起离婚损害赔偿诉讼，否则丧失诉讼时效？

答：是的。我国婚姻法司法解释对这个问题作出了规定，要求在离婚后一年内提起诉讼，并且最高人民法院已经明确上述一年期的性质为除斥期间。既然为除斥期间，就不适用有关诉讼时效中止、中断和延长的规定。当事人还是应当通过网上立案、邮寄立案等可能的方式，尽快在一年期限内立案。

法律法规及政策依据

（1）《中华人民共和国婚姻法》（2001年4月28日修正）

第四十六条　有下列情形之一，导致离婚的，无过错方有权请求损害赔偿：

（一）重婚的；

（二）有配偶者与他人同居的；

（三）实施家庭暴力的；

（四）虐待、遗弃家庭成员的。

（2）最高人民法院《关于适用〈中华人民共和国婚姻法〉若干问题的解释（二）》（2003年12月25日　法释〔2003〕19号）

第二十七条　当事人在婚姻登记机关办理离婚登记手续后，以婚姻法第四十六条规定为由向人民法院提出损害赔偿请求的，人民法院应当受理。但当事人在协议离婚时已经明确表示放弃该项请求，或者在办理离婚登记手续一年后提出的，不予支持。

16 疫情防控期间，受胁迫婚姻、无效婚姻，是否必须在一年内提出，否则丧失诉讼时效？

答：是的。当事人对受胁迫婚姻有撤销权，对缔结的婚姻有申请宣告无效权。我国《婚姻法》及婚姻法司法解释对此都有规定，而且规定的期限都是一年。最高人民法院将胁迫婚姻或无效婚姻规定的一年期间明确为除斥期间，那就不适用有关诉讼时效中止、中断和延长的规定，当事人应当通过网上立案、邮寄立案等可能的方式，尽快在一年期限内立案，否则丧失应有的权利。

法律法规及政策依据

(1)《中华人民共和国婚姻法》（2001 年 4 月 28 日修正）

第十一条　因胁迫结婚的，受胁迫的一方可以向婚姻登记机关或人民法院请求撤销该婚姻。受胁迫的一方撤销婚姻的请求，应当自结婚登记之日起一年内提出。被非法限制人身自由的当事人请求撤销婚姻的，应当自恢复人身自由之日起一年内提出。

（2）最高人民法院《关于适用〈中华人民共和国婚姻法〉若干问题的解释（一）》（2001 年 12 月 25 日　法释〔2001〕30 号）

第十二条　婚姻法第十一条规定的“一年”，不适用诉讼时效中止、中断或者延长的规定。

（3）最高人民法院《关于适用〈中华人民共和国婚姻法〉若干问题的解释（二）》(2003 年 12 月 25 日　法释〔2003〕19 号）

第五条　夫妻一方或者双方死亡后一年内，生存一方或者利害关系人依据婚姻法第十条的规定申请宣告婚姻无效的，人民法院应当受理。

如果父亲被传染上新冠肺炎，他吃低保，没有什么积蓄，也没有医保，作为儿子有责任赡养老人和支付医疗费，可是家中积蓄都由妻子掌管，如果她不同意支付，我可以起诉要求婚内分割夫妻共同财产给父亲治病吗？

答: 可以。一般而言，在婚姻关系存续期间，夫妻共同财产由双方共同使用、共同享有权利和承担义务，在不要求离婚的情况下是不能分割夫妻共同财产的，但当特定情形出现而不得不要求分割夫妻共同财产时，法律人性化的赋予了支持婚内财产分割的例外规定。最高人民法院《关于适用〈中华人民共和国婚姻法〉若干问题的解释（三）》规定，一方负有法定扶养义务的人患重大疾病需要医治，另一方不同意支付相关医疗费用的情况下，在婚姻关系存续期间，夫妻一方有请求分割共同财产的权利。所以根据所述情况，是可以要求分割夫妻共同财产的。需要指出的是，一旦不幸感染上了新冠肺炎也不必担心，如果没有医保，国家是会承担相应医疗救治费用的。

法律法规及政策依据

最高人民法院《关于适用〈中华人民共和国婚姻法〉若干问题的解释(三)》(2011年8月9日 法释〔2011〕18号)

第四条 婚姻关系存续期间，夫妻一方请求分割共同财产的，人民法院不予支持，但有下列重大理由且不损害债权人利益的除外：

(一)一方有隐藏、转移、变卖、毁损、挥霍夫妻共同财产或者伪造夫妻共同债务等严重损害夫妻共同财产利益行为的；

(二)一方负有法定扶养义务的人患重大疾病需要医治，另一方不同意支付相关医疗费用的。

18 病情危重的肺炎疑似病例或确诊患者，是否可以通过立遗嘱的方式来处分自己的财产？用什么遗嘱形式好？

答： 可以。我国《继承法》规定了公证遗嘱、自书遗嘱、代书遗嘱、录音遗嘱与口头遗嘱五种遗嘱形式。在新冠肺炎疫情防控期间，疑似病例或确诊患者被隔离治疗，基本无法办理公证遗嘱，所以疑似病例或确诊患者可在律师、法官、法学学者等法律专业人员的指导下订立自书遗嘱、代书遗嘱与录音遗嘱。若因病情严重，情况危急，也可以立口头遗嘱，但口头遗嘱应当有两个以上无利害关系的人在场见证。如果病人转危为安，危急情况解除后，其能够用书面或者录音形式立遗嘱的，所立的口头遗嘱无效。

法律法规及政策依据

《中华人民共和国继承法》(1985年4月10日)

第十七条 公证遗嘱由遗嘱人经公证机关办理。

自书遗嘱由遗嘱人亲笔书写，签名，注明年、月、日。

代书遗嘱应当有两个以上见证人在场见证，由其中一人代书，注明年、月、日，并由代书人、其他见证人和遗嘱人签名。

以录音形式立的遗嘱，应当有两个以上见证人在场见证。

遗嘱人在危急情况下，可以立口头遗嘱。口头遗嘱应当有两个以上见证人在场见证。危急情况解除后，遗嘱人能够用书面或者录音形式立遗嘱的，所立的口头遗嘱无效。

第十八条　下列人员不能作为遗嘱见证人：

（一）无行为能力人、限制行为能力人；

（二）继承人、受遗赠人；

（三）与继承人、受遗赠人有利害关系的人。

19 疫情防控期间，父母死亡，继承人主张继承权利的两年诉讼时效是否中止？

答：中止。政府为了民众安危，进行严格的疫情防控，属于不可抗拒的事由。根据最高人民法院《关于贯彻执行〈中华人民共和国继承法〉若干问题的意见》规定，出现这种不可抗拒的事由，人民法院可按中止诉讼时效处理。因此，继承人主张继承权利的两年诉讼时效，因新冠肺炎疫情这种不可抗拒的事由出现而中止。

法律法规及政策依据

（1）《中华人民共和国继承法》（1985年4月10日）

《继承法》第八条　继承权纠纷提起诉讼的期限为二年，自继承人知道或者应当知道其权利被侵犯之日起计算。但是，自继承开始之日起超过二十年的，不得再提起诉讼。

（2）最高人民法院《关于贯彻执行〈中华人民共和国继承法〉若干问题的意见》［1985年9月11日　法（民）发〔1985〕22号］

15.在诉讼时效期间内，因不可抗拒的事由致继承人无法主张继承权利的，人民法院可按中止诉讼时效处理。

20 如果某男士因新冠肺炎去世，而其妻子已经怀孕，是否还需要保留胎儿的继承份额？

答：应当保留胎儿的继承份额。根据我国《继承法》第28条的规定，某男士去世后，此时分割遗产，应当预留胎儿的继承份额。若胎儿出生时仍然存活，即使存活时间很短，该遗产份额也因胎儿出生后具有民事权利能力而归其所有，可由其母亲保管。胎儿死亡后，归胎儿所有的遗产份额将按照法定继承处理，由其母亲作为第一顺序的法定继承人继承。若胎儿出生时是死体的（包含胎儿被新型冠状病毒感染而胎死腹中的情形），因其自始不具有民事权利能力，该预留的遗产份额不归其所有，此时，预留的继承份额由被继承人的继承人继承。

法律法规及政策依据

《中华人民共和国继承法》（1985 年 4 月 10 日）

第二十八条　遗产分割时，应当保留胎儿的继承份额。胎儿出生时是死体的，保留的份额按照法定继承办理。

21 某男子的妻子于两年前去世，其岳父依然和他生活在一起，不愿意去外地的儿子处生活，疫情期间老人重病都是由他照顾，如果老人去世，他对岳父的房产有继承权吗？

答：有继承权。依照《继承法》规定，被继承人的配偶、子女、父母、兄弟姐妹、祖父母、外祖父母是法定继承人。法定继承人无疑是和被继承人关系最密切的亲属，相互之间有抚养、赡养、扶养的责任和义务，因此在没有丧失继承权的情况下对被继承人的遗产均享有继承权。现实生活中，也有女婿在妻子去世后仍与岳父母生活在一起，并尽了较多的赡养义务，甚至比儿子还孝敬老人。如果不允许丧偶女婿继承，对丧偶女婿是不公平的，也不利于弘扬社会主义美德。我国《继承法》第 12 条明确规定，丧偶女婿对岳父、岳母尽了主要赡养义务的，作为第一顺序继承人。所以根据该男子的情况，他是有继承权的，可以继承老人的房产。

法律法规及政策依据

《中华人民共和国继承法》（1985 年 4 月 10 日）

第十二条　丧偶儿媳对公、婆，丧偶女婿对岳父、岳母，尽了主要赡养义务的，作为第一顺序继承人。

22 因婚姻、继承等家事纠纷的一方或者双方当事人为确诊患者或者疑似病例，无法参加开庭、举证等诉讼活动的，应当如何处理？

答：根据我国《民事诉讼法》第150条、第151条的规定，若新冠肺炎确诊患者或者疑似病例未死亡而住院治疗的，或者在新冠肺炎疫情防控期间丧失诉讼行为能力，不能参加诉讼的，则中止诉讼。若新冠肺炎确诊患者或者疑似病例在疫情防控期间死亡的，其属于离婚案件的一方当事人或者追索赡养费、扶养费、抚育费以及解除收养关系案件的一方当事人的，则诉讼终结。若其不属于前述两种案件的当事人，属于需要等待继承人表明是否参加诉讼情形的，则诉讼中止。

无法参加开庭、举证，可以申请法院延期开庭审理，这是法律允许的。

法律法规及政策依据

《中华人民共和国民事诉讼法》（2017年6月27日修正）

第一百五十条　有下列情形之一的，中止诉讼：

（一）一方当事人死亡，需要等待继承人表明是否参加诉讼的；

（二）一方当事人丧失诉讼行为能力，尚未确定法定代理人的；

（三）作为一方当事人的法人或者其他组织终止，尚未确定权利义务承受人的；

（四）一方当事人因不可抗拒的事由，不能参加诉讼的；

（五）本案必须以另一案的审理结果为依据，而另一案尚未审结的；

（六）其他应当中止诉讼的情形。

中止诉讼的原因消除后，恢复诉讼。

第一百五十一条　有下列情形之一的，终结诉讼：

（一）原告死亡，没有继承人，或者继承人放弃诉讼权利的；

（二）被告死亡，没有遗产，也没有应当承担义务的人的；

（三）离婚案件一方当事人死亡的；

（四）追索赡养费、扶养费、抚育费以及解除收养关系案件的一方当事人死亡的。

双方均非新冠肺炎确诊患者或者疑似病例且系婚姻家庭、继承纠纷的当事人，因疫情防控而无法参加开庭、举证等诉讼活动的，应当如何处理？

答：根据我国《民事诉讼法》第150条的规定，此时双方当事人因新冠肺炎疫情这种不可抗拒事由的出现，不能参加诉讼的，则中止诉讼。另外，当事人可以申请法院延期开庭审理，法律是允许的。

法律法规及政策依据

《中华人民共和国民事诉讼法》（2017年6月27日修正）

第一百五十条　有下列情形之一的，中止诉讼：

（一）一方当事人死亡，需要等待继承人表明是否参加诉讼的；

（二）一方当事人丧失诉讼行为能力，尚未确定法定代理人的；

（三）作为一方当事人的法人或者其他组织终止，尚未确定权利义务承受人的；

（四）一方当事人因不可抗拒的事由，不能参加诉讼的；

（五）本案必须以另一案的审理结果为依据，而另一案尚未审结的；

（六）其他应当中止诉讼的情形。

中止诉讼的原因消除后，恢复诉讼。

当事人在春节回家与亲朋好友聚会，瞒报自己的病情且不及时就医诊疗或者明知自己系新冠肺炎确诊患者或者疑似病例，不接受隔离治疗或观察，致使亲朋好友被感染，应承担什么法律责任？

答：根据情节与后果等不同因素，行为人可能要承担刑事责任或民事责任。

（1）承担刑事责任

首先，当事人在春节回家与亲朋好友聚会，瞒报自己的病情且不及时就诊或者明知自己系新冠肺炎确诊患者或者疑似病例，不接受隔离治疗或观察，最终导致亲朋好友被感染，这不仅仅是危害亲友身体健康的问题，还会产生更严重的后果，对公共安全也造成严重威胁。由于此次新型冠状病毒具有很强的传染性，行为人身体携带该病毒将会使不特定的人或者多数人被感染。当事人虽然只传染给了亲友，但亲友还可能接触并传染给社会上不特定的更多人。因此，当事人的行为已经构成犯罪，应以危害公共安全罪定罪处罚。

其次，当事人在主观层面属于过于自信的过失。因为其知道瞒报自己的病情可能会发生传染家人或者他人的后果，但其主观上并不积极追求或者放任该危害社会的结果发生，轻信能够避免，属于过于自信的过失。根据我国《刑法》的规定，新冠肺炎确诊患者或者疑似病例若属于年满 16 周岁的具有完全刑事责任能力人的，最终造成家人或他人被感染而死亡等严重后果的，应按照过失以危险方法危害公共安全罪承担法律责任，应被判处 3 年以上 7 年以下有期徒刑；情节较轻的，处 3 年以下有期徒刑或者拘役。若未造成严重后果的，则不构成犯罪，不承担相应的刑事责任。

（2）承担民事责任

在不承担刑事责任的情况下，当事人瞒报自己的病情且不及时就诊或者明知自己系新冠肺炎确诊患者或者疑似病例，不接受隔离治疗或观察，致使亲朋好友或者他人被感染，损害家人或他人人身健康的行为，根据我国《民法总则》及《侵权责任法》的规定，应承担民事侵权责任，赔偿给亲友造成的医疗费、住房费、误工补助、精神损害等损失。

法律法规及政策依据

（1）《中华人民共和国国刑法》（2017 年 11 月 4 日修正）

第一百一十五条　放火、决水、爆炸以及投放毒害性、放射性、传染病病原体等物质或者以其他危险方法致人重伤、死亡或者使公私财产遭受重大损失的，处十年以上有期徒刑、无期徒刑或者死刑。

过失犯前款罪的，处三年以上七年以下有期徒刑；情节较轻的，处三年以下有期徒刑或者拘役。

（2）《中华人民共和国民法总则》（2017 年 3 月 15 日）

第一百七十六条　民事主体依照法律规定和当事人约定，履行民事义务，承担民事责任。

（3）《中华人民共和国侵权责任法》（2009 年 12 月 26 日）

第六条第一款　行为人因过错侵害他人民事权益，应当承担侵权责任。

疫情防控期间，离婚、继承等家事案件的上诉权利如何保障？

答：首先，尽量通过邮寄或网上立案的方式，进行上诉。其次，如果因自己感染肺炎或疫情防控需要，不能使用上述方式提交上诉状等，则应当按照不可抗力因素来对待。此时，由于权利行使障碍关系到当事人实体权利的实现，法院一般会谨慎对待，不轻易关闭救济的大门。但是，当事人应当提供基本的证据，比如患病的证据、在家被隔离的证据等等，证明本身没有主观过错，将其归入“其他导致权利人不能行使请求权的障碍”之中，作为诉讼时效中止事由。从对当事人权利最大限度保护的角度出发，应该以防控措施的解除之日作为起算日较为合理。即当事人在政府有关部门解除防控措施之日起 15 日内（当然，没有采取防控措施前的时限要加上，一共 15 日）要行使上诉权利。

法律法规及政策依据

《中华人民共和国民事诉讼法》（2017 年 6 月 27 日修正）

第一百五十条　有下列情形之一的，中止诉讼：

（一）一方当事人死亡，需要等待继承人表明是否参加诉讼的；

（二）一方当事人丧失诉讼行为能力，尚未确定法定代理人的；

（三）作为一方当事人的法人或者其他组织终止，尚未确定权利义务承受人的；

（四）一方当事人因不可抗拒的事由，不能参加诉讼的；

（五）本案必须以另一案的审理结果为依据，而另一案尚未审结的；

（六）其他应当中止诉讼的情形。

中止诉讼的原因消除后，恢复诉讼。

疫情防控期间，能办理遗嘱公证、继承公证吗？

答：有些地区可以办理。为方便群众在疫情防控期间办理公证，北京市公证行业就推出了“在线预约咨询”等方式为群众办理民生类公证事项提供便利服务，确保“数据多跑路，群众少跑腿”。目前，预约平台现已开放“遗嘱公证”和“小额继承公证（5万元以下）”的预约咨询服务，当事人可以预约未来7日内的咨询名额。群众可直接登录北京市公共法律服务平台进行在线预约，按照预约的时间前往公证机构即可现场咨询并办理，但要注意配合公证机关的防疫措施和要求。

法律法规及政策依据

《北京市公证协会网上预约咨询协议》

1. 本平台现已开放“遗嘱公证”和“小额继承公证（五万元以下）”的预约咨询服务。您可以预约未来7日内的咨询。

2. 请填写前往现场咨询人的真实信息。如信息不符，可能影响事项的办理。

3. 预约成功后，公证处将安排人员接待，请您严格遵照约定的时间前往公证处进行现场咨询，如有变化请及时通过本平台或电话与公证处进行沟通。

CHAPTER 03

公益捐赠 第三章

撰稿人

北京市东卫律师事务所
刘洋

北京东卫（成都）律师事务所
闫文平　刘意识

新冠肺炎疫情导致在短时间内各种医疗物资处于紧张与匮乏状态，严重影响社会公众与一线广大医护人员的生命健康安全。在举国“战疫”的危难之际，许多企业、公民纷纷伸出援手、奉献爱心。“一方有难，八方支援”，希望通过公益捐赠的方式，将个体的微薄之力汇集成一股强大力量，早日打赢疫情阻击战。为了规范与引导公众的公益捐赠行为，民政部专门发布《关于动员慈善力量依法有序参与新型冠状病毒感染的肺炎疫情防控工作的公告》，以期在专业慈善组织的指导与协调下，依法健康有序地开展公益捐赠活动。

本章针对在疫情防控期间公众高度关注的公益募捐、捐赠与受赠、受赠财产使用与管理、税收优惠、法律责任等相关热点问题，依据《慈善法》《公益事业捐赠法》以及国家有关部门发布的规范性文件，从公益捐赠行为合法合规的角度为公众答疑释惑，遵循依法防控疫情的法治要求，提高公益组织与社会公众彼此间的信任度，最大限度地发挥各类捐赠行为的公益救济功效。

一、公益募捐

捐赠人向哪些事项进行捐赠可以享受捐赠税收优惠？

答：公益事业是一种非营利性的活动，其受益人是不特定的人群。国家为鼓励公益事业的发展，规定向公益事业捐赠的个人和企业以及其他组织，可以享受税收优惠政策；但如果向法律规定的公益事业以外的事项捐赠，捐赠人无权享受相应的税收优惠。

根据法律规定，我国的公益事业包括四大类事项：（1）救助灾害、救济贫困、扶助残疾人等困难的社会群体和个人的活动；（2）教育、科学、文化、卫生、体育事业；（3）环境保护、社会公共设施建设；（4）促进社会发展和进步的其他社会公共和福利事业。

法律法规及政策依据

《中华人民共和国公益事业捐赠法》（1999年6月28日）

第三条　本法所称公益事业是指非营利的下列事项：

（一）救助灾害、救济贫困、扶助残疾人等困难的社会群体和个人的活动；

（二）教育、科学、文化、卫生、体育事业；

（三）环境保护、社会公共设施建设；

（四）促进社会发展和进步的其他社会公共和福利事业。

符合法律规定的公益组织包括哪些？

答：符合法律规定的公益组织，主要包括公益性社会团体和公益性非营利的事业单位两大类别。公益性社会团体，主要包括各类基金会、慈善组织等团体，目前全国性的公益性基金会和慈善组织主要有中国残疾人基金会、中华慈善总会、中国红十字基金会、宋庆龄基金会、中国青少年发展基金会、中华环境保护基金会等，此外，还包括一些地方性基金会和慈善组织等。

公益性非营利的事业单位，包括教育机构、科学研究机构、医疗卫生机构、社会公共文化机构、社会公共体育机构和社会福利机构等，如国家兴办的学校、医院、科研所、博物馆、图书馆、体育馆、敬老院、孤儿院等。

法律法规及政策依据

《中华人民共和国公益事业捐赠法》（1999年6月28日）

第十条　公益性社会团体和公益性非营利的事业单位可以依照本法接受捐赠。

本法所称公益性社会团体是指依法成立的，以发展公益事业为宗旨的基金会、慈善组织等社会团体。

本法所称公益性非营利的事业单位是指依法成立的，从事公益事业的不以营利为目的的教育机构、科学研究机构、医疗卫生机构、社会公共文化机构、社会公共体育机构和社会福利机构等。

03 在疫情防控过程中，医院直接向社会发布求助信息，该行为是否属于募捐行为？

答：募捐行为是指由慈善组织基于慈善宗旨募集财产的活动，根据相关法律规定，开展募捐活动应当由取得公开募捐资格的慈善组织进行，需要制定公开募捐方案，并在一定的地域范围内进行，有严格的法律限制。

在此次抗击新冠肺炎疫情过程中，医院向社会发布求助信息，社会公众基于该求助信息向医院捐赠物资，双方之间形成的是民事上的赠与法律关系，并非《慈善法》规定的公开募捐行为。

法律法规及政策依据

《中华人民共和国慈善法》（2016年3月16日）

第二十一条　本法所称慈善募捐，是指慈善组织基于慈善宗旨募集财产的活动。

慈善募捐，包括面向社会公众的公开募捐和面向特定对象的定向募捐。

04 在疫情防控期间，一些基金会与社会团体发起向疫情灾区的公开募捐活动，向社会公众开展公开募捐的组织应当取得何种资格？

答：根据相关法律规定，向社会公众开展募捐活动，应当由取得公开募捐资格的慈善组织进行，对于内部治理结构健全、运作规范的慈善组织，由民政部门发给公开募捐资格证书。社会公众在响应有关慈善组织的公开募捐行为时，应当要求慈善组织提供公开募捐资格证书；防止一些不良社会组织或者个人以疫情防控救助名义或者假冒慈善组织，骗取社会公众财产。

法律法规及政策依据

《中华人民共和国慈善法》（2016 年 3 月 16 日）

第二十二条　慈善组织开展公开募捐，应当取得公开募捐资格。依法登记满二年的慈善组织，可以向其登记的民政部门申请公开募捐资格。民政部门应当自受理申请之日起二十日内作出决定。慈善组织符合内部治理结构健全、运作规范的条件的，发给公开募捐资格证书；不符合条件的，不发给公开募捐资格证书并书面说明理由。

法律、行政法规规定自登记之日起可以公开募捐的基金会和社会团体，由民政部门直接发给公开募捐资格证书。

第三十三条　禁止任何组织或者个人假借慈善名义或者假冒慈善组织开展募捐活动，骗取财产。

05 作为慈善组织的基金会与社会团体，可以通过互联网发布公开募捐信息吗？

答：可以。特别提示，公开募捐信息除了在本单位网站发布外，应当同时在国务院民政部门统一或者指定的慈善信息平台发布募捐信息；如果在不属于法律规定的平台上发布信息，可能存在虚假募捐的情形，公众在进行捐赠时，应当到国务院民政部门统一或者指定的慈善信息平台查验核实相关募捐信息。

根据相关法律规定，作为慈善组织的基金会与社会团体可以采取的公开募捐方式包括：在公共场所设置募捐箱，举办义演、义赛、义卖、义展、义拍、慈善晚会等，通过广播、电视、报刊、互联网等媒体发布募捐信息。

法律法规及政策依据

《中华人民共和国慈善法》（2016年3月16日）

第二十三条　开展公开募捐，可以采取下列方式：

（一）在公共场所设置募捐箱；

（二）举办面向社会公众的义演、义赛、义卖、义展、义拍、慈善晚会等；

（三）通过广播、电视、报刊、互联网等媒体发布募捐信息；

（四）其他公开募捐方式。

慈善组织采取前款第一项、第二项规定的方式开展公开募捐的，应当在其登记的民政部门管辖区域内进行，确有必要在其登记的民政部门管辖区域外进行的，应当报其开展募捐活动所在地的县级以上人民政府民政部门备案。捐赠人的捐赠行为不受地域限制。

慈善组织通过互联网开展公开募捐的，应当在国务院民政部门统一或者指定的慈善信息平台发布募捐信息，并可以同时在其网站发布募捐信息。

06 在公开募捐信息发布过程中，网络服务平台及电信运营商应当承担何种法律义务？

答：对通过网络平台发布公开募捐信息的基金会或社会团体，网络服务平台及电信运营商应当对慈善组织的登记证书、公开募捐资格证书进行验证，查验核实后方可发布公开募捐信息。

法律法规及政策依据

《中华人民共和国慈善法》（2016年3月16日）

第二十七条　广播、电视、报刊以及网络服务提供者、电信运营商，应当对利用其平台开展公开募捐的慈善组织的登记证书、公开募捐资格证书进行验证。

慈善组织在疫情防控期间开展公开募捐活动，应当向社会公众公开哪些信息？

答：慈善组织在疫情防控期间开展公开募捐活动，必须在募捐现场或者其发布的募捐信息中，向社会公众公布募捐组织名称、公开募捐资格证书、募捐方案、联系方式、募捐信息查询方法等信息，确保上述信息公开透明，充分保障捐赠人的知情权。

法律法规及政策依据

《中华人民共和国慈善法》（2016 年 3 月 16 日）

第二十五条　开展公开募捐，应当在募捐活动现场或者募捐活动载体的显著位置，公布募捐组织名称、公开募捐资格证书、募捐方案、联系方式、募捐信息查询方法等。

第三十一条　开展募捐活动，应当尊重和维护募捐对象的合法权益，保障募捐对象的知情权，不得通过虚构事实等方式欺骗、诱导募捐对象实施捐赠。

08 在疫情防控期间，慈善组织是否可以通过企业事业单位，向单位员工摊派捐赠任务？

答：不可以。慈善捐赠应当严格遵循合法、自愿原则，任何募捐活动不得向社会公众进行摊派或者变相进行摊派。

法律法规及政策依据

（1）**《中华人民共和国慈善法》**（2016 年 3 月 16 日）

第四条　开展慈善活动，应当遵循合法、自愿、诚信、非营利的原则，不得违背社会公德，不得危害国家安全、损害社会公共利益和他人合法权益。

第三十二条　开展募捐活动，不得摊派或者变相摊派，不得妨碍公共秩序、企业生产经营和居民生活。

（2）**《中华人民共和国公益事业捐赠法》**（1999 年 6 月 28 日）

第四条　捐赠应当是自愿和无偿的，禁止强行摊派或者变相摊派，不得以捐赠为名从事营利活动。

09 慈善基金会的管理人员，决定使用公益捐款采购本人控股或者实际控制的企业生产的产品用于疫情防治，该种行为合法吗？

答：不合法。根据相关法律规定，捐赠人与慈善组织可以约定捐赠财产的用途和受益人；但约定捐赠财产的用途和受益人时，不得指定与捐赠人有利害关系的人作为受益人。慈善基金会的发起人、主要捐赠人以及管理人员，不得参与其与慈善组织之间关联交易的决策，对于相关关联交易的决策，应当回避。

法律法规及政策依据

《中华人民共和国慈善法》（2016 年 3 月 16 日）

第十四条　慈善组织的发起人、主要捐赠人以及管理人员，不得利用其关联关系损害慈善组织、受益人的利益和社会公共利益。

慈善组织的发起人、主要捐赠人以及管理人员与慈善组织发生交易行为的，不得参与慈善组织有关该交易行为的决策，有关交易情况应当向社会公开。

10 慈善组织接受烟草企业捐赠，可以在网站或者微信公众号中发布“推文”为其进行植入式“软广”宣传吗？

答：不可以。慈善捐赠应当基于慈善目的，是自愿、无偿赠与财产的活动，不能附加违反法律法规的条件。根据规定，任何组织和个人，不得利用慈善捐赠违反法律规定宣传烟草制品，不得利用慈善捐赠以任何方式宣传法律禁止宣传的产品和事项。

法律法规及政策依据

《中华人民共和国慈善法》（2016 年 3 月 16 日）

第四条　开展慈善活动，应当遵循合法、自愿、诚信、非营利的原则，不得违背社会公德，不得危害国家安全、损害社会公共利益和他人合法权益。

第十五条　慈善组织不得从事、资助危害国家安全和社会公共利益的活动，不得接受附加违反法律法规和违背社会公德条件的捐赠，不得对受益人附加违反法律法规和违背社会公德的条件。

11 演艺明星等公众人物或者爱心企业，出于救助疫情灾区的目的，如何向社会公众开展募捐行为？

答：明星等公众人物或者爱心企业，组织开展慈善募捐筹集资金时，如果不具有公开募捐资格，可以通过与具有公开募捐资格的慈善组织合作，开展公开募捐。

有两点需要特别提示：一是合作募捐必须是为了社会公共利益，不能是为自己或者家人等特定人的利益进行捐赠；二是只能以具有公开募捐资格的慈善组织的名义开展公开募捐活动，而不能以自己的名义进行。

法律法规及政策依据

《中华人民共和国慈善法》（2016年3月16日）

第二十六条　不具有公开募捐资格的组织或者个人基于慈善目的，可以与具有公开募捐资格的慈善组织合作，由该慈善组织开展公开募捐并管理募得款物。

12 慈善团体面向演艺明星等群体定向募捐，是否可以采取举办慈善晚宴、义拍等方式？

答：可以。尽管法律规定了公开募捐与定向募捐两种募捐方式的区别，并且禁止定向募捐采取或者变相采取公开募捐的方式进行，但募捐的具体形式不能简单地以募捐方式来划分。在实践中，面向演艺明星等群体的募捐活动，也可以采取义展、义拍、慈善晚会等形式。

法律法规及政策依据

《中华人民共和国慈善法》（2016年3月16日）

第二十三条　开展公开募捐，可以采取下列方式：

（一）在公共场所设置募捐箱；

（二）举办面向社会公众的义演、义赛、义卖、义展、义拍、慈善晚会等；

（三）通过广播、电视、报刊、互联网等媒体发布募捐信息；

（四）其他公开募捐方式。

慈善组织采取前款第一项、第二项规定的方式开展公开募捐的，应当在其登记的民政部门管辖区域内进行，确有必要在其登记的民政部门管辖区域外进行的，应当报其开展募捐活动所在地的县级以上人民政府民政部门备案。捐赠人的捐赠行为不受地域限制。

慈善组织通过互联网开展公开募捐的，应当在国务院民政部门统一或者指定的慈善信息平台发布募捐信息，并可以同时在其网站发布募捐信息。

第二十九条　开展定向募捐，不得采取或者变相采取本法第二十三条规定的方式。

二、捐赠与受赠

13 捐赠人能否指定捐助对象？医院是否可以作为受捐赠对象接收物资？

答：根据相关法律规定，捐赠人可以通过慈善组织捐赠，也可以直接向受益人捐赠；自然人、法人或者其他组织，可以选择符合其捐赠意愿的公益性社会团体和公益性非营利的事业单位进行捐赠。作为疫情防控一线的医院，当然有资格直接接受捐赠物资。

公益性非营利的事业单位，是指依法成立的、从事公益事业的不以营利为目的的教育机构、科学研究机构、医疗卫生机构、社会公共文化机构、社会公共体育机构和社会福利机构等。

法律法规及政策依据

（1）**《中华人民共和国慈善法》**（2016年3月16日）

第三十五条　捐赠人可以通过慈善组织捐赠，也可以直接向受益人捐赠。

（2）**《中华人民共和国公益事业捐赠法》**（1999年6月28日）

第九条　自然人、法人或者其他组织可以选择符合其捐赠意愿的公益性社会团体和公益性非营利的事业单位进行捐赠。捐赠的财产应当是其有权处分的合法财产。

第十条　公益性社会团体和公益性非营利的事业单位可以依照本法接受

捐赠。

本法所称公益性社会团体是指依法成立的，以发展公益事业为宗旨的基金会、慈善组织等社会团体。

本法所称公益性非营利的事业单位是指依法成立的，从事公益事业的不以营利为目的的教育机构、科学研究机构、医疗卫生机构、社会公共文化机构、社会公共体育机构和社会福利机构等。

14. 捐赠人是否可以将款物直接捐给地方政府？

答：捐赠人可以向当地县级以上人民政府及其部门进行捐赠，但是捐赠财产不能作为地方政府的行政办公经费使用。根据相关法律规定，在发生自然灾害时或者境外捐赠人要求县级以上人民政府及其部门作为受赠人时，县级以上人民政府及其部门可以接受捐赠并依照法律相关规定对捐赠财产进行管理。

法律法规及政策依据

《中华人民共和国公益事业捐赠法》（1999 年 6 月 28 日）

第十一条　在发生自然灾害时或者境外捐赠人要求县级以上人民政府及其部门作为受赠人时，县级以上人民政府及其部门可以接受捐赠，并依照本法的有关规定对捐赠财产进行管理。

县级以上人民政府及其部门可以将受赠财产转交公益性社会团体或者公益性非营利的事业单位；也可以按照捐赠人的意愿分发或者兴办公益事业，但是不得以本机关为受益对象。

15. 无收入来源的捐赠人希望用自己父母的财产或者朋友的财产捐献爱心，该行为法律是否允许？

答：这种做法不符合法律规定，是不允许的。根据相关法律规定，捐赠人捐赠的财产，应当是其有权处分的合法财产，包括货币、实物、房屋、有价证券、股权、知识产权等有形和无形财产。

法律法规及政策依据

《中华人民共和国慈善法》（2016 年 3 月 16 日）

第三十六条　捐赠人捐赠的财产应当是其有权处分的合法财产。捐赠财产包括货币、实物、房屋、有价证券、股权、知识产权等有形和无形财产。

捐赠人捐赠的实物应当具有使用价值，符合安全、卫生、环保等标准。

捐赠人捐赠本企业产品的，应当依法承担产品质量责任和义务。

16 捐赠本企业生产的产品用于疫情防治，因产品质量造成损害，是否应当承担法律责任？

答：捐赠人捐赠本企业产品的，应当依法承担产品质量责任和义务；产品或者其包装上的标识必须真实，有保障人体健康和人身、财产安全的国家标准、行业标准的，应当符合上述标准；产品应当符合在产品或者其包装上注明采用的产品标准，符合以产品说明、实物样品等方式表明的质量状况。捐赠本企业生产的产品，如果存在产品质量问题，给受益人或者其他消费者造成损失的，应当依法承担赔偿责任。

法律法规及政策依据

《中华人民共和国慈善法》（2016 年 3 月 16 日）

第三十六条　捐赠人捐赠的财产应当是其有权处分的合法财产。捐赠财产包括货币、实物、房屋、有价证券、股权、知识产权等有形和无形财产。

捐赠人捐赠的实物应当具有使用价值，符合安全、卫生、环保等标准。

捐赠人捐赠本企业产品的，应当依法承担产品质量责任和义务。

17 公众人物或者企业举办演出、比赛、销售、拍卖等经营性活动，承诺将全部或者部分经营收入用于疫情防治，事后反悔，是否需要承担法律责任？

答：公众人物或者企业承诺将全部或者部分经营收入用于疫情防治，事后反悔的，慈善组织或者其他接受捐赠的人可以要求交付；捐赠人拒不交付的，慈善组织和其他接受捐赠的人可以依法向人民法院申请支付令或者提起诉讼。当然，如果捐赠人在公开承诺捐赠后，经济状况显著恶化，严重影响其生产经营或者家庭生活的，可以向公开承诺捐赠地或者书面捐赠协议签订地的民政部门报告并向社会公开说明情况，履行法定程序后，可以不再履行捐赠义务。

特别提示，在上述情形中，在举办活动前，慈善组织或者其他接受捐赠的人应当与捐赠人签订捐赠协议，活动结束后，将捐赠情况向社会公开。

法律法规及政策依据

《中华人民共和国慈善法》（2016 年 3 月 16 日）

第三十七条　自然人、法人和其他组织开展演出、比赛、销售、拍卖等经营性活动，承诺将全部或者部分所得用于慈善目的的，应当在举办活动前与慈善组织或者其他接受捐赠的人签订捐赠协议，活动结束后按照捐赠协议履行捐赠义务，并将捐赠情况向社会公开。

第四十一条　捐赠人应当按照捐赠协议履行捐赠义务。捐赠人违反捐赠协议逾期未交付捐赠财产，有下列情形之一的，慈善组织或者其他接受捐赠的人可以要求交付；捐赠人拒不交付的，慈善组织和其他接受捐赠的人可以依法向人民法院申请支付令或者提起诉讼：

（一）捐赠人通过广播、电视、报刊、互联网等媒体公开承诺捐赠的；

（二）捐赠财产用于本法第三条第一项至第三项规定的慈善活动，并签订书面捐赠协议的。

捐赠人公开承诺捐赠或者签订书面捐赠协议后经济状况显著恶化，严重影响其生产经营或者家庭生活的，经向公开承诺捐赠地或者书面捐赠协议签订地的民政部门报告并向社会公开说明情况后，可以不再履行捐赠义务。

18 捐赠人在捐赠后，为何要及时取得捐赠票据？

答： 慈善组织接受捐赠后应当及时向捐赠人出具捐赠票据。对于捐赠人而言，捐赠票据是申请捐赠款项税前扣除的有效凭证，捐赠人取得捐赠票据后，可以向税务部门办理税收优惠；对于慈善组织而言，是证明慈善组织收到捐赠的收据，既可以作为慈善组织内部实施监督管理的原始凭证，也是财政、税务、审计、监察等政府有关部门对慈善组织进行监督检查的重要依据。

法律法规及政策依据

《中华人民共和国慈善法》（2016 年 3 月 16 日）

第三十八条　慈善组织接受捐赠，应当向捐赠人开具由财政部门统一监（印）制的捐赠票据。捐赠票据应当载明捐赠人、捐赠财产的种类及数量、慈善组织名称和经办人姓名、票据日期等。捐赠人匿名或者放弃接受捐赠票据的，慈善组织应当做好相关记录。

疫情防控期间，国有企业进行公益捐赠应当履行什么手续？

答：各国有企业对外捐赠应当履行审批程序，严格内部决策程序，规范审批流程。每年对外捐赠预算支出，应当经过企业董事会或类似决策机构批准同意。对外捐赠应当由集团总部统一管理，所属各级子企业未经集团总部批准或备案不得擅自对外捐赠。对于内部制度规定限额内并纳入预算范围的对外捐赠事项，企业捐赠管理部门应当在支出发生时逐笔审核，并严格履行内部审批程序；对于因重大自然灾害等紧急情况需要超出预算规定范围的对外捐赠事项，企业应当提交董事会或类似决策机构专题审议，并履行相应预算追加审批程序。

中央企业实际发生的捐赠项目超过以下标准的，应当报国资委备案同意后实施：净资产小于 100 亿元的企业，捐赠项目超过 100 万元的；净资产在 100 亿元至 500 亿元的企业，捐赠项目超过 500 万元的；净资产大于 500 亿元的企业，捐赠项目超过 1000 万元的。对于突发性重大自然灾害或者其他特殊事项超出预算范围需要紧急安排对外捐赠支出，不论金额大小，中央企业在履行内部决策程序之后，应及时逐笔向国资委备案。

法律法规及政策依据

（1）《中华人民共和国慈善法》（2016 年 3 月 16 日）

第四十三条　国有企业实施慈善捐赠应当遵守有关国有资产管理的规定，

履行批准和备案程序。

(2)国务院国有资产监督管理委员会《关于加强中央企业对外捐赠管理有关事项的通知》(2009年11月5日　国资发评价〔2009〕317号)

四、严格捐赠审批程序。各中央企业应当加强对外捐赠的审批管理，严格内部决策程序，规范审批流程。企业每年安排的对外捐赠预算支出应当经过企业董事会或类似决策机构批准同意。对外捐赠应当由集团总部统一管理，所属各级子企业未经集团总部批准或备案不得擅自对外捐赠。对于内部制度规定限额内并纳入预算范围的对外捐赠事项，企业捐赠管理部门应当在支出发生时逐笔审核，并严格履行内部审批程序；对于因重大自然灾害等紧急情况需要超出预算规定范围的对外捐赠事项，企业应当提交董事会或类似决策机构专题审议，并履行相应预算追加审批程序。

五、建立备案管理制度。国资委对中央企业对外捐赠事项实行备案管理制度。以下情况应当专项报国资委(评价局)备案，同时抄送派驻本企业监事会：

(三)中央企业捐赠行为实际发生时捐赠项目超过以下标准的，应当报国资委备案同意后实施：净资产(指集团上年末合并净资产，下同)小于100亿元的企业，捐赠项目超过100万元的；净资产在100亿元至500亿元的企业，捐赠项目超过500万元的；净资产大于500亿元的企业，捐赠项目超过1000万元的。

20 捐赠用于疫情防治的公益事业工程项目，捐赠人如何留名纪念？

答：捐赠人有权决定捐赠财产的受益人，有权决定捐赠财产用于何种公益事业领域，因此，其有权提出捐赠工程项目的名称。捐赠实践中，一些捐赠人希望在捐赠的工程项目上留名，以标识其支持公益事业的善举，法律对此应当予以肯定和保护。但是，捐赠人的留名行为，应当符合法律、法规的规定，不得违反当地风俗习惯和社会公共利益。

捐赠人在两种情况下可以提出捐赠工程项目的名称：一是捐赠人单独捐赠的工程项目，即捐赠人是工程项目唯一的捐赠主体，其当然可以单独提出工程项目的名称；二是主要由捐赠人出资兴建的工程项目，此时可能涉及多个捐赠人，但一个工程项目只能有一个名称，因而可以由出资最多的捐赠人提出工程项目的名称。

法律法规及政策依据

《中华人民共和国公益事业捐赠法》（1999 年 6 月 28 日）

第十四条　捐赠人对于捐赠的公益事业工程项目可以留名纪念；捐赠人单独捐赠的工程项目或者主要由捐赠人出资兴建的工程项目，可以由捐赠人提出工程项目的名称，报县级以上人民政府批准。

21 对于实物类捐赠，法律是如何规定的？

答：根据相关法律规定，捐赠人捐赠的实物物资，应当具有使用价值，符合安全、卫生、环保等标准。如果捐赠人捐赠的是本企业产品，捐赠人还要依法承担产品质量责任和义务。

法律法规及政策依据

《中华人民共和国慈善法》（2016 年 3 月 16 日）

第三十六条　捐赠人捐赠的财产应当是其有权处分的合法财产。捐赠财产包括货币、实物、房屋、有价证券、股权、知识产权等有形和无形财产。

捐赠人捐赠的实物应当具有使用价值，符合安全、卫生、环保等标准。

捐赠人捐赠本企业产品的，应当依法承担产品质量责任和义务。

22 捐赠人向医院捐赠物资，有哪些限制性的规定？

答：医院作为卫生计生单位，不得接受以下捐赠：（1）不符合国家法律法规规定；（2）涉及商业营利性活动；（3）涉嫌不正当竞争和商业贿赂；（4）与本单位采购物品（服务）挂钩；（5）附有与捐赠事项相关的经济利益、知识产权、科研成果、行业数据及信息等权利和主张；（6）不符合国家有关质量、环保等标准和要求的物资；（7）附带政治目的及其他意识形态倾向；（8）损害公共利益和其他公民的合法权益；（9）任何方式的索要、摊派或者变相摊派；（10）承担政府监督执法任务机构，不得接受与监督执法工作有利害关系的捐赠。

法律法规及政策依据

《卫生计生单位接受公益事业捐赠管理办法（试行）》（2015年8月26日 国卫财务发〔2015〕77号）

第六条 卫生计生单位不得接受以下捐赠：

（一）不符合国家法律法规规定；

（二）涉及商业营利性活动；

（三）涉嫌不正当竞争和商业贿赂；

（四）与本单位采购物品（服务）挂钩；

（五）附有与捐赠事项相关的经济利益、知识产权、科研成果、行业数据及信息等权利和主张；

（六）不符合国家有关质量、环保等标准和要求的物资；

（七）附带政治目的及其他意识形态倾向；

（八）损害公共利益和其他公民的合法权益；

（九）任何方式的索要、摊派或者变相摊派；

（十）承担政府监督执法任务机构，不得接受与监督执法工作有利害关系的捐赠。

23 捐赠人在捐赠款物后享有哪些权利？

答：根据相关法律规定，捐赠人将捐赠财产交付慈善组织后，慈善组织应向捐赠人开具由财政部门统一监（印）制的捐赠票据。捐赠票据应当载明捐赠人、捐赠财产的种类及数量、慈善组织名称和经办人姓名、票据日期等。

捐赠人有权要求签订书面捐赠协议，慈善组织应当与捐赠人签订书面捐赠协议。捐赠人有权查询、复制捐赠财产管理使用的有关资料，慈善组织应当及时主动向捐赠人反馈有关情况；捐赠人有权监督捐赠财产的使用情况。

法律法规及政策依据

《中华人民共和国慈善法》（2016年3月16日）

第三十八条　慈善组织接受捐赠，应当向捐赠人开具由财政部门统一监（印）制的捐赠票据。捐赠票据应当载明捐赠人、捐赠财产的种类及数量、慈善组织名称和经办人姓名、票据日期等。捐赠人匿名或者放弃接受捐赠票据的，慈善组织应当做好相关记录。

第三十九条　慈善组织接受捐赠，捐赠人要求签订书面捐赠协议的，慈善组织应当与捐赠人签订书面捐赠协议。

书面捐赠协议包括捐赠人和慈善组织名称，捐赠财产的种类、数量、质量、用途、交付时间等内容。

第四十二条　捐赠人有权查询、复制其捐赠财产管理使用的有关资料，慈善组织应当及时主动向捐赠人反馈有关情况。

慈善组织违反捐赠协议约定的用途，滥用捐赠财产的，捐赠人有权要求其改正；拒不改正的，捐赠人可以向民政部门投诉、举报或者向人民法院提起诉讼。

24 受赠人在接受捐赠款物后有哪些义务？

答：义务是与权利相对应的概念；捐赠人拥有的权利，作为受赠人的慈善组织自然应当承担与之相对应的义务，即承担向捐赠人开具捐赠票据、根据捐赠人的要求与捐赠人签订书面协议、向捐赠人告知捐赠款物使用情况等义务。

除承担对捐赠人的义务以外，为规范慈善组织的信息公开行为，保护捐赠人、志愿者、受益人等慈善活动参与者的合法权益，维护社会公众的知情权，慈善组织承担信息公开义务和接受政府监督管理的义务，定期向社会公开慈善组织的章程和决策、执行、监督机构成员信息以及国务院民政部门要求公开的其他信息，定期接受县级以上人民政府的监督检查。

法律法规及政策依据

《中华人民共和国慈善法》（2016年3月16日）

第七十二条　慈善组织应当向社会公开组织章程和决策、执行、监督机构成员信息以及国务院民政部门要求公开的其他信息。上述信息有重大变更的，慈善组织应当及时向社会公开。

慈善组织应当每年向社会公开其年度工作报告和财务会计报告。具有公开募捐资格的慈善组织的财务会计报告须经审计。

第九十二条　县级以上人民政府民政部门应当依法履行职责，对慈善活动进行监督检查，对慈善行业组织进行指导。

25 普通公司法人可以成为慈善信托的受托人吗？

答：由于慈善信托涉及社会公共利益，法律对受托人的资格采取严格限制性规定，以确保慈善信托业务的规范运行。根据相关法律规定，慈善信托受托人由慈善组织或者信托公司担任。在实践中，慈善组织通常采取基金会、社会团体、社会服务机构等组织形式；信托公司是指依照《公司法》和《信托公司管理办法》设立的主要经营信托业务的金融机构。

法律法规及政策依据

《中华人民共和国慈善法》（2016 年 3 月 16 日）

第四十六条　慈善信托的受托人，可以由委托人确定其信赖的慈善组织或者信托公司担任。

三、捐赠财产的使用

26 “红十字会”等慈善组织，可以将接受的捐赠款项用于本单位日常办公、工资奖金、福利性支出吗？

答：慈善组织的财产应当全部用于慈善目的，不得用于非慈善目的。维持慈善组织日常运行发生管理费用，属于为实现慈善目的发生的费用支出，允许使用受赠财产支付。

慈善组织日常运行发生的管理费用主要包括：（1）理事会等决策机构的工作经费；（2）行政管理人员的工资、奖金、住房公积金、住房补贴、社会保障费；

（3）办公费、水电费、邮电费、物业管理费、差旅费、折旧费、修理费、租赁费、无形资产摊销费、资产盘亏损失、资产减值损失、因预计负债所产生的损失、聘请中介机构费等。

应当注意的是，慈善组织日常运行发生管理费用，不能超过一定的标准，比如，慈善组织中具有公开募捐资格的基金会，年度管理费用不得高于当年总支出的10%；具有公开募捐资格的社会团体和社会服务机构，年度管理费用不得高于当年总支出的13%。

法律法规及政策依据

（1）《中华人民共和国慈善法》（2016年3月16日）

第五十二条　慈善组织的财产应当根据章程和捐赠协议的规定全部用于慈善目的，不得在发起人、捐赠人以及慈善组织成员中分配。

任何组织和个人不得私分、挪用、截留或者侵占慈善财产。

（2）民政部、财政部、国家税务总局《关于慈善组织开展慈善活动年度支出和管理费用的规定》（2016年10月11日　民发〔2016〕189号）

第五条　慈善组织的管理费用是指慈善组织按照《民间非营利组织会计制度》规定，为保证本组织正常运转所发生的下列费用：

（一）理事会等决策机构的工作经费；

（二）行政管理人员的工资、奖金、住房公积金、住房补贴、社会保障费；

（三）办公费、水电费、邮电费、物业管理费、差旅费、折旧费、修理费、租赁费、无形资产摊销费、资产盘亏损失、资产减值损失、因预计负债所产生的损失、聘请中介机构费等。

第七条　慈善组织中具有公开募捐资格的基金会年度慈善活动支出不得低于上年总收入的百分之七十；年度管理费用不得高于当年总支出的百分之十。

慈善组织中具有公开募捐资格的社会团体和社会服务机构年度慈善活动支出不得低于上年总收入的百分之七十；年度管理费用不得高于当年总支出的百分之十三。

第八条　慈善组织中不具有公开募捐资格的基金会，年度慈善活动支出和年度管理费用按照以下标准执行：

（一）上年末净资产高于6000万元（含本数）人民币的，年度慈善活动支出不得低于上年末净资产的百分之六；年度管理费用不得高于当年总支出的百分之十二；

（二）上年末净资产低于6000万元高于800万元（含本数）人民币的，年度慈善活动支出不得低于上年末净资产的百分之六；年度管理费用不得高于当年总支出的百分之十三；

（三）上年末净资产低于800万元高于400万元（含本数）人民币的，年度慈善活动支出不得低于上年末净资产的百分之七；年度管理费用不得高于当年总支出的百分之十五；

（四）上年末净资产低于400万元人民币的，年度慈善活动支出不得低于上年末净资产的百分之八；年度管理费用不得高于当年总支出的百分之二十。

第九条　慈善组织中不具有公开募捐资格的社会团体和社会服务机构，年度慈善活动支出和年度管理费用按照以下标准执行：

（一）上年末净资产高于1000万元（含本数）人民币的，年度慈善活动支出不得低于上年末净资产的百分之六；年度管理费用不得高于当年总支出的百分之十三；

（二）上年末净资产低于1000万元高于500万元（含本数）人民币的，年度慈善活动支出不得低于上年末净资产的百分之七；年度管理费用不得高于当年总支出的百分之十四；

（三）上年末净资产低于500万元高于100万元（含本数）人民币的，年度慈善活动支出不得低于上年末净资产的百分之八；年度管理费用不得高于当年总支出的百分之十五；

（四）上年末净资产低于100万元人民币的，年度慈善活动支出不得低于上年末净资产的百分之八且不得低于上年总收入的百分之五十；年度管理费用不得高于当年总支出的百分之二十。

第十条　计算年度慈善活动支出比例时，可以用前三年收入平均数代替上年总收入，用前三年年末净资产平均数代替上年末净资产。

上年总收入为上年实际收入减去上年收入中时间限定为上年不得使用的限定性收入，再加上于上年解除时间限定的净资产。

疫情防控期间，“红十字会”等慈善组织，可以将公众捐赠的蔬菜、水果销售变卖吗？

答：为了确保捐赠财产能够有效使用、避免浪费，对于捐赠人捐赠的不易储存、运输的实物，比如蔬菜、水果等食品，慈善组织可以依法拍卖或者变卖，所得收入扣除必要费用后，应当全部用于慈善目的。

法律法规及政策依据

（1）《中华人民共和国慈善法》（2016 年 3 月 16 日）

第五十三条　慈善组织对募集的财产，应当登记造册，严格管理，专款专用。

捐赠人捐赠的实物不易储存、运输或者难以直接用于慈善目的的，慈善组织可以依法拍卖或者变卖，所得收入扣除必要费用后，应当全部用于慈善目的。

（2）《中华人民共和国公益事业捐赠法》（1999 年 6 月 28 日）

第十七条第四款　对于不易储存、运输和超过实际需要的受赠财产，受赠人可以变卖，所取得的全部收入，应当用于捐赠目的。

28 慈善组织可以使用受赠财产进行股票投资吗？

答：慈善组织因慈善财产保值、增值的需要，可以将部分慈善财产用于投资，但投资取得的收益要全部用于慈善目的。尽管如此，对这种投资行为，法律法规应当予以适当规制，原因在于：其一，投资活动的风险可能危及公益事业安全；其二，通过投资活动产生的经济利益容易诱发谋取私利的行为，从而使其背离公益宗旨；其三，慈善组织从事投资活动会产生规避税收的效果，可能导致与其他市场主体的不正当竞争。

由于资本市场投资风险波动性较大，不同慈善组织的财产经营管理能力各有差异，因此，目前立法中没有明确规范慈善组织可以采取的投资方式及评价标准。实践中，慈善组织投资国债的方式比较常见，对于股票投资通常限制比较严格。

法律法规及政策依据

《中华人民共和国慈善法》（2016 年 3 月 16 日）

第五十四条　慈善组织为实现财产保值、增值进行投资的，应当遵循合法、安全、有效的原则，投资取得的收益应当全部用于慈善目的。慈善组织的重大投资方案应当经决策机构组成人员三分之二以上同意。政府资助的财产和捐赠协议约定不得投资的财产，不得用于投资。慈善组织的负责人和工作人员不得在慈善组织投资的企业兼职或者领取报酬。

前款规定事项的具体办法，由国务院民政部门制定。

29 捐赠人指定将防疫物资捐赠给 A 医院，“红十字会”等慈善组织可以擅自决定捐给其他医院吗？

答：不可以。慈善组织接受捐赠，捐赠人在捐赠协议中明确指定捐赠财产的用途和受益人的，根据《合同法》等相关法律的规定，只有经过当事人协商一致，才可以变更合同。因此，慈善组织履行慈善协议时，如果确实需要变更捐赠财产用途及受益人的，不得擅自变更，必须征得捐赠人的同意。

法律法规及政策依据

（1）《中华人民共和国公益事业捐赠法》（1999 年 6 月 28 日）

第十八条　受赠人与捐赠人订立了捐赠协议的，应当按照协议约定的用途使用捐赠财产，不得擅自改变捐赠财产的用途。如果确需改变用途的，应当征得捐赠人的同意。

（2）《中华人民共和国慈善法》（2016 年 3 月 16 日）

第五十五条　慈善组织开展慈善活动，应当依照法律法规和章程的规定，按照募捐方案或者捐赠协议使用捐赠财产。慈善组织确需变更募捐方案规定的捐赠财产用途的，应当报民政部门备案；确需变更捐赠协议约定的捐赠财产用途的，应当征得捐赠人同意。

受赠方接受捐赠财产后，未按照捐赠人指定的用途使用，捐赠人应当怎么办？

答：未征得捐赠人的许可，受赠人擅自改变捐赠财产的性质及用途是不合法的。根据相关法律的规定，受赠人未征得捐赠人的许可，擅自改变捐赠财产的性质、用途的，由县级以上人民政府有关部门责令改正，给予警告。拒不改正的，经征求捐赠人的意见，由县级以上人民政府将捐赠财产交由与其宗旨相同或者相似的公益性社会团体或者公益性非营利的事业单位管理。

慈善组织违反捐赠协议约定的用途，滥用捐赠财产的，捐赠人有权要求其改正；拒不改正的，捐赠人可以向民政部门投诉、举报或者向人民法院提起诉讼。

受赠人未按照捐赠指定的用途使用捐赠财产，除了承担上述民事或者行政责任外，受赠方一旦出现挪用、侵占或者贪污捐赠款物的行为，构成犯罪的，应当承担相应的刑事责任。

法律法规及政策依据

（1）**《中华人民共和国公益事业捐赠法》**（1999年6月28日）

第二十八条　受赠人未征得捐赠人的许可，擅自改变捐赠财产的性质、用途的，由县级以上人民政府有关部门责令改正，给予警告。拒不改正的，经征求捐赠人的意见，由县级以上人民政府将捐赠财产交由与其宗旨相同或者相似的公益性社会团体或者公益性非营利的事业单位管理。

第二十九条　挪用、侵占或者贪污捐赠款物的，由县级以上人民政府有关部门责令退还所用、所得款物，并处以罚款；对直接责任人员，由所在单位依照有关规定予以处理；构成犯罪的，依法追究刑事责任。

依照前款追回、追缴的捐赠款物，应当用于原捐赠目的和用途。

（2）**《中华人民共和国慈善法》**（2016年3月16日）

第四十二条　捐赠人有权查询、复制其捐赠财产管理使用的有关资料，慈善组织应当及时主动向捐赠人反馈有关情况。

慈善组织违反捐赠协议约定的用途，滥用捐赠财产的，捐赠人有权要求其改正；拒不改正的，捐赠人可以向民政部门投诉、举报或者向人民法院提起诉讼。

海外同胞积极响应号召向国内捐献物资，对于境外捐赠行为，我国法律是如何规定的？

答：根据相关法律的规定，境外捐赠人捐赠的财产，由受赠人按照国家有关规定办理入境手续；捐赠实行许可证管理的物品，由受赠人按照国家有关规定办理许可证申领手续，海关凭许可证验放、监管。华侨向境内捐赠的，县级以上人民政府侨务部门可以协助办理有关入境手续，为捐赠人实施捐赠项目提供帮助。

此次战“疫情”捐献，境外捐赠的大多是口罩、防护服等防护物资，都属于医疗器械。根据规定，抗病毒医用口罩属于第三类医疗器械，实行产品注册管理，因而都涉及许可证问题，为此，海关总署发布规定，明确用于防控疫情的涉及国家进口许可证管理的医用物资，海关可凭医药主管部门的证明先予放行，后补办相关手续。

法律法规及政策依据

（1）**《中华人民共和国公益事业捐赠法》**（1999年6月28日）

第十五条　境外捐赠人捐赠的财产，由受赠人按照国家有关规定办理入境手续；捐赠实行许可证管理的物品，由受赠人按照国家有关规定办理许可证申领手续，海关凭许可证验放、监管。

华侨向境内捐赠的，县级以上人民政府侨务部门可以协助办理有关入境手续，为捐赠人实施捐赠项目提供帮助。

（2）**《医疗器械监督管理条例》**（2017年5月4日修订）

第八条　第一类医疗器械实行产品备案管理，第二类、第三类医疗器械实行产品注册管理。

（3）**海关总署《关于用于新型冠状病毒感染的肺炎疫情进口捐赠物资办理通关手续的公告》**（2020年1月25日　海关总署公告2020年第17号）

一、全力保障进口药品、消毒物品、防护用品、救治器械等防控物资快速通关，各直属海关相关通关现场设立进口捐赠物资快速通关专门受理窗口和绿色通道，实施快速验放。

紧急情况下可先登记放行，再按规定补办相关手续。用于防控疫情的涉及国家进口药品管理准许证的医用物资，海关可凭医药主管部门的证明先予放行，后补办相关手续。

二、《慈善捐赠物资免征进口税收暂行办法》（财政部 海关总署 国家税务总局公告 2015 年第 102 号）所列有关物资，紧急情况下海关先登记放行，再按规定补办减免税相关手续。

四、税收优惠

32 企业购买防疫物资通过慈善组织或地方政府用于公益捐赠，可以享受何种优惠政策？

答：企业购买防疫物资用于捐赠，比如购买口罩、医用防护服的物资，应当按照购买上述物资市场价格，在计算缴纳企业所得税应纳税所得额时，在税前全额扣除，通常以购买捐赠物资的发票金额确定捐赠物资的税前扣除金额。

有三点特别提示：一是企业购买防疫物资用于此次疫情捐赠，可以在税前全额扣除，不受年度利润总额 12% 的限额限制；二是企业应当向接受捐赠的慈善组织或地方政府取得捐赠票据，作为办理税收优惠的凭证；三是企业购买防疫物资用于捐赠，免征增值税、消费税、城市维护建设税、教育费附加、地方教育附加。

法律法规及政策依据

（1）《中华人民共和国企业所得税法》（2018 年 12 月 29 日修正）

第九条　企业发生的公益性捐赠支出，在年度利润总额 12% 以内的部分，准予在计算应纳税所得额时扣除；超过年度利润总额 12% 的部分，准予结转以后三年内在计算应纳税所得额时扣除。

（2）财政部、税务总局《关于支持新型冠状病毒感染的肺炎疫情防控有关捐赠税收政策的公告》（2020 年 2 月 6 日　财政部、税务总局公告 2020 年第 9 号）

一、企业和个人通过公益性社会组织或者县级以上人民政府及其部门等国家机关，捐赠用于应对新型冠状病毒感染的肺炎疫情的现金和物品，允许在计算应纳税所得额时全额扣除。

三、单位和个体工商户将自产、委托加工或购买的货物，通过公益性社会组织和县级以上人民政府及其部门等国家机关，或者直接向承担疫情防治任务的医院，无偿捐赠用于应对新型冠状病毒感染的肺炎疫情的，免征增值税、消费税、城市维护建设税、教育费附加、地方教育附加。

33 企业捐赠防疫物资必须通过“红十字会”等慈善组织，才能享受税收优惠政策吗？

答：企业可以将用于应对新冠肺炎疫情的物品，直接向承担疫情防治任务的医院捐赠，捐赠物资可以按照市场价格，在计算缴纳企业所得税应纳税所得额时，在税前全额扣除。

有四点特别提示：一是企业用于此次疫情的捐赠物资，可以在税前全额扣除，不受年度利润总额 12% 的限额限制；二是企业在办理所得税税前扣除事项时，应当出具承担疫情防治任务的医院开具的捐赠接收函；三是企业选择直接捐赠的医院，必须是承担疫情防治任务的医院，才能享受上述税后优惠政策；四是企业无偿捐赠用于应对新冠肺炎疫情的物资，免征增值税、消费税、城市维护建设税、教育费附加、地方教育附加。

法律法规及政策依据

财政部、税务总局《关于支持新型冠状病毒感染的肺炎疫情防控有关捐赠税收政策的公告》（2020 年 2 月 6 日 **财政部、税务总局公告 2020 年第 9 号**）

二、企业和个人直接向承担疫情防治任务的医院捐赠用于应对新型冠状病毒感染的肺炎疫情的物品，允许在计算应纳税所得额时全额扣除。

捐赠人凭承担疫情防治任务的医院开具的捐赠接收函办理税前扣除事宜。

三、单位和个体工商户将自产、委托加工或购买的货物，通过公益性社会组织和县级以上人民政府及其部门等国家机关，或者直接向承担疫情防治任务的医院，无偿捐赠用于应对新型冠状病毒感染的肺炎疫情的，免征增值税、消费税、城市维护建设税、教育费附加、地方教育附加。

个人购买防疫物资直接捐赠给医院，在计算个人所得税时应当如何扣除？

答： 个人购买防疫物资直接捐赠给医院，可以少缴个人所得税，按照所购买捐赠物资的市场价格，在计算缴纳个人所得税应纳税所得额时，在税前全额扣除，不受应纳税所得额30%的扣除限额的限制；在当期一个所得项目扣除不完的公益捐赠支出，可以按规定在其他所得项目中继续扣除。

有两点特别提示：一是个人在办理所得税税前扣除事项时，应当出具承担疫情防治任务的医院开具的捐赠接收函；二是选择直接捐赠的医院，必须是承担疫情防治任务的医院，才能享受上述税后优惠政策。

法律法规及政策依据

（1）财政部、税务总局《关于支持新型冠状病毒感染的肺炎疫情防控有关捐赠税收政策的公告》（2020年2月6日　财政部、税务总局公告2020年第9号）

二、企业和个人直接向承担疫情防治任务的医院捐赠用于应对新型冠状病毒感染的肺炎疫情的物品，允许在计算应纳税所得额时全额扣除。

捐赠人凭承担疫情防治任务的医院开具的捐赠接收函办理税前扣除事宜。

（2）财政部、税务总局《关于公益慈善事业捐赠个人所得税政策的公告》（2019年12月30日　财政部、税务总局公告2019年第99号）

三、居民个人按照以下规定扣除公益捐赠支出：

（一）居民个人发生的公益捐赠支出可以在财产租赁所得、财产转让所得、利息股息红利所得、偶然所得（以下统称分类所得）、综合所得或者经营所得中扣除。在当期一个所得项目扣除不完的公益捐赠支出，可以按规定在其他所得项目中继续扣除；

（二）居民个人发生的公益捐赠支出，在综合所得、经营所得中扣除的，扣除限额分别为当年综合所得、当年经营所得应纳税所得额的百分之三十；在分类所得中扣除的，扣除限额为当月分类所得应纳税所得额的百分之三十；

（三）居民个人根据各项所得的收入、公益捐赠支出、适用税率等情况，自行决定在综合所得、分类所得、经营所得中扣除的公益捐赠支出的顺序。

35 员工以个人名义向疫情灾区捐款或者捐赠实物，单位可以为其办理个人所得税代扣代缴吗？

答：员工以个人名义的公益捐赠支出，单位可以为其办理个人所得税代扣代缴。员工应当提供公益捐赠支出金额，并提供捐赠票据的复印件；单位应当按照规定在预扣预缴、代扣代缴税款时予以扣除，并将公益捐赠扣除金额告知员工。如果员工在公益捐赠时不能及时取得捐赠票据，可以暂时凭公益捐赠银行支付凭证扣除，并向扣缴义务人提供公益捐赠银行支付凭证复印件。员工应在捐赠之日起 90 日内向单位补充提供捐赠票据，如果个人未按规定提供捐赠票据的，单位应在 30 日内向主管税务机关报告。

特别提示：员工个人应当留存慈善组织出具的捐赠票据或符合捐赠条件的医院出具捐赠接收函，留存期限为五年。

法律法规及政策依据

（1）财政部、税务总局《关于支持新型冠状病毒感染的肺炎疫情防控有关捐赠税收政策的公告》（2020 年 2 月 6 日　财政部、税务总局公告 2020 年第 9 号）

二、企业和个人直接向承担疫情防治任务的医院捐赠用于应对新型冠状病毒感染的肺炎疫情的物品，允许在计算应纳税所得额时全额扣除。

捐赠人凭承担疫情防治任务的医院开具的捐赠接收函办理税前扣除事宜。

（2）财政部、税务总局《关于公益慈善事业捐赠个人所得税政策的公告》（2019 年 12 月 30 日　财政部、税务总局公告 2019 年第 99 号）

九、公益性社会组织、国家机关在接受个人捐赠时，应当按照规定开具捐赠票据；个人索取捐赠票据的，应予以开具。

个人发生公益捐赠时不能及时取得捐赠票据的，可以暂时凭公益捐赠银行支付凭证扣除，并向扣缴义务人提供公益捐赠银行支付凭证复印件。个人应在捐赠之日起 90 日内向扣缴义务人补充提供捐赠票据，如果个人未按规定提供捐赠票据的，扣缴义务人应在 30 日内向主管税务机关报告。

机关、企事业单位统一组织员工开展公益捐赠的，纳税人可以凭汇总开具的捐赠票据和员工明细单扣除。

十、个人通过扣缴义务人享受公益捐赠扣除政策，应当告知扣缴义务人符合条件可扣除的公益捐赠支出金额，并提供捐赠票据的复印件，其中捐赠股权、房产的还应出示财产原值证明。扣缴义务人应当按照规定在预扣预缴、代扣代缴税款时予扣除，并将公益捐赠扣除金额告知纳税人。

个人自行办理或扣缴义务人为个人办理公益捐赠扣除的，应当在申报时一并报送《个人所得税公益慈善事业捐赠扣除明细表》。个人应留存捐赠票据，留存期限为五年。

36 企业组织员工统一向疫情灾区捐款，如何办理个人所得税税前扣除？

答： 企业组织员工统一向疫情灾区捐款，纳税人可以凭汇总开具的捐赠票据和员工明细单扣除。

法律法规及政策依据

财政部、税务总局《关于公益慈善事业捐赠个人所得税政策的公告》（2019年12月30日　财政部、税务总局公告2019年第99号）

九、公益性社会组织、国家机关在接受个人捐赠时，应当按照规定开具捐赠票据；个人索取捐赠票据的，应予以开具。

个人发生公益捐赠时不能及时取得捐赠票据的，可以暂时凭公益捐赠银行支付凭证扣除，并向扣缴义务人提供公益捐赠银行支付凭证复印件。个人应在捐赠之日起90日内向扣缴义务人补充提供捐赠票据，如果个人未按规定提供捐赠票据的，扣缴义务人应在30日内向主管税务机关报告。

机关、企事业单位统一组织员工开展公益捐赠的，纳税人可以凭汇总开具的捐赠票据和员工明细单扣除。

37 企业捐赠本单位自产或者委托加工的口罩、医用防护服、医疗器械等物资，可以享受哪些税收优惠政策？

答： 企业将本单位自产或者委托加工的口罩、医用防护服、医疗器械等物资，通过慈善组织或者各级政府进行公益捐赠，或者直接捐赠给承担疫情防治任务的医院，用于新冠肺炎疫情防治的，免征增值税、消费税、城市维护建设税、教育费附加、地方教育附加。

特别提示：上述税收优惠政策2020年1月1日起施行，截止日期视疫情情况另行公告。因此，企业在发生公益捐赠支出时，应当及时办理税收减免，防止因逾期无法办理导致不必要的损失。

法律法规及政策依据

财政部、税务总局《关于支持新型冠状病毒感染的肺炎疫情防控有关捐赠税收政策的公告》（2020年2月6日　财政部、税务总局公告2020年第9号）

三、单位和个体工商户将自产、委托加工或购买的货物，通过公益性社会组织和县级以上人民政府及其部门等国家机关，或者直接向承担疫情防治任务的医院，无偿捐赠用于应对新型冠状病毒感染的肺炎疫情的，免征增值税、消费税、城市维护建设税、教育费附加、地方教育附加。

38 企业或者其他组织境外采购物资无偿捐赠用于疫情防治，可以享受哪些税收优惠？

答：根据相关规定，国内有关政府部门、企事业单位、社会团体、个人以及来华或在华的外国公民从境外或海关特殊监管区域进口并直接捐赠的物资、境内加工贸易企业捐赠的物资，直接用于防控疫情的，免征进口关税和进口环节增值税、消费税。

已征收的应免税款予以退还，其中，已征税进口且尚未申报增值税进项税额抵扣的，可凭主管税务机关出具的《防控新型冠状病毒感染的肺炎疫情进口物资增值税进项税额未抵扣证明》，向海关申请办理退还已征进口关税和进口环节增值税、消费税手续；已申报增值税进项税额抵扣的，仅向海关申请办理退还已征进口关税和进口环节消费税手续。

对于无明确受赠人的捐赠进口物资，由中国红十字会总会、中华全国妇女联合会、中国残疾人联合会、中华慈善总会、中国初级卫生保健基金会、中国宋庆龄基金会或中国癌症基金会作为受赠人接收。

特别提示：相关进口单位应当注意上述税收优惠办理的截止日期，应在

2020年9月30日前向海关办理退税手续。

法律法规及政策依据

财政部、海关总署、税务总局《关于防控新型冠状病毒感染的肺炎疫情进口物资免税政策的公告》（2020年2月1日）

一、适度扩大《慈善捐赠物资免征进口税收暂行办法》规定的免税进口范围，对捐赠用于疫情防控的进口物资，免征进口关税和进口环节增值税、消费税。

（1）进口物资增加试剂，消毒物品，防护用品，救护车、防疫车、消毒用车、应急指挥车。

（2）免税范围增加国内有关政府部门、企事业单位、社会团体、个人以及来华或在华的外国公民从境外或海关特殊监管区域进口并直接捐赠；境内加工贸易企业捐赠。捐赠物资应直接用于防控疫情且符合前述第（1）项或《慈善捐赠物资免征进口税收暂行办法》规定。

（3）受赠人增加省级民政部门或其指定的单位。省级民政部门将指定的单位名单函告所在地直属海关及省级税务部门。

无明确受赠人的捐赠进口物资，由中国红十字会总会、中华全国妇女联合会、中国残疾人联合会、中华慈善总会、中国初级卫生保健基金会、中国宋庆龄基金会或中国癌症基金会作为受赠人接收。

三、本公告项下免税进口物资，已征收的应免税款予以退还。其中，已征税进口且尚未申报增值税进项税额抵扣的，可凭主管税务机关出具的《防控新型冠状病毒感染的肺炎疫情进口物资增值税进项税额未抵扣证明》，向海关申请办理退还已征进口关税和进口环节增值税、消费税手续；已申报增值税进项税额抵扣的，仅向海关申请办理退还已征进口关税和进口环节消费税手续。有关进口单位应在2020年9月30日前向海关办理退税手续。

五、法律责任

慈善组织私分或者截留捐赠款项、捐赠实物，应当承担何种法律责任？

答：慈善组织私分、挪用、截留或者侵占慈善财产的，由民政部门责令限期改正；逾期不改正的，吊销登记证书并予以公告；有违法所得的，由民政部门予以没收；对直接负责的主管人员和其他直接责任人员处 2 万元以上 20 万元以下罚款；构成违反治安管理行为的，由公安机关依法给予治安管理处罚；构成犯罪的，依法追究刑事责任。

法律法规及政策依据

（1）**《中华人民共和国慈善法》**（2016 年 3 月 16 日）

第九十八条　慈善组织有下列情形之一的，由民政部门责令限期改正；逾期不改正的，吊销登记证书并予以公告：

（二）私分、挪用、截留或者侵占慈善财产的；

第一百条　慈善组织有本法第九十八条、第九十九条规定的情形，有违法所得的，由民政部门予以没收；对直接负责的主管人员和其他直接责任人员处二万元以上二十万元以下罚款。

第一百零九条　违反本法规定，构成违反治安管理行为的，由公安机关依法给予治安管理处罚；构成犯罪的，依法追究刑事责任。

（2）**《中华人民共和国公益事业捐赠法》**（1999 年 6 月 28 日）

第二十九条　挪用、侵占或者贪污捐赠款物的，由县级以上人民政府有关部门责令退还所用、所得款物，并处以罚款；对直接责任人员，由所在单位依照有关规定予以处理；构成犯罪的，依法追究刑事责任。

依照前款追回、追缴的捐赠款物，应当用于原捐赠目的和用途。

慈善组织向工作人员超过标准发放奖金及福利，应当承担何种法律责任？

答：慈善组织向工作人员超过标准发放奖金及福利，导致其管理费用超标准支出的，由民政部门予以警告、责令限期改正；逾期不改正的，责令限期停止活动并进行整改；有违法所得的，由民政部门予以没收；对直接负责的主管人员和其他直接责任人员处2万元以上20万元以下罚款；构成违反治安管理行为的，由公安机关依法给予治安管理处罚；构成犯罪的，依法追究刑事责任。

法律法规及政策依据

《中华人民共和国慈善法》（2016年3月16日）

第九十九条第一款　慈善组织有下列情形之一的，由民政部门予以警告、责令限期改正；逾期不改正的，责令限期停止活动并进行整改：

（四）开展慈善活动的年度支出或者管理费用的标准违反本法第六十条规定的；

第一百条　慈善组织有本法第九十八条、第九十九条规定的情形，有违法所得的，由民政部门予以没收；对直接负责的主管人员和其他直接责任人员处二万元以上二十万元以下罚款。

第一百零九条　违反本法规定，构成违反治安管理行为的，由公安机关依法给予治安管理处罚；构成犯罪的，依法追究刑事责任。

41 慈善组织未经捐赠人同意擅自改变捐赠财产用途，应当承担何种法律责任？

答：慈善组织未经捐赠人同意擅自改变捐赠财产用途，由民政部门予以警告、责令限期改正；逾期不改正的，责令限期停止活动并进行整改。有违法所得的，由民政部门予以没收；对直接负责的主管人员和其他直接责任人员处2万元以上20元以下罚款。构成违反治安管理行为的，由公安机关依法给予治安管理处罚；构成犯罪的，依法追究刑事责任。

法律法规及政策依据

《中华人民共和国慈善法》（2016年3月16日）

第九十九条第一款　慈善组织有下列情形之一的，由民政部门予以警告、责令限期改正；逾期不改正的，责令限期停止活动并进行整改：

（三）擅自改变捐赠财产用途的；

第一百条　慈善组织有本法第九十八条、第九十九条规定的情形，有违法所得的，由民政部门予以没收；对直接负责的主管人员和其他直接责任人员处二万元以上二十万元以下罚款。

第一百零九条　违反本法规定，构成违反治安管理行为的，由公安机关依法给予治安管理处罚；构成犯罪的，依法追究刑事责任。

慈善组织向单位或者个人摊派或者变相摊派“捐赠任务”的，应当承担何种法律责任？

答：慈善组织向单位或者个人摊派或者变相摊派“捐赠任务”的，由民政部门予以警告、责令停止募捐活动；对违法募集的财产，责令退还捐赠人；难以退还的，由民政部门予以收缴，转给其他慈善组织用于慈善目的；对有关组织或者个人处 2 万元以上 20 元以下罚款。构成违反治安管理行为的，由公安机关依法给予治安管理处罚；构成犯罪的，依法追究刑事责任。

法律法规及政策依据

《中华人民共和国慈善法》（2016 年 3 月 16 日）

第一百零一条第一款　开展募捐活动有下列情形之一的，由民政部门予以警告、责令停止募捐活动；对违法募集的财产，责令退还捐赠人；难以退还的，由民政部门予以收缴，转给其他慈善组织用于慈善目的；对有关组织或者个人处二万元以上二十万元以下罚款：

（三）向单位或者个人摊派或者变相摊派的；

第一百零九条　违反本法规定，构成违反治安管理行为的，由公安机关依法给予治安管理处罚；构成犯罪的，依法追究刑事责任。

43 慈善组织未依法履行信息公开义务，应当承担何种法律责任？

答：依法公开信息，是慈善组织应当履行的法定义务，有利于提高其组织的公开透明度，保护捐赠人的知情权。慈善组织应向社会公开组织章程和决策、执行、监督机构成员信息以及国务院民政部门要求公开的其他信息。捐赠人有权查询、复制其捐赠财产管理使用的有关资料，慈善组织应当及时主动向捐赠人反馈有关情况。慈善组织开展定向募捐的，应当及时向捐赠人告知募捐情况、募得款物的管理使用情况。

如果慈善组织未依法履行信息公开义务，由民政部门予以警告、责令限期改正；逾期不改正的，责令限期停止活动并进行整改；对直接负责的主管人员和其他直接责任人员处2万元以上20万元以下罚款。

法律法规及政策依据

《中华人民共和国慈善法》（2016年3月16日）

第七十一条　慈善组织、慈善信托的受托人应当依法履行信息公开义务。信息公开应当真实、完整、及时。

第九十九条第一款　慈善组织有下列情形之一的，由民政部门予以警告、责令限期改正；逾期不改正的，责令限期停止活动并进行整改：

（五）未依法履行信息公开义务的；

第一百条　慈善组织有本法第九十八条、第九十九条规定的情形，有违法所得的，由民政部门予以没收；对直接负责的主管人员和其他直接责任人员处二万元以上二十万元以下罚款。

44 慈善组织不向捐赠人开具捐赠票据，应当承担何种法律责任？

答：慈善组织接受捐赠人公益捐赠后，不依法向捐赠人开具捐赠票据，或者不及时主动向捐赠人反馈有关情况的，由民政部门予以警告，责令限期改正；逾期不改正的，责令限期停止活动。

法律法规及政策依据

《中华人民共和国慈善法》（2016年3月16日）

第一百零二条　慈善组织不依法向捐赠人开具捐赠票据、不依法向志愿者出具志愿服务记录证明或者不及时主动向捐赠人反馈有关情况的，由民政部门予以警告，责令限期改正；逾期不改正的，责令限期停止活动。

45 不具有公开募捐资格的组织或者个人开展公开募捐活动的，应当承担何种法律责任？

答：不具有公开募捐资格的组织或者个人开展公开募捐的，由民政部门予以警告、责令停止募捐活动；对违法募集的财产，责令退还捐赠人；难以退还的，由民政部门予以收缴，转给其他慈善组织用于慈善目的；对有关组织或者个人处2万元以上20万元以下罚款。

法律法规及政策依据

《中华人民共和国慈善法》（2016年3月16日）

第一百零一条第一款　开展募捐活动有下列情形之一的，由民政部门予以警告、责令停止募捐活动；对违法募集的财产，责令退还捐赠人；难以退还的，由民政部门予以收缴，转给其他慈善组织用于慈善目的；对有关组织或者个人处二万元以上二十万元以下罚款：

（一）不具有公开募捐资格的组织或者个人开展公开募捐的；

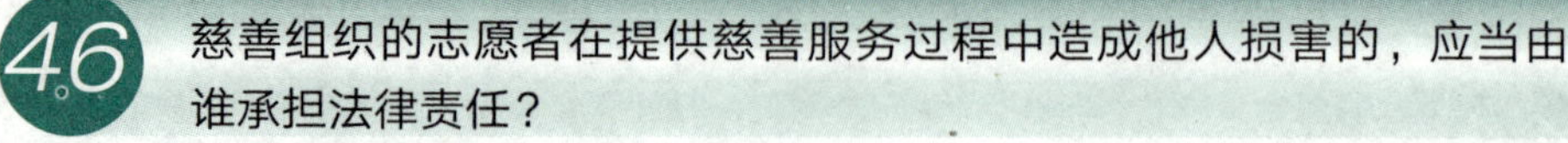

46 慈善组织的志愿者在提供慈善服务过程中造成他人损害的，应当由谁承担法律责任？

答：慈善服务过程中，由于慈善组织志愿者的过错造成受益人、第三人损害的，由慈善组织依法承担赔偿责任；如果损害结果是志愿者存在故意或者重大过失情形导致的，慈善组织可以向其追偿。

法律法规及政策依据

《中华人民共和国慈善法》（2016年3月16日）

第一百零六条　慈善服务过程中，因慈善组织或者志愿者过错造成受益人、第三人损害的，慈善组织依法承担赔偿责任；损害是由志愿者故意或者重大过失造成的，慈善组织可以向其追偿。

志愿者在参与慈善服务过程中，因慈善组织过错受到损害的，慈善组织依法承担赔偿责任；损害是由不可抗力造成的，慈善组织应当给予适当补偿。

47 在公开募捐信息发布过程中，网络服务平台及电信运营商未对公开募捐资格证书进行验证，应当承担何种法律责任？

答：对通过网络平台发布公开募捐信息的基金会或社会团体，网络服务平台及电信运营商应当对慈善组织的登记证书、公开募捐资格证书进行验证，查验核实后方可发布公开募捐信息。

网络服务平台及电信运营商未履行规定的验证义务的，由其主管部门予以警告，责令限期改正；逾期不改正的，予以通报批评。

法律法规及政策依据

《中华人民共和国慈善法》（2016年3月16日）

第二十七条　广播、电视、报刊以及网络服务提供者、电信运营商，应当对利用其平台开展公开募捐的慈善组织的登记证书、公开募捐资格证书进行验证。

第一百零一条第二款　广播、电视、报刊以及网络服务提供者、电信运营商未履行本法第二十七条规定的验证义务的，由其主管部门予以警告，责令限期改正；逾期不改正的，予以通报批评。

48 假借公益捐赠进行逃税，应当如何处罚？

答：捐赠款物可以享受税收优惠。根据相关法律规定，自然人、法人和其他组织捐赠财产用于慈善活动的，依法享受税收优惠。为了规制捐赠行为中可能通过关联交易的逃税行为，法律明确规定，捐赠人与慈善组织约定捐赠财产的用途和受益人时，不得指定捐赠人的利害关系人作为受益人。在捐赠活动中，有偷税、逃税行为的，依照法律法规的有关规定予以处罚；构成犯罪的，依法追究刑事责任。

法律法规及政策依据

《中华人民共和国公益事业捐赠法》（1999 年 6 月 28 日）

第三十条　在捐赠活动中，有下列行为之一的，依照法律、法规的有关规定予以处罚；构成犯罪的，依法追究刑事责任：

（一）逃汇、骗购外汇的；

（二）偷税、逃税的；

（三）进行走私活动的；

（四）未经海关许可并且未补缴应缴税额，擅自将减税、免税进口的捐赠物资在境内销售、转让或者移作他用的。

CHAPTER 04

企业权利与义务

第四章

撰 稿 人

北京东卫（上海）律师事务所

唐建东　裴学龙

新型冠状病毒引发的肺炎疫情，对社会造成了很大的冲击，对企事业单位和个人也造成了很大的影响。国务院办公厅于2020年1月26日决定延长2020年春节假期至2月2日，各地方政府也相继发出通知延迟企业复工和学校开学，但涉及保障城市运行必需、疫情防控必需、群众生活必需及其他涉及重要国计民生的相关企业除外。随着疫情逐步得到控制，各地政府陆续出台政策鼓励企业复工，但至今很多企业仍无法复工，有部分企业只能部分复工。在疫情防控期间，国家和各地政府陆续出台了很多措施，涉及疫情防控、劳动等各方面。企业复工之后，应根据《突发事件应对法》《传染病防治法》等法律法规及各地政府的地方规定，做好本单位的疫情防控工作。

这对于企业而言，不仅要做好日常的企业管理和经营，还要履行《突发事件应对法》《传染病防治法》等法律法规规定的义务，遵守各地方政府作出的关于疫情防控的各项规定。本章针对企业在疫情防控期间的权利义务和一些需要注意的事项进行分析，供企业参考。

本次新冠肺炎疫情属于突发公共卫生事件吗？

答：按照《突发事件应对法》的规定，突发事件是指突然发生，造成或者可能造成严重社会危害，需要采取应急处置措施予以应对的自然灾害、事故灾难、公共卫生事件和社会安全事件。

按照《突发公共卫生事件应急条例》的规定，突发公共卫生事件是指突然发生，造成或者可能造成社会公众健康严重损害的重大传染病疫情、群体性不明原因疾病、重大食物和职业中毒以及其他严重影响公众健康的事件。

根据上述规定，本次新型冠状病毒引起的新冠肺炎疫情属于突发事件中的突发公共卫生事件。

在本次疫情防控期间，企业不仅要按照日常经营需要遵守《公司法》《合同法》等法律法规的规定，还要遵守《突发事件应对法》《传染病防治法》等法律法规的规定，履行相应的义务和职责。

法律法规及政策依据

（1）《中华人民共和国突发事件应对法》（2007 年 8 月 30 日）

第三条　本法所称突发事件，是指突然发生，造成或者可能造成严重社会危害，需要采取应急处置措施予以应对的自然灾害、事故灾难、公共卫生事件和社会安全事件。

按照社会危害程度、影响范围等因素，自然灾害、事故灾难、公共卫生事件分为特别重大、重大、较大和一般四级。法律、行政法规或者国务院另有规定的，从其规定。

突发事件的分级标准由国务院或者国务院确定的部门制定。

（2）《突发公共卫生事件应急条例》（2011 年 1 月 8 日修订）

第二条　本条例所称突发公共卫生事件（以下简称突发事件），是指突然发生，造成或者可能造成社会公众健康严重损害的重大传染病疫情、群体性不明原因疾病、重大食物和职业中毒以及其他严重影响公众健康的事件。

02 在防控新冠肺炎疫情工作中，企业有哪些义务？

答：根据《突发事件应对法》《传染病防治法》等相关规定，在本次防控新冠肺炎疫情工作中，企业主要的义务包括：

（1）接受疾病预防控制机构、医疗机构所采取的预防、控制措施，如实提供有关情况

企业应当根据各级政府的要求采取具体的疫情防控措施，如配合有关部门做好对确诊或疑似患者的隔离工作；对可能污染的工作场所和工作物品进行严格的消毒等。

（2）相关企业要提供防疫用产品或服务

根据《传染病防治法》的规定，传染病暴发、流行时，药品和医疗器械生产、供应单位应当及时生产、供应防治传染病的药品和医疗器械。铁路、交通、民用航空经营单位必须优先运送处理传染病疫情的人员以及防治传染病的药品和医疗器械。

（3）履行报告职责，不得迟报、谎报、瞒报、漏报

企业应当根据当地政府要求履行报告职责，若发现疑似患者应及时向当地的疫情防控部门或医疗机构汇报。

（4）配合调查取证

根据《传染病防治法》的规定，县级以上人民政府卫生行政部门在履行监督检查职责时，有权进入被检查单位和传染病疫情发生现场调查取证，查阅或者复制有关的资料和采集样本。被检查单位应当予以配合，不得拒绝、阻挠。

（5）采取防治措施，为职工提供必要的防疫保护和劳动保护措施

在疫情防控期间，企业应当根据当地政府的要求做好疫情的防控工作，采取必要的防疫措施：

①如有必要可以成立临时性的防疫工作领导部门，制定防疫和复工方案，明确人员分工和工作要求，必要时制订相应的管理制度；

②了解职工的健康情况，对于确诊患者、疑似病例、密切接触者或者途经疫情严重区域的职工，必须在治愈、结束观察或者取得健康凭证后方可安排复

工。密切关注职工的健康状况，对出现咳嗽、发热等疑似症状的应当立即送医，并按要求上报有关部门；

③根据企业具体情况做好防疫物资准备，包括口罩、护目镜、防护手套、消毒剂、测温仪器、洗手液和应急药品等；

④ 定期对工作场所进行全面消毒，对餐具、桌椅、班车、办公设施、通风设备等进行重点消毒，在卫生间、餐厅等必要部位放置消毒洗手液；

⑤安排职工分批分段上岗、错峰上下班、分时段用餐，避免人员集中；

⑥取消不必要的外出，采取电话、网络等方式开会、与客户联系；

⑦有条件的企业可安排职工在家办公。

法律法规及政策依据

（1）《中华人民共和国传染病防治法》（2013 年 6 月 29 日修正）

第十二条第一款　在中华人民共和国领域内的一切单位和个人，必须接受疾病预防控制机构、医疗机构有关传染病的调查、检验、采集样本、隔离治疗等预防、控制措施，如实提供有关情况。疾病预防控制机构、医疗机构不得泄露涉及个人隐私的有关信息、资料。

第三十一条　任何单位和个人发现传染病病人或者疑似传染病病人时，应当及时向附近的疾病预防控制机构或者医疗机构报告。

第四十九条　传染病暴发、流行时，药品和医疗器械生产、供应单位应当及时生产、供应防治传染病的药品和医疗器械。铁路、交通、民用航空经营单位必须优先运送处理传染病疫情的人员以及防治传染病的药品和医疗器械。县级以上人民政府有关部门应当做好组织协调工作。

第五十四条　县级以上人民政府卫生行政部门在履行监督检查职责时，有权进入被检查单位和传染病疫情发生现场调查取证，查阅或者复制有关的资料和采集样本。被检查单位应当予以配合，不得拒绝、阻挠。

（2）《中华人民共和国突发事件应对法》（2007 年 8 月 30 日）

第二十二条　所有单位应当建立健全安全管理制度，定期检查本单位各项安全防范措施的落实情况，及时消除事故隐患；掌握并及时处理本单位存在的可能引发社会安全事件的问题，防止矛盾激化和事态扩大；对本单位可能发生的突发事件和采取安全防范措施的情况，应当按照规定及时向所在地人民政府或者人民政府有关部门报告。

第三十八条第三款　获悉突发事件信息的公民、法人或者其他组织，应当立即向所在地人民政府、有关主管部门或者指定的专业机构报告。

第五十四条　任何单位和个人不得编造、传播有关突发事件事态发展或者应急处置工作的虚假信息。

第五十六条　受到自然灾害危害或者发生事故灾难、公共卫生事件的单位，应当立即组织本单位应急救援队伍和工作人员营救受害人员，疏散、撤离、安置受到威胁的人员，控制危险源，标明危险区域，封锁危险场所，并采取其他防止危害扩大的必要措施，同时向所在地县级人民政府报告；对因本单位的问题引发的或者主体是本单位人员的社会安全事件，有关单位应当按照规定上报情况，并迅速派出负责人赶赴现场开展劝解、疏导工作。

突发事件发生地的其他单位应当服从人民政府发布的决定、命令，配合人民政府采取的应急处置措施，做好本单位的应急救援工作，并积极组织人员参加所在地的应急救援和处置工作。

03 企业不履行相关疫情防控义务，企业及负责人要承担法律责任吗？

答：企业不履行相关疫情防控义务，企业及负责人要承担相应的法律责任，根据具体情节、造成的后果等因素，企业及负责人可能承担的责任包括：

（1）行政责任

根据《突发事件应对法》和《传染病防治法》的相关规定，企业未按规定采取预防措施或突发事件发生后，不及时组织开展应急救援工作等，造成严重后果的，可能受到有关部门责令停产停业，暂扣或者吊销许可证或者营业执照，罚款等行政处罚。

（2）民事责任

根据《突发事件应对法》和《传染病防治法》的相关规定，企业违反相关法律规定，导致传染病传播、流行或者危害扩大，给他人人身、财产造成损害的，需要依法承担民事赔偿责任。

（3）刑事责任

根据最高人民法院、最高人民检察院《关于办理妨害预防、控制突发传染病疫情等灾害的刑事案件具体应用法律若干问题的解释》的相关规定，国有公司、企业、事业单位的工作人员，在疫情防控过程中严重不负责任或者滥用职权，造成国有公司、企业破产或者严重损失，致使国家利益遭受重大损失的，可以失职罪或者滥用职权罪定罪，处3年以下有期徒刑或者拘役。

法律法规及政策依据

（1）《中华人民共和国突发事件应对法》（2007年8月30日）

第六十四条　有关单位有下列情形之一的，由所在地履行统一领导职责的人民政府责令停产停业，暂扣或者吊销许可证或者营业执照，并处五万元以上二十万元以下的罚款；构成违反治安管理行为的，由公安机关依法给予处罚：

（一）未按规定采取预防措施，导致发生严重突发事件的；

（二）未及时消除已发现的可能引发突发事件的隐患，导致发生严重突发事件的；

（三）未做好应急设备、设施日常维护、检测工作，导致发生严重突发事件或者突发事件危害扩大的；

（四）突发事件发生后，不及时组织开展应急救援工作，造成严重后果的。

前款规定的行为，其他法律、行政法规规定由人民政府有关部门依法决定处罚的，从其规定。

（2）《中华人民共和国传染病防治法》（2013年6月29日修正）

第七十二条　铁路、交通、民用航空经营单位未依照本法的规定优先运送处理传染病疫情的人员以及防治传染病的药品和医疗器械的，由有关部门责令限期改正，给予警告；造成严重后果的，对负有责任的主管人员和其他直接责任人员，依法给予降级、撤职、开除的处分。

第七十三条　违反本法规定，有下列情形之一，导致或者可能导致传染病传播、流行的，由县级以上人民政府卫生行政部门责令限期改正，没收违法所得，可以并处五万元以下的罚款；已取得许可证的，原发证部门可以依法暂扣或者吊销许可证；构成犯罪的，依法追究刑事责任：

（一）饮用水供水单位供应的饮用水不符合国家卫生标准和卫生规范的；

（二）涉及饮用水卫生安全的产品不符合国家卫生标准和卫生规范的；

（三）用于传染病防治的消毒产品不符合国家卫生标准和卫生规范的；

（四）出售、运输疫区中被传染病病原体污染或者可能被传染病病原体污染的物品，未进行消毒处理的；

（五）生物制品生产单位生产的血液制品不符合国家质量标准的。

第七十七条　单位和个人违反本法规定，导致传染病传播、流行，给他人人身、财产造成损害的，应当依法承担民事责任。

(3)《中华人民共和国刑法》（2017年11月4日修正）

第一百六十八条　国有公司、企业的工作人员，由于严重不负责任或者滥用职权，造成国有公司、企业破产或者严重损失，致使国家利益遭受重大损失的，处三年以下有期徒刑或者拘役；致使国家利益遭受特别重大损失的，处三年以上七年以下有期徒刑。

国有事业单位的工作人员有前款行为，致使国家利益遭受重大损失的，依照前款的规定处罚。

国有公司、企业、事业单位的工作人员，徇私舞弊，犯前两款罪的，依照第一款的规定从重处罚。

(4) 最高人民法院、最高人民检察院《关于办理妨害预防、控制突发传染病疫情等灾害的刑事案件具体应用法律若干问题的解释》（2003年5月14日　法释〔2003〕8号）

第四条　国有公司、企业、事业单位的工作人员，在预防、控制突发传染病疫情等灾害的工作中，由于严重不负责任或者滥用职权，造成国有公司、企业破产或者严重损失，致使国家利益遭受重大损失的，依照刑法第一百六十八条的规定，以国有公司、企业、事业单位人员失职罪或者国有公司、企业、事业单位人员滥用职权罪定罪处罚。

04 卫生行政等部门因违法实施行政管理或者预防、控制措施，侵犯企业合法权益的，企业如何维权？

答：卫生行政等部门实施的行政管理或者预防、控制措施属于行政行为，若该行为违反法律法规的规定，侵害了企业的合法权益，企业可以依法维权。

法律法规及政策依据

《中华人民共和国传染病防治法》（2013 年 6 月 29 日修正）

第十二条第二款　卫生行政部门以及其他有关部门、疾病预防控制机构和医疗机构因违法实施行政管理或者预防、控制措施，侵犯单位和个人合法权益的，有关单位和个人可以依法申请行政复议或者提起诉讼。

05 对已经发生新冠肺炎病例的相关场所内的人员，可以采取哪些措施？

答：对已经发生新冠肺炎病例的相关场所内的人员，可以依法采取隔离措施。

法律法规及政策依据

《中华人民共和国传染病防治法》（2013 年 6 月 29 日修正）

第四十一条　对已经发生甲类传染病病例的场所或者该场所内的特定区域的人员，所在地的县级以上地方人民政府可以实施隔离措施，并同时向上一级人民政府报告；接到报告的上级人民政府应当即时作出是否批准的决定。上级人民政府作出不予批准决定的，实施隔离措施的人民政府应当立即解除隔离措施。

在隔离期间，实施隔离措施的人民政府应当对被隔离人员提供生活保障；被隔离人员有工作单位的，所在单位不得停止支付其隔离期间的工作报酬。

隔离措施的解除，由原决定机关决定并宣布。

06 传染病暴发、流行时，各级政府可以采取哪些人员、物资的征调措施？

答：传染病暴发、流行时，各级政府可以紧急调集人员或者调用储备物资，临时征用房屋、交通工具以及相关设施、设备。

法律法规及政策依据

（1）**《中华人民共和国传染病防治法》**（2013 年 6 月 29 日修正）

第四十五条第一款 传染病暴发、流行时，根据传染病疫情控制的需要，国务院有权在全国范围或者跨省、自治区、直辖市范围内，县级以上地方人民政府有权在本行政区域内紧急调集人员或者调用储备物资，临时征用房屋、交通工具以及相关设施、设备。

（2）**《中华人民共和国突发事件应对法》**（2007 年 8 月 30 日）

第十二条 有关人民政府及其部门为应对突发事件，可以征用单位和个人的财产。被征用的财产在使用完毕或者突发事件应急处置工作结束后，应当及时返还。财产被征用或者征用后毁损、灭失的，应当给予补偿。

第五十二条 履行统一领导职责或者组织处置突发事件的人民政府，必要时可以向单位和个人征用应急救援所需设备、设施、场地、交通工具和其他物资，请求其他地方人民政府提供人力、物力、财力或者技术支援，要求生产、供应生活必需品和应急救援物资的企业组织生产、保证供给，要求提供医疗、交通等公共服务的组织提供相应的服务。

履行统一领导职责或者组织处置突发事件的人民政府，应当组织协调运输经营单位，优先运送处置突发事件所需物资、设备、工具、应急救援人员和受到突发事件危害的人员。

07 传染病暴发、流行时，对政府临时征用房屋、交通工具、设备的，企业有权要求返还吗？

答：传染病暴发、流行时，各级政府临时征用房屋、交通工具以及相关设施、设备的，应当依法给予补偿；能返还的，应当及时返还。

法律法规及政策依据

（1）**《中华人民共和国传染病防治法》**（2013 年 6 月 29 日修正）

第四十五条 传染病暴发、流行时，根据传染病疫情控制的需要，国务院有权在全国范围或者跨省、自治区、直辖市范围内，县级以上地方人民政府有权在本行政区域内紧急调集人员或者调用储备物资，临时征用房屋、交通工具以及相关设施、设备。

紧急调集人员的，应当按照规定给予合理报酬。临时征用房屋、交通工具以及相关设施、设备的，应当依法给予补偿；能返还的，应当及时返还。

（2）**《中华人民共和国突发事件应对法》**（2007 年 8 月 30 日）

第十二条　有关人民政府及其部门为应对突发事件，可以征用单位和个人的财产。被征用的财产在使用完毕或者突发事件应急处置工作结束后，应当及时返还。财产被征用或者征用后毁损、灭失的，应当给予补偿。

08 企业发现新冠肺炎病例是否有义务向有关部门报告？

答：企业发现新冠肺炎病例有义务向有关部门报告。

法律法规及政策依据

《中华人民共和国传染病防治法》（2013 年 6 月 29 日修正）

第三十一条　任何单位和个人发现传染病病人或者疑似传染病病人时，应当及时向附近的疾病预防控制机构或者医疗机构报告。

09 企业发现新型冠状病毒肺炎病例未向有关部门报告，是否需要承担法律责任？

答：企业发现新型冠状病毒肺炎病例未向有关部门报告，需要承担民事责任；构成犯罪的，依法追究刑事责任。

法律法规及政策依据

（1）**《中华人民共和国传染病防治法》**（2013 年 6 月 29 日修正）

第三十一条　任何单位和个人发现传染病病人或者疑似传染病病人时，应当及时向附近的疾病预防控制机构或者医疗机构报告。

第七十七条　单位和个人违反本法规定，导致传染病传播、流行，给他人人身、财产造成损害的，应当依法承担民事责任。

（2）**《突发公共卫生事件应急条例》（2011 年 1 月 8 日修订）**

第五十一条　在突发事件应急处理工作中，有关单位和个人未依照本条例的规定履行报告职责，隐瞒、缓报或者谎报，阻碍突发事件应急处理工作人员执行职务，拒绝国务院卫生行政主管部门或者其他有关部门指定的专业技术机构进入突发事件现场，或者不配合调查、采样、技术分析和检验的，对有关责任人员依法给予行政处分或者纪律处分；触犯《中华人民共和国治安管理处罚法》，构成违反治安管理行为的，由公安机关依法予以处罚；构成犯罪的，依法追究刑事责任。

10 企业可以收集、使用职工的疫情相关个人信息吗？

答：在新冠肺炎疫情防控的特殊时期，企业可以收集、使用职工的疫情相关个人信息。理由如下：

第一，企业有权了解职工与劳动合同直接相关的基本情况，在疫情时期，职工的疫情相关信息直接影响到用人单位的生产经营和工作安排，用人单位有权知悉。同时，根据《劳动法》相关规定，企业有义务为职工提供安全卫生的工作环境。所以在疫情防控期间，企业了解职工的疫情相关信息，是必要的。

第二，报告疫情信息是企业的义务。根据《突发事件应对法》第 22 条规定，“所有单位……对本单位可能发生的突发事件和采取安全防范措施的情况，应当按照规定及时向所在地人民政府或者人民政府有关部门报告”。第 38 条规定，“获悉突发事件信息的公民、法人或者其他组织，应当立即向所在地人民政府、有关主管部门或者指定的专业机构报告”。《传染病防治法》第 31 条规定，“任何单位和个人发现传染病病人或者疑似传染病病人时，应当及时向附近的疾病预防控制机构或者医疗机构报告”。

当然，企业了解、使用职工的疫情信息要以必要、合理为限，并注意保护职工的个人隐私。

法律法规及政策依据

（1）《中华人民共和国劳动法》（2018年12月29日修正）

第五十四条　用人单位必须为劳动者提供符合国家规定的劳动安全卫生条件和必要的劳动防护用品，对从事有职业危害作业的劳动者应当定期进行健康检查。

（2）《中华人民共和国劳动合同法》（2012年12月28日修正）

第八条　用人单位招用劳动者时，应当如实告知劳动者工作内容、工作条件、工作地点、职业危害、安全生产状况、劳动报酬，以及劳动者要求了解的其他情况；用人单位有权了解劳动者与劳动合同直接相关的基本情况，劳动者应当如实说明。

（3）《中华人民共和国传染病防治法》（2013年6月29日修正）

第十二条第一款　在中华人民共和国领域内的一切单位和个人，必须接受疾病预防控制机构、医疗机构有关传染病的调查、检验、采集样本、隔离治疗等预防、控制措施，如实提供有关情况。疾病预防控制机构、医疗机构不得泄露涉及个人隐私的有关信息、资料。

第三十一条　任何单位和个人发现传染病病人或者疑似传染病病人时，应当及时向附近的疾病预防控制机构或者医疗机构报告。

（4）《中华人民共和国突发事件应对法》（2007年8月30日）

第二十二条　所有单位应当建立健全安全管理制度，定期检查本单位各项安全防范措施的落实情况，及时消除事故隐患；掌握并及时处理本单位存在的可能引发社会安全事件的问题，防止矛盾激化和事态扩大；对本单位可能发生的突发事件和采取安全防范措施的情况，应当按照规定及时向所在地人民政府或者人民政府有关部门报告。

第三十八条第三款　获悉突发事件信息的公民、法人或者其他组织，应当立即向所在地人民政府、有关主管部门或者指定的专业机构报告。

11 对新冠肺炎防控，不服从、不配合或者拒绝执行有关政府决定、命令或者措施等行为，要承担什么法律责任？

答：对新冠肺炎防控，不服从、不配合或者拒绝执行有关政府决定、命令或者措施等行为，构成违反治安管理行为的，由公安机关依法给予处罚；构成犯罪的，依法追究刑事责任。

法律法规及政策依据

（1）《中华人民共和国突发事件应对法》（2007 年 8 月 30 日）

第六十六条　单位或者个人违反本法规定，不服从所在地人民政府及其有关部门发布的决定、命令或者不配合其依法采取的措施，构成违反治安管理行为的，由公安机关依法给予处罚。

（2）《中华人民共和国治安管理处罚法》（2012 年 10 月 26 日修正）

第五十条　有下列行为之一的，处警告或者二百元以下罚款；情节严重的，处五日以上十日以下拘留，可以并处五百元以下罚款：

（一）拒不执行人民政府在紧急状态情况下依法发布的决定、命令的；

（二）阻碍国家机关工作人员依法执行职务的；

（三）阻碍执行紧急任务的消防车、救护车、工程抢险车、警车等车辆通行的；

（四）强行冲闯公安机关设置的警戒带、警戒区的。

阻碍人民警察依法执行职务的，从重处罚。

（3）《中华人民共和国刑法》（2017 年 11 月 4 日修正）

第二百七十七条　以暴力、威胁方法阻碍国家机关工作人员依法执行职务的，处三年以下有期徒刑、拘役、管制或者罚金。

以暴力、威胁方法阻碍全国人民代表大会和地方各级人民代表大会代表依法执行代表职务的，依照前款的规定处罚。

在自然灾害和突发事件中，以暴力、威胁方法阻碍红十字会工作人员依法履行职责的，依照第一款的规定处罚。

故意阻碍国家安全机关、公安机关依法执行国家安全工作任务，未使用暴力、威胁方法，造成严重后果的，依照第一款的规定处罚。

暴力袭击正在依法执行职务的人民警察的，依照第一款的规定从重处罚。

第三百三十条　违反传染病防治法的规定，有下列情形之一，引起甲类传染病传播或者有传播严重危险的，处三年以下有期徒刑或者拘役；后果特别严重的，处三年以上七年以下有期徒刑：

（一）供水单位供应的饮用水不符合国家规定的卫生标准的；

（二）拒绝按照卫生防疫机构提出的卫生要求，对传染病病原体污染的污水、污物、粪便进行消毒处理的；

（三）准许或者纵容传染病病人、病原携带者和疑似传染病病人从事国务院卫生行政部门规定禁止从事的易使该传染病扩散的工作的；

（四）拒绝执行卫生防疫机构依照传染病防治法提出的预防、控制措施的。

单位犯前款罪的，对单位判处罚金，并对其直接负责的主管人员和其他直接责任人员，依照前款的规定处罚。

甲类传染病的范围，依照《中华人民共和国传染病防治法》和国务院有关规定确定。

12 延长假期和延迟复工是强制的吗？企业若违反规定将承担何种责任？

答：本次防疫期间，国务院规定延长春节假期，地方政府也相继宣布延迟复工，这都是为有效减少人员流动和聚集，阻断疫情传播而采取的紧急措施。同时规定，如无规定的特殊情形，用人单位不得提前复工。

根据《传染病防治法》第 42 条第 1 款的规定，传染病暴发、流行时，县级以上地方人民政府应当立即组织力量，按照预防、控制预案进行防治，切断传染病的传播途径，必要时，报经上一级人民政府决定，可以采取“停工、停业、停课”等紧急措施。

根据《传染病防治法实施办法》第 70 条的规定，对于传染病暴发、流行时，妨碍或者拒绝执行政府采取紧急措施的单位和个人，县级以上政府卫生行政部门报请同级政府批准，对单位予以通报批评；对主管人员和直接责任人员由所在单位或者上级机关给予行政处分。

根据《治安管理处罚法》第50条的规定，对于拒不执行人民政府在紧急状态情况下依法发布的决定、命令的，处警告或者200元以下罚款；情节严重的，处5日以上10日以下拘留，可以并处500元以下罚款。

法律法规及政策依据

（1）《中华人民共和国传染病防治法》（2013年6月29日修正）

第四十二条　传染病暴发、流行时，县级以上地方人民政府应当立即组织力量，按照预防、控制预案进行防治，切断传染病的传播途径，必要时，报经上一级人民政府决定，可以采取下列紧急措施并予以公告：

（一）限制或者停止集市、影剧院演出或者其他人群聚集的活动；

（二）停工、停业、停课；

（三）封闭或者封存被传染病病原体污染的公共饮用水源、食品以及相关物品；

（四）控制或者扑杀染疫野生动物、家畜家禽；

（五）封闭可能造成传染病扩散的场所。

上级人民政府接到下级人民政府关于采取前款所列紧急措施的报告时，应当即时作出决定。

紧急措施的解除，由原决定机关决定并宣布。

（2）《中华人民共和国传染病防治法实施办法》（1991年12月6日）

第七十条　有下列行为之一的单位和个人，县级以上政府卫生行政部门报请同级政府批准，对单位予以通报批评；对主管人员和直接责任人员由所在单位或者上级机关给予行政处分。

（一）传染病暴发、流行时，妨碍或者拒绝执行政府采取紧急措施的；

（二）传染病暴发、流行时，医疗保健人员、卫生防疫人员拒绝执行各级政府卫生行政部门调集其参加控制疫情的决定的；

（三）对控制传染病暴发、流行负有责任的部门拒绝执行政府有关控制疫情决定的；

（四）无故阻止和拦截依法执行处理疫情任务的车辆和人员的。

（3）《中华人民共和国治安管理处罚法》(2012 年 10 月 26 日修正)

第五十条 有下列行为之一的，处警告或者二百元以下罚款；情节严重的，处五日以上十日以下拘留，可以并处五百元以下罚款：

（一）拒不执行人民政府在紧急状态情况下依法发布的决定、命令的；

阻碍人民警察依法执行职务的，从重处罚。

13 企业是否可以拒绝外地职工复工？

答：根据《传染病防治法》的相关规定及各地方政府采取的紧急措施，外地职工回到工作城市的，要进行医学隔离观察和采取其他必要的预防措施，如果是从重点疫情地区或途经重点疫情地区的，会要求其在指定场所进行医学隔离观察和采取其他必要的预防措施，个人应当予以配合。

若职工从外地回来直接要求上班的，企业可以拒绝，并要求其按照当地政府要求的措施进行隔离观察。如医学隔离观察期满，经确认无感染风险的，企业应当接受其复工。

法律法规及政策依据

（1）《中华人民共和国传染病防治法》（2013 年 6 月 29 日修正）

第四十一条 对已经发生甲类传染病病例的场所或者该场所内的特定区域的人员，所在地的县级以上地方人民政府可以实施隔离措施，并同时向上一级人民政府报告；接到报告的上级人民政府应当即时作出是否批准的决定。上级人民政府作出不予批准决定的，实施隔离措施的人民政府应当立即解除隔离措施。

在隔离期间，实施隔离措施的人民政府应当对被隔离人员提供生活保障；被隔离人员有工作单位的，所在单位不得停止支付其隔离期间的工作报酬。

隔离措施的解除，由原决定机关决定并宣布。

（2）人力资源社会保障部办公厅《关于妥善处理新型冠状病毒感染的肺炎疫情防控期间劳动关系问题的通知》(2020 年 1 月 24 日 人社厅明电〔2020〕5 号)

一、对新型冠状病毒感染的肺炎患者、疑似病人、密切接触者在其隔离治疗期间或医学观察期间以及因政府实施隔离措施或采取其他紧急措施导致不能提供正常劳动的企业职工，企业应当支付职工在此期间的工作报酬，并不得依据劳动合同法第四十条、四十一条与职工解除劳动合同。在此期间，劳动合同到期的，分别顺延至职工医疗期期满、医学观察期期满、隔离期期满或者政府采取的紧急措施结束。

14 职工确诊为新冠肺炎，拒绝隔离怎么处理？

答：职工已被确诊为新冠肺炎患者或为疑似新冠肺炎患者，如拒不接受隔离和治疗，危害公共安全构成犯罪的，应承担刑事责任。企业有责任向相关部门报告，如果职工因此被追究刑事责任，企业可依法与其解除劳动合同。

如企业的规章制度中有上述相关规定，职工拒绝隔离属于可以解除劳动合同情形的，公司可以据此解除劳动合同，建议企业在解除劳动合同之前要审核该规章制度的合法性，并保留相关证据。

法律法规及政策依据

（1）**《中华人民共和国劳动法》**（2018年12月29日修正）

第二十五条　劳动者有下列情形之一的，用人单位可以解除劳动合同：

（一）在试用期间被证明不符合录用条件的；

（二）严重违反劳动纪律或者用人单位规章制度的；

（三）严重失职，营私舞弊，对用人单位利益造成重大损害的；

（四）被依法追究刑事责任的。

（2）**《中华人民共和国劳动合同法》**（2012年12月28日修正）

第三十九条　劳动者有下列情形之一的，用人单位可以解除劳动合同：

（一）在试用期间被证明不符合录用条件的；

（二）严重违反用人单位的规章制度的；

（三）严重失职，营私舞弊，给用人单位造成重大损害的；

（四）劳动者同时与其他用人单位建立劳动关系，对完成本单位的工作任务造成严重影响，或者经用人单位提出，拒不改正的；

（五）因本法第二十六条第一款第一项规定的情形致使劳动合同无效的；

（六）被依法追究刑事责任的。

（3）《中华人民共和国刑法》（2017年11月4日修正）

第一百一十四条　放火、决水、爆炸以及投放毒害性、放射性、传染病病原体等物质或者以其他危险方法危害公共安全，尚未造成严重后果的，处三年以上十年以下有期徒刑。

第一百一十五条　放火、决水、爆炸以及投放毒害性、放射性、传染病病原体等物质或者以其他危险方法致人重伤、死亡或者使公私财产遭受重大损失的，处十年以上有期徒刑、无期徒刑或者死刑。

过失犯前款罪的，处三年以上七年以下有期徒刑；情节较轻的，处三年以下有期徒刑或者拘役。

（4）最高人民法院、最高人民检察院《关于办理妨害预防、控制突发传染病疫情等灾害的刑事案件具体应用法律若干问题的解释》（2003年5月14日　法释〔2003〕8号）

第一条　故意传播突发传染病病原体，危害公共安全的，依照刑法第一百一十四条、第一百一十五条第一款的规定，按照以危险方法危害公共安全罪定罪处罚。

患有突发传染病或者疑似突发传染病而拒绝接受检疫、强制隔离或者治疗，过失造成传染病传播，情节严重，危害公共安全的，依照刑法第一百一十五条第二款的规定，按照过失以危险方法危害公共安全罪定罪处罚。

15 企业经营出现困难，可以裁员吗？

答：本次疫情暴发对很多企业产生的影响是巨大的，一些中小型企业会出现经营困难的情况，裁员可能是这些企业走出困境的必要措施。在此种情况下，企业是否可以裁员？

人力资源社会保障部办公厅颁发的《关于妥善处理新型冠状病毒感染的肺炎疫情防控期间劳动关系问题的通知》中规定，企业因受疫情影响导致生产经营困难的，可以通过与职工协商一致采取调整薪酬、轮岗轮休、缩短工时等方式稳定工作岗位，尽量不裁员或者少裁员。符合条件的企业，可按规定享受稳岗补贴。

企业的生产经营发生严重困难时，裁减人员是一项确保企业正常运营的一项措施，但依法受到限制，《劳动合同法》第41条对此作出了具体规定。在疫情防控期间企业与职工解除劳动合同，不仅需要全额支付正常春节假期与延长假期的薪资，还要向职工支付经济补偿金。因此，不建议企业采取裁员的方式缓解经营压力。但是，如果企业竭尽全力仍无法恢复正常生产经营的，可依法进行经济性裁员。需要注意事项包括：

（1）裁员应符合《劳动合同法》第41条第1款规定的实体和程序要件，同时向被裁减人员支付经济补偿金。

（2）企业应当收集并保存生产经营发生严重困难和客观情况发生重大变化的证据。

（3）裁员时，企业应当优先留用下列人员：与本用人单位订立较长期限的固定期限劳动合同的；与本用人单位订立无固定期限劳动合同的；家庭无其他就业人员，有需要扶养的老人或者未成年人的。

（4）裁员时，企业不得裁减下列职工：从事接触职业病危害作业的职工未进行离岗前职业健康检查，或者疑似职业病病人在诊断或者医学观察期间的；在本企业患职业病或者因工负伤并被确认丧失或者部分丧失劳动能力的；患病或者非因工负伤，在规定的医疗期内的；女职工在孕期、产期、哺乳期的；在本单位连续工作满15年，且距法定退休年龄不足5年的；法律、行政法规规定的其他情形。在疫情防控期间，对于因感染、疑似感染新冠肺炎或被确定为密切接触者处于隔离治疗期间或医学观察期间的职工以及因政府实施隔离措施或采取其他紧急措施导致不能提供正常劳动的职工，也不能裁减。

（5）企业因裁员而与职工解除劳动合同，应当向职工支付经济补偿，标准为：经济补偿按劳动者在本单位工作的年限，每满1年支付1个月工资的标准向劳动者支付。6个月以上不满1年的，按1年计算；不满6个月的，向劳动者支付半个月工资的经济补偿。劳动者月工资高于用人单位所在直辖市、设区的市级人民政府公布的本地区上年度职工月平均工资3倍的，向其支付经济补偿的标准按职工月平均工资 3 倍的数额支付，向其支付经济补偿的年限最高不超过 12 年。月工资是指劳动者在劳动合同解除或者终止前 12 个月的平均工资。

（6）企业在解除劳动合同时应当向职工出具解除或者终止劳动合同的证明，并在 15 日内为职工办理档案和社会保险关系转移手续；对已经解除或者终止的劳动合同的文本，至少保存 2 年备查。

法律法规及政策依据

（1）《中华人民共和国劳动合同法》(2012 年 12 月 28 日修正）

第四十一条　有下列情形之一，需要裁减人员二十人以上或者裁减不足二十人但占企业职工总数百分之十以上的，用人单位提前三十日向工会或者全体职工说明情况，听取工会或者职工的意见后，裁减人员方案经向劳动行政部门报告，可以裁减人员：

（一）依照企业破产法规定进行重整的；

（二）生产经营发生严重困难的；

（三）企业转产、重大技术革新或者经营方式调整，经变更劳动合同后，仍需裁减人员的；

（四）其他因劳动合同订立时所依据的客观经济情况发生重大变化，致使劳动合同无法履行的。

裁减人员时，应当优先留用下列人员：

（一）与本单位订立较长期限的固定期限劳动合同的；

（二）与本单位订立无固定期限劳动合同的；

（三）家庭无其他就业人员，有需要扶养的老人或者未成年人的。

用人单位依照本条第一款规定裁减人员，在六个月内重新招用人员的，应当通知被裁减的人员，并在同等条件下优先招用被裁减的人员。

第四十二条　劳动者有下列情形之一的，用人单位不得依照本法第四十条、第四十一条的规定解除劳动合同：

（一）从事接触职业病危害作业的劳动者未进行离岗前职业健康检查，或者疑似职业病病人在诊断或者医学观察期间的；

（二）在本单位患职业病或者因工负伤并被确认丧失或者部分丧失劳动能力的；

（三）患病或者非因工负伤，在规定的医疗期内的；

（四）女职工在孕期、产期、哺乳期的；

（五）在本单位连续工作满十五年，且距法定退休年龄不足五年的；

（六）法律、行政法规规定的其他情形。

第四十六条　有下列情形之一的，用人单位应当向劳动者支付经济补偿：

（一）劳动者依照本法第三十八条规定解除劳动合同的；

（二）用人单位依照本法第三十六条规定向劳动者提出解除劳动合同并与劳动者协商一致解除劳动合同的；

（三）用人单位依照本法第四十条规定解除劳动合同的；

（四）用人单位依照本法第四十一条第一款规定解除劳动合同的；

（五）除用人单位维持或者提高劳动合同约定条件续订劳动合同，劳动者不同意续订的情形外，依照本法第四十四条第一项规定终止固定期限劳动合同的；

（六）依照本法第四十四条第四项、第五项规定终止劳动合同的；

（七）法律、行政法规规定的其他情形。

第四十七条　经济补偿按劳动者在本单位工作的年限，每满一年支付一个月工资的标准向劳动者支付。六个月以上不满一年的，按一年计算；不满六个月的，向劳动者支付半个月工资的经济补偿。

劳动者月工资高于用人单位所在直辖市、设区的市级人民政府公布的本地区上年度职工月平均工资三倍的，向其支付经济补偿的标准按职工月平均工资三倍的数额支付，向其支付经济补偿的年限最高不超过十二年。

本条所称月工资是指劳动者在劳动合同解除或者终止前十二个月的平均工资。

(2) 人力资源社会保障部办公厅《关于妥善处理新型冠状病毒感染的肺炎疫情防控期间劳动关系问题的通知》（2020 年 1 月 24 日　人社厅明电〔2020〕5 号）

一、对新型冠状病毒感染的肺炎患者、疑似病人、密切接触者在其隔离治疗期间或医学观察期间以及因政府实施隔离措施或采取其他紧急措施导致不能提供正常劳动的企业职工，企业应当支付职工在此期间的工作报酬，并不得依据劳动合同法第四十条、四十一条与职工解除劳动合同。在此期间，劳动合同到期的，分别顺延至职工医疗期期满、医学观察期期满、隔离期期满或者政府采取的紧急措施结束。

二、企业因受疫情影响导致生产经营困难的，可以通过与职工协商一致采取调整薪酬、轮岗轮休、缩短工时等方式稳定工作岗位，尽量不裁员或者少裁员。符合条件的企业，可按规定享受稳岗补贴。企业停工停产在一个工资支付周期内的，企业应按劳动合同规定的标准支付职工工资。超过一个工资支付周期的，若职工提供了正常劳动，企业支付给职工的工资不得低于当地最低工资标准。职工没有提供正常劳动的，企业应当发放生活费，生活费标准按各省、自治区、直辖市规定的办法执行。

16 企业受疫情影响，与职工签订的劳动合同无法继续履行，可以解除劳动合同吗？

答：企业因受疫情影响，与职工签订的劳动合同无法继续履行（如企业原来的业务不做了或者拟对职工所在的部门、岗位进行裁撤的），可以解除劳动合同。具体可以分为两种情况：

（1）企业可以与职工进行协商，双方达成一致，可以解除劳动合同

根据《劳动合同法》第36条的规定，用人单位与劳动者协商一致，可以解除劳动合同。

（2）企业与职工进行协商后双方无法达成一致的，企业可以在提前30日以书面形式通知职工或额外支付劳动者1个月工资后，解除劳动合同

根据《劳动合同法》第40条的规定，劳动合同订立时所依据的客观情况发生重大变化，致使劳动合同无法履行，经用人单位与劳动者协商，未能就变更劳动合同内容达成协议的，用人单位提前30日以书面形式通知劳动者本人或者额外支付劳动者1个月工资后，可以解除劳动合同。

在上述两种情况下，企业解除劳动合同，应当依照《劳动合同法》第46条、

第 47 条规定，向职工支付经济补偿。

法律法规及政策依据

（1）《中华人民共和国劳动法》（2018 年 12 月 29 日修正）

第二十四条　经劳动合同当事人协商一致，劳动合同可以解除。

第二十六条　有下列情形之一的，用人单位可以解除劳动合同，但是应当提前三十日以书面形式通知劳动者本人：

（一）劳动者患病或者非因工负伤，医疗期满后，不能从事原工作也不能从事由用人单位另行安排的工作的；

（二）劳动者不能胜任工作，经过培训或者调整工作岗位，仍不能胜任工作的；

（三）劳动合同订立时所依据的客观情况发生重大变化，致使原劳动合同无法履行，经当事人协商不能就变更劳动合同达成协议的。

（2）《中华人民共和国劳动合同法》（2012 年 12 月 28 日修正）

第三十六条　用人单位与劳动者协商一致，可以解除劳动合同。

第四十条　有下列情形之一的，用人单位提前三十日以书面形式通知劳动者本人或者额外支付劳动者一个月工资后，可以解除劳动合同：

（一）劳动者患病或者非因工负伤，在规定的医疗期满后不能从事原工作，也不能从事由用人单位另行安排的工作的；

（二）劳动者不能胜任工作，经过培训或者调整工作岗位，仍不能胜任工作的；

（三）劳动合同订立时所依据的客观情况发生重大变化，致使劳动合同无法履行，经用人单位与劳动者协商，未能就变更劳动合同内容达成协议的。

第四十六条　有下列情形之一的，用人单位应当向劳动者支付经济补偿：

（一）劳动者依照本法第三十八条规定解除劳动合同的；

（二）用人单位依照本法第三十六条规定向劳动者提出解除劳动合同并与劳动者协商一致解除劳动合同的；

（三）用人单位依照本法第四十条规定解除劳动合同的；

（四）用人单位依照本法第四十一条第一款规定解除劳动合同的；

（五）除用人单位维持或者提高劳动合同约定条件续订劳动合同，劳动者不同意续订的情形外，依照本法第四十四条第一项规定终止固定期限劳动合同的；

（六）依照本法第四十四条第四项、第五项规定终止劳动合同的；

（七）法律、行政法规规定的其他情形。

第四十七条　经济补偿按劳动者在本单位工作的年限，每满一年支付一个月工资的标准向劳动者支付。六个月以上不满一年的，按一年计算；不满六个月的，向劳动者支付半个月工资的经济补偿。

劳动者月工资高于用人单位所在直辖市、设区的市级人民政府公布的本地区上年度职工月平均工资三倍的，向其支付经济补偿的标准按职工月平均工资三倍的数额支付，向其支付经济补偿的年限最高不超过十二年。

本条所称月工资是指劳动者在劳动合同解除或者终止前十二个月的平均工资。

17 企业受疫情影响无法继续经营准备解散的，可以辞退职工吗？

答：根据《劳动合同法》第44条第5项、第46条第6项的规定，用人单位决定提前解散的，劳动合同终止。但是，用人单位应当向劳动者支付经济补偿。也就是说，企业受疫情影响无法继续经营准备解散的，可以辞退职工，但企业需向职工支付经济补偿。

需要注意的是，企业应当按照《公司法》及公司章程的规定由股东会（或股东大会）作出关于解散的决议，再与职工解除劳动合同。同时，企业还要办理企业的清算、注销手续。

法律法规及政策依据

《中华人民共和国劳动合同法》(2012年12月28日修正)

第四十四条　有下列情形之一的，劳动合同终止：

（一）劳动合同期满的；

（二）劳动者开始依法享受基本养老保险待遇的；

（三）劳动者死亡，或者被人民法院宣告死亡或者宣告失踪的；

（四）用人单位被依法宣告破产的；

（五）用人单位被吊销营业执照、责令关闭、撤销或者用人单位决定提前解散的；

（六）法律、行政法规规定的其他情形。

第四十六条　有下列情形之一的，用人单位应当向劳动者支付经济补偿：

（一）劳动者依照本法第三十八条规定解除劳动合同的；

（二）用人单位依照本法第三十六条规定向劳动者提出解除劳动合同并与劳动者协商一致解除劳动合同的；

（三）用人单位依照本法第四十条规定解除劳动合同的；

（四）用人单位依照本法第四十一条第一款规定解除劳动合同的；

（五）除用人单位维持或者提高劳动合同约定条件续订劳动合同，劳动者不同意续订的情形外，依照本法第四十四条第一项规定终止固定期限劳动合同的；

（六）依照本法第四十四条第四项、第五项规定终止劳动合同的；

（七）法律、行政法规规定的其他情形。

第四十七条　经济补偿按劳动者在本单位工作的年限，每满一年支付一个月工资的标准向劳动者支付。六个月以上不满一年的，按一年计算；不满六个月的，向劳动者支付半个月工资的经济补偿。

劳动者月工资高于用人单位所在直辖市、设区的市级人民政府公布的本地区上年度职工月平均工资三倍的，向其支付经济补偿的标准按职工月平均工资三倍的数额支付，向其支付经济补偿的年限最高不超过十二年。

本条所称月工资是指劳动者在劳动合同解除或者终止前十二个月的平均工资。

18 企业实行居家办公，需要注意哪些事项？

答： 为避免疫情扩散，企业可以选择居家办公的方式，需要注意的事项包括：

（1）制订相应的制度，履行协商与告知义务

企业可以就居家办公制订相关的管理制度，对居家办公的方式、工资发放、考勤、业绩考核、会议等事项作出规定。该制度应经过民主程序制订，并进行公示。企业可以通过电子邮件或其他即时通信工具与职工进行意见征集及沟通协商。

（2）工作时间及业绩考核

居家办公会面临很多困难，如考勤、工作效率及工作效果的考核等，企业很难监督职工的工作情况。企业可以明确正常工作时间、加班的申请与批准、考勤方式等流程。同时，企业可以采取工作时间与工作成果相结合的方式加强对职工工作效果、业绩的考核。

（3）培训与会议安排

在疫情防控期间，企业的培训及会议尽量采取线上的方式进行，以减少人员聚集。需要与客户沟通的也应尽量采取邮件、即时通信等方式。文件传递也应尽量采取快递方式。

（4）工伤风险

居家办公期间如果职工受到伤害，很难界定是否属于工伤，也容易产生纠纷。如果职工出现伤害要求认定工伤的，企业应当要求职工提供相应的证据，并对是否属于工伤进行审核评估，属于工伤的履行工伤认定手续并办理相应的赔偿。

（5）技术支持及保密

居家办公涉及信息及通讯方面设备、技术的支持，企业应当明确在疫情防控期间居家办公使用的设备（来源及所有权）、技术支持、负责人员、工作流程、数据保存等事项，特别是一些涉及商业秘密的数据采集、保存、传输、保密措施等。

法律法规及政策依据

人力资源社会保障部、全国总工会、中国企业联合会／中国企业家协会、全国工商联《关于做好新型冠状病毒感染肺炎疫情防控期间稳定劳动关系支持企业复工复产的意见》（2020年2月7日　人社部发〔2020〕8号）

二、灵活处理疫情防控期间的劳动用工问题

（一）鼓励协商解决复工前的用工问题。对因受疫情影响职工不能按期到岗或企业不能开工生产的，要指导企业主动与职工沟通，有条件的企业可安排职工通过电话、网络等灵活的工作方式在家上班完成工作任务；对不具备远程办公条件的企业，与职工协商优先使用带薪年休假、企业自设福利假等各类假。要指导企业工会积极动员职工与企业同舟共济，在兼顾企业和劳动者双方合法权益的基础上，帮助企业尽可能减少受疫情影响带来的损失。

19 决定停工停产的企业，需注意哪些事项？

答：因迟延复工或经营情况变化，企业出现无法复工或暂时无法生产经营的，企业可以决定停工停产。企业决定停工停产，需要注意的事项包括：

（1）企业应当采取书面方式向职工说明停工停产原因、期限、停工停产期间拟安排的工作任务情况和工资支付标准等相关情况，听取职工意见。

（2）企业就停工停产和复工情况及时向劳动保障部门报备，做好停工停产方案和疫情防护方案，在发现确诊的新冠肺炎患者或者疑似病例时，应当及时向疾病预防控制机构或医疗机构报告，积极配合卫生行政部门履行监督检查职责。

（3）企业停工停产在一个工资支付周期内的，应按劳动合同规定的标准支付职工工资。超过一个工资支付周期的，若职工提供了正常劳动，企业支付给职工的工资不得低于当地最低工资标准；职工没有提供正常劳动的，用人单位应当发放生活费，生活费标准按各地规定的标准执行。

（4）在停产停工期间，对于无法居家办公或不具备远程办公条件的职工，企业应当与职工协商优先使用带薪年休假、企业自设福利假等各类假期，以减少企业成本和支出。

（5）企业还能安排职工从事部分生产任务但不饱和的，企业可以根据工作任务情况与职工进行协商，对停工停产满30日后次日起的工资标准进行重新约定，达成一致后签订书面的变更协议。对于没有生产任务可安排而又不需要从事任何劳动的职工，企业应当向职工支付生活费。生活费的发放期限从停工停产满一个工资支付周期后的次日起至用人单位复工复产或者到解除、终止劳动关系之日止，标准按各地规定的生活费标准执行。

（6）企业复工复产后，企业可以继续履行原劳动合同，也可以根据复工复产后的实际情况，与职工就工作岗位、工资标准等事项进行协商，达成一致的，应签订书面的变更协议。

法律法规及政策依据

（1）《工资支付暂行规定》（1994年12月6日　劳部发〔1994〕489号）

第十二条　非因劳动者原因造成单位停工、停产在一个工资支付周期内的，用人单位应按劳动合同规定的标准支付劳动者工资。超过一个工资支付周期的，若劳动者提供了正常劳动，则支付给劳动者的劳动报酬不得低于当地的最低工资标准；若劳动者没有提供正常劳动，应按国家有关规定办理。

（2）人力资源社会保障部办公厅《关于妥善处理新型冠状病毒感染的肺炎疫情防控期间劳动关系问题的通知》（2020年1月24日　人社厅明电〔2020〕5号）

二、企业因受疫情影响导致生产经营困难的，可以通过与职工协商一致采取调整薪酬、轮岗轮休、缩短工时等方式稳定工作岗位，尽量不裁员或者少裁员。符合条件的企业，可按规定享受稳岗补贴。企业停工停产在一个工资支付周期内的，企业应按劳动合同规定的标准支付职工工资。超过一个工资支付周期的，若职工提供了正常劳动，企业支付给职工的工资不得低于当地最低工资标准。职工没有提供正常劳动的，企业应当发放生活费，生活费标准按各省、自治区、直辖市规定的办法执行。

（3）人力资源社会保障部、全国总工会、中国企业联合会/中国企业家协会、全国工商联《关于做好新型冠状病毒感染肺炎疫情防控期间稳定劳动关系支持企业复工复产的意见》（2020年2月7日　人社部发〔2020〕8号）

三、协商处理疫情防控期间的工资待遇问题

（四）支持协商未返岗期间的工资待遇。在受疫情影响的延迟复工或未返岗期间，对用完各类休假仍不能提供正常劳动或其他不能提供正常劳动的职工，指导企业参照国家关于停工、停产期间工资支付相关规定与职工协商，在一个工资支付周期内的按照劳动合同规定的标准支付工资；超过一个工资支付周期的按有关规定发放生活费。

企业必须为职工提供口罩吗？不提供，职工可以拒绝上班吗？

答：根据《劳动合同法》的相关规定，企业应当为职工提供相应的劳动条件和劳动保护。《安全生产法》也规定生产经营单位必须为从业人员提供符合国家标准或者行业标准的劳动防护用品，并监督、教育从业人员按照使用规则佩戴、使用。

在疫情防控期间佩戴口罩并非法律法规的强制性规定，但是根据《突发事件应对法》以及《传染病防治法》的相关规定，公共卫生事件发生后，人民政府可以采取防止发生次生、衍生事件的必要措施，以免造成更严重影响。本次新冠肺炎疫情存在较强的传染性，很多地方政府发布了公共场所应当佩戴口罩的规定。作为公民应当遵守规定，这不仅仅是道德义务，也是法定的义务。

但是，各地政府均未规定由企业为职工提供口罩，所以职工不能以单位不提供口罩为由，拒绝上班。

特别提示：在疫情防控的特殊时期，口罩供应严重不足，没有口罩出行很困难，也无法在单位上班。因此，职工可以自行购买或者向居委会申领，同时建议有条件的企业可以为职工准备些口罩。

法律法规及政策依据

（1）《中华人民共和国劳动合同法》（2012 年 12 月 28 日修正）

第六十二条　用工单位应当履行下列义务：

（一）执行国家劳动标准，提供相应的劳动条件和劳动保护；

（二）告知被派遣劳动者的工作要求和劳动报酬；

（三）支付加班费、绩效奖金，提供与工作岗位相关的福利待遇；

（四）对在岗被派遣劳动者进行工作岗位所必需的培训；

（五）连续用工的，实行正常的工资调整机制。

用工单位不得将被派遣劳动者再派遣到其他用人单位。

（2）《中华人民共和国安全生产法》（2014年8月31日修正）

第四十二条　生产经营单位必须为从业人员提供符合国家标准或者行业标准的劳动防护用品，并监督、教育从业人员按照使用规则佩戴、使用。

（3）北京市人民代表大会常务委员会《关于依法防控新型冠状病毒感染肺炎疫情　坚决打赢疫情防控阻击战的决定》（2020年2月7日　北京市人民代表大会常务委员会公告〔十五届〕第23号）

四、在本市行政区域内居住、工作、生活、学习、旅游以及从事其他活动的个人，应当增强法治意识，自觉遵守法律法规规定，依法履行疫情防控的法律义务。

服从、配合、协助疫情防控的指挥和安排，依法接受调查、检验、隔离等防控措施，如实提供有关情况；出现发热、乏力、干咳等症状时，及时前往发热门诊就医，并避免乘坐公共交通工具。从疫情严重地区回京人员应当按照政府有关规定进行医学观察或者居家观察，主动报告健康状况，配合相关服务管理。

（4）上海市人民代表大会常务委员会《关于全力做好当前新型冠状病毒感染肺炎疫情防控工作的决定》（2020年2月7日　上海市人民代表大会常务委员会公告第30号）

三、在本市行政区域内，任何单位和个人都应当遵守关于疫情防控的规定，服从本地区人民政府的统一指挥和管理，及时报告新型冠状病毒感染的肺炎患者、与患者密切接触者以及其他需要开展医学观察、隔离治疗人员的情况。

机关、企事业单位、社会组织对本单位落实各项疫情防控措施负有主体责任，应当强化防控工作责任制和管理制度，对重点人员、重点群体、重要场所、重要设施实施严格管控，加强健康监测，发现异常情况及时报告相关部门。产业园区管理机构应当做好园区内各项疫情防控工作。航空、铁路、轨道交通、长途客运、水路运输等公共服务单位应当采取必要措施，确保各项疫情防控措施有效落实。

个人应当做好自我防护，进入公共场所的，自觉佩戴口罩。个人应当按照规定如实提供有关信息，配合相关部门做好疫情防控工作，依法接受调查、监测、隔离观察、集中救治等防控措施，确保疫情早发现、早报告、早诊断、早隔离、早治疗。

(5) 广东省人民代表大会常务委员会《关于依法防控新型冠状病毒肺炎疫情切实保障人民群众生命健康安全的决定》（2020年2月11日　广东省第十三届人民代表大会常务委员会公告第55号）

五、在本省行政区域内居住、工作、生活、学习、旅游以及从事其他活动的个人，应当服从、配合疫情防控指挥、管理和安排，积极参与、支持疫情防控工作，履行下列疫情防控义务：

（一）增强自我防护意识，严格遵守在公共场所佩戴口罩的规定；

(6) 上海市人民政府《关于进一步严格落实各项疫情防控措施的通告》（2020年2月10日　沪府发〔2020〕2号）

九、抓好公共场所疫情防控。公共场所从业人员每天上岗前要检测体温，并全程佩戴口罩。进入医疗卫生机构、商场、大型超市、农贸市场等人员密集的公共场所，都应当自觉佩戴口罩，配合接受体温检测；拒不配合的，工作人员应当拒绝其进入。公共场所经营者要加强消毒和通风，电梯、自动扶梯、门把手等经常接触部位每天定时消毒。

21 “共享用工”合法吗？需要注意什么事项？

答：本次疫情对一些行业影响较大，特别是餐饮、文化旅游、商业、酒店等行业，很多企业的生存状况不容乐观，职工的就业存在很大问题。与之相反，一些生鲜电商、外卖、社区团购等行业几乎不受影响，且销售业绩大幅增长，增长的订单使企业产生了用工需求。于是，一种新的用工模式应运而生——“共享员工”。以阿里旗下的盒马鲜生为例，据报道，2月开始，盒马联合云海肴、西贝、探鱼、青年餐厅等餐饮品牌达成“共享员工”合作，目前已有32家企业的1800多名“共享员工”加入盒马。据统计，目前已有包括阿里、京东、苏宁、每日优鲜、联想等企业推出“共享员工”，以促进灵活就业，缓解当前的人才供需失衡问题。

“共享用工”这一模式可以进行用工余缺调剂，一定程度上提高了人力资源配置效率，减轻了企业的负担，有很多企业想效仿，采取这一模式。但需要注意的是：

（1）“共享员工”这一模式并不改变原用人单位和劳动者之间的劳动关系，其本质属于借调关系。原用人单位与职工的劳动关系并不改变，用工单位应保障劳动者的工资报酬、社会保险等权益。

（2）建议原用工单位、职工、借调企业之间签订书面合同，对劳动报酬的发放、工作时间、工作任务、职工的权利义务、商业秘密保护、工伤认定等事项进行明确的约定。

（3）不能以“共享”之名，行劳务派遣之实。劳务派遣是《劳动合同法》规定的特殊用工方式，根据法律规定，劳务派遣单位应当依照《劳动合同法》的有关规定设立，注册资本不得少于200万元；劳务派遣单位应当通过审批，取得行政许可方可经营。同时，《劳动合同法》对劳务派遣的岗位等也有规定，“共享员工”不能违反法律规定。

法律法规及政策依据

《中华人民共和国劳动合同法》(2012年12月28日修正)

第五十七条　经营劳务派遣业务应当具备下列条件：

（一）注册资本不得少于人民币二百万元；

（二）有与开展业务相适应的固定的经营场所和设施；

（三）有符合法律、行政法规规定的劳务派遣管理制度；

（四）法律、行政法规规定的其他条件。

经营劳务派遣业务，应当向劳动行政部门依法申请行政许可；经许可的，依法办理相应的公司登记。未经许可，任何单位和个人不得经营劳务派遣业务。

第六十六条　劳动合同用工是我国的企业基本用工形式。劳务派遣用工是补充形式，只能在临时性、辅助性或者替代性的工作岗位上实施。

前款规定的临时性工作岗位是指存续时间不超过六个月的岗位；辅助性工作岗位是指为主营业务岗位提供服务的非主营业务岗位；替代性工作岗位是指用工单位的劳动者因脱产学习、休假等原因无法工作的一定期间内，可以由其他劳动者替代工作的岗位。

用工单位应当严格控制劳务派遣用工数量，不得超过其用工总量的一定比例，具体比例由国务院劳动行政部门规定。

22 企业的产品可以在疫情防控期间涨价吗？

答：在疫情防控期间各地相继发布了各种管控措施，市场监督管理部门要求加强对防疫用品及民生商品市场价格的监管，对哄抬价格的违法行为进行从快从严从重查处，如国家市场监管总局于2月1日发布了《关于新型冠状病毒感染肺炎疫情防控期间查处哄抬价格违法行为的指导意见》。公安部门也要求依法严厉打击哄抬物价、囤积居奇等违法犯罪行为，如上海市公安局于2020年2月3日发布了《关于依法严厉打击新型冠状病毒感染肺炎疫情防控期间违法犯罪切实维护社会稳定的通告》，其中第4条规定："疫情防控期间，公安机关将依法严厉打击各类造谣滋事、谎报疫情扰乱公共秩序、扰乱医疗机构秩序、伤害医护人员、哄抬物价、造假售假、贩卖野生动物、妨害执行职务等违法犯罪行为。"

根据《价格法》《价格违法行为行政处罚规定》的相关规定，对于"哄抬价格"行为的处罚为：责令改正，没收违法所得，并处违法所得5倍以下的罚款；没有违法所得的，处5万元以上50万元以下的罚款，情节较重的处50万元以上300万元以下的罚款；情节严重的，责令停业整顿，或者由工商行政管理机关吊销营业执照。

根据《刑法》第225条的规定，严重扰乱市场秩序的行为构成非法经营罪，最高可处5年以上有期徒刑。最高人民法院、最高人民检察院《关于办理妨害预防、控制突发传染病疫情等灾害的刑事案件具体应用法律若干问题的解释》第6条规定："违反国家在预防、控制突发传染病疫情等灾害期间有关市场经营、价格管理等规定，哄抬物价、牟取暴利，严重扰乱市场秩序，违法所得数额较大或者有其他严重情节的，依照刑法第二百二十五条第（四）项的规定，以非法经营罪定罪，依法从重处罚。"

需要注意的是：对于"哄抬物价"，现行法律法规却无明确的界定标准，《价格法》《价格违法行为行政处罚规定》均未对此作出具体的规定。各地方政府可以根据地方具体情况对"哄抬物价"的界定标准作出规定。另外，在疫情防控期间，有些地方政府会临时作出规定，明确标准。如2020年1月29日山东省发展和改革委员会、山东省市场监督管理局、山东省医疗保障局发布的《关于新型冠状病毒感染的肺炎疫情防控期间哄抬价格违法行为认定有关问题的通知》中规定，“自即日起至疫情解除前，对我省与疫情防控相关的口罩、消毒水、药品等防疫用品，以及与人民群众日常生活密切相关的肉、蛋、菜、米、面、油等生活必需品价格实行涨价幅度控制，上述商品购销差价超过35%的，由各级市场监管部门按照哄抬价格行为依法查处”。

另外，按照相关规定，“囤积居奇”也属于“哄抬物价”的行为，也会按照“哄抬物价”受到处罚。

综上，建议企业在疫情防控期间对产品尽量不涨价，如因产品原材料上涨、人工成本增加等原因确实需要涨价的，需要提前与市场监管部门进行必要的咨询或沟通，以避免被处罚的风险。

法律法规及政策依据

（1）《中华人民共和国价格法》（1997年12月29日）

第十四条　经营者不得有下列不正当价格行为：

（一）相互串通，操纵市场价格，损害其他经营者或者消费者的合法权益；

（二）在依法降价处理鲜活商品、季节性商品、积压商品等商品外，为了排挤竞争对手或者独占市场，以低于成本的价格倾销，扰乱正常的生产经营秩序，损害国家利益或者其他经营者的合法权益；

（三）捏造、散布涨价信息，哄抬价格，推动商品价格过高上涨的；

（四）利用虚假的或者使人误解的价格手段，诱骗消费者或者其他经营者与其进行交易；

（五）提供相同商品或者服务，对具有同等交易条件的其他经营者实行价格歧视；

（六）采取抬高等级或者压低等级等手段收购、销售商品或者提供服务，变相提高或者压低价格；

（七）违反法律、法规的规定牟取暴利；

（八）法律、行政法规禁止的其他不正当价格行为。

第四十条　经营者有本法第十四条所列行为之一的，责令改正，没收违法所得，可以并处违法所得五倍以下的罚款；没有违法所得的，予以警告，可以并处罚款；情节严重的，责令停业整顿，或者由工商行政管理机关吊销营业执照。有关法律对本法第十四条所列行为的处罚及处罚机关另有规定的，可以依照有关法律的规定执行。

有本法第十四条第（一）项、第（二）项所列行为，属于是全国性的，由国务院价格主管部门认定；属于是省及省以下区域性的，由省、自治区、直辖市人民政府价格主管部门认定。

第四十一条　经营者因价格违法行为致使消费者或者其他经营者多付价款的，应当退还多付部分；造成损害的，应当依法承担赔偿责任。

（2）《价格违法行为行政处罚规定》（2010年12月4日修订）

第六条　经营者违反价格法第十四条的规定，有下列推动商品价格过快、过高上涨行为之一的，责令改正，没收违法所得，并处违法所得5倍以下的罚款；没有违法所得的，处5万元以上50万元以下的罚款，情节较重的处50万元以上300万元以下的罚款；情节严重的，责令停业整顿，或者由工商行政管理机关吊销营业执照：

（一）捏造、散布涨价信息，扰乱市场价格秩序的；

（二）除生产自用外，超出正常的存储数量或者存储周期，大量囤积市场供应紧张、价格发生异常波动的商品，经价格主管部门告诫仍继续囤积的；

（三）利用其他手段哄抬价格，推动商品价格过快、过高上涨的。

行业协会或者为商品交易提供服务的单位有前款规定的违法行为的，可以处50万元以下的罚款；情节严重的，由登记管理机关依法撤销登记、吊销执照。

前两款规定以外的其他单位散布虚假涨价信息，扰乱市场价格秩序，依法应当由其他主管机关查处的，价格主管部门可以提出依法处罚的建议，有关主管机关应当依法处罚。

（3）《中华人民共和国刑法》（2017年11月4日修正）

第二百二十五条　违反国家规定，有下列非法经营行为之一，扰乱市场秩序，情节严重的，处五年以下有期徒刑或者拘役，并处或者单处违法所得一倍以上五倍以下罚金；情节特别严重的，处五年以上有期徒刑，并处违法所得一倍以上五倍以下罚金或者没收财产：

（一）未经许可经营法律、行政法规规定的专营、专卖物品或者其他限制买卖的物品的；

（二）买卖进出口许可证、进出口原产地证明以及其他法律、行政法规规定的经营许可证或者批准文件的；

（三）未经国家有关主管部门批准非法经营证券、期货、保险业务的，或者非法从事资金支付结算业务的；

（四）其他严重扰乱市场秩序的非法经营行为。

(4) 最高人民法院、最高人民检察院《关于办理妨害预防、控制突发传染病疫情等灾害的刑事案件具体应用法律若干问题的解释》（2003年5月14日　法释〔2003〕8号）

第六条　违反国家在预防、控制突发传染病疫情等灾害期间有关市场经营、价格管理等规定，哄抬物价、牟取暴利，严重扰乱市场秩序，违法所得数额较大或者有其他严重情节的，依照刑法第二百二十五条第（四）项的规定，以非法经营罪定罪，依法从重处罚。

(5) 国家市场监管总局《关于新型冠状病毒感染肺炎疫情防控期间查处哄抬价格违法行为的指导意见》（2020年2月1日　国市监竞争〔2020〕21号）

一、经营者不得捏造、散布防疫用品、民生商品涨价信息。经营者有捏造或者散布的任意一项行为，即可认定构成《价格违法行为行政处罚规定》第六条第（一）项所规定的哄抬价格违法行为。

二、经营者存在以下情形的，可以认定为捏造涨价信息。

（一）虚构购进成本的；

（二）虚构本地区货源紧张或者市场需求激增的；

（三）虚构其他经营者已经或者准备提价的；

（四）虚构可能推高防疫用品、民生商品价格预期的其他信息的。

三、经营者存在以下情形的，可以认定为散布涨价信息。

（一）散布捏造的涨价信息的；

（二）散布的信息虽不属于捏造信息，但使用“严重缺货”“即将全线提价”等紧迫性用语或者诱导性用语，推高价格预期的；

（三）散布言论，号召或者诱导其他经营者提高价格的；

（四）散布可能推高防疫用品、民生商品价格预期的其他信息的。

四、经营者有以下情形之一，可以认定构成《价格违法行为行政处罚规定》第六条第（二）项所规定的哄抬价格违法行为。

（一）生产防疫用品及防疫用品原材料的经营者，不及时将已生产的产品投放市场，经市场监管部门告诫仍继续囤积的；

（二）批发环节经营者，不及时将防疫用品、民生商品流转至消费终端，经市场监管部门告诫仍继续囤积的；

（三）零售环节经营者除为保持经营连续性保留必要库存外，不及时将相关商品对外销售，经市场监管部门告诫仍继续囤积的。

生产环节、批发环节经营者能够证明其出现本条第（一）项、第（二）项情形，属于按照政府或者政府有关部门要求，为防疫需要进行物资储备或者计划调拨的，不构成哄抬价格违法行为。

对于零售领域经营者，市场监管部门已经通过公告、发放提醒告诫书等形式，统一向经营者告诫不得非法囤积的，视为已依法履行告诫程序，可以不再进行告诫，直接认定具有囤积行为的经营者构成哄抬价格违法行为。

五、经营者出现下列情形之一，可以认定构成《价格违法行为行政处罚规定》第六条第（三）项所规定的哄抬价格违法行为。

（一）在销售防疫用品过程中，强制搭售其他商品，变相提高防疫用品价格的；

（二）未提高防疫用品或者民生商品价格，但大幅度提高配送费用或者收取其他费用的；

（三）经营者销售同品种商品，超过1月19日前（含当日，下同）最后一次实际交易的进销差价率的；

（四）疫情发生前未实际销售，或者1月19日前实际交易情况无法查证的，经营者在购进成本基础上大幅提高价格对外销售，经市场监管部门告诫，仍不立即改正的。

经营者有本条第（三）项情形，未造成实际危害后果，经市场监管部门告诫立即改正的，可以依法从轻、减轻或者免予处罚。

六、出现下列情形，对于哄抬价格违法行为，市场监管部门可以按无违法所得论处。

（一）无合法销售或者收费票据的；

（二）隐匿、销毁销售或者收费票据的；

（三）隐瞒销售或收费票据数量、账簿与票据金额不符导致计算违法所得金额无依据的；

（四）实际成交金额过低但违法行为情节恶劣的；

（五）其他违法所得无法准确核定的情形。

七、出现下列情形，对于无违法所得或者视为无违法所得的哄抬价格违法行为，市场监管部门应当依据《价格违法行为行政处罚规定》第六条规定的情节较重或者情节严重的罚则进行处罚；经营者违法所得能够明确计算的，应当依法从重处罚。

（一）捏造或者散布疫情扩散、防治方面的虚假信息，引发群众恐慌，进而推高价格预期的；

（二）同时使用多种手段哄抬价格的；

（三）哄抬价格行为持续时间长、影响范围广的；

（四）哄抬价格之外还有其他价格违法行为的；

（五）疫情防控期间，有两次以上哄抬价格违法行为的；

（六）隐匿、毁损相关证据材料或者提供虚假资料的；

（七）拒不配合依法开展的价格监督检查的；

（八）其他应当被认定为情节较重或者情节严重的情形。

八、经营者违反省级人民政府依法实施的价格干预措施关于限定差价率、利润率或者限价相关规定的，构成不执行价格干预措施的违法行为，不按哄抬价格违法行为进行查处。

九、市场监管部门发现经营者哄抬价格违法行为构成犯罪的，应当依法移送公安机关。

(6)上海市公安局《关于依法严厉打击新型冠状病毒感染肺炎疫情防控期间违法犯罪切实维护社会稳定的通告》(2020年2月3日)

四、疫情防控期间，公安机关将依法严厉打击各类造谣滋事、谎报疫情扰乱公共秩序、扰乱医疗机构秩序、伤害医护人员、哄抬物价、造假售假、贩卖野生动物、妨害执行职务等违法犯罪行为。

(7)山东省发展和改革委员会、山东省市场监督管理局、山东省医疗保障局《关于新型冠状病毒感染的肺炎疫情防控期间哄抬价格违法行为认定有关问题的通知》(2020年1月29日　鲁发改价格〔2020〕58号)

自即日起至疫情解除前，对我省与疫情防控相关的口罩、消毒水、药品等防疫用品，以及与人民群众日常生活密切相关的肉、蛋、菜、米、面、油等生活必需品价格实行涨价幅度控制，上述商品购销差价超过35%的，由各级市场监管部门按照哄抬价格行为依法查处。疫情防控期间的价格违法行为，均可依据本通知规定处理。

23 被新冠病毒污染的污水、污物、场所和物品，应如何处理？

答：对于被新冠病毒污染的污水、污物、场所和物品，企业必须在疾病预防控制机构的指导下或者按照其提出的卫生要求，进行严格的消毒处理。

法律法规及政策依据

《中华人民共和国传染病防治法》(2013年6月29日修正)

第二十七条　对被传染病病原体污染的污水、污物、场所和物品，有关单位和个人必须在疾病预防控制机构的指导下或者按照其提出的卫生要求，进行严格消毒处理；拒绝消毒处理的，由当地卫生行政部门或者疾病预防控制机构进行强制消毒处理。

CHAPTER 05

第五章 防疫产品质量

撰稿人

北京东卫（上海）律师事务所
唐建东

北京东卫（成都）律师事务所
范蜀黔 宋民宪

新型冠状病毒引发的肺炎疫情，打乱了社会秩序和节奏，居民被要求减少外出，各种生活用品被抢购一空，平常用得不多的口罩、防护服、消毒用品等防疫产品也出现供应严重不足的现象。面对防疫物资的紧缺，许多相关企业放弃了春节假日，进行加班生产，还有一大批企业临时转产，生产防护服、口罩等防疫产品。但是，产品质量不合格问题也随之而来，新闻媒体曝出一批又一批口罩、体温计、消毒液等防疫产品涉嫌造假或者质量不合格。国家药监局在 2020 年 2 月 7 日公布 19 家企业生产的产品不符合标准，敲响了产品质量的警钟。在这场抗“疫”战中，防疫和医疗物资起着至关重要的作用。所以，生产厂家既要拼速度，也要保证产品质量，才能确保“战疫”取得胜利。

本章针对在疫情防控期间公众高度关注的防疫产品质量问题，依据《产品质量法》《药品管理法》以及国家有关部门发布的规范性文件，从防疫产品质量合法合规的角度为企业和公众解疑答惑，普及产品质量方面的法律知识。

01 防疫物品生产者、销售者在产品质量方面应当承担什么样的法律责任？

答：防疫物品生产者、销售者在产品质量方面应当依照《产品质量法》的规定承担产品质量责任，这里所说的“产品质量责任”，是指《产品质量法》规定的责任主体不履行《产品质量法》规定的保证产品质量的义务所应当承担的法律后果。包括：

（1）行政责任。即主要是由产品质量监督部门和有关部门依法对生产、销售违法防疫物品的行为给予罚款，没收违法生产、销售的防疫物品和违法所得，吊销营业执照等行政处罚。

（2）民事责任。《产品质量法》规定的有关产品质量的民事责任包括两类：一类是销售者对其出售的产品的质量担保责任。在商品买卖关系中，销售者应在合理范围内，对其出售的商品向购买者承担质量保证的责任。违反这一责任的，构成买卖合同中产品质量的违约行为，售出的产品有下列情形之一的，销售者应当负责修理、更换、退货；给购买产品的消费者造成损失的，销售者应当赔偿损失：①不具备产品应当具备的使用性能而事先未作说明的；②不符合在产品或者其包装上注明采用的产品标准的；③不符合以产品说明、实物样品等方式表明的质量状况的。另一类是因产品存在缺陷给他人人身、财产造成损害的侵权责任。即《产品质量法》中规定的因产品存在缺陷给他人人身、财产造成损害的，产品的生产者应当承担赔偿责任。

（3）刑事责任。对严重的产品质量违法行为，构成犯罪的，依照《刑法》的有关规定追究刑事责任。我国《刑法》专门对生产、销售伪劣商品等构成犯罪的行为的刑事责任作了具体规定。

法律法规及政策依据

《中华人民共和国产品质量法》（2018 年 12 月 29 日修正）

第四条　生产者、销售者依照本法规定承担产品质量责任。

02 《产品质量法》规定防疫物品生产者在产品质量上不得有哪些行为？

答：产品质量是由各种要素所组成的，这些要素亦被称为产品具有的特征和特性。不同的产品具有不同的特征和特性，其总和便构成了产品质量的内涵，在防疫期间防疫物品的性能、安全、可用性、可靠性尤为突出，根据《产品质量法》的相关规定对于产品质量禁止行为具体包括：

（1）产品应当不存在危及人身、财产安全的不合理的危险，有保障人体健康和人身、财产安全的国家标准、行业标准的，应当符合该标准；禁止生产、销售不符合相关标准和要求的工业产品；

（2）禁止伪造或者冒用认证标志等质量标志；

（3）禁止伪造产品的产地，伪造或者冒用他人的厂名、厂址；

（4）禁止在生产的产品中掺杂、掺假，以假充真，以次充好；

（5）不得以不合格产品冒充合格产品；

（6）不得生产、销售国家明令淘汰的产品。

法律法规及政策依据

《中华人民共和国产品质量法》（2018 年 12 月 29 日修正）

第五条　禁止伪造或者冒用认证标志等质量标志；禁止伪造产品的产地，伪造或者冒用他人的厂名、厂址；禁止在生产、销售的产品中掺杂、掺假，以假充真，以次充好。

第十二条　产品质量应当检验合格，不得以不合格产品冒充合格产品。

第十三条　可能危及人体健康和人身、财产安全的工业产品，必须符合保障人体健康和人身、财产安全的国家标准、行业标准；未制定国家标准、行业标准的，必须符合保障人体健康和人身、财产安全的要求。

禁止生产、销售不符合保障人体健康和人身、财产安全的标准和要求的工业产品。具体管理办法由国务院规定。

第二十六条第二款　产品质量应当符合下列要求：

（一）不存在危及人身、财产安全的不合理的危险，有保障人体健康和人身、财产安全的国家标准、行业标准的，应当符合该标准；

（二）具备产品应当具备的使用性能，但是，对产品存在使用性能的瑕疵作出说明的除外；

（三）符合在产品或者其包装上注明采用的产品标准，符合以产品说明、实物样品等方式表明的质量状况。

第二十九条　生产者不得生产国家明令淘汰的产品。

第三十条　生产者不得伪造产地，不得伪造或者冒用他人的厂名、厂址。

第三十二条　生产者生产产品，不得掺杂、掺假，不得以假充真、以次充好，不得以不合格产品冒充合格产品。

防疫用医疗器械产品应当执行什么标准？

答：防疫用医疗器械产品应当符合医疗器械强制性国家标准；尚无强制性国家标准的，应当符合医疗器械强制性行业标准。

以一次医用性防护外科口罩为例，主要内容包括：

平面口罩分为：棉布口罩、无纺布口罩、高分子材料口罩、活性炭粉滤芯口罩、活性炭纤维毡垫口罩。

尺寸规格：18×9（成人）、15×9（儿童）。

N 系列：防护非油性悬浮颗粒无时限。

R 系列：防护非油性悬浮颗粒及汗油性悬浮颗粒时限 8 小时。

P 系列：防护非油性悬浮颗粒及汗油性悬浮颗粒无时限。

有些颗粒物的载体是有油性时，而这些物质附在静电无纺布上会降低电性，使细小粉尘穿透，因此对于防含油气溶胶的滤料要经过特殊的静电处理，以达到防细小粉尘的目的。所以每系列又划分出了 3 个水平：95%，99%，99.97%(即简称为 95，99，100)，所以共有 9 小类滤料。

当前热卖的 KN95 和 N95 分为医用类与非医用类，其主要区别在于：医用类型口罩外表面经过疏水处理，GB 19083-2010 和 YY 0469-2011 的医用外科口罩清楚提出了“合成血液穿透”的要求，“表面抗湿性”的参数指标，明确了医用防护口罩对血液体液等液体的防护效果。通俗地讲，就像水滴落在荷叶上会滚落一样，液体在口罩表面无法浸透，这就能将医护人员经常碰触到的血液等液体挡住，不让它快速渗透。而非医用类型的 KN95/N95 口罩则不会经过这一特殊处理。

KN95 和 N95 防护口罩最能起到防护功能的是过滤层，该过滤层采用聚丙烯熔喷超细纤维驻极材料，如口罩外表面未经过疏水处理，应用时接触到水、酒精等会破坏掉该材料的结构，使过滤作用大打折扣。医护人员大概率接触病人的体液，众所周知，体液内含有细菌、病毒等致病原体。因此，医用口罩表面的疏水处理必不可少。

N95 是美国呼吸器的认证等级，由美国国家职业安全健康研究所（NIOSH）认证。这类口罩在指定气流量（85L/min）条件下，能够过滤掉超过 95% 的非油性颗粒物（气溶胶），所以得名 N95。而如果能够过滤超过 99% 的颗粒物（气溶胶），就称为 N99 口罩。另外，与 N95 对应，KN95 是经我国 GB2626–2006 呼吸防护用品自吸过滤式防颗粒物呼吸器标准认证的口罩。KN95 和 N95 口罩防护级别相当，只不过是遵循不同国家的测试标准。KN95 口罩遵循的是中国标准，N95 口罩遵循的是美国标准，二者对于非油性颗粒物（实验用氯化钠颗粒物）的防护效率皆不小于 95%。

法律法规及政策依据

《医疗器械监督管理条例》（2017 年 5 月 4 日修订）

第六条第一款　医疗器械产品应当符合医疗器械强制性国家标准；尚无强制性国家标准的，应当符合医疗器械强制性行业标准。

04 产品质量监督管理部门抽查后确定防疫物品不合格的，如何处罚？

答：市场监督管理部门为监督产品质量，依法组织对在我国境内生产、销售的产品进行抽样、检验，并进行处理的活动，监督抽查分为由国家市场监督管理总局组织的国家监督抽查和县级以上地方市场监督管理部门组织的地方监督抽查。生产者、销售者应当配合监督抽查，如实提供监督抽查所需材料和信息，不得以任何方式阻碍、拒绝监督抽查。

产品质量监督管理部门依法进行监督抽查的防疫物品质量不合格的，由实施监督抽查的市场监督管理部门责令其生产者、销售者限期改正。逾期不改正的，由省级以上人民政府市场监督管理部门予以公告；公告后经复查仍不合格的，责令停业，限期整顿；整顿期满后经复查防疫物品质量仍不合格的，吊销营业执照。

监督抽查的防疫物品有严重质量问题的，可以对防疫物品生产者、销售者责令停止生产、销售，没收违法生产、销售的防疫物品，并处以罚款；有违法所得的，并处没收违法所得；情节严重的，吊销营业执照；构成犯罪的，依法追究刑事责任。

法律法规及政策依据

《中华人民共和国产品质量法》（2018 年 12 月 29 日修正）

第十七条第一款 依照本法规定进行监督抽查的产品质量不合格的，由实施监督抽查的市场监督管理部门责令其生产者、销售者限期改正。逾期不改正的，由省级以上人民政府市场监督管理部门予以公告；公告后经复查仍不合格的，责令停业，限期整顿；整顿期满后经复查产品质量仍不合格的，吊销营业执照。

第四十九条 生产、销售不符合保障人体健康和人身、财产安全的国家标准、行业标准的产品的，责令停止生产、销售，没收违法生产、销售的产品，并处违法生产、销售产品（包括已售出和未售出的产品，下同）货值金额等值以上三倍以下的罚款；有违法所得的，并处没收违法所得；情节严重的，吊销营业执照；构成犯罪的，依法追究刑事责任。

第五十条 在产品中掺杂、掺假，以假充真，以次充好，或者以不合格产品冒充合格产品的，责令停止生产、销售，没收违法生产、销售的产品，并处违法生产、销售产品货值金额百分之五十以上三倍以下的罚款；有违法所得的，并处没收违法所得；情节严重的，吊销营业执照；构成犯罪的，依法追究刑事责任。

第五十一条 生产国家明令淘汰的产品的，销售国家明令淘汰并停止销售的产品的，责令停止生产、销售，没收违法生产、销售的产品，并处违法生产、销售产品货值金额等值以下的罚款；有违法所得的，并处没收违法所得；情节严重的，吊销营业执照。

第五十二条　销售失效、变质的产品的，责令停止销售，没收违法销售的产品，并处违法销售产品货值金额二倍以下的罚款；有违法所得的，并处没收违法所得；情节严重的，吊销营业执照；构成犯罪的，依法追究刑事责任。

05 《产品质量法》对防疫物品或者其包装上标识的具体要求是什么？

答：防疫物品或者其包装上的标识必须真实，如果防疫物品属于易碎、易燃、易爆、有毒、有腐蚀性、有放射性等危险物品以及储运中不能倒置和其他有特殊要求的产品，还有特殊的规定。

法律法规及政策依据

《中华人民共和国产品质量法》（2018年12月29日修正）

第二十七条　产品或者其包装上的标识必须真实，并符合下列要求：

（一）有产品质量检验合格证明；

（二）有中文标明的产品名称、生产厂厂名和厂址；

（三）根据产品的特点和使用要求，需要标明产品规格、等级、所含主要成份的名称和含量的，用中文相应予以标明；需要事先让消费者知晓的，应当在外包装上标明，或者预先向消费者提供有关资料；

（四）限期使用的产品，应当在显著位置清晰地标明生产日期和安全使用期或者失效日期；

（五）使用不当，容易造成产品本身损坏或者可能危及人身、财产安全的产品，应当有警示标志或者中文警示说明。

裸装的食品和其他根据产品的特点难以附加标识的裸装产品，可以不附加产品标识。

第二十八条　易碎、易燃、易爆、有毒、有腐蚀性、有放射性等危险物品以及储运中不能倒置和其他有特殊要求的产品，其包装质量必须符合相应要求，依照国家有关规定作出警示标志或者中文警示说明，标明储运注意事项。

《产品质量法》规定的销售者的防疫物品质量责任和义务具体包括哪些？

答：根据《产品质量法》的规定，销售者的防疫物品质量责任和义务具体包括：

（1）销售者应当建立并执行进货检查验收制度，验明产品合格证明和其他标识；

（2）销售者应当采取措施，保持销售产品的质量；

（3）销售者不得销售国家明令淘汰并停止销售的产品和失效、变质的产品；

（4）销售者销售的产品的标识应当符合《产品质量法》的规定；

（5）销售者不得伪造产地，不得伪造或者冒用他人的厂名、厂址；

（6）销售者不得伪造或者冒用认证标志等质量标志；

（7）销售者销售产品，不得掺杂、掺假，不得以假充真、以次充好，不得以不合格产品冒充合格产品。

法律法规及政策依据

《中华人民共和国产品质量法》（2018年12月29日修正）

第三十三条　销售者应当建立并执行进货检查验收制度，验明产品合格证明和其他标识。

第三十四条　销售者应当采取措施，保持销售产品的质量。

第三十五条　销售者不得销售国家明令淘汰并停止销售的产品和失效、变质的产品。

第三十六条　销售者销售的产品的标识应当符合本法第二十七条的规定。

第三十七条　销售者不得伪造产地，不得伪造或者冒用他人的厂名、厂址。

第三十八条　销售者不得伪造或者冒用认证标志等质量标志。

第三十九条　销售者销售产品，不得掺杂、掺假，不得以假充真、以次充好，不得以不合格产品冒充合格产品。

什么是“在产品中掺杂、掺假”“以假充真”“以次充好”？

答：“在产品中掺杂、掺假”，是指在防疫物品中掺入杂质或者异物，致使防疫物品质量不符合国家法律、法规或者防疫物品明示质量标准规定的质量要求，降低、失去应有使用性能的行为。

“以假充真”，是指以不具有某种使用性能的防疫物品冒充具有该种使用性能的防疫物品的行为。

“以次充好”，是指以低等级、低档次防疫物品冒充高等级、高档次防疫物品，或者以残次、废旧零配件组合、拼装后冒充正品或者新防疫物品的行为。

法律法规及政策依据

最高人民法院、最高人民检察院《关于办理生产、销售伪劣商品刑事案件具体应用法律若干问题的解释》（2011 年 4 月 9 日　法释〔2001〕10 号）

第一条　刑法第一百四十条规定的“在产品中掺杂、掺假”，是指在产品中掺入杂质或者异物，致使产品质量不符合国家法律、法规或者产品明示质量标准规定的质量要求，降低、失去应有使用性能的行为。

刑法第一百四十条规定的“以假充真”，是指以不具有某种使用性能的产品冒充具有该种使用性能的产品的行为。

刑法第一百四十条规定的“以次充好”，是指以低等级、低档次产品冒充高等级、高档次产品，或者以残次、废旧零配件组合、拼装后冒充正品或者新产品的行为。

刑法第一百四十条规定的“不合格产品”，是指不符合《中华人民共和国产品质量法》第二十六条第二款规定的质量要求的产品。

对本条规定的上述行为难以确定的，应当委托法律、行政法规规定的产品质量检验机构进行鉴定。

对生产、销售不符合保障人体健康和人身、财产安全的国家标准、行业标准的防疫物品的，如何处罚？

答：生产者生产的商品必须符合国家标准、行业标准，如果未制定国家标准、行业标准，那么商品必须符合保障人体健康和人身、财产安全的要求。国家鼓励并支持企业产品质量达到并且超过行业标准、国家标准和国际标准，换而言之，产品的质量可以高于国家标准、行业标准但不能低于国家标准、行业标准。

对生产、销售不符合保障人体健康和人身、财产安全的国家标准、行业标准的防疫物品的，责令停止生产、销售，没收违法生产、销售的产品，并处罚款；有违法所得的，并处没收违法所得；情节严重的，吊销营业执照；构成犯罪的，依法追究刑事责任。

法律法规及政策依据

《中华人民共和国产品质量法》（2018年12月29日修正）

第四十九条　生产、销售不符合保障人体健康和人身、财产安全的国家标准、行业标准的产品的，责令停止生产、销售，没收违法生产、销售的产品，并处违法生产、销售产品（包括已售出和未售出的产品，下同）货值金额等值以上三倍以下的罚款；有违法所得的，并处没收违法所得；情节严重的，吊销营业执照；构成犯罪的，依法追究刑事责任。

对在防疫物品中掺杂、掺假，以假充真，以次充好，或者以不合格防疫物品冒充合格防疫物品的，如何处罚？

答：产品质量应当检验合格，不得以不合格产品冒充合格产品，生产者、销售者应当建立健全内部产品质量管理制度，严格实施岗位质量规范、质量责任以及相应的考核办法，并承担产品质量责任。如果生产者以假充真，以次充好，或者以不合格防疫物品冒充合格防疫物品的，责令停止生产、销售，没收违法生产、销售的产品，并处罚款；有违法所得的，并处没收违法所得；情节严重的，吊销营业执照；构成犯罪的，依法追究刑事责任。

法律法规及政策依据

《中华人民共和国产品质量法》(2018年12月29日修正)

第五十条　在产品中掺杂、掺假，以假充真，以次充好，或者以不合格产品冒充合格产品的，责令停止生产、销售，没收违法生产、销售的产品，并处违法生产、销售产品货值金额百分之五十以上三倍以下的罚款；有违法所得的，并处没收违法所得；情节严重的，吊销营业执照；构成犯罪的，依法追究刑事责任。

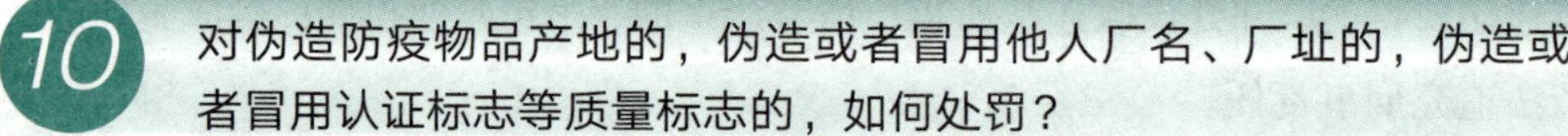

10 对伪造防疫物品产地的，伪造或者冒用他人厂名、厂址的，伪造或者冒用认证标志等质量标志的，如何处罚？

答：伪造防疫物品产地的，伪造或者冒用他人厂名、厂址的，伪造或者冒用认证标志等质量标志的，应当承担相应的法律责任，包括责令改正，没收违法生产、销售的产品，并处违法生产、销售产品货值金额等值以下的罚款，没收违法所得，吊销营业执照等。

法律法规及政策依据

（1）《中华人民共和国产品质量法》(2018年12月29日修正)

第五十三条　伪造产品产地的，伪造或者冒用他人厂名、厂址的，伪造或者冒用认证标志等质量标志的，责令改正，没收违法生产、销售的产品，并处违法生产、销售产品货值金额等值以下的罚款；有违法所得的，并处没收违法所得；情节严重的，吊销营业执照。

第五十四条　产品标识不符合本法第二十七条规定的，责令改正；有包装的产品标识不符合本法第二十七条第（四）项、第（五）项规定，情节严重的，责令停止生产、销售，并处违法生产、销售产品货值金额百分之三十以下的罚款；有违法所得的，并处没收违法所得。

（2）《中华人民共和国节约能源法》（2018年10月26日修正）

第六十九条　生产、进口、销售国家明令淘汰的用能产品、设备的，使用伪造的节能产品认证标志或者冒用节能产品认证标志的，依照《中华人民共和国产品质量法》的规定处罚。

（3）《中华人民共和国认证认可条例》（2016年2月6日修订）

第七十一条　伪造、冒用、买卖认证标志或者认证证书的，依照《中华人民共和国产品质量法》等法律的规定查处。

（4）《有机产品认证管理办法》（2015年8月25日修正）

第四十七条　伪造、冒用、非法买卖认证标志的，地方认证监管部门依照《中华人民共和国产品质量法》、《中华人民共和国进出口商品检验法》及其实施条例等法律、行政法规的规定处罚。

（5）《产品防伪监督管理办法》（2018年3月6日修正）

第二十九条　伪造或者冒用防伪技术评审、防伪技术产品生产许可及防伪注册登记等证书的，由质量技术监督部门责令改正，并按照《中华人民共和国产品质量法》第五十三条的规定处罚。

11 对防疫药品标识不符合法律规定的，如何处罚？

答：国家食品药品监督管理局在《药品说明书和标签管理规定》中明确说明，在我国境内上市销售的药品，其说明书和标签应当符合规定的要求，规定中对药品说明书、药品的标签、药品名称和注册商标的使用等做出了明确的要求，对于标识不符合法律规定的应当按照《药品管理法》相关规定进行处罚。

法律法规及政策依据

（1）《中华人民共和国药品管理法》（2019年8月26日修订）

第九十八条　禁止生产（包括配制，下同）、销售、使用假药、劣药。

有下列情形之一的，为假药：

（一）药品所含成份与国家药品标准规定的成份不符；

（二）以非药品冒充药品或者以他种药品冒充此种药品；

（三）变质的药品；

（四）药品所标明的适应症或者功能主治超出规定范围。

有下列情形之一的，为劣药：

（一）药品成份的含量不符合国家药品标准；

（二）被污染的药品；

（三）未标明或者更改有效期的药品；

（四）未注明或者更改产品批号的药品；

（五）超过有效期的药品；

（六）擅自添加防腐剂、辅料的药品；

（七）其他不符合药品标准的药品。

第一百二十八条　除依法应当按照假药、劣药处罚的外，药品包装未按照规定印有、贴有标签或者附有说明书，标签、说明书未按照规定注明相关信息或者印有规定标志的，责令改正，给予警告；情节严重的，吊销药品注册证书。

（2）《药品说明书和标签管理规定》（2006年3月15日）

第三十条　药品说明书和标签不符合本规定的，按照《中华人民共和国药品管理法》的相关规定进行处罚。

12 在预防、控制突发传染病疫情等灾害期间，生产、销售伪劣的防治、防护产品、物资，构成犯罪的，如何处罚？

答：在预防、控制突发传染病疫情等灾害期间，生产、销售伪劣的防治、防护产品、物资，构成犯罪的，依照《刑法》第140条的规定，以生产、销售伪劣产品罪，依法从重处罚。

法律法规及政策依据

（1）《中华人民共和国刑法》（2017年11月4日修正）

第一百四十条　生产者、销售者在产品中掺杂、掺假，以假充真，以次充好或者以不合格产品冒充合格产品，销售金额五万元以上不满二十万元的，处二年以下有期徒刑或者拘役，并处或者单处销售金额百分之五十以上二倍以下罚金；销售金额二十万元以上不满五十万元的，处二年以上七年以下有期徒刑，并处销售金额百分之五十以上二倍以下罚金；销售金额五十万元以上不满二百万元的，处七年以上有期徒刑，并处销售金额百分之五十以上二倍以下罚金；

销售金额二百万元以上的，处十五年有期徒刑或者无期徒刑，并处销售金额百分之五十以上二倍以下罚金或者没收财产。

（2）最高人民法院、最高人民检察院《关于办理妨害预防、控制突发传染病疫情等灾害的刑事案件具体应用法律若干问题的解释》（2003年5月14日 法释〔2003〕8号）

第二条 在预防、控制突发传染病疫情等灾害期间，生产、销售伪劣的防治、防护产品、物资，或者生产、销售用于防治传染病的假药、劣药，构成犯罪的，分别依照刑法第一百四十条、第一百四十一条、第一百四十二条的规定，以生产、销售伪劣产品罪，生产、销售假药罪或者生产、销售劣药罪定罪，依法从重处罚。

13 药品生产的前提和条件是什么？

答：药品不是普通的商品，药品的生产事关人民群众的身体健康和生命安全，《药品管理法》对药品生产的前提和条件作出了具体规定。

药品生产的前提是经所在地省、自治区、直辖市人民政府药品监督管理部门批准，取得药品生产许可证。无药品生产许可证的，不得生产药品。

药品生产的条件包括：（1）有依法经过资格认定的药学技术人员、工程技术人员及相应的技术工人；（2）有与药品生产相适应的厂房、设施和卫生环境；（3）有能对所生产药品进行质量管理和质量检验的机构、人员及必要的仪器设备；（4）有保证药品质量的规章制度，并符合国务院药品监督管理部门依据本法制定的药品生产质量管理规范要求。

法律法规及政策依据

《中华人民共和国药品管理法》（2019年8月26日修订）

第四十一条 从事药品生产活动，应当经所在地省、自治区、直辖市人民政府药品监督管理部门批准，取得药品生产许可证。无药品生产许可证的，不得生产药品。

药品生产许可证应当标明有效期和生产范围，到期重新审查发证。

第四十二条 从事药品生产活动，应当具备以下条件：

（一）有依法经过资格认定的药学技术人员、工程技术人员及相应的技术工人；

（二）有与药品生产相适应的厂房、设施和卫生环境；

（三）有能对所生产药品进行质量管理和质量检验的机构、人员及必要的仪器设备；

（四）有保证药品质量的规章制度，并符合国务院药品监督管理部门依据本法制定的药品生产质量管理规范要求。

药品销售的前提和条件是什么？

答：药品销售需要行政审批，并且具备一定的条件。

药品销售的前提是办理药品经营许可证。

药品销售的条件包括：（1）有依法经过资格认定的药师或者其他药学技术人员；（2）有与所经营药品相适应的营业场所、设备、仓储设施和卫生环境；（3）有与所经营药品相适应的质量管理机构或者人员；（4）有保证药品质量的规章制度，并符合国务院药品监督管理部门依据本法制定的药品经营质量管理规范要求。

法律法规及政策依据

《中华人民共和国药品管理法》（2019年8月26日修订）

第五十一条第一款　从事药品批发活动，应当经所在地省、自治区、直辖市人民政府药品监督管理部门批准，取得药品经营许可证。从事药品零售活动，应当经所在地县级以上地方人民政府药品监督管理部门批准，取得药品经营许可证。无药品经营许可证的，不得经营药品。

第五十二条　从事药品经营活动应当具备以下条件：

（一）有依法经过资格认定的药师或者其他药学技术人员；

（二）有与所经营药品相适应的营业场所、设备、仓储设施和卫生环境；

（三）有与所经营药品相适应的质量管理机构或者人员；

（四）有保证药品质量的规章制度，并符合国务院药品监督管理部门依据本法制定的药品经营质量管理规范要求。

什么是假药？如何处罚？

答：凡是符合《药品管理法》第98条规定的产品属于假药，生产新药或者已有国家标准的药品，经国家食品药品监督管理局批准授予药品的批准文号为“国药准字”(没有实施批准文号管理的中药材和中药饮片除外)才是正规的药品。市场上的采用“某某卫药准字”产品是假药；“经卫食证字”“国食健字或卫食健字”等批号都属于保健食品范畴，不得作为药品进行销售；使用“某某消字、某某消备字”等批号的产品则属于消毒产品，也不是药物。

根据《药品管理法》，未经批准进口少量境外已合法上市的药品，不再按“假药”论处；对未经批准进口少量境外已合法上市的药品，情节较轻的，可以减轻处罚；没有造成人身伤害后果或者延误治疗的，可以免于处罚。

生产、销售假药的，没收违法生产、销售的药品和违法所得，责令停产停业整顿，吊销药品批准证明文件，并处罚款；情节严重的，吊销药品生产许可证、药品经营许可证或者医疗机构制剂许可证，10年内不受理其相应申请；药品上市许可持有人为境外企业的，10年内禁止其药品进口。情节严重的，对法定代表人、主要负责人、直接负责的主管人员和其他责任人员，没收违法行为发生期间自本单位所获收入，并处罚款，终身禁止从事药品生产经营活动，并可以由公安机关处5日以上15日以下的拘留。情节严重构成犯罪的，以生产、销售假药罪定罪，依法处罚。

法律法规及政策依据

(1)《中华人民共和国药品管理法》(2019年8月26日修订)

第九十八条第一款、第二款　禁止生产(包括配制，下同)、销售、使用假药、劣药。

有下列情形之一的，为假药：

(一)药品所含成份与国家药品标准规定的成份不符；

(二)以非药品冒充药品或者以他种药品冒充此种药品；

（三）变质的药品；

（四）药品所标明的适应症或者功能主治超出规定范围。

第一百一十六条　生产、销售假药的，没收违法生产、销售的药品和违法所得，责令停产停业整顿，吊销药品批准证明文件，并处违法生产、销售的药品货值金额十五倍以上三十倍以下的罚款；货值金额不足十万元的，按十万元计算；情节严重的，吊销药品生产许可证、药品经营许可证或者医疗机构制剂许可证，十年内不受理其相应申请；药品上市许可持有人为境外企业的，十年内禁止其药品进口。

第一百一十八条　生产、销售假药，或者生产、销售劣药且情节严重的，对法定代表人、主要负责人、直接负责的主管人员和其他责任人员，没收违法行为发生期间自本单位所获收入，并处所获收入百分之三十以上三倍以下的罚款，终身禁止从事药品生产经营活动，并可以由公安机关处五日以上十五日以下的拘留。

对生产者专门用于生产假药、劣药的原料、辅料、包装材料、生产设备予以没收。

（2）《中华人民共和国刑法》（2017 年 11 月 4 日修正）

第一百四十一条　生产、销售假药的，处三年以下有期徒刑或者拘役，并处罚金；对人体健康造成严重危害或者有其他严重情节的，处三年以上十年以下有期徒刑，并处罚金；致人死亡或者有其他特别严重情节的，处十年以上有期徒刑、无期徒刑或者死刑，并处罚金或者没收财产。

本条所称假药，是指依照《中华人民共和国药品管理法》的规定属于假药和按假药处理的药品、非药品。

16 什么是劣药？如何处罚？

答：劣药的定义为：成分含量不符合国家药品标准的药品，被污染的药品，未标明或者更改有效期、超过有效期、未注明或者更改产品批号的药品，擅自添加防腐剂和辅料的药品，其他不符合药品标准的药品称为劣药。

生产、销售劣药的，没收违法生产、销售的药品和违法所得，并处罚款；情节严重的，责令停产停业整顿直至吊销药品批准证明文件、药品生产许可证、药品经营许可证或者医疗机构制剂许可证。

情节严重的，对法定代表人、主要负责人、直接负责的主管人员和其他责任人员，没收违法行为发生期间自本单位所获收入，并处罚款，终身禁止从事药品生产经营活动，并可以由公安机关处5日以上15日以下的拘留。对生产者专门用于生产假药、劣药的原料、辅料、包装材料、生产设备予以没收。

法律法规及政策依据

（1）《中华人民共和国药品管理法》（2019年8月26日修订）

第一百一十七条　生产、销售劣药的，没收违法生产、销售的药品和违法所得，并处违法生产、销售的药品货值金额十倍以上二十倍以下的罚款；违法生产、批发的药品货值金额不足十万元的，按十万元计算，违法零售的药品货值金额不足一万元的，按一万元计算；情节严重的，责令停产停业整顿直至吊销药品批准证明文件、药品生产许可证、药品经营许可证或者医疗机构制剂许可证。

生产、销售的中药饮片不符合药品标准，尚不影响安全性、有效性的，责令限期改正，给予警告；可以处十万元以上五十万元以下的罚款。

第一百一十八条　生产、销售假药，或者生产、销售劣药且情节严重的，对法定代表人、主要负责人、直接负责的主管人员和其他责任人员，没收违法行为发生期间自本单位所获收入，并处所获收入百分之三十以上三倍以下的罚款，终身禁止从事药品生产经营活动，并可以由公安机关处五日以上十五日以下的拘留。

对生产者专门用于生产假药、劣药的原料、辅料、包装材料、生产设备予以没收。

（2）《中华人民共和国刑法》（2017年11月4日修正）

第一百四十二条　生产、销售劣药，对人体健康造成严重危害的，处三年以上十年以下有期徒刑，并处销售金额百分之五十以上二倍以下罚金；后果特别严重的，处十年以上有期徒刑或者无期徒刑，并处销售金额百分之五十以上二倍以下罚金或者没收财产。

本条所称劣药，是指依照《中华人民共和国药品管理法》的规定属于劣药的药品。

17 未取得药品生产许可证、药品经营许可证或者医疗机构制剂许可证生产、销售药品的，如何处罚？

答： 未取得药品生产许可证、药品经营许可证或者医疗机构制剂许可证生产、销售药品的，按照按法律规定依法予以取缔，没收违法生产、销售的药品（包括已经售出、未能售出的药品）和违法所得，并处罚款；构成犯罪的，依法追究刑事责任。

法律法规及政策依据

（1）**《中华人民共和国药品管理法》（2019 年 8 月 26 日修订）**

第一百一十五条　未取得药品生产许可证、药品经营许可证或者医疗机构制剂许可证生产、销售药品的，责令关闭，没收违法生产、销售的药品和违法所得，并处违法生产、销售的药品（包括已售出和未售出的药品，下同）货值金额十五倍以上三十倍以下的罚款；货值金额不足十万元的，按十万元计算。

（2）**《中华人民共和国刑法》（2017 年 11 月 4 日修正）**

第二百二十五条　违反国家规定，有下列非法经营行为之一，扰乱市场秩序，情节严重的，处五年以下有期徒刑或者拘役，并处或者单处违法所得一倍以上五倍以下罚金；情节特别严重的，处五年以上有期徒刑，并处违法所得一倍以上五倍以下罚金或者没收财产：

（一）未经许可经营法律、行政法规规定的专营、专卖物品或者其他限制买卖的物品的；

（二）买卖进出口许可证、进出口原产地证明以及其他法律、行政法规规定的经营许可证或者批准文件的；

（三）未经国家有关主管部门批准非法经营证券、期货、保险业务的，或者非法从事资金支付结算业务的；

（四）其他严重扰乱市场秩序的非法经营行为。

18 什么是药品召回制度？

答：药品召回，是指药品生产企业(包括进口药品的境外制药厂商)按照规定的程序收回已上市销售的存在安全隐患的药品。

根据药品安全隐患的严重程度，药品召回分为：

一级召回：使用该药品可能引起严重健康危害的；

二级召回：使用该药品可能引起暂时的或者可逆的健康危害的；

三级召回：使用该药品一般不会引起健康危害，但由于其他原因需要收回的。

法律法规及政策依据

（1）《中华人民共和国药品管理法》（2019年8月26日修订）

第八十二条　药品存在质量问题或者其他安全隐患的，药品上市许可持有人应当立即停止销售，告知相关药品经营企业和医疗机构停止销售和使用，召回已销售的药品，及时公开召回信息，必要时应当立即停止生产，并将药品召回和处理情况向省、自治区、直辖市人民政府药品监督管理部门和卫生健康主管部门报告。药品生产企业、药品经营企业和医疗机构应当配合。

药品上市许可持有人依法应当召回药品而未召回的，省、自治区、直辖市人民政府药品监督管理部门应当责令其召回。

（2）《药品召回管理办法》（2007年12月10日）

第十四条　根据药品安全隐患的严重程度，药品召回分为：

（一）一级召回：使用该药品可能引起严重健康危害的；

（二）二级召回：使用该药品可能引起暂时的或者可逆的健康危害的；

（三）三级召回：使用该药品一般不会引起健康危害，但由于其他原因需要收回的。

药品生产企业应当根据召回分级与药品销售和使用情况，科学设计药品召回计划并组织实施。

在预防、控制突发传染病疫情等灾害期间，生产、销售用于防治传染病的假药、劣药，构成犯罪的，如何处罚？

答：在预防、控制突发传染病疫情等灾害期间，或者生产、销售用于防治传染病的假药、劣药，构成犯罪的，分别依照《刑法》第141条、第142条的规定，以生产、销售假药罪或者生产、销售劣药罪定罪，依法从重处罚。

法律法规及政策依据

（1）《中华人民共和国刑法》（2017年11月4日修正）

第一百四十一条　生产、销售假药的，处三年以下有期徒刑或者拘役，并处罚金；对人体健康造成严重危害或者有其他严重情节的，处三年以上十年以下有期徒刑，并处罚金；致人死亡或者有其他特别严重情节的，处十年以上有期徒刑、无期徒刑或者死刑，并处罚金或者没收财产。

本条所称假药，是指依照《中华人民共和国药品管理法》的规定属于假药和按假药处理的药品、非药品。

第一百四十二条　生产、销售劣药，对人体健康造成严重危害的，处三年以上十年以下有期徒刑，并处销售金额百分之五十以上二倍以下罚金；后果特别严重的，处十年以上有期徒刑或者无期徒刑，并处销售金额百分之五十以上二倍以下罚金或者没收财产。

本条所称劣药，是指依照《中华人民共和国药品管理法》的规定属于劣药的药品。

（2）最高人民法院、最高人民检察院《关于办理妨害预防、控制突发传染病疫情等灾害的刑事案件具体应用法律若干问题的解释》（2003年5月14日　法释〔2003〕8号）

第二条　在预防、控制突发传染病疫情等灾害期间，生产、销售伪劣的防治、防护产品、物资，或者生产、销售用于防治传染病的假药、劣药，构成犯罪的，分别依照刑法第一百四十条、第一百四十一条、第一百四十二条的规定，以生产、销售伪劣产品罪，生产、销售假药罪或者生产、销售劣药罪定罪，依法从重处罚。

20 在什么情形下，生产、销售假药，应当酌情从重处罚？

答：最高人民法院、最高人民检察院《关于办理危害药品安全刑事案件适用法律若干问题的解释》主要规定了八个方面的内容，包括明确生产、销售假药、劣药应当酌情从重处罚的情形；明确了生产、销售假药罪严重情节的认定标准；明确了生产、销售假药罪特别严重情节的认定标准；明确了生产、销售假药、劣药罪“生产”的含义；明确了对医疗机构及其工作人员从严惩处；明确了危害药品安全的非法经营行为的定罪量刑标准；明确了办理危害药品安全犯罪中贯彻宽严相济的刑事政策；明确了“生产、销售金额”的认定标准。

其中生产、销售假药，从重处罚的情形有：（1）生产、销售的假药以孕产妇、婴幼儿、儿童或者危重病人为主要使用对象的；（2）生产、销售的假药属于麻醉药品、精神药品、医疗用毒性药品、放射性药品、避孕药品、血液制品、疫苗的；（3）生产、销售的假药属于注射剂药品、急救药品的；（4）医疗机构、医疗机构工作人员生产、销售假药的；（5）在自然灾害、事故灾难、公共卫生事件、社会安全事件等突发事件期间，生产、销售用于应对突发事件的假药的；（6）两年内曾因危害药品安全违法犯罪活动受过行政处罚或者刑事处罚的；（7）其他应当酌情从重处罚的情形。

法律法规及政策依据

最高人民法院、最高人民检察院《关于办理危害药品安全刑事案件适用法律若干问题的解释》（2014年11月3日 法释〔2014〕14号）

第一条 生产、销售假药，具有下列情形之一的，应当酌情从重处罚

（一）生产、销售的假药以孕产妇、婴幼儿、儿童或者危重病人为主要使用对象的；

（二）生产、销售的假药属于麻醉药品、精神药品、医疗用毒性药品、放射性药品、避孕药品、血液制品、疫苗的；

（三）生产、销售的假药属于注射剂药品、急救药品的；

（四）医疗机构、医疗机构工作人员生产、销售假药的；

（五）在自然灾害、事故灾难、公共卫生事件、社会安全事件等突发事件期

间，生产、销售用于应对突发事件的假药的；

（六）两年内曾因危害药品安全违法犯罪活动受过行政处罚或者刑事处罚的；

（七）其他应当酌情从重处罚的情形。

21 在预防、控制突发传染病疫情等灾害期间，生产、销售不符合安全标准的食品，构成犯罪的，如何处罚？

答：在预防、控制突发传染病疫情等灾害期间，生产、销售不符合安全标准的食品，构成犯罪的，按照生产、销售不符合安全标准的食品罪定罪处罚。

本罪侵犯的是国家对食品卫生的管理制度以及不特定多数人的身体健康权利。国家为保障人民群众的生命、健康，颁布了一系列关于食品卫生法律、法规，建立起对食品卫生的管理制度。而生产、销售有毒、有害食品，就是对这一制度的侵犯；同时，在生产、销售的食品中掺入有毒、有害的非食品原料，无疑会对消费者的生命健康造成很大威胁，因而，这种行为也侵犯了消费者的生命健康权利，本罪在量刑情节上分为“其他严重情节、其他特别严重情节”，在防疫期间如犯本罪的应当认定为“其他严重情节”。

法律法规及政策依据

（1）《中华人民共和国刑法》（2017 年 11 月 4 日修正）

第一百四十三条　生产、销售不符合食品安全标准的食品，足以造成严重食物中毒事故或者其他严重食源性疾病的，处三年以下有期徒刑或者拘役，并处罚金；对人体健康造成严重危害或者有其他严重情节的，处三年以上七年以下有期徒刑，并处罚金；后果特别严重的，处七年以上有期徒刑或者无期徒刑，并处罚金或者没收财产。

（2）最高人民法院、最高人民检察院《关于办理危害食品安全刑事案件适用法律若干问题的解释》（2013 年 5 月 2 日　法释〔2013〕12 号）

第十三条　生产、销售不符合食品安全标准的食品，有毒、有害食品，符合刑法第一百四十三条、第一百四十四条规定的，以生产、销售不符合安全标准的食品罪或者生产、销售有毒、有害食品罪定罪处罚。同时构成其他犯罪的，依照处罚较重的规定定罪处罚。

生产、销售不符合食品安全标准的食品，无证据证明足以造成严重食物中毒事故或者其他严重食源性疾病，不构成生产、销售不符合安全标准的食品罪，但是构成生产、销售伪劣产品罪等其他犯罪的，依照该其他犯罪定罪处罚。

第十四条　明知他人生产、销售不符合食品安全标准的食品，有毒、有害食品，具有下列情形之一的，以生产、销售不符合安全标准的食品罪或者生产、销售有毒、有害食品罪的共犯论处：

（一）提供资金、贷款、账号、发票、证明、许可证件的；

（二）提供生产、经营场所或者运输、贮存、保管、邮寄、网络销售渠道等便利条件的；

（三）提供生产技术或者食品原料、食品添加剂、食品相关产品的；

（四）提供广告等宣传的。

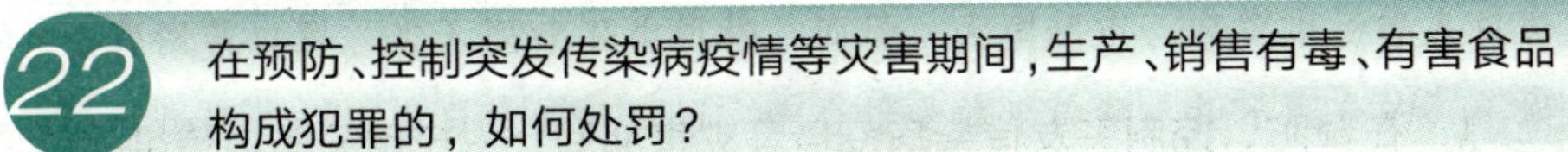

22 在预防、控制突发传染病疫情等灾害期间，生产、销售有毒、有害食品，构成犯罪的，如何处罚？

答：在预防、控制突发传染病疫情等灾害期间，生产、销售有毒、有害食品，构成犯罪的，按照生产、销售有毒、有害食品罪定罪处罚。

法律法规及政策依据

（1）**《中华人民共和国刑法》**（2017年11月4日修正）

第一百四十四条　在生产、销售的食品中掺入有毒、有害的非食品原料的，或者销售明知掺有有毒、有害的非食品原料的食品的，处五年以下有期徒刑，并处罚金；对人体健康造成严重危害或者有其他严重情节的，处五年以上十年以下有期徒刑，并处罚金；致人死亡或者有其他特别严重情节的，依照本法第一百四十一条的规定处罚。

（2）**最高人民法院、最高人民检察院《关于办理危害食品安全刑事案件适用法律若干问题的解释》**（2013年5月2日　法释〔2013〕12号）

第十三条　生产、销售不符合食品安全标准的食品，有毒、有害食品，符合刑法第一百四十三条、第一百四十四条规定的，以生产、销售不符合安全标准的食品罪或者生产、销售有毒、有害食品罪定罪处罚。同时构成其他犯罪的，依照处罚较重的规定定罪处罚。

生产、销售不符合食品安全标准的食品，无证据证明足以造成严重食物中毒事故或者其他严重食源性疾病，不构成生产、销售不符合安全标准的食品罪，但是构成生产、销售伪劣产品罪等其他犯罪的，依照该其他犯罪定罪处罚。

第十四条 明知他人生产、销售不符合食品安全标准的食品，有毒、有害食品，具有下列情形之一的，以生产、销售不符合安全标准的食品罪或者生产、销售有毒、有害食品罪的共犯论处：

（一）提供资金、贷款、账号、发票、证明、许可证件的；

（二）提供生产、经营场所或者运输、贮存、保管、邮寄、网络销售渠道等便利条件的；

（三）提供生产技术或者食品原料、食品添加剂、食品相关产品的；

（四）提供广告等宣传的。

23 在预防、控制突发传染病疫情等灾害期间，生产用于防治传染病的不符合标准的医用器材，构成犯罪的，如何处罚？

答：在预防、控制突发传染病疫情等灾害期间，生产用于防治传染病的不符合保障人体健康的国家标准、行业标准的医疗器械、医用卫生材料，或者销售明知是用于防治传染病的不符合保障人体健康的国家标准、行业标准的医疗器械、医用卫生材料，不具有防护、救治功能，足以严重危害人体健康的，依照《刑法》第145条的规定，以生产、销售不符合标准的医用器材罪定罪，依法从重处罚。

医疗机构或者个人，知道或者应当知道系前款规定的不符合保障人体健康的国家标准、行业标准的医疗器械、医用卫生材料而购买并有偿使用的，以销售不符合标准的医用器材罪定罪，依法从重处罚。

法律法规及政策依据

（1）《中华人民共和国刑法》（2017年11月4日修正）

第一百四十五条 生产不符合保障人体健康的国家标准、行业标准的医疗器械、医用卫生材料，或者销售明知是不符合保障人体健康的国家标准、行业标准的医疗器械、医用卫生材料，足以严重危害人体健康的，处三年以下有期徒刑或者拘役，并处销售金额百分之五十以上二倍以下罚金；对人体健康造成严重危害的，处三年以上十年以下有期徒刑，并处销售金额百分之五十以上二倍以下罚金；后果特别严重的，处十年以上有期徒刑或者无期徒刑，并处销售金额百分之五十以上二倍以下罚金或者没收财产。

（2）最高人民法院、最高人民检察院《关于办理妨害预防、控制突发传染病疫情等灾害的刑事案件具体应用法律若干问题的解释》（2003年5月14日 法释〔2003〕8号）

第三条 在预防、控制突发传染病疫情等灾害期间，生产用于防治传染病的不符合保障人体健康的国家标准、行业标准的医疗器械、医用卫生材料，或者销售明知是用于防治传染病的不符合保障人体健康的国家标准、行业标准的医疗器械、医用卫生材料，不具有防护、救治功能，足以严重危害人体健康的，依照刑法第一百四十五条的规定，以生产、销售不符合标准的医用器材罪定罪，依法从重处罚。

医疗机构或者个人，知道或者应当知道系前款规定的不符合保障人体健康的国家标准、行业标准的医疗器械、医用卫生材料而购买并有偿使用的，以销售不符合标准的医用器材罪定罪，依法从重处罚。

CHAPTER 06

第六章 物业服务

撰稿人

北京市东卫律师事务所
张涛　唐瑜　孙晨飞
/
北京东卫（成都）律师事务所
王伟　陈能扬

在新冠肺炎疫情防控工作中，物业服务企业作为与公众接触最多、最直接，联系最紧密的服务单位，担负着一线“守门员”的重要角色，对于有效防止新冠肺炎疫情的扩散蔓延，具有至关重要的作用，关乎社区居民人身安全与社会秩序的和谐稳定。在疫情防控从群防群治转向依法防治的关键阶段，物业服务企业面临诸多挑战和法律风险。

本章将从物业企业疫情防控责任、疫情防控措施、业主权益保障、经营管理风险防范等四个方面，系统分析梳理在疫情防控中与物业服务相关的法律问题，以期实现依法防控疫情，有效防范与化解法律风险。

一、疫情防控责任

在疫情防控中，物业服务企业承担什么责任？

答：根据相关法律规定，物业服务企业承担配合疫情防控的责任，主要包括:（1）参与疫情防控义务。积极参与疫情防控，是每个单位和人员的义务；物业服务企业不得以不是国家公务部门和企事业单位为由拒绝。具体表现为制定相关措施，防止疫病扩散，比如对进出小区人员进行登记、测量体温、询问来源等。（2）财产被征用的容忍义务。为应对疫病防控，需征用物业服务企业财产时，物业服务企业不得拒绝。（3）宣传动员义务。应利用小区公告栏、显示屏、单元门、电梯门、业主群等宣传疫病防治相关知识，消除业主恐慌情绪。（4）管理义务。严格执行政府各级疾病预防机构的决定、通知，制定积极主动的措施，防范疫情扩散；接到有关部门通知后及时关闭小区会所、球场等人员密集的场所；小区内停止举办人员聚集的庆典、集会活动。（5）报告义务。在发现小区有业主、租户和确诊患者、疑似患者接触过后，及时报告相关机构。（6）配合义务。疾病预防控制机构、医疗机构、公安部门进入小区执行任务时，应积极主动配合。（7）关心帮助义务。物业管理企业应对被隔离在家的业主、租户提供力所能及的帮助，如帮助采购生活必需品，传达信息，通报情况等。不得简单粗暴地拒绝需在家隔离的业主出入小区。

法律法规及政策依据

（1）《中华人民共和国突发事件应对法》（2007年8月30日）

第十一条第二款　公民、法人和其他组织有义务参与突发事件应对工作。

第十二条　有关人民政府及其部门为应对突发事件，可以征用单位和个人的财产……

第二十九条第一款、第二款　县级人民政府及其有关部门、乡级人民政府、街道办事处应当组织开展应急知识的宣传普及活动和必要的应急演练。

居民委员会、村民委员会、企业事业单位应当根据所在地人民政府的要求，结合各自的实际情况，开展有关突发事件应急知识的宣传普及活动和必要的应急演练。

第四十九条　自然灾害、事故灾难或者公共卫生事件发生后，履行统一领导职责的人民政府可以采取下列一项或者多项应急处置措施：

（四）禁止或者限制使用有关设备、设施，关闭或者限制使用有关场所，中止人员密集的活动或者可能导致危害扩大的生产经营活动以及采取其他保护措施。

第五十四条　县级以上人民政府卫生行政部门在履行监督检查职责时，有权进入被检查单位和传染病疫情发生现场调查取证，查阅或者复制有关的资料和采集样本。被检查单位应当予以配合，不得拒绝、阻挠。

第五十五条　突发事件发生地的居民委员会、村民委员会和其他组织应当按照当地人民政府的决定、命令，进行宣传动员，组织群众开展自救和互救，协助维护社会秩序。

（2）《中华人民共和国传染病防治法》（2013年6月29日修正）

第十二条　在中华人民共和国领域内的一切单位和个人，必须接受疾病预防控制机构、医疗机构有关传染病的调查、检验、采集样本、隔离治疗等预防、控制措施，如实提供有关情况。疾病预防控制机构、医疗机构不得泄露涉及个人隐私的有关信息、资料。

第十六条第一款　国家和社会应当关心、帮助传染病病人、病原携带者和疑似传染病病人，使其得到及时救治。任何单位和个人不得歧视传染病病人、病原携带者和疑似传染病病人。

第三十一条　任何单位和个人发现传染病病人或者疑似传染病病人时，应当及时向附近的疾病预防控制机构或者医疗机构报告。

第四十二条　传染病暴发、流行时，县级以上地方人民政府应当立即组织力量，按照预防、控制预案进行防治，切断传染病的传播途径，必要时，报经上一级人民政府决定，可以采取下列紧急措施并予以公告：

（一）限制或者停止集市、影剧院演出或者其他人群聚集的活动；

（五）封闭可能造成传染病扩散的场所。

（3）《突发公共卫生事件应急条例》（2011年1月8日修订）

第四十四条 在突发事件中需要接受隔离治疗、医学观察措施的病人、疑似病人和传染病病人密切接触者在卫生行政主管部门或者有关机构采取医学措施时应当予以配合；拒绝配合的，由公安机关依法协助强制执行。

02 在疫情防控中，物业服务企业应该履行哪些具体职责？如果不履行职责出现严重后果，应承担什么责任？物业服务企业拒不配合疫情防控工作将会受到怎样的处罚？

答：根据相关法律规定，物业服务企业负有积极参与疫情防控的义务，具体内容主要包括：

（1）严格落实小区封闭管理制度。

有条件的小区做到一口出入，不具备条件的小区尽量减少出入口，并做好外来人员、车辆的管控和登记、体温检测工作，力争做到不漏一车、不漏一人。根据疫情防控需要和政府行政主管部门的通知、决定等，及时有效调整小区封闭管理制度。

（2）加大物业公共区域卫生管理。

购置、储备必要的防护用具和消毒用品；加大对物业公共区域的通风换气、消毒杀菌、清扫保洁力度；对电梯及按键、门开关及把手等高频次使用设备，实施每日定期擦拭消毒等。

（3）严格实行废弃口罩定点收集管理制度。

增设带盖的废弃口罩专用收集容器，严格按照相关作业要求，对废弃口罩及时清运、消杀、处置。

（4）落实报告制度。

配合街道和社区居委会做好疫情防控监管工作，发现物业区域有重大异常情况，要及时向相关部门报告；发动业主和业主委员会广泛参与，共同监督，做到群策群力、群防群治。

（5）做好疫情预防宣传。

充分利用小区宣传栏、电梯电子屏、业主微信群等多种渠道，宣传疫情预防知识、有关部门通知通告，提升居民防范能力，减少不必要的恐慌。

（6）做好从业人员安全防护。

落实防护用具，按照操作规范执行巡查、检查、消杀作业，避免二次污染、交叉感染。

（7）严格落实值班值守制度。

在疫情期间，物业企业严格执行24小时值班制度，确保联络畅通；做好疫情防控的同时，提升管理服务水平，及时满足小区居民的各种诉求。

如果物业服务企业不履行疫情防控义务，或者拒不配合疫情防控工作，根据《物业管理条例》的规定，将面临失信联合惩戒的后果。目前多地行政主管部门已出台政策，将不积极配合疫情防控的企业列入黑名单，清理出本地市场，并移交相关部门给予治安处罚或吊销营业执照。管控不力造成疫情传播、流行或者其他严重后果的，由公安机关追究刑事责任。

根据《治安管理处罚法》的规定，将对企业处以罚款，负责人进行行政拘留。根据《突发事件应对法》的规定，责令企业停产停业，暂扣或者吊销许可证或者营业执照，并处5万元以上20万元以下的罚款；构成违反治安管理行为的，由公安机关依法给予处罚；造成严重后果的，将依法追究刑事责任。对他人人身、财产造成损害的，应当承担民事赔偿责任。

法律法规及政策依据

（1）《中华人民共和国治安管理处罚法》（2012年10月26日修正）

第五十条第一款　有下列行为之一的，处警告或者二百元以下罚款；情节严重的，处五日以上十日以下拘留，可以并处五百元以下罚款：

（一）拒不执行人民政府在紧急状态情况下依法发布的决定、命令的；

（2）《中华人民共和国突发事件应对法》（2007年8月30日）

第六十四条　有关单位有下列情形之一的，由所在地履行统一领导职责的人民政府责令停产停业，暂扣或者吊销许可证或者营业执照，并处五万元以上二十万元以下的罚款；构成违反治安管理行为的，由公安机关依法给予处罚：

（一）未按规定采取预防措施，导致发生严重突发事件的；

（二）未及时消除已发现的可能引发突发事件的隐患，导致发生严重突发事件的；

（三）未做好应急设备、设施日常维护、检测工作，导致发生严重突发事件或者突发事件危害扩大的；

（四）突发事件发生后，不及时组织开展应急救援工作，造成严重后果的。

前款规定的行为，其他法律、行政法规规定由人民政府有关部门依法决定处罚的，从其规定。

第六十六条　单位或者个人违反本法规定，不服从所在地人民政府及其有关部门发布的决定、命令或者不配合其依法采取的措施，构成违反治安管理行为的，由公安机关依法给予处罚。

第六十七条　单位或者个人违反本法规定，导致突发事件发生或者危害扩大，给他人人身、财产造成损害的，应当依法承担民事责任。

第六十八条　违反本法规定，构成犯罪的，依法追究刑事责任。

（3）《中华人民共和国传染病防治法》（2013 年 6 月 29 日修正）

第七十七条　单位和个人违反本法规定，导致传染病传播、流行，给他人人身、财产造成损害的，应当依法承担民事责任。

（4）《物业管理条例》（2018 年 3 月 19 日修订）

第三十二条　从事物业管理活动的企业应当具有独立的法人资格。

国务院建设行政主管部门应当会同有关部门建立守信联合激励和失信联合惩戒机制，加强行业诚信管理。

03 物业服务企业是否可以将物业管理区域内的疫情防控事项委托给其他单位？

答：如果物业服务合同中没有明确约定疫情防控相关事项，且业主委托物业服务企业提供相关服务，物业企业可以将疫情防控的事项委托给专业性机构，关于委托费用事项，应当由业主与物业服务企业共同协商。

法律法规及政策依据

《物业管理条例》（2018 年 3 月 19 日修订）

第三十九条　物业服务企业可以将物业管理区域内的专项服务业务委托给专业性服务企业，但不得将该区域内的全部物业管理一并委托给他人。

第四十三条　物业服务企业可以根据业主的委托提供物业服务合同约定以外的服务项目，服务报酬由双方约定。

二、疫情防控措施

物业服务企业是否有权阻止无症状的返程人员进入社区？

答：以北京市为例，北京市政府在 2020 年 2 月 1 日举行的疫情防控工作新闻发布会上，明确社区、村、物业部门无权阻止无症状返京人员进入社区；但返京人员要配合好社区和相应公共部门做好体温的监测和居家留观的配合工作。因此，任何社区、村和物业，在对返京人员体温检测合格后，没有任何权力自行阻止其进入社区。返程人员如果有发热现象，应及时到就近的定点医疗机构发热门诊去就诊。

物业服务企业是否有权对出入小区的外来车辆及人员进行检查、管控、限制？发现有业主不戴口罩在小区散步，物业工作人员有无权力干涉？

答：物业服务企业应配合政府相关部门，积极参与疫情防控。物业服务企业可以对物业管理区域内违反疫情管理规定的行为进行制止，有权按照疫情防控要求，对出入小区的外来车辆及人员进行检查、管控、限制；对业主不戴口罩在小区活动应当予以劝导；如果上述人员拒不配合，应及时通报相关行政管理部门进行处理。当事人不服从或者不配合相关规定的执行，构成违反治安管理行为的，公安机关可依法对其给予行政处罚。

法律法规及政策依据

（1）《中华人民共和国治安管理处罚法》（2012 年 10 月 26 日修正）

第五十条 有下列行为之一的，处警告或者二百元以下罚款；情节严重的，处五日以上十日以下拘留，可以并处五百元以下罚款：

（一）拒不执行人民政府在紧急状态情况下依法发布的决定、命令的；

（二）阻碍国家机关工作人员依法执行职务的；

（2）《中华人民共和国突发事件应对法》（2007 年 8 月 30 日）

第六十六条 单位或者个人违反本法规定，不服从所在地人民政府及其有关部门发布的决定、命令或者不配合其依法采取的措施，构成违反治安管理行为的，由公安机关依法给予处罚。

（3）《物业管理条例》（2018 年 3 月 19 日修订）

第四十五条 对物业管理区域内违反有关治安、环保、物业装饰装修和使用等方面法律、法规规定的行为，物业服务企业应当制止，并及时向有关行政管理部门报告。

有关行政管理部门在接到物业服务企业的报告后，应当依法对违法行为予以制止或者依法处理。

第四十六条 物业服务企业应当协助做好物业管理区域内的安全防范工作。发生安全事故时，物业服务企业在采取应急措施的同时，应当及时向有关行政管理部门报告，协助做好救助工作。

物业服务企业雇请保安人员的，应当遵守国家有关规定。保安人员在维护物业管理区域内的公共秩序时，应当履行职责，不得侵害公民的合法权益。

遇到拒不配合疫情防控相关检查的住户或者访客，物业服务企业可采取何种措施？

答： 为了有效防控疫情，各地政府相关部门均发布了减少外出、配合体温监测、公共场所应当佩戴口罩等相关规定；遵守上述规定，是公民法定的义务。物业服务企业对于拒不配合人员，可以进行劝诫、教导与警告；如果其拒不配合甚至采取暴力、威胁等行为的，物业管理人员应当及时报警；对于不履行法定义务的人，警察有权执法，可采取强制措施，并对当事人处以行政处罚。

在当前疫情暴发的特殊时期，基于公共安全及道德要求，公民到公共场合应佩戴口罩，履行相关注意义务，对自己负责，对家庭与整个社会负责。

法律法规及政策依据

《中华人民共和国治安管理处罚法》（2012年10月26日修正）

第五十条　有下列行为之一的，处警告或者二百元以下罚款；情节严重的，处五日以上十日以下拘留，可以并处五百元以下罚款：

（一）拒不执行人民政府在紧急状态情况下依法发布的决定、命令的；

（二）阻碍国家机关工作人员依法执行职务的；

三、业主权益保障

业主有发热等疑似症状，物业服务企业拒绝提供协助，造成病情延误，业主可否向其索赔？

答：物业服务企业作为社区公共场所的管理人，未尽到安全保障义务，造成他人损害的，应当承担侵权责任。首先，物业服务企业应保证安全通道的畅通，即使采取“封路”等管控措施，也应当保留必要的安全应急通道；其次，物业面对业主的紧急求助应当及时反应，快速行动，明确业主具体位置，拨打120等紧急救助电话；最后，虽然物业管理合同及法律法规并没有规定物业服务企业对于小区业主的看护义务，但面对业主的求助予以必要的援助是基本的道义要求。

法律法规及政策依据

（1）《中华人民共和国侵权责任法》（2009年12月26日）

第三十七条　宾馆、商场、银行、车站、娱乐场所等公共场所的管理人或者群众性活动的组织者，未尽到安全保障义务，造成他人损害的，应当承担侵权责任。

因第三人的行为造成他人损害的，由第三人承担侵权责任；管理人或者组织者未尽到安全保障义务的，承担相应的补充责任。

（2）《中华人民共和国传染病防治法》（2013 年 6 月 29 日修正）

第三十一条 任何单位和个人发现传染病病人或者疑似传染病病人时，应当及时向附近的疾病预防控制机构或者医疗机构报告。

（3）《中华人民共和国突发事件应对法》（2007 年 8 月 30 日）

第二十四条 公共交通工具、公共场所和其他人员密集场所的经营单位或者管理单位应当制定具体应急预案，为交通工具和有关场所配备报警装置和必要的应急救援设备、设施，注明其使用方法，并显著标明安全撤离的通道、路线，保证安全通道、出口的畅通。

有关单位应当定期检测、维护其报警装置和应急救援设备、设施，使其处于良好状态，确保正常使用。

出现疑似病例的小区，业主的知情权如何保障？在疑似感染者所住单元及楼层能否设置大幅提示性标语？其他业主能否请求物业对疑似病例本人及家人的行动轨迹加以限制？

答：相关单位不得擅自收集和传播以电子或者其他方式记录的能够单独或者与其他信息结合识别特定自然人身份或者反映特定自然人活动情况的各种信息，包括姓名、身份证件号码、联系方式、住址、账号密码、财产状况、行踪轨迹等。相关单位应当切实保护关于传染病感染及防治的公民隐私权，未经公民同意，不得泄露或公开披露公民隐私信息，即使在疫情防控的特殊时期，也应当综合平衡“公众知情权”与“公民个人隐私权”。

物业企业无权在疑似感染者所住单元及楼层设置大幅提示性标语，否则将侵犯公民个人隐私权。

其他业主应当将疑似病例或确诊感染者的情况及时向有关部门反映，疑似病例或确诊感染者应当接受隔离，拒不配合隔离的，公安机关可依法强制执行。物业服务企业或业主委员会，无权采取强制限制措施，如发现疑似病例拒不配合隔离的，应立即通报政府有关部门（包括公安机关）对其进行紧急处治。

法律法规及政策依据

（1）《中华人民共和国传染病防治法》（2013年6月29日修正）

第十二条第一款 ……疾病预防控制机构、医疗机构不得泄露涉及个人隐私的有关信息、资料。

第三十九条第二款 拒绝隔离治疗或者隔离期未满擅自脱离隔离治疗的，可以由公安机关协助医疗机构采取强制隔离治疗措施。

（2）《中华人民共和国刑法》（2017年11月4日修正）

第二百五十三条之一第一款、第二款 违反国家有关规定，向他人出售或者提供公民个人信息，情节严重的，处三年以下有期徒刑或者拘役，并处或者单处罚金；情节特别严重的，处三年以上七年以下有期徒刑，并处罚金。

违反国家有关规定，将在履行职责或者提供服务过程中获得的公民个人信息，出售或者提供给他人的，依照前款的规定从重处罚。

（3）《突发公共卫生事件应急条例》（2011年1月8日修订）

第四十四条 在突发事件中需要接受隔离治疗、医学观察措施的病人、疑似病人和传染病病人密切接触者在卫生行政主管部门或者有关机构采取医学措施时应当予以配合；拒绝配合的，由公安机关依法协助强制执行。

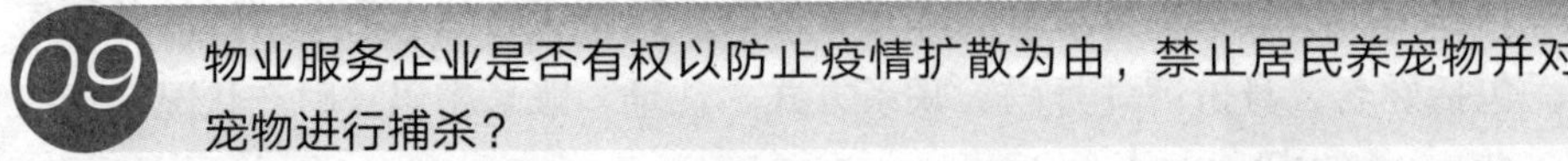

09 物业服务企业是否有权以防止疫情扩散为由，禁止居民养宠物并对宠物进行捕杀？

答：物业服务企业是根据《物业服务合同》为小区业主提供物业服务的企业，法律并未授权其对小区业主饲养宠物的行为进行禁止，更未授予其对宠物进行捕杀的权利。为疫情防控的需要，地方人民政府有权采取措施扑杀染疫家畜家禽。根据世界卫生组织的最新答复，目前没有证据显示狗猫等宠物会感染新型冠状病毒。

法律法规及政策依据

《中华人民共和国传染病防治法》（2013年6月29日修正）

第十三条第二款 各级人民政府农业、水利、林业行政部门按照职责分工负责指导和组织消除农田、湖区、河流、牧场、林区的鼠害与血吸虫危害，以及其他传播传染病的动物和病媒生物的危害。

第三十六条　动物防疫机构和疾病预防控制机构，应当及时互相通报动物间和人间发生的人畜共患传染病疫情以及相关信息。

第四十二条　传染病暴发、流行时，县级以上地方人民政府应当立即组织力量，按照预防、控制预案进行防治，切断传染病的传播途径，必要时，报经上一级人民政府决定，可以采取下列紧急措施并予以公告：

（四）控制或者扑杀染疫野生动物、家畜家禽；

上级人民政府接到下级人民政府关于采取前款所列紧急措施的报告时，应当即时作出决定。

10 业主被确诊为新冠肺炎在医院隔离治疗，未经业主许可，物业工作人员是否有权进入病患业主家中对其居室及宠物等进行无害化处理？

答：物业服务企业工作人员，在未经业主许可的情况下，不得私自进入业主家中。如果业主所饲养的宠物存在疫情情况，应当及时报告相关政府部门和单位，由其采取相关措施。

法律法规及政策依据

（1）《中华人民共和国宪法》（2018年3月11日修正）

第三十九条　中华人民共和国公民的住宅不受侵犯。禁止非法搜查或非法侵入公民的住宅。

（2）《中华人民共和国刑法》（2017年11月4日修正）

第二百四十五条　非法搜查他人身体、住宅，或者非法侵入他人住宅的，处三年以下有期徒刑或者拘役。

司法工作人员滥用职权，犯前款罪的，从重处罚。

（3）《中华人民共和国动物防疫法》（2015年4月24日修正）

第二十六条第一款　从事动物疫情监测、检验检疫、疫病研究与诊疗以及动物饲养、屠宰、经营、隔离、运输等活动的单位和个人，发现动物染疫或者疑似染疫的，应当立即向当地兽医主管部门、动物卫生监督机构或者动物疫病预防控制机构报告，并采取隔离等控制措施，防止动物疫情扩散。其他单位和个人发现动物染疫或者疑似染疫的，应当及时报告。

第三十一条　发生一类动物疫病时，应当采取下列控制和扑灭措施：

（一）当地县级以上地方人民政府兽医主管部门应当立即派人到现场，划定疫点、疫区、受威胁区，调查疫源，及时报请本级人民政府对疫区实行封锁。疫区范围涉及两个以上行政区域的，由有关行政区域共同的上一级人民政府对疫区实行封锁，或者由各有关行政区域的上一级人民政府共同对疫区实行封锁。必要时，上级人民政府可以责成下级人民政府对疫区实行封锁。

（二）县级以上地方人民政府应当立即组织有关部门和单位采取封锁、隔离、扑杀、销毁、消毒、无害化处理、紧急免疫接种等强制性措施，迅速扑灭疫病。

（三）在封锁期间，禁止染疫、疑似染疫和易感染的动物、动物产品流出疫区，禁止非疫区的易感染动物进入疫区，并根据扑灭动物疫病的需要对出入疫区的人员、运输工具及有关物品采取消毒和其他限制性措施。

第三十二条　发生二类动物疫病时，应当采取下列控制和扑灭措施：

（一）当地县级以上地方人民政府兽医主管部门应当划定疫点、疫区、受威胁区。

（二）县级以上地方人民政府根据需要组织有关部门和单位采取隔离、扑杀、销毁、消毒、无害化处理、紧急免疫接种、限制易感染的动物和动物产品及有关物品出入等控制、扑灭措施。

11 因疫情防控需要改变小区公共建筑和共用设施用途，是否需要经过业主同意？对物业管理区域内的道路、场地需要临时占用、挖掘，该如何处理？

答：物业服务企业在疫情防控过程中，如果需要改变公共建筑和公用设施的用途，或者对公共区域内的道路、场地等进行临时占用、挖掘的，需要经过业主委员会同意，应尽量减少业主损失并及时恢复原状。

法律法规及政策依据

《物业管理条例》（2018 年 3 月 19 日修订）

第四十九条　物业管理区域内按照规划建设的公共建筑和共用设施，不得改变用途。

业主依法确需改变公共建筑和共用设施用途的，应当在依法办理有关手续后告知物业服务企业；物业服务企业确需改变公共建筑和共用设施用途的，应当提请业主大会讨论决定同意后，由业主依法办理有关手续。

第五十条　业主、物业服务企业不得擅自占用、挖掘物业管理区域内的道路、场地，损害业主的共同利益。

因维修物业或者公共利益，业主确需临时占用、挖掘道路、场地的，应当征得业主委员会和物业服务企业的同意；物业服务企业确需临时占用、挖掘道路、场地的，应当征得业主委员会的同意。

业主、物业服务企业应当将临时占用、挖掘的道路、场地，在约定期限内恢复原状。

四、经营管理风险防范

12 对于物业企业的员工在武汉及因疫情被隔离治疗、医学观察或被采取其他隔离措施不能按时返回工作岗位的情况，物业企业应当如何依法依规处理？

答：对于因在武汉不能返回单位工作的员工，以及因疫情进行隔离治疗、医学观察或被采取其他隔离措施导致不能按时返回工作岗位的员工，企业不得进行无过失性辞退或经济性裁员，应当视同员工提供正常劳动，并支付其正常工作时间的工资。

对于其他未被采取隔离措施的员工，企业应当按照政府有关部门规定，统一安排复工或推迟复工；企业按照政府规定安排复工后，对未请假或请假未批准而没有按时到达工作岗位的员工，可按照旷工处理，情节严重的，可视为严重违反企业规章制度，依照《劳动合同法》第 39 条第 2 款、《劳动合同法实施条例》第 19 条第 3 款的规定，解除劳动合同。

法律法规及政策依据

人力资源社会保障部办公厅《关于妥善处理新型冠状病毒感染的肺炎疫情防控期间劳动关系问题的通知》（2020 年 1 月 24 日　人社厅明电〔2020〕5 号）

一、对新型冠状病毒感染的肺炎患者、疑似病人、密切接触者在其隔离治疗期间或医学观察期间以及因政府实施隔离措施或采取其他紧急措施导致不能提供正常劳动的企业职工，企业应当支付职工在此期间的工作报酬，并不得依据劳动合同法第四十条、四十一条与职工解除劳动合同。在此期间，劳动合同到期的，分别顺延至职工医疗期期满、医学观察期期满、隔离期期满或者政府采取的紧急措施结束。

二、企业因受疫情影响导致生产经营困难的，可以通过与职工协商一致采取调整薪酬、轮岗轮休、缩短工时等方式稳定工作岗位，尽量不裁员或者少裁员。符合条件的企业，可按规定享受稳岗补贴。企业停工停产在一个工资支付周期内的，企业应按劳动合同规定的标准支付职工工资。超过一个工资支付周期的，若职工提供了正常劳动，企业支付给职工的工资不得低于当地最低工资标准。职工没有提供正常劳动的，企业应当发放生活费，生活费标准按各省、自治区、直辖市规定的办法执行。

13 物业服务企业员工逃避社区疫情防控义务，会面临何种法律后果？

答：员工有义务服从企业安排的工作，配合政府采取应急处置措施防控疫情，员工逃避该义务而面临的法律后果，视具体情形而定。第一种情形，逃避社区疫情防控义务，如果属于违反单位工作制度、不服从工作安排的行为，可根据《劳动合同》中的相关条款和单位规章制度进行处理；第二种情形，如果上述行为属于严重违反用人单位的规章制度，企业可依据《劳动合同法》第 39 条第 2 款的规定解除劳动合同；第三种情形，如果上述行为属于不服从所在地人民政府及其有关部门发布的决定、命令或者不配合其依法采取的措施，构成违反治安管理行为的，由公安机关依法给予处罚；第四种情形，如果上述逃避义务的行为与造成疫情传播、扩大有因果关系，则要视具体情况，承担相应的行政责任、民事赔偿责任，构成犯罪的追究相应的刑事责任。

法律法规及政策依据

《中华人民共和国突发事件应对法》（2007 年 8 月 30 日）

第五十七条　突发事件发生地的公民应当服从人民政府、居民委员会、村民委员会或者所属单位的指挥和安排，配合人民政府采取的应急处置措施，积极参加应急救援工作，协助维护社会秩序。

14 物业服务企业对进出小区人员测量体温、监测疫区往返人员、落实居家隔离等措施，发生相应费用应由谁负担？

答：在疫情防控中最为关键的一环，就是加强对人员的健康筛查，包括排摸住户动态、为进出人员测量体温、管控人员进出、重点监测疫区往返人员等。尽管疫情防控工作不属于日常物业服务的范围，但物业服务企业不能以此为由拒绝参与疫情防控。在街道、居委会、业委会及相关部门人员配置有限的情况下，更需要物业服务企业协同进行疫情防控，做好小区防护工作，体现物业服务企业的价值和服务水平。

采取上述防控措施，通常不会显著增加物业服务企业的管理成本，可以由物业公司自行承担费用。但是，如果需要采购价值较高的设备或数量较大的一次性用品的，如红外测温设备，在包干制模式下，则应当由小区的公共收益来承担该部分费用。

法律法规及政策依据

《中华人民共和国突发事件应对法》（2007 年 8 月 30 日）

第十一条第二款　公民、法人和其他组织有义务参与突发事件应对工作。

15 物业服务企业因疫情防控需要，在物业管理公共区域增加的消毒及卫生处理等费用，应由谁承担？

答：为进一步加强疫情防控工作，各物业服务企业应根据国家卫建委的相关要求，投入更多的人力和财力，对接待区域、大堂、电梯厅、儿童游乐场所等公共区域和设施增加消毒频率，增加管理人员，加强生活垃圾分类投放点管理，对小区垃圾厢房、生活垃圾容器进行清洗和消毒。

在包干制模式下，物业服务企业自负盈亏，因疫情防控支出的成本，应由物业服务企业自身承担。在酬金制模式下，物业服务企业从物业服务资金中按约定比例或者约定数额提取酬金，其余全部用于物业服务合同约定的支出，结余或者不足均由业主享有或者承担，因此物业服务企业因疫情防控支出的成本应从预收的物业服务资金中支出，但应事先征得业主委员会的同意，不得擅自随意支出预收的物业服务资金，防止不必要的纠纷。

法律法规及政策依据

《物业服务收费管理办法》（2003年11月13日）

第十一条　实行物业服务费用包干制的，物业服务费用的构成包括物业服务成本、法定税费和物业管理企业的利润。

实行物业服务费用酬金制的，预收的物业服务资金包括物业服务支出和物业管理企业的酬金。

物业服务成本或者物业服务支出构成一般包括以下部分：

1. 管理服务人员的工资、社会保险和按规定提取的福利费等；
2. 物业共用部位、共用设施设备的日常运行、维护费用；
3. 物业管理区域清洁卫生费用；
4. 物业管理区域绿化养护费用；
5. 物业管理区域秩序维护费用；
6. 办公费用；
7. 物业管理企业固定资产折旧；
8. 物业共用部位、共用设施设备及公众责任保险费用；

9. 经业主同意的其它费用。

物业共用部位、共用设施设备的大修、中修和更新、改造费用，应当通过专项维修资金予以列支，不得计入物业服务支出或者物业服务成本。

16. 物业服务企业与保安公司、小区维修项目施工单位等合作单位之间的合同，因疫情导致履行延期或无法履行的责任如何认定？由此造成的损失应如何分摊？

答：新冠肺炎疫情，作为无法预见的突发性事件，在缺乏有效治疗药物和确切有效的治疗方法的情况下，属于一种不能避免且不能克服的客观情况。因此，新冠肺炎疫情，符合不可抗力的法定特征；同时，全国人大法工委明确宣布此次疫情属于不可抗力事件。在司法实践中，我国2003年的“非典”疫情，在大多数案例中被法院认定为不可抗力。

物业服务企业的合作单位，如保安公司、小区维修项目施工单位，一般会大量使用农民工。政府因防控疫情采取的管控措施，包括封闭交通、要求自行隔离等，客观上会对员工正常到岗并及时提供服务造成一定程度的影响。合作单位受疫情影响大，在无法按时履行合同义务时，可以不可抗力为由主张免除违约责任，双方可以协商并采取相应的补救措施，比如延长合同履行期限；对于确实没有履行必要的合同，双方可以协商解除合同。应当注意的是，如果疫情不足以使合同目的不能实现的，各方都不得解除合同。

法律法规及政策依据

（1）《中华人民共和国民法总则》（2017年3月15日）

第一百八十条　因不可抗力不能履行民事义务的，不承担民事责任。法律另有规定的，依照其规定。

不可抗力是指不能预见、不能避免且不能克服的客观情况。

（2）《中华人民共和国合同法》（1999年3月15日）

第一百一十七条　因不可抗力不能履行合同的，根据不可抗力的影响，部分或者全部免除责任，但法律另有规定的除外。当事人迟延履行后发生不可抗力的，不能免除责任。

本法所称不可抗力，是指不能预见、不能避免并不能克服的客观情况。

17 疫情防控期间，如果小区绿化养护、物业维修等工作无法按时完成，物业公司是否面临业主索赔的风险？

答：政府相关部门为防控疫情采取的交通管制、人员隔离等措施，对各类企业的正常经营均产生一定程度的影响，物业服务企业应当提供的部分服务，可能因此无法及时完成，对此，能否以“不可抗力”或“情势变更”为由要求免责，需视具体情况而定。

为减轻乃至避免风险损失，建议物业服务企业采取以下措施：（1）及时将相关情况通知业主并与业主委员会保持沟通；（2）注意固定和收集相关证据，特别是相关服务受疫情影响履行困难的证据，如政府通知公告，相关人员沟通往来函件、邮件、聊天记录等；（3）采取适当措施，防止损失扩大。

法律法规及政策依据

《中华人民共和国合同法》（1999 年 3 月 15 日）

第一百一十七条　因不可抗力不能履行合同的，根据不可抗力的影响，部分或者全部免除责任，但法律另有规定的除外。当事人迟延履行后发生不可抗力的，不能免除责任。

本法所称不可抗力，是指不能预见、不能避免并不能克服的客观情况。

第一百一十八条　当事人一方因不可抗力不能履行合同的，应当及时通知对方，以减轻可能给对方造成的损失，并应当在合理期限内提供证明。

18 因疫情防控需要征用物业服务企业相关场地或财物，物业应如何配合，产生的损失由谁承担？

答：物业服务企业应积极配合，产生的相关损失，由作出征用决定的政府机构予以补偿。

法律法规及政策依据

（1）《中华人民共和国突发事件应对法》（2007 年 8 月 30 日）

第十二条　有关人民政府及其部门为应对突发事件，可以征用单位和个人的财产。被征用的财产在使用完毕或者突发事件应急处置工作结束后，应当及时返还。财产被征用或者征用后毁损、灭失的，应当给予补偿。

（2）《中华人民共和国传染病防治法》（2013 年 6 月 29 日修正）

第四十五条　传染病暴发、流行时，根据传染病疫情控制的需要，国务院有权在全国范围或者跨省、自治区、直辖市范围内，县级以上地方人民政府有权在本行政区域内紧急调集人员或者调用储备物资，临时征用房屋、交通工具以及相关设施、设备。

紧急调集人员的，应当按照规定给予合理报酬。临时征用房屋、交通工具以及相关设施、设备的，应当依法给予补偿；能返还的，应当及时返还。

19 物业服务企业为业主提供“代购”服务，应当注意哪些问题？产生纠纷该如何处理？

答：物业服务企业为业主提供的“代购”服务，在法律上是一种代理行为。双方应当就“代购”商品的品质、品牌、价格浮动幅度等事项进行相对明确的约定，并以微信、拍照等方式保存相应的证据；物业服务企业不得借机哄抬价格牟取不合理利益。物业服务企业在购买“代购”商品时，应当注意保留购物小票，避免因购物价格产生纠纷；在代为购买价格昂贵的物品时，应当与业主签订书面协议；双方在发生纠纷后，协商不成的可以通过诉讼解决。

法律法规及政策依据

《中华人民共和国民法通则》（2009 年 8 月 27 日修正）

第六十三条　公民、法人可以通过代理人实施民事法律行为。

代理人在代理权限内，以被代理人的名义实施民事法律行为。被代理人对代理人的代理行为，承担民事责任。

依照法律规定或者按照双方当事人约定，应当由本人实施的民事法律行为，不得代理。

第六十五条　民事法律行为的委托代理，可以用书面形式，也可以用口头形式。法律规定用书面形式的，应当用书面形式。

书面委托代理的授权委托书应当载明代理人的姓名或者名称、代理事项、权限和期间，并由委托人签名或盖章。

委托书授权不明的，被代理人应当向第三人承担民事责任，代理人负连带责任。

疫情防控期间，小区物业服务企业和房东该如何应对“群租房”问题？如不积极应对，应承担什么责任？

答：在地方政府明确禁止群租房的地区（如北京），物业服务企业及房东应及时排查是否存在“群租”情况，并向政府有关部门通报、协助清理。在地方政府无明文禁止群租房的地区，群租房租客的权利义务和普通租客、业主并无二致。

首先，对于群租房租客，小区物业服务企业要按照普通业主对待，积极配合基层社区组织完成流动人口信息登记、做好疫情防控排查工作，不得隐瞒、缓报、谎报或者授意他人隐瞒、缓报、谎报。发现传染病病人或者疑似传染病病人时，应当及时向附近的疾病预防控制机构或者医疗机构报告。其次，群租房租客流动性大，结构复杂，应详细掌握租客的工作生活状况，是否有疫区停留史和确诊、疑似患者接触史；在下一任租客进驻小区时，物业服务企业需向房东核实情况，要求租客提供租房合同，了解该租客以往信息，并采集相关信息。最后，房东在选择租户时，加强身份核查，了解掌握租户是否有疫区停留史和确诊、疑似患者接触史，配合物业服务企业共同做好防疫工作。为确保安全，可向房东建议待疫情过后再行出租。针对租赁期内的租赁合同，应根据相关规定，要求外地返回的租户提供政府行政主管部门要求的健康证明。不得向租住户非法收取防疫保证金和押金等相关费用；对租赁期内的房屋租赁合同，不得借疫病防控名义单方解除。

如不积极应对，造成疫情扩散，根据物业服务企业和房东的过错程度，各自承担相应的责任。给他人人身、财产造成损害的，应当依法承担民事责任；违反《治安管理处罚法》构成违反治安管理行为的，由公安机关依法予以行政处罚；构成犯罪的，依法追究刑事责任。

法律法规及政策依据

《中华人民共和国治安管理处罚法》（2012 年 10 月 26 日修正）

第五十七条 房屋出租人将房屋出租给无身份证件的人居住的，或者不按规定登记承租人姓名、身份证件种类和号码的，处二百元以上五百元以下罚款。

房屋出租人明知承租人利用出租房屋进行犯罪活动，不向公安机关报告的，处二百元以上五百元以下罚款；情节严重的，处五日以下拘留，可以并处五百元以下罚款。

CHAPTER 07

第七章 金融业务

撰稿人

北京东卫（上海）律师事务所
盛海波

新冠肺炎疫情暴发后，中央成立应对新冠肺炎疫情工作领导小组；新冠肺炎被确定为乙型传染病，同时宣布需采取甲类传染病预防及防控措施。多个省市陆续启动“重大突发公共卫生事件一级响应”。疫情的暴发不仅给公众的人身健康造成巨大威胁，同时对各种金融活动也产生了严重影响。

本章将从疫情防控对个人信用、对借款企业、对金融机构三个方面的影响作解答，对个人及企业从事相关金融活动的法律风险进行分析，使相关主体能够及时预防风险，并依法维护其合法权益。

一、对个人信用的影响

新冠肺炎疫情，可否定性为借款合同中的“不可抗力”？

答：本次疫情已经波及全国，国家卫生健康委员会于2020年1月20日发布公告，将新型冠状病毒感染的肺炎纳入《传染病防治法》规定的乙类传染病，并采取甲类传染病的预防、控制措施。世界卫生组织于2020年1月31日决定将本次疫情确认为“国际关注的突发公共卫生事件”。

2020年2月10日，全国人大法工委就疫情防控有关法律问题答记者问。发言人臧铁伟表示，当前我国发生了新型冠状病毒感染肺炎疫情这一突发公共卫生事件。对于因此不能履行合同的当事人来说，属于不能预见、不能避免并不能克服的不可抗力。根据《合同法》的相关规定，因不可抗力不能履行合同的，根据不可抗力的影响，部分或者全部免除责任，但法律另有规定的除外。据此，全国人大法工委的表态为正确处理因新冠肺炎疫情所引发的合同纠纷提供了重要指引。

此外，根据《民法通则》及《合同法》相关规定，当事人迟延履行后发生不可抗力的，不能免除责任。所谓不可抗力，是指不能预见、不能避免并不能克服的客观情况。基于上述规定及客观情况，此次因新型冠状病毒所导致的疫情，完全符合上述规定的不可抗力的构成要件。结合上述情况，参照最高人民法院在“非典”期间发布的相关规定及案例，以及最近各地高院出台的新冠肺炎疫情期间的若干问题的解答等，可以确定，此次肺炎疫情可以定性为借款合同中的“不可抗力”。

法律法规及政策依据

（1）《中华人民共和国民法总则》（2017年3月15日）

第一百八十条　因不可抗力不能履行民事义务的，不承担民事责任。法律另有规定的，依照其规定。

不可抗力是指不能预见、不能避免且不能克服的客观情况。

（2）《中华人民共和国合同法》（1999年3月15日）

第一百一十七条　因不可抗力不能履行合同的，根据不可抗力的影响，部分或者全部免除责任，但法律另有规定的除外。当事人迟延履行后发生不可抗力的，不能免除责任。

本法所称不可抗力，是指不能预见、不能避免并不能克服的客观情况。

个人如何开具不可抗力事件的证明材料？

答：根据《合同法》第 118 条，主张不可抗力事件一方负有不可抗力事件的证明责任。据此，个人借款人应获得相关部门对不可抗力事件的证明，以便根据金融合同的约定，主张减、免违约责任，最终减少个人损失。

根据《中国国际贸易促进委员会章程》第 8 条第 6 项规定，“出具不可抗力证明”是中国国际贸易促进委员会的职责之一。据此，中国贸促会可以出具不可抗力事件证明。此外，中国贸促会的分支机构、各地的贸促会，以及部分公证处，均可就新冠肺炎疫情出具不可抗力事件证明。对于个人而言，可就近选择合适的部门出具不可抗力证明。

法律法规及政策依据

《中华人民共和国合同法》（1999 年 3 月 15 日）

第一百一十八条　当事人一方因不可抗力不能履行合同的，应当及时通知对方，以减轻可能给对方造成的损失，并应当在合理期限内提供证明。

延迟复工，借款合同的还款日期是否应该顺延？

答：国务院办公厅于 2020 年 1 月 26 日发布《关于延长 2020 年春节假期的通知》，该通知决定“延长 2020 年春节假期至 2 月 2 日（农历正月初九，星期日），2 月 3 日（星期一）起正常上班”。根据该通知，2 月 3 日为春节假期后的首个工作日，但若借款合同中存在“到期日如遇法定节假日、公休假等，则相应顺延至下一个工作日”等类似约定的，借款人可相应顺延至 2 月 3 日还款。

虽然各地相继发布通知，要求相关企业延迟复工至 2 月 9 日，但该通知并不必然导致还款期限顺延。结合国务院《全国年节及纪念日放假办法》（2014

年1月1日起施行），简要分析如下：首先，上述各地通知主体是各地政府，并非国务院；其次，各地通知仅为各地应对疫情的部分举措，并非是对全体公民的假期；最后，银保监会以及银行自身并未就还款延期事宜提出特别的政策或通知。总体而言，上述地方通知并不是对国家法定假期的延续，故延迟复工并不必然导致还款日期的顺延。

法律法规及政策依据

国务院《关于修改〈全国年节及纪念日放假办法〉的决定》（2013年12月11日）

国务院决定对《全国年节及纪念日放假办法》作如下修改：

将第二条第二项修改为："（二）春节，放假3天（农历正月初一、初二、初三）。"

本决定自2014年1月1日起施行。

《全国年节及纪念日放假办法》根据本决定作相应修改，重新公布。

04 疫情防控期间，个人的房贷、信用卡是否可以延期还款？

答：2020年1月31日，中国人民银行、财政部、银保监会、证监会、外汇局五部委发布的《关于进一步强化金融支持防控新型冠状病毒感染肺炎疫情的通知》，对于下述四类人群，金融机构要在信贷政策上予以适当倾斜，灵活调整住房按揭、信用卡等个人信贷还款安排，合理延后还款期限。疫情期间因不便还款发生逾期的，不纳入征信失信记录。

该通知明确的四类人群主要是：对因感染新型肺炎住院治疗或隔离人员、疫情防控需要隔离观察人员、参加疫情防控工作人员以及受疫情影响暂时失去收入来源的人群。对于其他类人群，暂未出台相关政策，需要根据具体情况酌情适用。

特别提示：对于上述四类人群而言，即便房贷及信用卡可以延期还款，但并不等于还款数额的减免。一般情况下，数额的减免，需要贷款行及发卡行的同意，否则，仍应按照相关合同的约定足额支付。

疫情防控期间，对小微企业和个体工商户的金融支持措施有哪些？

答：针对当前的疫情，各家银行等金融机构均积极行动，对小微企业和个体工商户采取了多种金融支持措施，提供差异化优惠的金融服务。主要包括两类：一是优化贷款展期方式；二是下调企业贷款利率。具体包括但不限于：

对于受疫情影响严重、已处于停止生产经营的小微企业和个体工商户，金融机构一般通过无还本续贷、未到期贷款调整付息方式、主动展期等方式，减轻个人借款的压力，并积极落实征信保护。

对于直接或间接受疫情影响的小微企业和个体工商户，金融机构一般通过调整还款计划、贷款重组、增加信用款和中长期贷款等方式帮助资金周转。对防疫物资生产、流通、运输行业的小微企业和个体工商户，将会主动增加授信额度，补充周转资金。

个人可否直接以出现“不可抗力”为由，主张免责？

答：关于本次疫情的定性及司法适用，建议参照 2003 年 6 月发布的最高人民法院《关于在防治传染性非典型肺炎期间依法做好人民法院相关审判、执行工作的通知》（该通知已废止，但具有参考价值）的相关规定，即由于“非典”疫情的影响致使合同当事人根本不能履行而引起的纠纷，按照《合同法》第 117 条和第 118 条的规定妥善处理。

本次疫情可以从法律上被认定为“不可抗力”，如果借款人以不可抗力主张免责，则需要举证证明疫情的发生及持续影响与不能如期还款之间存在直接、必然的因果关系，否则，不可抗力的主张将不会被法院支持。

此外，如果个人能够证明自己属于直接受疫情影响的人，如因感染新冠肺炎住院治疗或隔离人员、疫情防控需要隔离观察人员、参加疫情防控工作人员等，则可考虑以此为由，主张减轻或免除相应的违约责任，但还本付息的责任仍不能因此免除。

法律法规及政策依据

《中华人民共和国合同法》（1999年3月15日）

第一百一十七条　因不可抗力不能履行合同的，根据不可抗力的影响，部分或者全部免除责任，但法律另有规定的除外。当事人迟延履行后发生不可抗力的，不能免除责任。

本法所称不可抗力，是指不能预见、不能避免并不能克服的客观情况。

第一百一十八条　当事人一方因不可抗力不能履行合同的，应当及时通知对方，以减轻可能给对方造成的损失，并应当在合理期限内提供证明。

二、对借款企业的影响

怎么证明疫情对企业经营的影响？

答：对于借款企业而言，建议从以下几方面着手，准备相应的证明材料：

（1）关于疫情的证明材料，如疫情的发展变化信息、官方的新闻报道、采取的防控措施等；

（2）国务院关于全员放假延期至2月3日的通知要求，以及各地关于2月9日复工的通知及要求；

（3）法定节假日期间企业的生产经营状况、日常运营情况等；

（4）影响企业经营的行情、数据等资料，并与前一年度同期数据做对比；

（5）疫情对企业的上下游的主要客户的影响等。

借款企业如何开具此次疫情属于不可抗力的证明？

答：根据《合同法》第118条的规定，借款企业应尽可能获得相关部门对不可抗力事件的书面证明，以及影响相关金融合同履行的书面说明，并据此主张部分或全部免除不履行、不完全履行和迟延履行合同的责任。

2020年2月2日，中国贸促会出具全国首份“新型冠状病毒肺炎疫情不可抗力事实性证明书”。具体办理方式为：登陆中国贸促会线上认证平台，在线提出申请并提交相应材料，经中国贸促会审核后出具证明书。另外，北京长安公证处也发布通知，可就新冠疫情出具不可抗力事件公证；同时，中国贸促会的分支机构、各地的贸促会也可以出具此种证明。建议借款企业根据自身情况，就近选择合适的机构出具证明。

特别提示：从法律上的因果关系看，此次疫情对金融借款合同的履行并不具有直接的影响和必然的因果关系，即便取得该证明，也不代表能够完全免责，仍需要结合其他证据，形成完成的证据链条。

法律法规及政策依据

《中华人民共和国合同法》（1999 年 3 月 15 日）

第一百一十八条　当事人一方因不可抗力不能履行合同的，应当及时通知对方，以减轻可能给对方造成的损失，并应当在合理期限内提供证明。

09 疫情期间贷款逾期，企业如何与金融机构进行沟通？

答：如果贷款即将到期，借款企业应将受疫情影响的实际情况与金融机构进行有效的沟通，争取金融机构的理解和支持。具体来说，可采取如下措施：

（1）与金融机构共同商讨应对方案，如争取加大融资支持、适当下调贷款利率、增加信用贷款和中长期贷款等；（2）对于受疫情影响严重的借款企业，确实存在到期还款困难情形的，可以考虑向金融机构申请展期或续贷；（3）积极争取疫情期间的特殊金融政策支持，尤其是受疫情影响较大的批发零售、住宿餐饮、物流运输、文化旅游等行业，以及有发展前景但受疫情影响暂遇困难的企业。

10 疫情期间，金融机构对企业的支持措施有哪些？

答：根据央行及银保监会的要求，受疫情影响较大的行业企业将是金融机构的重点服务对象。主要的支持措施，包括但不限于：

一是通过加大融资支持、适当下调贷款利率、增加信用贷款和中长期贷款等方式，支持相关企业战胜疫情灾害影响。对受疫情影响严重的企业到期还款困难的，可予以展期或续贷。

二是对受疫情影响较大的批发零售、住宿餐饮、物流运输、文化旅游等行业，以及有发展前景但受疫情影响暂遇困难的企业，特别是小微企业，各金融机构不得盲目抽贷、断贷、压贷。

三是建立金融服务“绿色通道”，简化业务流程，提高审批放款等金融服务效率。

四是对市场化融资有困难的防疫单位和企业的资金需求，开发性政策性金融机构要结合自身业务范围，加强统筹协调，调整信贷安排，合理满足疫情防控的需要。

五是要求各金融机构对受疫情影响较重地区的金融服务减免相关费用。

三、对金融机构的影响

疫情防控期间，金融监管部门出台了哪些新的金融政策？

答：疫情期间，相关金融监管部门先后出台了多项政策，从金融方面支持疫情防控工作，包括但不限于：

（1）2020年1月26日，中国银行保险监督管理委员会发布《关于加强银行业保险业金融服务配合做好新型冠状病毒感染的肺炎疫情防控工作的通知》。该通知从落实疫情防控要求、保障金融服务顺畅、开辟金融服务绿色通道、强化疫情防控金融支持、做好受困企业金融服务五方面部署，加强银行业保险业金融服务。

（2）2020年1月31日，中国人民银行、财政部、银保监会、证监会、外汇局发布《关于进一步强化金融支持防控新型冠状病毒感染肺炎疫情的通知》。该通知推出了30种举措，强化了金融对疫情防控工作的支持。

对与疫情有关的行业企业，有哪些金融支持政策？

答：一是提供3000亿元低成本专项再贷款资金。在疫情防控期间，央行将向主要全国性银行和湖北等重点省（市、区）的部分地方法人银行提供总计3000亿元低成本专项再贷款资金，要求获得再贷款资金的银行向应对疫情的重要医用、生活物资生产企业提供优惠利率的信贷支持。

二是对重点企业采取名单制管理，并要求各商业银行主动加强与名单内的相关企业对接，提供足额信贷资源，全力满足重点企业的合理融资需求。

特别提示：即便按照上述要求满足重点企业的合理融资需求，但在实际落实过程中，仍需要强化信贷风险防控，效率可以提高，但风控意识和增信措施不能丢。

疫情期间，金融机构如何开展对借款人的贷后跟踪管理？

答：金融机构应及时跟踪本次疫情对借款人的不利影响，并借此评估贷款因此受到的影响和风险系数。

对于个人借款，则应落实借款人是否属于直接受疫情影响的四类人，即感染新型肺炎住院治疗或隔离人员、疫情防控需要隔离观察人员、参加疫情防控工作人员以及受疫情影响暂时失去收入来源的人员。

对于企业借款，则应全面评估疫情对企业的经营造成的不利影响，尤其要关注企业的上下游、重要客户、主要业务合同的履行情况、抵质押物的现状等。

银行贷款、信托贷款或企业债券到期，金融机构该怎么办？

答：对于在疫情期间的到期贷款，金融机构一般采取如下措施：

（1）同意续期。建议通过此次续期，补充相关的手续，消除此前手续中存在的法律风险点。

（2）不再续期。对于此前已经续期的，通常不能再次续期；尤其是企业经营陷入困境，不能满足再次续期要求的。

（3）未到期，但由于出现了约定的情形，金融机构宣布贷款提前到期。

特别提示：无论是正常到期，还是提前到期，建议金融机构做好有效的催收工作。疫情防控期间，虽然不能正常上门送达催收函，但可以通过 EMS 邮寄的方式送达催收函。同时，建议现场查看抵质押物的现状，理顺相应的贷款资料，为疫情之后的诉讼维权提前做好准备。

疫情防控期间，金融机构如何办理贷款的延期手续？

答：金融机构常用的贷款延期手续，主要有两种：一是以贷还贷（借新还旧）；二是贷款展期。

关于借新还旧，根据中国人民银行《关于借款合同有关法律问题的复函》规定：“以贷还贷(或借新还旧)”，是指借款人向银行贷款以清偿先前所欠同一银行贷款的行为，新的借款合同只是对原借款合同中贷款期限等合同条款的变更，不能视为新借款合同虚构借款用途、双方意思表示不真实。因此，“以贷还贷”的借款合同应属有效。借款人与贷款银行签订新的借款合同以贷还贷，原借款合同如有担保人的，应当取得原担保人的书面认可。新借款合同没有取得原担保人认可的，原担保人只在原借款合同规定的期限内承担担保责任。

关于贷款展期，根据最高人民法院在（2008）民二终字第 81 号案中的裁判观点，按照《合同法》第 209 条规定，贷款展期，是指借款人不能按期归还贷款的，在还款期届满之前，向贷款人申请延长原借款的还款期限，使借款人继续使用借款，贷款展期是对合同还款期限条款的变更。

特别提示：贷款展期实际上是对原债权的重新核算，此时借款合同项下的担保人应承担担保责任；借新还旧是借款人与贷款人达成“以新还旧”的合意，贷款人发放新贷，借款人用新的贷款偿还旧的贷款，此时除非担保人知道或应当知道新贷是用于偿还旧的贷款的，否则担保人免责（新的贷款与旧的贷款系同一保证人的，不适用最高人民法院《关于适用〈中华人民共和国担保法〉若干问题的解释》第 39 条的规定）。

法律法规及政策依据

（1）中国人民银行《关于借款合同有关法律问题的复函》（1997年5月19日 银办函〔1997〕320号）

一、“以贷还贷(或借新还旧)”，是指借款人向银行贷款以清偿先前所欠同一银行贷款的行为，新的借款合同只是对原借款合同中贷款期限等合同条款的变更，不能视为新借款合同虚构借款用途、双方意思表示不真实。

（2）《中华人民共和国合同法》（1999年3月15日）

第二百零九条 借款人可以在还款期限届满之前向贷款人申请展期。贷款人同意的，可以展期。

CHAPTER 08

政府征用

第八章

撰 稿 人

北京东卫（成都）律师事务所
李柳杨

新冠肺炎疫情的突然暴发，在短时间内造成各种疫情防护物资短缺，医疗机构的床位无法及时满足供应。为了防止疫情扩散蔓延，守护社会公众与一线广大医护人员的生命安全和身体健康，相关政府机构有权征用公民及企业的相关物资及设施，有效应对突发公共卫生事件。

本章将围绕政府相关部门在疫情防控期间采取征用措施时应当注意哪些问题，公民个人及企业在履行法定义务的同时如何维护自身的合法权益等问题，按照依法防控疫情的法治要求，在公平的基础上，引导社会公共利益与企业、个人利益之间的合理均衡。

01 什么是政府征用？

答：政府征用，根据我国现行法律规定是指行政机关为了公共利益的目的，依据法律法规对行政相对人的财产作出单方征用，并进行补偿的具体行政行为。

法律法规及政策依据

（1）《中华人民共和国宪法》（2018 年 3 月 11 日修正）

第十三条第三款　国家为了公共利益的需要，可以依照法律规定对公民的私有财产实行征收或者征用并给予补偿。

（2）《中华人民共和国突发事件应对法》（2007 年 8 月 30 日）

第十二条　有关人民政府及其部门为应对突发事件，可以征用单位和个人的财产。

02 政府在什么情况下可以征用单位或个人物资？本次疫情暴发下的政府征用行为是否符合国家征用条件？

答：政府征用适用于自然灾害、事故灾难、公共卫生事件和社会安全事件的紧急处置，以及其他公共利益需要的情形。本次疫情系突发公共卫生事件，符合征用条件。

根据《宪法》《物权法》《传染病防治法》《突发事件应对法》等法律规定可知，政府征用单位或个人物资，必须是为了公共利益，且在紧急情况下才可以征用。本次疫情暴发后，许多省及北京、天津、上海、重庆 4 个直辖市启动了突发公共卫生事件一级响应，国家卫生健康委员会发布 2020 年第 1 号公告，宣布将新型冠状病毒感染的肺炎纳入《传染病防治法》规定的乙类传染病，并采取甲类传染病的预防、控制措施，故本次疫情下的政府征用行为符合国家征用条件。

法律法规及政策依据

（1）《中华人民共和国宪法》（2018 年 3 月 11 日修正）

第十三条第三款　国家为了公共利益的需要，可以依照法律规定对公民的私有财产实行征收或者征用并给予补偿。

（2）《中华人民共和国物权法》（2007 年 3 月 16 日）

第四十四条　因抢险、救灾等紧急需要，依照法律规定的权限和程序可以征用单位、个人的不动产或者动产。

（3）**《中华人民共和国传染病防治法》**（2013年6月29日）

第四十五条第一款　传染病暴发、流行时，根据传染病疫情控制的需要，国务院有权在全国范围或者跨省、自治区、直辖市范围内，县级以上地方人民政府有权在本行政区域内紧急调集人员或者调用储备物资，临时征用房屋、交通工具以及相关设施、设备。

（4）**《中华人民共和国突发事件应对法》**（2007年8月30日）

第十二条　有关人民政府及其部门为应对突发事件，可以征用单位和个人的财产。被征用的财产在使用完毕或者突发事件应急处置工作结束后，应当及时返还。财产被征用或者征用后毁损、灭失的，应当给予补偿。

（5）**《中华人民共和国国防法》**（2009年8月27日）

第四十八条　国家根据动员需要，可以依法征收、征用组织和个人的设备设施、交通工具和其他物资。县级以上人民政府对被征收、征用者因征收、征用所造成的直接经济损失，按照国家有关规定给予适当补偿。

03 在当前疫情突发的情况下，有权征用防疫物资的主体有哪些？

答：根据现行法律规定，因突发事件应急处理的需要，县级以上人民政府及其有关部门或者突发事件应急处理指挥部有权在本行政区域内征用防疫物资；而全国范围或者跨省、自治区、直辖市范围征用防疫物资的，有权征用主体是国务院或者全国突发事件应急处理指挥部。

法律法规及政策依据

（1）**《中华人民共和国传染病防治法》**（2013年6月29日）

第四十五条第一款　传染病暴发、流行时，根据传染病疫情控制的需要，国务院有权在全国范围或者跨省、自治区、直辖市范围内，县级以上地方人民政府有权在本行政区域内紧急调集人员或者调用储备物资，临时征用房屋、交通工具以及相关设施、设备。

（2）《中华人民共和国国防法》（2009 年 8 月 27 日）

第四十八条　国家根据动员需要，可以依法征收、征用组织和个人的设备设施、交通工具和其他物资。县级以上人民政府对被征收、征用者因征收、征用所造成的直接经济损失，按照国家有关规定给予适当补偿。

政府可以征用的范围有哪些？

答：政府可以征用的范围包括：单位和个人的动产及不动产，紧急情况下也可以征调人员及储备物资。例如，在当前的新冠肺炎防治活动中，武汉市政府征用了部分体育馆和学校作为方舱医院使用，各地政府也征调部分医务人员支持疫情严重的湖北地区，进行病人的救治。

法律法规及政策依据

（1）《中华人民共和国宪法》（2018 年 3 月 11 日修正）

第十三条第三款　国家为了公共利益的需要，可以依照法律规定对公民的私有财产实行征收或者征用并给予补偿。

（2）《中华人民共和国物权法》（2007 年 3 月 16 日）

第四十四条　因抢险、救灾等紧急需要，依照法律规定的权限和程序可以征用单位、个人的不动产或者动产。

（3）《中华人民共和国传染病防治法》（2013 年 6 月 29 日）

第四十五条第一款　传染病暴发、流行时，根据传染病疫情控制的需要，国务院有权在全国范围或者跨省、自治区、直辖市范围内，县级以上地方人民政府有权在本行政区域内紧急调集人员或者调用储备物资，临时征用房屋、交通工具以及相关设施、设备。

政府征用的程序是什么？

答：对于政府征用的程序及补偿我国现行法律规定中并未明确，但因政府征用是一种具体行政行为，所以应当按照具体行政行为的合法性、合理性、程序正当性等原则来进行。在地方政府制定的一些行政规章中规定了具体的程序要求。参照安徽省、云南省、杭州市、太原市、常州市、惠州市等省、市的规定，我们认为政府征用应当遵从征用决定的必须性、征用对象、征用范围、征用时间、征用地点、征用物资的返还时间、补偿的申请时间、补偿标准、补偿的申请和受理、补偿的认定、最终补偿的审核及发放等程序来确定。

06 政府征用的防疫物资是否应当向被征用人支付相应的补偿？

答：政府征用的防疫物资应当向被征用人支付相应的补偿，但具体补偿方式我国法律并未进行统一规定。在我国目前的实践中，各地根据自己的经济水平制定了不同的补偿标准。例如，《杭州市应对突发事件应急征用实施办法》对补偿标准作了具体的规定。

法律法规及政策依据

《杭州市应对突发事件应急征用实施办法》（2009 年 9 月 16 日）

第十六条　应急征用按以下规定给予补偿，补偿工作由征用实施单位负责，具体补偿标准由市人民政府另行制订：

（一）使用被征用物资造成其折旧的，按照相关折旧规定给付相应的补偿金；

（二）被征用物资、场所毁损的，能够恢复原状的恢复原状；不能恢复原状的，按照毁损程度给付相应的补偿金；

（三）被征用物资、场所灭失的，按照被征用时的市场价格给付相应的补偿金；

（四）被征用单位或者个人提供物资、场所操作人员、后勤保障人员的，按照实际工作时限补偿人员工资、津贴等实际产生的费用；

（五）征用物资、场所造成被征用单位或者个人停产停业的，补偿停产停业期间必要的经常性费用开支；

（六）法律、法规对补偿标准另有规定的，按其规定执行。

被征用的物资在疫情解除后，是否应当返还被征用人？

答: 应当返还。根据《物权法》第44条,《传染病防治法》第45条,《突发事件应对法》第12条、第63条的规定，被征用的不动产或者动产使用后，应当及时返还被征用人。单位、个人的不动产或者动产被征用或者征用后毁损、灭失的，应当给予补偿。而且《突发事件应对法》第63条还规定，如果不及时归还征用的单位和个人的财产，或者对被征用财产的单位和个人不按规定给予补偿的，对直接负责的主管人员和其他直接责任人员依法给予处分。

法律法规及政策依据

《中华人民共和国突发事件应对法》（2007年8月30日）

第六十三条　地方各级人民政府和县级以上各级人民政府有关部门违反本法规定，不履行法定职责的，由其上级行政机关或者监察机关责令改正；有下列情形之一的，根据情节对直接负责的主管人员和其他直接责任人员依法给予处分：

（一）未按规定采取预防措施，导致发生突发事件，或者未采取必要的防范措施，导致发生次生、衍生事件的；

（二）迟报、谎报、瞒报、漏报有关突发事件的信息，或者通报、报送、公布虚假信息，造成后果的；

（三）未按规定及时发布突发事件警报、采取预警期的措施，导致损害发生的；

（四）未按规定及时采取措施处置突发事件或者处置不当，造成后果的；

（五）不服从上级人民政府对突发事件应急处置工作的统一领导、指挥和协调的；

（六）未及时组织开展生产自救、恢复重建等善后工作的；

（七）截留、挪用、私分或者变相私分应急救援资金、物资的；

（八）不及时归还征用的单位和个人的财产，或者对被征用财产的单位和个人不按规定给予补偿的。

政府征用防疫物资时与企业（或单位）签订的合同属于何种性质？该合同有什么特点？其与民事合同有什么区别？

答：政府在征用防疫物资时与企业（或单位）签订的合同为行政合同。

行政合同的主要特点也是行政合同与民事合同的最大的区别，主要体现在以下几个方面：

（1）行政合同的当事人必须有一方当事人是行政主体，即合同一方主体是政府或政府相关部门。而传统的民事合同都是平等主体之间建立的合同关系，也就是我们经常所说的个人或者公司、企业之间建立的合同。

（2）行政合同必须是为了实现行政管理职能，维护公共利益。民事合同是平等的民事主体之间为了实现自己的民事权利而建立的合同关系。

（3）行政主体对于行政合同的履行享有行政优益权。具体体现在为了使该行政合同不同于一般的民事合同，行政主体对行政合同享有履行的监督权、指挥权、单方变更权和解除权。在普通的民事合同中，签订合同的双方平等地享有合同的设立权、解除权等。

（4）行政合同主要适用行政法的相关法律调整，如《行政法诉讼法》、最高人民法院《关于审理行政协议案件若干问题的规定》等。民事合同则主要适用《物权法》《合同法》等相关法律调整。

政府征用防疫物资时签订的合同是否对合同解除权有特殊限制？

答：有特殊限制。行政合同不同于一般的民事合同，对合同解除权的行使有严格的法定限制，即行政相对人一般不得随意解除行政合同；行政机关只有在合同订立后出现了由于公共利益的需要或法律政策的重大调整必须变更或解除时，才能行使单方变更、解除权。由此给合同相对人的合法权益造成损害的，要予以补偿。

法律法规及政策依据

最高人民法院《关于审理行政协议案件若干问题的规定》（2019年11月27日）

第十条　被告对于自己具有法定职权、履行法定程序、履行相应法定职责以及订立、履行、变更、解除行政协议等行为的合法性承担举证责任。

原告主张撤销、解除行政协议的，对撤销、解除行政协议的事由承担举证责任。

对行政协议是否履行发生争议的，由负有履行义务的当事人承担举证责任。

10 政府在征用防疫物资时签订的行政合同是否存在无效情形？什么情形会导致合同无效？

答：可能存在合同无效的情形。签订主体不具备行政主体资格或者没有依据等重大且明显违法情形会导致合同无效。

法律法规及政策依据

（1）最高人民法院《关于审理行政协议案件若干问题的规定》（2019年11月27日）

第十二条　行政协议存在行政诉讼法第七十五条规定的重大且明显违法情形的，人民法院应当确认行政协议无效。

人民法院可以适用民事法律规范确认行政协议无效。

行政协议无效的原因在一审法庭辩论终结前消除的，人民法院可以确认行政协议有效。

（2）《中华人民共和国行政诉讼法》（2017年6月27日修正）

第七十五条　行政行为有实施主体不具有行政主体资格或者没有依据等重大且明显违法情形，原告申请确认行政行为无效的，人民法院判决确认无效。

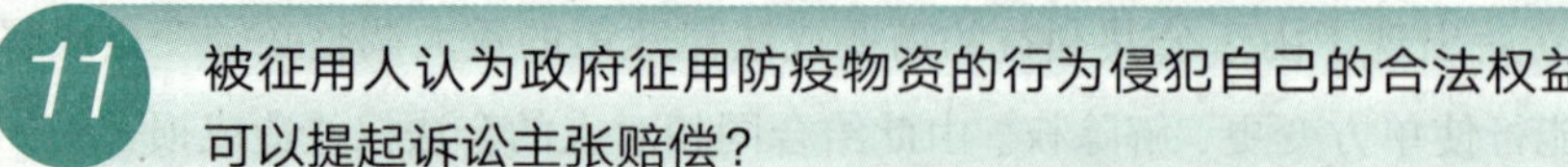

11 被征用人认为政府征用防疫物资的行为侵犯自己的合法权益，是否可以提起诉讼主张赔偿？

答：符合法律规定起诉条件的，可以依法提起行政诉讼。

政府征用防疫物资的行为是一种具体行政行为，可依法提起行政诉讼。法院主要从具体行政行为的合法性、合理性、程序正当性等方面出发，对案件进行审理。

法律法规及政策依据

《中华人民共和国行政诉讼法》（2017年6月27日修正）

第十二条　人民法院受理公民、法人或者其他组织提起的下列诉讼：

（一）对行政拘留、暂扣或者吊销许可证和执照、责令停产停业、没收违法所得、没收非法财物、罚款、警告等行政处罚不服的；

（二）对限制人身自由或者对财产的查封、扣押、冻结等行政强制措施和行政强制执行不服的；

（三）申请行政许可，行政机关拒绝或者在法定期限内不予答复，或者对行政机关作出的有关行政许可的其他决定不服的；

（四）对行政机关作出的关于确认土地、矿藏、水流、森林、山岭、草原、荒地、滩涂、海域等自然资源的所有权或者使用权的决定不服的；

（五）对征收、征用决定及其补偿决定不服的；

（六）申请行政机关履行保护人身权、财产权等合法权益的法定职责，行政机关拒绝履行或者不予答复的；

（七）认为行政机关侵犯其经营自主权或者农村土地承包经营权、农村土地经营权的；

（八）认为行政机关滥用行政权力排除或者限制竞争的；

（九）认为行政机关违法集资、摊派费用或者违法要求履行其他义务的；

（十）认为行政机关没有依法支付抚恤金、最低生活保障待遇或者社会保险待遇的；

（十一）认为行政机关不依法履行、未按照约定履行或者违法变更、解除政府特许经营协议、土地房屋征收补偿协议等协议的；

（十二）认为行政机关侵犯其他人身权、财产权等合法权益的。

除前款规定外，人民法院受理法律、法规规定可以提起诉讼的其他行政案件。

CHAPTER 09

第九章 电子合同

撰稿人

北京东卫（长沙）律师事务所
段艳霞

按照新冠肺炎疫情防控的要求，普通民众要做到“少出门”，就意味着许多日常活动只能通过网络方式进行，通过网络进行的活动就可能涉及电子合同问题。更为重要的是，受疫情的影响，未来会有更多的企业、个人通过网络方式签订电子合同。

在疫情发生之前，电子合同就已经融入公众的日常生活之中。尽管电子合同相较传统合同具有方便、快捷等诸多优势，但传统合同却始终占主导地位。究其原因，电子合同因涉及信息技术、法律、安全等多个专业领域，准入门槛较高，签订环境虚拟化且易消失、易篡改、稳定性差，在产生纠纷时，以电子方式呈现出来的与最初签订的可能不是同一份合同，其合法、有效性备受质疑。为了帮助公众合法、有效地签订电子合同，本章对电子合同签订过程中合同当事人颇为关注的法律问题进行梳理并做出风险提示。

什么是电子合同？

答：我国法律目前对电子合同的定义尚没有明确的规定。根据联合国国际贸易法委员会《电子商务示范法》以及世界各国颁布的电子交易法，同时结合我国《合同法》的有关规定，电子合同可以被认为是平等主体的自然人、法人、其他组织之间以数据电文为载体，并利用电子通信手段设立、变更、终止民事权利义务关系的协议。根据《合同法》第 11 条及《电子签名法》第 2 条的规定，以传真、邮件、电报、电传、手机短信、电子聊天记录、音视频、电子数据交换等方式达成的合同，应当属于电子合同。比如，用户进行网络购物与商户之间达成的电子买卖合同、用户与购物平台之间的电子注册协议、在线购买保险的用户与保险公司之间达成的电子保险合同均是电子合同。

电子合同是否具有法律效力？

答：我国《合同法》第 10 条规定：“当事人订立合同，有书面形式、口头形式和其他形式。法律、行政法规规定采用书面形式的，应当采用书面形式。当事人约定采用书面形式的，应当采用书面形式。”第 11 条规定：“书面形式是指合同书、信件和数据电文（包括电报、电传、传真、电子数据交换和电子邮件）等可以有形地表现所载内容的形式。”

《电子签名法》第 3 条规定：“民事活动中的合同或者其他文件、单证等文书，当事人可以约定使用或者不使用电子签名、数据电文。当事人约定使用电子签名、数据电文的文书，不得仅因为其采用电子签名、数据电文的形式而否定其法律效力。”

上述法律规定，实际上赋予了电子合同与传统合同具有同等的法律效力。

电子合同是否属于书面形式的合同？

答：若双方当事人约定合同以书面形式订立方为有效，此时，对电子合同是否属于书面合同的判断直接影响到合同的成立与否。根据《合同法》第 11 条规定，书面形式是指可以有形地表现所载内容的形式，数据电文形式属于书面形式的一种。《电子签名法》第4条规定："能够有形地表现所载内容，并可以随时调取查用的数据电文，视为符合法律、法规要求的书面形式。"根据上述规定可知，电子合同属于书面形式的合同。由于电子合同是否属于书面形式的合同直接影响到其作为证据使用时的证明力的大小问题，而《电子签名法》将电子合同书面形式的标准在《合同法》的基础上进行了提高，因此，根据《电子签名法》的要求，电子合同应当同时符合"能够有形地表现所载内容"和"可以随时调取查用"两个标准。

04 如何确定电子合同签订主体的身份？

答：在司法实务中，发生了多起未成年人冒用父母名义进行网络交易或成年人进行交易后又以未成年人冒名操作为由主张合同无效的案例。由于网络交易环境的虚拟化，合同主体通常无须当面沟通，导致了交易相对方的"你"是不是"你"、是否具有缔约能力、签字是否本人所签等诸多问题；如果无法确定交易相对方的身份，将直接影响到合同的效力。

《电子签名法》第14条规定："可靠的电子签名与手写签名或者盖章具有同等的法律效力。"电子签名代表着对签名人的身份识别及签名人对签署内容的认可，可以有效解决主体身份确定的问题。实践中电子签名的程序包括：第一步，先通过电子签名系统上传姓名、身份证、地址、电话等个人信息以确认真实身份；第二步，当事人通过电子签名系统对外签约，视同本人的真实意思表示，同时承担保管自己账户密码的义务。电子签名包括线上签名和线下签名两种方式，移动营业厅、银行柜台等场所均采用线下签名的形式，密码卡、动态密码锁、USB Key、CA认证、第三方支付式电子签名、交叉验证等均采用通过网络进行线上签名，比如开通网银、支付宝。

虽然《电子签名法》第13条对"可靠的电子签名"的条件进行了描述，但没有列出认定的具体技术标准。《电子签名法》规定，经过第三方电子认证的电子签名等同于"可靠的电子签名"，但是根据法条文义，并非"可靠的电子签名"必须要经过第三方电子认证。同时，电子认证操作复杂、成本高，很多企业并未使用第三方电子认证，故此，在法律没有明确“可靠的电子签名”的技术标准的情况下，无法确定不使用电子认证的电子签名的法律效力。在实务中笔者建议，如果合同已经履行，可以通过合同的履行证明双方对合同的认可，履行的证据越多，越能证实电子签名的真实性。

如果电子签名被他人冒用，按无权代理规则及未妥善保管电子签名处理。《电子商务法》第 48 条规定，在电子商务中推定当事人具有相应的民事行为能力，姑且不论该规定是否有实质意义，推定的法律效果是举证责任的倒置，实际上一旦电子签名真实设定人提起诉讼，作为原告自然会举证证明。由于缔约能力对合同效力的影响重大，对于一些重大交易，提示经营者应当采取一定的措施限制无缔约能力人介入。

05 电子合同何时成立？如何证明成立的时间点？

答：很多网友在购物时可能会碰到这样的情形，明明已经提交了订单并付款，但商家却以库存不足为由取消订单并退款或以员工将价格标示错误为由取消订单并退款。上述情形涉及电子合同的成立节点问题，合同一旦成立，对双方均具有约束力。电子合同与传统合同一样遵循“承诺通知到达要约人时合同成立”的基本原则，关于承诺的到达时间，根据《合同法》第 26 条和《民法总则》第 137 条的规定，除当事人另有约定，意思表示的到达，区分相对人是否指定特定接收系统，指定特定接收系统的，采取到达主义；未指定特定接收系统的，采取相对人了解主义，即相对人实际知道时视为到达；提供了多个接收系统且未指定某一个特定接收系统的情况下，采取到达主义，相对人知道或应当知道数据电文进入其系统时视为到达。

关于电子合同的成立时间有几项特殊规定应当注意：其一，根据《电子签名法》第 10 条的规定，需要确认收讫的，发件人收到收件人的收讫确认时合同成立，即需要确认要约人已知情。其二，根据《合同法》第 23 条的规定，当事人约定要求签订确认书的，电子承诺到达要约人后合同并未成立，当事人签订确认书时电子合同才成立。其三，根据《合同法》第 26 条的规定，承诺不需要通知的，根据交易习惯或者要约的要求作出承诺的行为时生效，即承诺生效时合同成立。其四，根据《电子商务法》第49条的规定，电子商务经营者发布的商品或者服务信息符合要约条件的，用户选择该商品或者服务并提交订单成功，合同成立；但若当事人另有约定的，从其约定。如果电子合同约定提交订单且支付价款合同才成立的，用户支付价款后，若经营者称工作人员将价款标示错误，是否可以不发货呢？根据《电子商务法》第49条第2款的规定，经营者不得以格式条款等方式约定消费者支付价款后合同不成立；格式条款等含有该内容的，其内容无效。

如何证实承诺到达的时间，虽然系统上会有记录，但合同上并不会显示，实践中应用较多的是时间戳。时间戳服务中心由北京联合信任技术服务有限公司与中国科学院国家授时中心联合运营，当在线发生一个动作时，时间戳会立即精确地为在线生成的文件盖一个章，此后文件不能再更改，一旦更改会出现明显的痕迹，时间戳的应用功能实践中已被法院所承认。

06 如何做到电子合同内容不被篡改？

答：做到电子合同内容不被篡改，实质上就是要解决电子合同的存储及证据性问题。电子合同存续的整个过程都是通过电子数据的形式完成、记录并保存，我国三大诉讼法均将电子数据作为法定证据的种类之一。电子数据的证据问题集中在真实性上，电子数据证据链的形成，依赖于可记录电子合同真实主体与内容、具有证据存管、电子认证等功能的电子合同缔约系统。

最高人民法院《关于民事诉讼证据的若干规定》（2020年5月1日生效）第15条第2款规定："当事人以电子数据作为证据的，应当提供原件。电子数据的制作者制作的与原件一致的副本，或者直接来源于电子数据的打印件或其他可以显示、识别的输出介质，视为电子数据的原件。"实际上，最初生成的电子数据以及首次固定的存储介质才是原件，但其不易在法庭上展现，该规定只是解决了电子数据在载体上的原件问题，电子数据在内容上的原件问题还需要进一步解决。《电子签名法》第5条对数据电文的原件形式要求进行了规定，但由于电子数据本身具有虚拟性，其稳定性差，导致内容容易被篡改且不留痕；电子数据的存储有的借助第三方机构，有的存储在本公司设备中，由于没有建立系统规范的操作制度，导致提取证据时存在程序瑕疵而不被采纳。最高人民法院《关于民事诉讼证据的若干规定》第93条和第94条对电子数据真实性的判断因素及确认进行了规定，明确由记录和保存电子数据的中立第三方平台提供或者确认的电子数据，人民法院可以确认其真实性；内容经公证机关公证的电子数据，人民法院应当确认其真实性。传统的经过公证的证据其效力等级具有优先性，像淘宝网就对淘宝规则的每次修订或变更进行公证，但公证时展现的只是公证员做公证当时的电子合同条款状态，并不能解决固定电子合同的存储问题，因为最终提交法庭的是公证后提交时的电子合同，不能确保公证后电子合同没有被篡改。当前，市场上出现了云存储等技术，对电子数据证据进行固化、采集及提取，但是这些技术应用成本高，同时有些企业考虑到纠纷的发生率，因此这些技术并没有普遍适用。如何形成一个完整、有效、系统的电子数据证据链系统，未来仍是电子合同纠纷中最为核心的问题。

07 电子合同条款上有哪些特别需要注意的事项？

答：数据电文只是电子合同的载体，一份合同除硬件外还需要有软件即条款内容。区别于传统合同，电子合同的一些特有条款值得当事人特别注意，我们以网络平台与用户之间签订的电子合同为例加以提示。

（1）账户密码的妥善保管。

虽然法律推定使用账户密码的人是账户密码注册时的认证人，但为了避免用户以非本人操作为由撤销合同，建议在合同中明确用户对账户密码的妥善保管义务，而作为用户一旦发生泄露应当通过冻结或报案的方式处理。遇到黑客攻击的情形，可以主张撤销或解除合同。

（2）协议的修订权。

由于网络环境的特殊性，技术不断更新，平台有必要对用户协议作出及时更新；用户是否适用更新后的条款，应当基于双方在合同中是否有约定，对于更新后的条款，平台应当及时公告。这样的修订权条款在司法上也获得了法院的支持，在腾讯与360的大战中，有用户对腾讯提起诉讼，法院认为腾讯公司《软件许可及服务协议》中的修订权条款有效。作为用户若对更新后的条款无法接受，应当及时停止使用平台服务。

（3）条款的直接呈现。

不少网络平台及经营者将条款以附件的形式呈现，而有些用户通常都不会下载阅读。因此，平台经营者将附件内容直接呈现给用户，避免用户以未注意到附件为由来抗辩，同时也能为日后公证节省费用。

（4）信息提供及技术准备。

《电子商务法》第50条规定："电子商务经营者应当清晰、全面、明确地告知用户订立合同的步骤、注意事项、下载方法等事项，并保证用户能够便利、完整地阅览和下载。电子商务经营者应当保证用户在提交订单前可以更正输入错误。"

（5）格式条款的提示注意。

对网络平台及经营者而言，尽到合理的提示注意义务，应达到足以引起相对方充分注意的程度，尤其是减轻、免除格式合同提供方的责任，加重相对方责任，排除相对方主要权利的内容，应采用特别提醒方式，如加大字号、改变字体、加框、加粗、加下划线等；在"点击"合同的操作步骤方面，应当做到设立独立、明显的步骤，要求相对方明确作出同意或者不同意的意思表示，保证相对方对电子合同有足够的认识和了解，具体可以参考国家市场监管总局发布的《网络交易平台合同格式条款规范指引》。用户在签订电子合同时，应当仔细阅读合同条款，对于无法接受的可以拒绝签订。

（6）以数据电文形式签约的约定。

虽然电子合同具有法律效力，但是为了避免客户以只是在线点击"确认"并不知晓双方之间存在电子合同为由进行抗辩，建议在合同中约定"双方同意以数据电文形式签订合同并认可合同条款及其效力"。

综上，只要合理解决了完整记录电子合同生成、存储、提取、呈现的整个过程，电子合同与线下签订的传统合同就没有差别。按照更高的技术标准要求签订电子合同需要较高的成本，不同的企业应当根据企业经济实力、交易合同额、安全性、风险因素等综合考虑是否使用电子合同签约。

CHAPTER 10

企业行政法律风险

第十章

撰　稿　人

北京市东卫律师事务所
刘泽宪　刘永林　卢桂　胡斌　李水燕

新冠肺炎疫情暴发以来，全国多个省市陆续启动“重大突发公共卫生事件一级响应”，世界卫生组织于 2020 年 1 月 31 日将此次疫情定性为“国际关注的突发公共卫生事件”。为了防止疫情不断扩散，各省市在国务院已经宣布延长春节假期的基础上，根据各地的疫情情况，相继发布了各地区企业灵活安排工作的通知。疫情的暴发不仅对公众的人身健康造成了巨大威胁，也给企业的生产经营带来了重大影响。

2020 年 1 月 25 日，中央成立应对新型冠状病毒感染肺炎疫情工作领导小组。国务院将新型肺炎确定为乙型传染病，同时宣布对其采取甲类传染病预防及防控措施。新冠肺炎疫情被认定为重大传染病疫情，同时被依法确定为突发公共卫生事件。在防控疫情的同时，如何规避行政法律风险，成为了众多企业关注的问题。在新冠肺炎疫情时期，企业应重点关注防控疫情、日常管理以及生产经营三个方面的义务，避免因其经营行为涉嫌违法而受到行政机关的行政处罚。

一、企业疫情防控过程中的行政法律风险

企业是否有义务参与疫情防控并制定相关防控预案及制度？

答： 有义务。企业在应对新冠肺炎疫情暴发这一突发事件时，应当制定疫情防控应急预案，并按照预案的内容开展防控工作。例如，定期安排人员做好办公场所的消毒工作，及时消除可能出现的疫情传染隐患；掌握企业所有员工的健康及近期是否到过疫区或是否接触过确诊人员的情况，并及时进行登记；对本企业员工出现疑似症状或被确诊新冠肺炎的情况以及企业采取安全防范措施的情况，应当按照规定及时向所在地人民政府或者人民政府有关部门报告。

企业未按规定采取预防措施，导致员工被感染或者被确定为疑似患者的，或发现新冠肺炎疑似患者后不及时组织开展应急救援工作，造成严重后果的，均应受到相应处罚。处罚措施主要有：由所在地人民政府责令停产停业，暂扣或者吊销许可证或者营业执照，并处5万元以上20万元以下的罚款；构成违反治安管理行为的，由公安机关依法给予处罚。

法律法规及政策依据

《中华人民共和国突发事件应对法》（2007年8月30日）

第十一条　有关人民政府及其部门采取的应对突发事件的措施，应当与突发事件可能造成的社会危害的性质、程度和范围相适应；有多种措施可供选择的，应当选择有利于最大程度地保护公民、法人和其他组织权益的措施。

公民、法人和其他组织有义务参与突发事件应对工作。

第二十二条　所有单位应当建立健全安全管理制度，定期检查本单位各项安全防范措施的落实情况，及时消除事故隐患；掌握并及时处理本单位存在的可能引发社会安全事件的问题，防止矛盾激化和事态扩大；对本单位可能发生的突发事件和采取安全防范措施的情况，应当按照规定及时向所在地人民政府或者人民政府有关部门报告。

第六十四条　有关单位有下列情形之一的，由所在地履行统一领导职责的人民政府责令停产停业，暂扣或者吊销许可证或者营业执照，并处五万元以上二十万元以下的罚款；构成违反治安管理行为的，由公安机关依法给予处罚：

（一）未按规定采取预防措施，导致发生严重突发事件的；

（二）未及时消除已发现的可能引发突发事件的隐患，导致发生严重突发事件的；

（三）未做好应急设备、设施日常维护、检测工作，导致发生严重突发事件或者突发事件危害扩大的；

（四）突发事件发生后，不及时组织开展应急救援工作，造成严重后果的。

前款规定的行为，其他法律、行政法规规定由人民政府有关部门依法决定处罚的，从其规定。

02 企业是否有义务配合开展疫情检查、检验？

答：有义务。疫情期间，企业不论是否有员工被确诊为新冠肺炎患者或者疑似患者，都应配合疾病预防控制机构、医疗机构有关传染病的调查、检验、采集样本、隔离治疗等预防、控制措施，如实提供有关情况。如企业出现新冠肺炎患者，相关部门在履行监督检查职责时，有权进入被检查企业工作场所或者员工宿舍进行调查取证，同时，可以查阅或者复制企业制定的相关应急预案。

在疫情处理工作中，如企业阻碍相关疫情防控部门工作人员执行职务，拒绝有关部门指定的专业技术机构进入企业办公场所或员工宿舍，或者不配合调查和检验的，均应受到相应处罚。处罚措施主要有：对有关责任人员依法给予行政处分或者纪律处分；处警告或者200元以下罚款；情节严重的，处5日以上10日以下拘留，可以并处500元以下罚款。

法律法规及政策依据

（1）《中华人民共和国传染病防治法》（2013年6月29日修正）

第十二条　在中华人民共和国领域内的一切单位和个人，必须接受疾病预防控制机构、医疗机构有关传染病的调查、检验、采集样本、隔离治疗等预防、控制措施，如实提供有关情况。疾病预防控制机构、医疗机构不得泄露涉及个人隐私的有关信息、资料。

卫生行政部门以及其他有关部门、疾病预防控制机构和医疗机构因违法实施行政管理或者预防、控制措施，侵犯单位和个人合法权益的，有关单位和个人可以依法申请行政复议或者提起诉讼。

第五十四条　县级以上人民政府卫生行政部门在履行监督检查职责时，有权进入被检查单位和传染病疫情发生现场调查取证，查阅或者复制有关的资料和采集样本。被检查单位应当予以配合，不得拒绝、阻挠。

（2）《突发公共卫生事件应急条例》（2011年1月8日修订）

第三十六条　国务院卫生行政主管部门或者其他有关部门指定的专业技术机构，有权进入突发事件现场进行调查、采样、技术分析和检验，对地方突发事件的应急处理工作进行技术指导，有关单位和个人应当予以配合；任何单位和个人不得以任何理由予以拒绝。

第五十一条　在突发事件应急处理工作中，有关单位和个人未依照本条例的规定履行报告职责，隐瞒、缓报或者谎报，阻碍突发事件应急处理工作人员执行职务，拒绝国务院卫生行政主管部门或者其他有关部门指定的专业技术机构进入突发事件现场，或者不配合调查、采样、技术分析和检验的，对有关责任人员依法给予行政处分或者纪律处分；触犯《中华人民共和国治安管理处罚法》，构成违反治安管理行为的，由公安机关依法予以处罚；构成犯罪的，依法追究刑事责任。

（3）《中华人民共和国治安管理处罚法》（2012年10月26日修正）

第五十条　有下列行为之一的，处警告或者二百元以下罚款；情节严重的，处五日以上十日以下拘留，可以并处五百元以下罚款：

（一）拒不执行人民政府在紧急状态情况下依法发布的决定、命令的；

（二）阻碍国家机关工作人员依法执行职务的；

（三）阻碍执行紧急任务的消防车、救护车、工程抢险车、警车等车辆通行的；

（四）强行冲闯公安机关设置的警戒带、警戒区的。

阻碍人民警察依法执行职务的，从重处罚。

03 企业是否有义务按规定如实上报疫情信息？

答：企业有义务如实上报。疫情期间，各企业和单位，应及时将企业员工的出行情况、健康状况、家庭成员是否患病等情况进行如实登记，并向上级部门进行汇报。如企业员工或员工家属出现被确诊或者有疑似患病情况，企业必须及时、客观、真实上报，不得迟报、谎报、瞒报、漏报，不得授意他人隐瞒、缓报、谎报。如企业不如实上报上述情况，将受到相应处罚。处罚措施主要有：处警告或者200元以下罚款；情节严重的，处5日以上10日以下拘留，可以并处500元以下罚款。

法律法规及政策依据

（1）《中华人民共和国突发事件应对法》（2007年8月30日）

第三十九条　地方各级人民政府应当按照国家有关规定向上级人民政府报送突发事件信息。县级以上人民政府有关主管部门应当向本级人民政府相关部门通报突发事件信息。专业机构、监测网点和信息报告员应当及时向所在地人民政府及其有关主管部门报告突发事件信息。

有关单位和人员报送、报告突发事件信息，应当做到及时、客观、真实，不得迟报、谎报、瞒报、漏报。

第六十六条　单位或者个人违反本法规定，不服从所在地人民政府及其有关部门发布的决定、命令或者不配合其依法采取的措施，构成违反治安管理行为的，由公安机关依法给予处罚。

（2）《中华人民共和国传染病防治法》（2013年6月29日修正）

第三十一条　任何单位和个人发现传染病病人或者疑似传染病病人时，应当及时向附近的疾病预防控制机构或者医疗机构报告。

（3）《突发公共卫生事件应急条例》（2011年1月8日修订）

第二十一条　任何单位和个人对突发事件，不得隐瞒、缓报、谎报或者授意他人隐瞒、缓报、谎报。

（4）《中华人民共和国治安管理处罚法》（2012 年 10 月 26 日修正）

第五十条　有下列行为之一的，处警告或者二百元以下罚款；情节严重的，处五日以上十日以下拘留，可以并处五百元以下罚款：

（一）拒不执行人民政府在紧急状态情况下依法发布的决定、命令的；

（二）阻碍国家机关工作人员依法执行职务的；

（三）阻碍执行紧急任务的消防车、救护车、工程抢险车、警车等车辆通行的；

（四）强行冲闯公安机关设置的警戒带、警戒区的。

阻碍人民警察依法执行职务的，从重处罚。

04 企业捏造、散布虚假疫情信息，是否应受到行政处罚？

答：应受到处罚。在疫情期间，企业及员工不得出于公司业务及其他任何原因，编造关于疫情发展和疫情防控措施的虚假信息，也不得捏造有关企业内部员工健康状况的虚假信息，对于未经证实的非官方信息不得四处散播，否则将受到相应处罚。处罚措施有：由有关机关责令改正，给予警告；造成严重后果的，依法暂停其业务活动或者吊销其执业许可证；构成违反治安管理行为的，由公安机关依法给予处罚。处 5 日以上 10 日以下拘留，可以并处 500 元以下罚款；情节较轻的，处 5 日以下拘留或者 500 元以下罚款。

法律法规及政策依据

（1）《中华人民共和国突发事件应对法》（2007 年 8 月 30 日）

第五十四条　任何单位和个人不得编造、传播有关突发事件事态发展或者应急处置工作的虚假信息。

第六十五条　违反本法规定，编造并传播有关突发事件事态发展或者应急处置工作的虚假信息，或者明知是有关突发事件事态发展或者应急处置工作的虚假信息而进行传播的，责令改正，给予警告；造成严重后果的，依法暂停其业务活动或者吊销其执业许可证；负有直接责任的人员是国家工作人员的，还应当对其依法给予处分；构成违反治安管理行为的，由公安机关依法给予处罚。

（2）《中华人民共和国治安管理处罚法》（2012 年 10 月 26 日修正）

第二十五条　有下列行为之一的，处五日以上十日以下拘留，可以并处五百元以下罚款；情节较轻的，处五日以下拘留或者五百元以下罚款：

（一）散布谣言，谎报险情、疫情、警情或者以其他方法故意扰乱公共秩序的；

（二）投放虚假的爆炸性、毒害性、放射性、腐蚀性物质或者传染病病原体等危险物质扰乱公共秩序的；

（三）扬言实施放火、爆炸、投放危险物质扰乱公共秩序的。

05 企业是否有义务配合当地政府做出的征用财产决定？

答：有义务配合。疫情发生后，随着大量新冠肺炎患者的确诊，以及疑似患者的出现，医疗机构的床位以及供隔离场所无法满足治疗和隔离需求，需要征用大量诸如宾馆、体育馆等建筑供疑似患者进行隔离居住或者供医疗机构救治患者。与此同时，口罩、防护服等疫情防护用品和医疗物资也出现了紧缺，政府为了疫情防控的需要，有权按照法律的规定进行征用。企业对于政府的征用决定应予以配合，否则将受到处罚。处罚措施有：处警告或者 200 元以下罚款；情节严重的，处 5 日以上 10 日以下拘留，可以并处 500 元以下罚款。

法律法规及政策依据

（1）《中华人民共和国突发事件应对法》（2007 年 8 月 30 日）

第十二条　有关人民政府及其部门为应对突发事件，可以征用单位和个人的财产。被征用的财产在使用完毕或者突发事件应急处置工作结束后，应当及时返还。财产被征用或者征用后毁损、灭失的，应当给予补偿。

第五十二条　履行统一领导职责或者组织处置突发事件的人民政府，必要时可以向单位和个人征用应急救援所需设备、设施、场地、交通工具和其他物资，请求其他地方人民政府提供人力、物力、财力或者技术支援，要求生产、供应生活必需品和应急救援物资的企业组织生产、保证供给，要求提供医疗、交通等公共服务的组织提供相应的服务。

履行统一领导职责或者组织处置突发事件的人民政府，应当组织协调运输经营单位，优先运送处置突发事件所需物资、设备、工具、应急救援人员和受到突发事件危害的人员。

第六十六条　单位或者个人违反本法规定，不服从所在地人民政府及其有关部门发布的决定、命令或者不配合其依法采取的措施，构成违反治安管理行为的，由公安机关依法给予处罚。

（2）**《中华人民共和国传染病防治法》**（2013 年 6 月 29 日修正）

第四十五条　传染病暴发、流行时，根据传染病疫情控制的需要，国务院有权在全国范围或者跨省、自治区、直辖市范围内，县级以上地方人民政府有权在本行政区域内紧急调集人员或者调用储备物资，临时征用房屋、交通工具以及相关设施、设备。

紧急调集人员的，应当按照规定给予合理报酬。临时征用房屋、交通工具以及相关设施、设备的，应当依法给予补偿；能返还的，应当及时返还。

（3）**《中华人民共和国治安管理处罚法》**（2012 年 10 月 26 日修正）

第五十条　有下列行为之一的，处警告或者二百元以下罚款；情节严重的，处五日以上十日以下拘留，可以并处五百元以下罚款：

（一）拒不执行人民政府在紧急状态情况下依法发布的决定、命令的；

（二）阻碍国家机关工作人员依法执行职务的；

（三）阻碍执行紧急任务的消防车、救护车、工程抢险车、警车等车辆通行的；

（四）强行冲闯公安机关设置的警戒带、警戒区的。

阻碍人民警察依法执行职务的，从重处罚。

二、企业日常管理中的行政法律风险

新冠肺炎疫情下，企业是否可以停止发放或者克扣员工被隔离期间的工资。

答：不可以。疫情期间，企业员工可能有新冠肺炎患者的密切接触者，可能有从疫情严重地区返回到企业所在地的，还可能有身处疫情发源地且根据企业所在地政府或者疫情地政府要求不能离开疫情所在地的，因此需要接受政府的强制隔离或者按照政府规定需要居家隔离，从而无法回到工作岗位上班。在此情况下，虽然员工实际上并未处于在岗状态，但企业不能为此克扣或者全额停发员工隔离期间的工资，否则将承担相应责任。处罚措施有：由劳动保障行政部门分别责令限期支付劳动者的工资报酬、劳动者工资低于当地最低工资标准的差额或者解除劳动合同的经济补偿；逾期不支付的，责令用人企业按照应付金额50%以上1倍以下的标准，向劳动者加付赔偿金。

法律法规及政策依据

（1）《中华人民共和国传染病防治法》（2013年6月29日修正）

第四十一条第二款　在隔离期间，实施隔离措施的人民政府应当对被隔离人员提供生活保障；被隔离人员有工作单位的，所在单位不得停止支付其隔离期间的工作报酬。

（2）《劳动保障监察条例》（2004年11月1日）

第二十六条　用人单位有下列行为之一的，由劳动保障行政部门分别责令限期支付劳动者的工资报酬、劳动者工资低于当地最低工资标准的差额或者解除劳动合同的经济补偿；逾期不支付的，责令用人单位按照应付金额50%以上1倍以下的标准计算，向劳动者加付赔偿金：

（一）克扣或者无故拖欠劳动者工资报酬的；

（二）支付劳动者的工资低于当地最低工资标准的；

（三）解除劳动合同未依法给予劳动者经济补偿的。

新冠肺炎疫情下，企业未遵守当地政府宣布的复工决定，擅自安排复工是否会受到处罚？

答: 会受到处罚。疫情发生后，出于防控疫情的需要，国家延长了春节假期，全国各省市陆续发布企业延迟复工和学校暂缓开学相关通知。除湖北省企业复工时间为不早于2月13日24时外，各地企业节后上班时间普遍为不早于2月9日24时，即2月10日正常上班。青海省自2月2日后有序组织企业、建设项目开复工。另外，部分地区行政事业单位上班时间为2月3日实行弹性工作制。各省市政府发布的复工日期安排，性质上属于政府发布的决定，各企业必须遵守，不得擅自提前复工，否则将受到相应处罚。处罚措施有：处警告或者200元以下罚款；情节严重的，处5日以上10日以下拘留，可以并处500元以下罚款。

法律法规及政策依据

（1）《中华人民共和国突发事件应对法》（2007年8月30日）

第六十六条　单位或者个人违反本法规定，不服从所在地人民政府及其有关部门发布的决定、命令或者不配合其依法采取的措施，构成违反治安管理行为的，由公安机关依法给予处罚。

（2）《中华人民共和国治安管理处罚法》（2012年10月26日修正）

第五十条　有下列行为之一的，处警告或者二百元以下罚款；情节严重的，处五日以上十日以下拘留，可以并处五百元以下罚款：

（一）拒不执行人民政府在紧急状态情况下依法发布的决定、命令的；

（二）阻碍国家机关工作人员依法执行职务的；

（三）阻碍执行紧急任务的消防车、救护车、工程抢险车、警车等车辆通行的；

（四）强行冲闯公安机关设置的警戒带、警戒区的。

阻碍人民警察依法执行职务的，从重处罚。

新冠肺炎疫情下，企业复工后是否有义务做好疫情防控工作，防止疫情扩散，保障员工的人身安全？

答：有义务。疫情期间，企业复工后应按规定采取疫情防控措施，及时消除已发现的可能引发疫情的隐患，做好办公场所、职工宿舍、内部食堂等区域的防疫工作，发现疑似患者应及时上报相关部门并做好相应的处置措施。如因企业未采取相应措施，导致劳动条件恶劣、环境污染严重，出现员工被确诊新冠肺炎的，或者导致疫情传播的，应受到相应处罚。处罚措施有：所在地履行统一领导职责的人民政府责令停产停业，暂扣或者吊销许可证或者营业执照，并处5万元以上20万元以下的罚款；构成违反治安管理行为的，由公安机关依法给予处罚。构成犯罪的，依法追究刑事责任；给劳动者造成损害的，应当承担赔偿责任。

法律法规及政策依据

（1）**《中华人民共和国突发事件应对法》**（2007年8月30日）

第六十四条　有关单位有下列情形之一的，由所在地履行统一领导职责的人民政府责令停产停业，暂扣或者吊销许可证或者营业执照，并处五万元以上二十万元以下的罚款；构成违反治安管理行为的，由公安机关依法给予处罚：

（一）未按规定采取预防措施，导致发生严重突发事件的；

（二）未及时消除已发现的可能引发突发事件的隐患，导致发生严重突发事件的；

（三）未做好应急设备、设施日常维护、检测工作，导致发生严重突发事件或者突发事件危害扩大的；

（四）突发事件发生后，不及时组织开展应急救援工作，造成严重后果的。

前款规定的行为，其他法律、行政法规规定由人民政府有关部门依法决定处罚的，从其规定。

（2）**《中华人民共和国劳动法》**（2018年12月29日修正）

第九十二条　用人单位的劳动安全设施和劳动卫生条件不符合国家规定或者未向劳动者提供必要的劳动防护用品和劳动保护设施的，由劳动行政部门或者有关部门责令改正，可以处以罚款；情节严重的，提请县级以上人民政府决定责令停产整顿；对事故隐患不采取措施，致使发生重大事故，造成劳动者生命和财产损失的，对责任人员依照刑法有关规定追究刑事责任。

（3）《中华人民共和国劳动合同法》（2012年12月28日修正）

第八十八条　用人单位有下列情形之一的，依法给予行政处罚；构成犯罪的，依法追究刑事责任；给劳动者造成损害的，应当承担赔偿责任：

（一）以暴力、威胁或者非法限制人身自由的手段强迫劳动的；

（二）违章指挥或者强令冒险作业危及劳动者人身安全的；

（三）侮辱、体罚、殴打、非法搜查或者拘禁劳动者的；

（四）劳动条件恶劣、环境污染严重，给劳动者身心健康造成严重损害的。

三、企业经营过程中的行政法律风险

09 新冠肺炎疫情下，企业未严格执行当地政府的停业通知，擅自开业，是否会受到处罚？

答：会受到处罚。疫情发生后，全国各地陆续宣布进入突发公共卫生事件一级响应阶段，政府按照预防、控制预案进行防治，切断传染病的传播途径。为了防控疫情，避免人群聚集交叉感染，各地政府及相关部门纷纷发出通知要求部分企业停止营业，待疫情得到控制后再行营业。这些企业包括不符合疫情防控要求的健身场所、电影院、长途汽车站、教育（线下）培训机构等。被通知暂停营业的企业，在接到通知后，不得擅自开业，否则将受到相应处罚。处罚措施有：县级以上政府卫生行政部门报请同级政府批准，对单位予以通报批评；对主管人员和直接责任人员由所在企业或者上级机关给予行政处分；处警告或者200元以下罚款；情节严重的，处5日以上10日以下拘留，可以并处500元以下罚款。

法律法规及政策依据

（1）《中华人民共和国传染病防治法》（2013年6月29日修正）

第四十二条　传染病暴发、流行时，县级以上地方人民政府应当立即组织力量，按照预防、控制预案进行防治，切断传染病的传播途径，必要时，报经上一级人民政府决定，可以采取下列紧急措施并予以公告：

（一）限制或者停止集市、影剧院演出或者其他人群聚集的活动；

（二）停工、停业、停课；

（三）封闭或者封存被传染病病原体污染的公共饮用水源、食品以及相关物品；

（四）控制或者扑杀染疫野生动物、家畜家禽；

（五）封闭可能造成传染病扩散的场所。

上级人民政府接到下级人民政府关于采取前款所列紧急措施的报告时，应当即时作出决定。

紧急措施的解除，由原决定机关决定并宣布。

（2）《中华人民共和国传染病防治法实施办法》（1991年12月6日）

第七十条　有下列行为之一的单位和个人，县级以上政府卫生行政部门报请同级政府批准，对单位予以通报批评；对主管人员和直接责任人员由所在单位或者上级机关给予行政处分。

（一）传染病暴发、流行时，妨碍或者拒绝执行政府采取紧急措施的；

（二）传染病暴发、流行时，医疗保健人员、卫生防疫人员拒绝执行各级政府卫生行政部门调集其参加控制疫情的决定的；

（三）对控制传染病暴发、流行负有责任的部门拒绝执行政府有关控制疫情决定的；

（四）无故阻止和拦截依法执行处理疫情任务的车辆和人员的。

（3）《中华人民共和国治安管理处罚法》（2012年10月26日修正）

第五十条　有下列行为之一的，处警告或者二百元以下罚款；情节严重的，处五日以上十日以下拘留，可以并处五百元以下罚款：

（一）拒不执行人民政府在紧急状态情况下依法发布的决定、命令的；

（二）阻碍国家机关工作人员依法执行职务的；

（三）阻碍执行紧急任务的消防车、救护车、工程抢险车、警车等车辆通行的；

（四）强行冲闯公安机关设置的警戒带、警戒区的。

阻碍人民警察依法执行职务的，从重处罚。

新冠肺炎疫情下，企业在国家确认的自然疫源地兴建水利、交通、旅游、能源等大型建设项目，未严格执行卫生调查工作，是否会受到处罚？

答：会受处罚。疫情期间，企业在疫情发源地如有大型建设项目，在建设方面不仅应遵守政府发布的复工通知要求，同时，应保证项目建设地具备疫情防控要求的各项条件，并且应严格执行卫生调查工作，按照疾病预防控制机构的意见采取必要的传染病预防、控制措施，否则将会受到相应处罚。处罚措施有：由县级以上人民政府卫生行政部门责令限期改正，给予警告，处5000元以上30,000元以下的罚款；逾期不改正的，处30,000元以上100,000元以下的罚款，并可以提请有关人民政府依据职责权限，责令停建、关闭。

法律法规及政策依据

（1）《中华人民共和国传染病防治法》（2013年6月29日修正）

第七十六条　在国家确认的自然疫源地兴建水利、交通、旅游、能源等大型建设项目，未经卫生调查进行施工的，或者未按照疾病预防控制机构的意见采取必要的传染病预防、控制措施的，由县级以上人民政府卫生行政部门责令限期改正，给予警告，处五千元以上三万元以下的罚款；逾期不改正的，处三万元以上十万元以下的罚款，并可以提请有关人民政府依据职责权限，责令停建、关闭。

（2）《中华人民共和国传染病防治法实施办法》（1991年12月6日）

第六十七条　在自然疫源地和可能是自然疫源地的地区兴建大型建设项目未经卫生调查即进行施工的，由县级以上政府卫生行政部门责令限期改正，可以处2000元以上20,000元以下的罚款。

新冠肺炎疫情下，企业为了牟利，违法销售、运输用于预防传染病的菌苗、疫苗等生物制品，是否会受到处罚？

答：会受到处罚。企业必须严格按照《疫苗管理法》的规定从事疫苗的销售和运输，不得为了牟利违法经营，否则将受到相应的处罚。处罚措施有：县级以上政府卫生行政部门可以处相当出售金额3倍以下的罚款，危害严重，出售金额不满5000元，以5000元计算；对主管人员和直接责任人员由所在企业或者上级机关根据情节，可以给予行政处分。

法律法规及政策依据

《中华人民共和国传染病防治法实施办法》（1991年12月6日）

第六十九条　单位和个人非法经营、出售用于预防传染病菌苗、疫苗等生物制品的，县级以上政府卫生行政部门可以处相当出售金额3倍以下的罚款，危害严重，出售金额不满5000元，以5000元计算；对主管人员和直接责任人员由所在单位或者上级机关根据情节，可以给予行政处分。

12 新冠肺炎疫情下，企业为了牟利，违法销售、运输被传染病病原体污染和来自疫区可能被传染病病原体污染的皮毛、旧衣物及生活用品，是否会受到处罚？

答：会受到处罚。疫情发生后，为了遏制疫情的传播，企业不得出售、运输被新冠肺炎病毒污染和来自疫区可能被新冠肺炎病毒污染的皮毛、旧衣物及生活用品，如被新冠肺炎患者丢弃的衣物、被褥等生活用品以及新冠肺炎定点医疗机构丢弃的医疗用具等，否则将会受到相应处罚。处罚措施有：县级以上政府卫生行政部门责令限期进行卫生处理，可以处出售金额1倍以下的罚款；造成传染病流行的，根据情节，可以处相当出售金额3倍以下的罚款，危害严重，出售金额不满2000元的，以2000元计算；对主管人员和直接责任人员由所在企业或者上级机关给予行政处分。

法律法规及政策依据

《中华人民共和国传染病防治法实施办法》（1991年12月6日）

第六十八条　单位和个人出售、运输被传染病病原体污染和来自疫区可能被传染病病原体污染的皮毛、旧衣物衣生活用品的，由县级以上政府卫生行政部门责令限期进行卫生处理，可以处出售金额1倍以下的罚款；造成传染病流行的，根据情节，可以处相当出售金额3倍以下的罚款，危害严重，出售金额不满2000元的，以2000元计算；对主管人员和直接责任人员由所在单位或者上级机关给予行政处分。

13 新冠肺炎疫情下，企业在经营过程中散布谣言、哄抬物价和囤货居奇，是否会受到处罚？

答： 会受到处罚。疫情发生后，一些产品的需求量激增，短时间内出现了严重的供不应求状况，如口罩、酒精、体温计等疫情防护用品，还有诸如蔬菜等食品。部分企业为了获取暴利，故意散布谣言、哄抬物价、欺骗消费者，或故意大量囤积上述急缺用品，以求达到更大程度的供应紧张状态，最终抬高销售价格。企业如有上述行为均会受到相应处罚。处罚措施有：由有关机关责令改正，没收违法所得，可以并处违法所得5倍以下的罚款，没有违法所得的，处5万元以上50万元以下的罚款，情节较重的处50万元以上300万元以下的罚款；没有违法所得的，予以警告，可以并处罚款；情节严重的，责令停业整顿，或者由工商行政管理机关吊销营业执照。

特别提示： 企业如有上述违法行为，将受到相应的行政处罚，且并不排除将承担相应的民事责任的可能，情节严重的甚至将被追究刑事责任。

法律法规及政策依据

（1）**《突发公共卫生事件应急条例》（2011年1月8日修订）**

第五十二条　在突发事件发生期间，散布谣言、哄抬物价、欺骗消费者，扰乱社会秩序、市场秩序的，由公安机关或者工商行政管理部门依法给予行政处罚；构成犯罪的，依法追究刑事责任。

（2）**《中华人民共和国价格法》（1997年12月29日）**

第十四条　经营者不得有下列不正当价格行为：

（一）相互串通，操纵市场价格，损害其他经营者或者消费者的合法权益；

（二）在依法降价处理鲜活商品、季节性商品、积压商品等商品外，为了排挤竞争对手或者独占市场，以低于成本的价格倾销，扰乱正常的生产经营秩序，损害国家利益或者其他经营者的合法权益；

（三）捏造、散布涨价信息，哄抬价格，推动商品价格过高上涨的；

（四）利用虚假的或者使人误解的价格手段，诱骗消费者或者其他经营者与其进行交易；

（五）提供相同商品或者服务，对具有同等交易条件的其他经营者实行价格歧视；

（六）采取抬高等级或者压低等级等手段收购、销售商品或者提供服务，变相提高或者压低价格；

（七）违反法律、法规的规定牟取暴利；

（八）法律、行政法规禁止的其他不正当价格行为。

第四十条第一款　经营者有本法第十四条所列行为之一的，责令改正，没收违法所得，可以并处违法所得五倍以下的罚款；没有违法所得的，予以警告，可以并处罚款；情节严重的，责令停业整顿，或者由工商行政管理机关吊销营业执照。有关法律对本法第十四条所列行为的处罚及处罚机关另有规定的，可以依照有关法律的规定执行。

(3)《价格违法行为行政处罚规定》（2010年12月4日修订）

第六条　经营者违反价格法第十四条的规定，有下列推动商品价格过快、过高上涨行为之一的，责令改正，没收违法所得，并处违法所得5倍以下的罚款；没有违法所得的，处5万元以上50万元以下的罚款，情节较重的处50万元以上300万元以下的罚款；情节严重的，责令停业整顿，或者由工商行政管理机关吊销营业执照：

（一）捏造、散布涨价信息，扰乱市场价格秩序的；

（二）除生产自用外，超出正常的存储数量或者存储周期，大量囤积市场供应紧张、价格发生异常波动的商品，经价格主管部门告诫仍继续囤积的；

（三）利用其他手段哄抬价格，推动商品价格过快、过高上涨的。

行业协会或者为商品交易提供服务的单位有前款规定的违法行为的，可以处50万元以下的罚款；情节严重的，由登记管理机关依法撤销登记、吊销执照。

前两款规定以外的其他单位散布虚假涨价信息，扰乱市场价格秩序，依法应当由其他主管机关查处的，价格主管部门可以提出依法处罚的建议，有关主管机关应当依法处罚。

CHAPTER 11

第十一章 刑事法律风险（上）

撰 稿 人

北京市东卫律师事务所
张涛 李国信

2020年1月20日国家卫生健康委员会发布公告（2020年第1号），将新型冠状病毒感染的肺炎纳入《传染病防治法》规定的乙类传染病，并采取甲类传染病的预防、控制措施。为了有效防控疫情，我国大陆31个省、自治区、直辖市政府，先后启动重大突发公共卫生事件一级响应，疫情防治从群防群治转向依法防治。为了充分保障疫情防控期间医务人员的安全，维护良好的医疗秩序，依法严惩妨害疫情防控的各类违法犯罪，国家卫生健康委、最高人民法院、最高人民检察院、公安部联合发布了《关于做好新型冠状病毒肺炎疫情防控期间保障医务人员安全维护良好医疗秩序的通知》，最高人民法院、最高人民检察院、公安部、司法部联合发布了《关于依法惩治妨害新型冠状病毒感染肺炎疫情防控违法犯罪的意见》。

本章根据相关法律法规的规定，并结合实际案例，对普通公民、企业、国家工作人员在疫情防控期间可能涉及的违法犯罪情形进行系统梳理，在依法防控疫情的背景下，每个人都不应逾越刑事法律风险的红线。

一、以危险方法危害公共安全罪

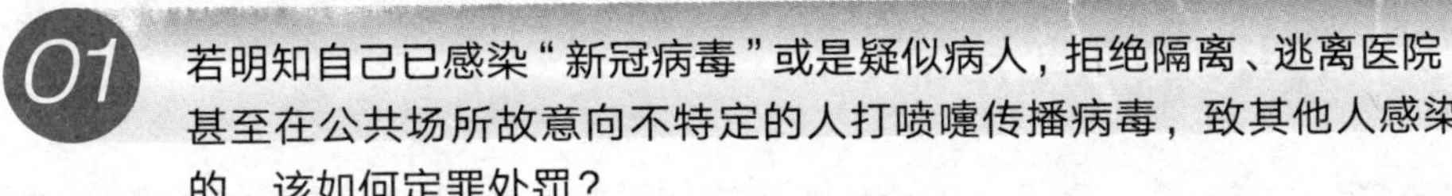

01 若明知自己已感染“新冠病毒”或是疑似病人，拒绝隔离、逃离医院，甚至在公共场所故意向不特定的人打喷嚏传播病毒，致其他人感染的，该如何定罪处罚？

答：故意传播突发传染病病原体，危害公共安全的，依照《刑法》第114条、第115条第1款的规定，按照以危险方法危害公共安全罪定罪处罚。

法律法规及政策依据

《中华人民共和国刑法》（2017年11月4日修正）

第一百一十四条　放火、决水、爆炸以及投放毒害性、放射性、传染病病原体等物质或者以其他危险方法危害公共安全，尚未造成严重后果的，处三年以上十年以下有期徒刑。

第一百一十五条第一款　放火、决水、爆炸以及投放毒害性、放射性、传染病病原体等物质或者以其他危险方法致人重伤、死亡或者使公私财产遭受重大损失的，处十年以上有期徒刑、无期徒刑或者死刑。

司法案例

案例1：2020年1月31日，青海警方发布通报称：经公安机关初步侦查，西宁市湟中县李家山镇某村村民苟某，长期在武汉务工，近日返宁后，拒不执行西宁市新冠肺炎疫情防控处置工作指挥部关于“重点地区人员需向社区（村）登记备案，并主动居家隔离”的要求，故意隐瞒真实行程和活动，编造虚假归宁日期信息，对自己已有发热、咳嗽等症状刻意隐瞒，欺骗调查走访人员，且多次主动与周边人群密切接触。特别恶劣的是，苟某有意隐瞒其子与其一同从武汉返宁的事实，其子也多次在外活动，并密切接触人群。

该案中，苟某和其子后被确诊为新冠肺炎感染病例，并被隔离收治。苟某的行为违反《刑法》《传染病防治法》等有关法律法规以及青海省西宁市新冠肺炎疫情防控处置工作指挥部通告，严重干扰破坏疫情防控工作，涉嫌以危险方法危害公共安全罪被公安机关立案侦查，并被采取相关措施。

二、妨害传染病防治罪

02 未按照社区及卫生健康部门的要求如实登记个人行踪及信息、从外地返回后不按照有关要求自行居家隔离的，是否构成犯罪？

答：根据《刑法》相关规定，妨害传染病防治罪，是指单位或者个人违反《传染病防治法》的规定，有下列情形之一，引起甲类传染病传播或者有传播严重危险的行为：（1）供水单位供应的饮用水不符合国家规定的卫生标准的；（2）拒绝按照卫生防疫机构提出的卫生要求，对传染病病原体污染的污水、污物、粪便进行消毒处理的；（3）准许或者纵容传染病病人、病原携带者和疑似传染病病人从事国务院卫生行政部门规定禁止从事的易使该传染病扩散的工作的；（4）拒绝执行卫生防疫机构依照《传染病防治法》提出的预防、控制措施的。

法律法规及政策依据

《中华人民共和国刑法》（2017年11月4日修正）

第三百三十条　违反传染病防治法的规定，有下列情形之一，引起甲类传染病传播或者有传播严重危险的，处三年以下有期徒刑或者拘役；后果特别严重的，处三年以上七年以下有期徒刑：

（一）供水单位供应的饮用水不符合国家规定的卫生标准的；

（二）拒绝按照卫生防疫机构提出的卫生要求，对传染病病原体污染的污水、污物、粪便进行消毒处理的；

（三）准许或者纵容传染病病人、病原携带者和疑似传染病病人从事国务院卫生行政部门规定禁止从事的易使该传染病扩散的工作的；

（四）拒绝执行卫生防疫机构依照传染病防治法提出的预防、控制措施的。

单位犯前款罪的，对单位判处罚金，并对其直接负责的主管人员和其他直接责任人员，依照前款的规定处罚。

甲类传染病的范围，依照《中华人民共和国传染病防治法》和国务院有关规定确定。

司法案例

案例 2： 2020 年 2 月 20 日，《北京青年报》刊登一则案例：一位老人到发热门诊看病被确诊为新冠病毒肺炎，她否认与武汉来京人员有接触史。流行病学调查显示，该老人的小儿子常某长期在武汉居住，常某及其妻儿在武汉封城前自驾到长沙，然后坐飞机到北京，住在母亲和哥哥的住所。一家人无视北京市疫情防控领导小组办公室通告的要求，仍然外出购物、做出与他人密切接触等举动，从未提及从武汉回来的经历。常某母亲出现发热、咳嗽等症状后，常某觉得母亲可能感染了新冠肺炎，为了避免被隔离，另外租房居住。后常某也被检测出新冠病毒阳性，其家人被隔离观察。

该案中，常某的行为违反了《刑法》《传染病防治法》等有关法律法规，因涉嫌妨害传染病防治罪，已被公安机关依法立案侦查。

案例 3： 2020 年 1 月 20 日，湖北省武汉市某医院护工孙某某，随妻子、儿子、儿媳和孙女驾车返回四川省南充市嘉陵区吉安镇。1 月 21 日，孙某某在嘉陵区吉安镇参加聚餐，期间接触多人。1 月 22 日，孙某某出现发热、咳嗽症状，其子开车送其到医院就诊，后孙某某乘坐客车从医院返回吉安镇，车上接触多人。1 月 23 日上午，孙某某病情恶化，其子开车将其送至南充市中心医院嘉陵院区就诊，医生诊断其疑似“新型冠状病毒感染者”，让其住院隔离治疗。孙某某不听劝阻悄悄逃离医院，并乘坐客车返回吉安镇，车上接触多人。1 月 23 日 14 时许，工作人员将孙某某强制隔离治疗。孙某某在被确诊和收治隔离后，仍隐瞒真实行程和活动轨迹，导致疾控部门无法及时开展防控工作，大量接触人员未找回。2 月 5 日，南充市公安局嘉陵区分局对孙某某涉嫌妨害传染病防治一案立案侦查。

三、过失以危险方法危害公共安全罪

问：在未被确诊感染的情况下，隐瞒到过武汉等疫情高发地区，或有意回避去过疫情高发地区，结果导致他人被传染等严重后果，是否应当承担法律责任？

答：对于这一问题，中国卫生法学会理事、中南大学医疗卫生法研究中心研究员周宇君认为，隐瞒者虽未明确诊断患有突发的传染病，或者被诊断为疑似突发传染病，但国家及各级政府要求报告到过疫情高发地区的情况，目的在于防范突发传染病的传播。疫情高发地区接触史，在传染病防治上，本身即属于重要的流行病学证据。因此，隐瞒者如果被证明导致接触者被传染，甚至导致多人被传染，符合《刑法》第115条第2款规定的情形，涉嫌过失以危险方法危害公共安全罪。

法律法规及政策依据

《中华人民共和国刑法》（2017年11月4日修正）

第一百一十五条　放火、决水、爆炸以及投放毒害性、放射性、传染病病原体等物质或者以其他危险方法致人重伤、死亡或者使公私财产遭受重大损失的，处十年以上有期徒刑、无期徒刑或者死刑。

过失犯前款罪的，处三年以上七年以下有期徒刑；情节较轻的，处三年以下有期徒刑或者拘役。

司法案例

案例4：2020年1月19日，唐某某一家四口从长沙自驾到湖北省黄冈市走访亲戚。1月23日，唐某某一家从湖北返回长沙。返回长沙后，唐某某多次主动与他人密切接触。2月3日，唐某某到医院就诊并被隔离观察，2月7日被确诊为新冠肺炎病例，并被隔离治疗。唐某某未向任何部门及疫情防控人员报告其有疫情高发地区旅居史、未主动居家隔离，导致另外7人感染并确诊新冠肺炎、多人封闭隔离观察的严重后果。2月8日，长沙市公安局雨花分局对唐某某涉嫌过失以危险方法危害公共安全罪立案侦查。

四、编造、故意传播虚假恐怖信息罪

问："咱家这里已经有 ×× 例感染的了！保真！我朋友就是医院的！""据说咱们市里所有的红绿灯都变成红灯了，私家车上路就会被扣分罚款"，不少人的微信群里都曾流传过这样的谣言信息，传播这样的信息构成犯罪吗？

答：编造与突发传染病疫情等灾害有关的恐怖信息，或者明知是编造的此类恐怖信息而故意传播，严重扰乱社会秩序的，依照《刑法》第291条之一的规定，以编造、故意传播虚假恐怖信息罪定罪处罚。

法律法规及政策依据

《中华人民共和国刑法》（2017年11月4日修正）

第二百九十一条之一　投放虚假的爆炸性、毒害性、放射性、传染病病原体等物质，或者编造爆炸威胁、生化威胁、放射威胁等恐怖信息，或者明知是编造的恐怖信息而故意传播，严重扰乱社会秩序的，处五年以下有期徒刑、拘役或者管制；造成严重后果的，处五年以上有期徒刑。

编造虚假的险情、疫情、灾情、警情，在信息网络或者其他媒体上传播，或者明知是上述虚假信息，故意在信息网络或者其他媒体上传播，严重扰乱社会秩序的，处三年以下有期徒刑、拘役或者管制；造成严重后果的，处三年以上七年以下有期徒刑。

司法案例

案例5：2020年1月28日，平安北京"官方微博"转发一则警情通报：1月26日，通州警方接群众反映，有网民发帖自称感染新冠肺炎后，故意前往人员密集场所，意图传染他人。通州警方迅速开展调查，于当日将发帖人刘某查获。经查，该人未感染新冠肺炎，身体健康，其供述称出于恶作剧心态编造、散布虚假信息。该案中，刘某因涉嫌编造、故意传播虚假恐怖信息罪被北京市公安局通州公安分局依法刑事拘留，案件正在进一步办理之中。

案例 6：2020 年 1 月 26 日，赵某某为满足虚荣心，扩大网络影响力，将身着警服的照片设为微信头像，同时将微信昵称设为“鞍山交警小龙”，并在微信朋友圈发布信息称，“鞍山交警小龙温馨提示大家！今天鞍山市城市公交车全部停运！从明天开始长途客运站停止营运所有长途汽车！今晚我值班由我带队出去执勤！今晚从半夜 12 点开始，鞍山所有的高速公路口全城封闭！所有的车辆不准进入我们鞍山！”“鞍山市今晚全城开始封路！广大司机朋友们没事请不要出门了！”并配发多张警察执勤图片。该条信息发布后，被多名网友转发至朋友圈和微信群，大量市民向相关部门电话咨询，鞍山市交通管理局接听 95 人次，鞍山市 8890 民生服务平台接听 24 人次，110 接警中心接听 78 人次，引发社会不良影响，扰乱疫情防控工作的正常秩序。案发后，鞍山市铁西区人民检察院第一时间启动重大敏感案件快速反应工作机制，掌握案件进展与取证情况，就证据调取、适用法律问题与公安机关充分交换意见。2020 年 2 月 10 日，铁西区人民检察院对赵某某以编造、故意传播虚假信息罪批准逮捕。

五、非法猎捕、杀害国家重点保护的珍贵、濒危野生动物罪或非法收购、运输、出售国家重点保护的珍贵、濒危野生动物及其制品罪

05 问：本次疫情的病毒很可能源自野生动物，贩卖野生动物的行为会构成哪些犯罪？

答：非法猎捕、杀害国家重点保护的珍贵、濒危野生动物的，依照《刑法》规定，以非法猎捕、杀害国家重点保护的珍贵、濒危野生动物罪定罪处罚。

非法收购、运输、出售国家重点保护的珍贵、濒危野生动物及其制品的，依照《刑法》规定，以非法收购、运输、出售国家重点保护的珍贵、濒危野生动物及其制品罪定罪处罚。

法律法规及政策依据

《中华人民共和国刑法》（2017年11月4日修正）

第三百四十一条第一款　非法猎捕、杀害国家重点保护的珍贵、濒危野生动物的，或者非法收购、运输、出售国家重点保护的珍贵、濒危野生动物及其制品的，处五年以下有期徒刑或者拘役，并处罚金；情节严重的，处五年以上十年以下有期徒刑，并处罚金；情节特别严重的，处十年以上有期徒刑，并处罚金或者没收财产。

司法案例

案例7： 2020年1月26日中午12时27分，武夷山市人民检察院收到群众举报，称“武夷山市兴田镇西郊村陈某某一家专门售卖野味”。接到举报后，武夷山市人民检察院及时将该线索移交给了武夷山市公安局森林分局。同日16时许，武夷山市公安局森林分局民警在对陈某某的住宅进行检查时，发现并扣押冰柜存放的5只完整去毛的“山鸡”、3块带有白色羽毛的“山鸡”尾部肉块（重6千克）和9块疑似“山麂”的肉块（重13.6千克）。经鉴定，被扣押的5只完整去毛的“山鸡”死体和3个带有白色羽毛的“山鸡”尾部肉块，物种为国家二级重点保护野生动物“白鹇”；被扣押的9块“山麂”肉块，物种为2000年8月1日列入《国家保护的有益的或者有重要经济、科学研究价值的陆生野生动物名录》的“赤麂”。陈某某交代，2019年11月至2020年1月，为了自己食用，先后多次到武夷山市兴田镇西郊村“双喜垅”山场，用购买的10个猎夹，捕获了5只“白鹇”和2只“赤麂”并予以杀害。同日晚，武夷山市公安局森林分局对陈某某以涉嫌非法狩猎罪立案侦查，同时采取了刑事拘留的强制措施。2020年2月2日，该分局将该案提请武夷山市人民检察院批准逮捕。武夷山市人民检察院经审查认为，陈某某违反《野生动物保护法》等相关法律法规，非法猎捕国家保护动物，涉嫌非法猎捕、杀害珍贵野生动物罪，依法对其批准逮捕。

案例8： 2020年1月29日，广东省韶关市曲江区市场监督管理局工作人员，在曲江区罗坑镇“火头军农场”进行检查时，发现厨房冰柜内有2只疑似野生动物“白鹇”的死体。经询问，“火头军农场”经营者刘某某称，其于2019年12月20日从曲江区罗坑瑶族村村民邓某某处收购“白鹇”死体两只。市场监督管理局工作人员认为刘某某存在非法收购珍贵、濒危野生动物“白鹇”的嫌疑。经审查，曲江区人民检察院认为，刘某某的行为涉嫌非法收购珍贵、濒危野生动物、珍贵、濒危野生动物制品罪，向区市场监督管理局发出《建议移送涉嫌犯罪案件函》，区市场监督管理局收到函后，将案件移送曲江区公安分局。曲江区公安分局受理案件后，于1月29日对刘某某以涉嫌非法收购珍贵、濒危野生动物案立案侦查，并于1月30日将其刑事拘留，2月5日提请曲江区人民检察院批准逮捕。

六、诈骗罪

06 问：通过网络购买“N95”口罩、一次性医用口罩，遭遇“空头支票”和“货不对板”，卖家是否构成犯罪？

答：在预防、控制突发传染病疫情灾害期间，假借研制、生产或者销售用于预防、控制突发传染病疫情等防灾用品的名义，诈骗公私财物数额较大的，依照《刑法》有关诈骗罪的规定定罪，依法从重处罚。

法律法规及政策依据

《中华人民共和国刑法》（2017年11月4日修正）

第二百六十六条　诈骗公私财物，数额较大的，处三年以下有期徒刑、拘役或者管制，并处或者单处罚金；数额巨大或者有其他严重情节的，处三年以上十年以下有期徒刑，并处罚金；数额特别巨大或者有其他特别严重情节的，处十年以上有期徒刑或者无期徒刑，并处罚金或者没收财产。本法另有规定的，依照规定。

司法案例

案例9：2020年1月30日，广东珠海市陈先生在微信上联系购买医用口罩，连续13次向一位自称有大量口罩的男子转账133.5万元，但是一直没有等到梦寐以求的口罩，愤而报警。

案例10： 2020年2月1日，沈阳警方抓获犯罪嫌疑人肇某，肇某在微信群和朋友圈发布卖口罩的信息，收取23人总计1万余元的口罩款，但是其给买家发的货却是搓澡巾和袜子。

案例11： 疫情防控期间，张某利用被害人急于购买口罩的心理，于2020年1月28日至30日，在微信、QQ等社交平台发布有大量口罩出售的虚假信息，骗取被害人陆某某、骆某、徐某某定金共计人民币9520元。该案由江苏省南通市公安局港闸分局侦查终结，于2月4日向南通市港闸区人民检察院移送审查起诉。南通市港闸区人民检察院审查认为，张某以非法占有为目的，在疫情防控期间虚构事实，利用网络骗取他人财物，数额较大，其行为已触犯《刑法》第266条，犯罪事实清楚，证据确实充分，应当以诈骗罪追究其刑事责任，并于2月5日向南通市港闸区人民法院提起公诉。同时，鉴于张某自愿认罪，检察机关建议判处其有期徒刑一年六个月，并处罚金人民币1万元。2月7日，南通市港闸区人民法院适用速裁程序，通过远程视频方式依法公开审理了此案，对张某判处有期徒刑一年六个月，并处罚金人民币1万元。

七、寻衅滋事罪、故意伤害罪

问：行为人在接受医护人员诊治服务过程中，对医护人员实行“追打”“猛咳”“吐口水”“撕扯防护服”等行为，是否构成犯罪？

答： 在预防、控制突发传染病疫情灾害期间，强拿硬要或者任意损毁、占用公私财物情节严重，或者在公共场所起哄闹事，造成公共场所秩序严重混乱的，依照《刑法》第293条的规定，以寻衅滋事罪定罪，依法从重处罚。

如果行为人的行为造成了医护人员感染患病、身体健康严重受损甚至死亡的，应当认定为故意非法损害他人身体健康的行为，依照《刑法》第234条的规定，以故意伤害罪定罪处罚。

法律法规及政策依据

《中华人民共和国刑法》（2017年11月4日修正）

第二百三十四条　故意伤害他人身体的，处三年以下有期徒刑、拘役或者管制。

犯前款罪，致人重伤的，处三年以上十年以下有期徒刑；致人死亡或者以特别残忍手段致人重伤造成严重残疾的，处十年以上有期徒刑、无期徒刑或者死刑。本法另有规定的，依照规定。

第二百九十三条　有下列寻衅滋事行为之一，破坏社会秩序的，处五年以下有期徒刑、拘役或者管制：

（一）随意殴打他人，情节恶劣的；

（二）追逐、拦截、辱骂、恐吓他人，情节恶劣的；

（三）强拿硬要或者任意损毁、占用公私财物，情节严重的；

（四）在公共场所起哄闹事，造成公共场所秩序严重混乱的。

纠集他人多次实施前款行为，严重破坏社会秩序的，处五年以上十年以下有期徒刑，可以并处罚金。

司法案例

案例12： 2020年1月27日，柯某某的岳父田某某因疑似患新冠肺炎入住湖北省武汉市第四医院。1月29日上午，田某某家属因其转院问题与医院发生矛盾，情绪激动。当晚9时左右，田某某病情危急，家属呼叫医生进行救治，其间有大喊大叫、大力拍病房门等过激行为。值班医生高某穿防护服准备进入隔离区时，见家属情绪激动，可能危及自身安全，便立即告知主任刘某，刘某报警要求公安机关介入后再进行治疗。硚口分局警务站民警接警后，与病人家属进行沟通，希望家属平复情绪。与此同时，高某安排护士对田某某进行抢救。但田某某由于肺部感染导致呼吸衰竭，经抢救无效死亡。随后，柯某某及田某某的女儿到隔离区内的护士站找到了正在填写病历的医生高某，田某某女儿将高某拉出护士站后，柯某某随即用拳头殴打高某的头部、颈部，并拉扯高某的防护服、口罩、防护镜等，致高某颈部被抓伤，防护服、口罩、护目镜等被撕破、脱落。双方在拉扯过程中致一名前来劝阻的护士手套脱落。被害人高某经两次核酸检测为阴性，其伤情经法医鉴定为轻微伤。1 月 30 日，硚口区公安分局以涉嫌寻衅滋事罪对柯某某进行立案侦查，并将其刑事拘留。

八、妨害公务罪

问：暴力阻碍国家机关工作人员的劝返、劝解工作，该如何定罪处罚？

答：以暴力、威胁方法阻碍国家机关工作人员、红十字会工作人员依法履行为防治突发传染病疫情灾害而采取的防疫、检疫、强制隔离、隔离治疗等预防、控制措施的，依照《刑法》的规定，以妨害公务罪定罪处罚。

法律法规及政策依据

《中华人民共和国刑法》（2017 年 11 月 4 日修正）

第二百七十七条　以暴力、威胁方法阻碍国家机关工作人员依法执行职务的，处三年以下有期徒刑、拘役、管制或者罚金。

以暴力、威胁方法阻碍全国人民代表大会和地方各级人民代表大会代表依法执行代表职务的，依照前款的规定处罚。

在自然灾害和突发事件中，以暴力、威胁方法阻碍红十字会工作人员依法履行职责的，依照第一款的规定处罚。

故意阻碍国家安全机关、公安机关依法执行国家安全工作任务，未使用暴力、威胁方法，造成严重后果的，依照第一款的规定处罚。

暴力袭击正在依法执行职务的人民警察的，依照第一款的规定从重处罚。

司法案例

案例 13：2020 年 1 月 27 日，湖南省宁乡市公安局发布警情通报：一名湖北返回宁乡的男子，不听从工作人员劝解，多次辱骂工作人员，甚至驾车闯入派出所，持刀追砍民警，最终被公安机关刑事拘留。

案例14：2020年2月2日，王某某在浙江省湖州市南浔区××村××巷××村租住房屋门口，不听从疫情防控巡查村干部徐某某等人对其遵守居家隔离规定的劝导，并与工作人员发生争执。后旧馆派出所社区民警朱某某协助开展劝导工作，王某某仍不予配合，并在朱某某阻止其拍视频时，直接攻击朱某某，抓伤其脸部、颈部。2月3日，湖州市南浔区人民检察院采用视频会议方式介入，引导完善政府关于防疫措施的书证等证据。2月6日，湖州市公安局南浔区分局提请批准逮捕王某某，湖州市南浔区人民检察院利用远程视频批准逮捕王某某。湖州市南浔区人民检察院对王某某以妨害公务罪，适用速裁程序提起公诉，并适用认罪认罚从宽制度。2月9日，湖州市南浔区人民法院开庭审理本案，采纳检察机关提出的量刑建议，以妨害公务罪判处王某某有期徒刑九个月。

九、生产、销售伪劣产品罪

09 问：疫情期间，生产销售假冒伪劣口罩，应当承担何种法律责任？

答：在预防、控制突发传染病疫情灾害期间，生产、销售伪劣的防治、防护产品、物资，或者生产、销售用于防治传染病的假药、劣药，构成犯罪的，分别依照《刑法》相关规定，以生产、销售伪劣产品罪，生产、销售假药罪或者生产、销售劣药罪定罪，依法从重处罚。

法律法规及政策依据

《中华人民共和国刑法》（2017年11月4日修正）

第一百四十条　生产者、销售者在产品中掺杂、掺假，以假充真，以次充好或者以不合格产品冒充合格产品，销售金额五万元以上不满二十万元的，处二年以下有期徒刑或者拘役，并处或者单处销售金额百分之五十以上二倍以下罚金；销售金额二十万元以上不满五十万元的，处二年以上七年以下有期徒刑，并处销售金额百分之五十以上二倍以下罚金；销售金额五十万元以上不满二百万元的，处七年以上有期徒刑，并处销售金额百分之五十以上二倍以下罚金；

销售金额二百万元以上的，处十五年有期徒刑或者无期徒刑，并处销售金额百分之五十以上二倍以下罚金或者没收财产。

第一百四十一条　生产、销售假药的，处三年以下有期徒刑或者拘役，并处罚金；对人体健康造成严重危害或者有其他严重情节的，处三年以上十年以下有期徒刑，并处罚金；致人死亡或者有其他特别严重情节的，处十年以上有期徒刑、无期徒刑或者死刑，并处罚金或者没收财产。

本条所称假药，是指依照《中华人民共和国药品管理法》的规定属于假药和按假药处理的药品、非药品。

第一百四十二条　生产、销售劣药，对人体健康造成严重危害的，处三年以上十年以下有期徒刑，并处销售金额百分之五十以上二倍以下罚金；后果特别严重的，处十年以上有期徒刑或者无期徒刑，并处销售金额百分之五十以上二倍以下罚金或者没收财产。

本条所称劣药，是指依照《中华人民共和国药品管理法》的规定属于劣药的药品。

司法案例

案例15：2020年1月27日，浙江省义乌市公安局“官方微博”发布一则警情通报：1月25日晚，该局接到义乌存在假口罩案件线索后，即刻联合市场监督管理局开展行动。现查明，王某成、田某军通过微信销售仿冒“3M”防护口罩，邵某娟、毛某娟、邵某燕、鲁某科等人从王某成、田某军处进货销售给他人。该案中，王某成、邵某娟、毛某娟、邵某燕、鲁某科等人因涉嫌销售伪劣产品罪被警方依法刑事拘留，田某军在逃。

十、生产、销售不符合标准的医用器材罪

10 问：许多卖家宣称所卖的产品是“医用外科口罩”，买家收货后却发现只是普通的一次性医用口罩，有的甚至只是普通的一次性无纺口罩，对该行为应如何定性？

答：在预防、控制突发传染病疫情灾害期间，生产不符合保障人体健康的

国家标准、行业标准的医疗器械、医用卫生材料，或者销售明知是不符合保障人体健康的国家标准、行业标准的医疗器械、医用卫生材料，足以严重危害人体健康的，依照《刑法》的规定，以生产、销售不符合标准的医用器材罪定罪，依法从重处罚。

法律法规及政策依据

《中华人民共和国刑法》（2017年11月4日修正）

第一百四十五条　生产不符合保障人体健康的国家标准、行业标准的医疗器械、医用卫生材料，或者销售明知是不符合保障人体健康的国家标准、行业标准的医疗器械、医用卫生材料，足以严重危害人体健康的，处三年以下有期徒刑或者拘役，并处销售金额百分之五十以上二倍以下罚金；对人体健康造成严重危害的，处三年以上十年以下有期徒刑，并处销售金额百分之五十以上二倍以下罚金；后果特别严重的，处十年以上有期徒刑或者无期徒刑，并处销售金额百分之五十以上二倍以下罚金或者没收财产。

司法案例

案例16：2020年1月27日，西安市公安局环食药侦支队破获一起生产、销售不符合标准的医疗器材案，发现并查扣假冒“飘安”“民乐”牌一次性医疗口罩及“3M”牌口罩共计6万余个，劣质护目镜及过期橡胶手套2万余个，总涉案金额达4万余元。据了解，在新冠肺炎疫情期间，付某为获取暴利，未从正规渠道采购口罩，而是私自从新城区某商城门口的流动摊贩手中购买了大批一次性医疗口罩，并加价对外销售。西安市公安局环食药侦支队以付某涉嫌生产、销售不符合标准的医疗器材罪对其采取刑事强制措施。

十一、非法经营罪

问：原价12元的口罩卖到128元，几元钱一棵的白菜涨价近十倍，发“疫情财”该如何定罪处罚？

答：在预防、控制突发传染病疫情灾害期间，违反国家有关市场经营、价格管理等规定，哄抬物价、牟取暴利，严重扰乱市场秩序，违法所得数额较大或者有其他严重情节的，依照《刑法》规定，以非法经营罪定罪，依法从重处罚。

法律法规及政策依据

《中华人民共和国刑法》（2017 年 11 月 4 日修正）

第二百二十五条　违反国家规定，有下列非法经营行为之一，扰乱市场秩序，情节严重的，处五年以下有期徒刑或者拘役，并处或者单处违法所得一倍以上五倍以下罚金；情节特别严重的，处五年以上有期徒刑，并处违法所得一倍以上五倍以下罚金或者没收财产：

（一）未经许可经营法律、行政法规规定的专营、专卖物品或者其他限制买卖的物品的；

（二）买卖进出口许可证、进出口原产地证明以及其他法律、行政法规规定的经营许可证或者批准文件的；

（三）未经国家有关主管部门批准非法经营证券、期货、保险业务的，或者非法从事资金支付结算业务的；

（四）其他严重扰乱市场秩序的非法经营行为。

司法案例

案例 17： 2020 年 1 月 28 日，天津市场监督管理局官方微博发布消息，天津某药店以 128 元高价出售原价 12 元的 N95 口罩被查处。市场监管部门工作人员到达该药店时，销售人员表示没货，但其仓库里囤积了大量的 N95 口罩。市场监管部门工作人员依法当场责令该药店暂停营业，接受下一步调查处理，并向该单位送达行政处罚听证告知书，拟给予该单位罚款 300 万元的行政处罚。

案例 18： 2020 年 1 月 27 日，据郑州市委宣传部微信公号“郑州发布”消息，有网友发帖称，郑州市某超市白菜价格暴涨，一棵白菜卖出 63 元高价。郑州市市场监管局对此事介入调查，对超市负责人进行行政约谈，并作出对超市处以 50 万元罚款的行政处罚。

案例 19： 2020 年 1 月 30 日，广东省廉江市公安局经侦大队接到廉江市市场监督管理局移交的线索：在市场监督投诉举报平台中发现，有北京市民举报廉江市福本医疗器械有限公司于武汉暴发新冠肺炎期间，在天猫平台将平时销售价格为人民币50元一盒（50个独立包装）的一次性医疗口罩，提高至人民币600元一盒，是平时的12倍。1月31日，廉江市公安局对此案进行立案侦查，并于同日在廉江市安铺镇将涉嫌非法经营的谭某某抓获。廉江市人民检察院通过网络远程提审谭某某。经审查，谭某某违反国家在预防、控制突发传染病疫情灾害期间有关市场经营、价格管理等规定，哄抬物价、牟取暴利，严重扰乱市场秩序，情节严重（销售金额为人民币65,300元），涉嫌非法经营罪犯罪。2月6日，廉江市人民检察院对谭某某批准逮捕。

十二、破坏交通设施罪

问：部分地区为了减少人们在疫情暴发期间串门、外出，采取堆石头、堆泥土、挖沟等方式“封村”隔离病毒，上述硬性“封村”行为是否构成犯罪？

答：2020年1月28日，公安部召开应对新冠肺炎疫情工作领导小组第一次会议暨全国公安机关视频会议，明确提出：对未经批准擅自设卡拦截、断路阻断交通等违法行为，要立即报告党委、政府，依法稳妥处置，维护正常交通秩序。因此，如果未经批准私自采用堆石头或者泥土、挖沟等方式封路，可以予以行政处罚，情节严重的，可能构成破坏交通设施罪。

法律法规及政策依据

（1）《中华人民共和国治安管理处罚法》（2012年10月26日修正）

第二十三条　有下列行为之一的，处警告或者二百元以下罚款；情节较重的，处五日以上十日以下拘留，可以并处五百元以下罚款：

（一）扰乱机关、团体、企业、事业单位秩序，致使工作、生产、营业、医疗、教学、科研不能正常进行，尚未造成严重损失的；

（二）扰乱车站、港口、码头、机场、商场、公园、展览馆或者其他公共场所秩序的；

（三）扰乱公共汽车、电车、火车、船舶、航空器或者其他公共交通工具上的秩序的；

（四）非法拦截或者强登、扒乘机动车、船舶、航空器以及其他交通工具，影响交通工具正常行驶的；

（五）破坏依法进行的选举秩序的。

聚众实施前款行为的，对首要分子处十日以上十五日以下拘留，可以并处一千元以下罚款。

（2）《中华人民共和国刑法》（2017 年 11 月 4 日修正）

第一百一十七条　破坏轨道、桥梁、隧道、公路、机场、航道、灯塔、标志或者进行其他破坏活动，足以使火车、汽车、电车、船只、航空器发生倾覆、毁坏危险，尚未造成严重后果的，处三年以上十年以下有期徒刑。

第一百一十九条　破坏交通工具、交通设施、电力设备、燃气设备、易燃易爆设备，造成严重后果的，处十年以上有期徒刑、无期徒刑或者死刑。

过失犯前款罪的，处三年以上七年以下有期徒刑；情节较轻的，处三年以下有期徒刑或者拘役。

十三、传染病防治失职罪、滥用职权罪或者玩忽职守罪

13 问：从事传染病防治工作的国家机关工作人员，在得知本地已有传染病病例时，不及时上报、瞒报或者谎报感染人数，没有采取任何防范措施控制传染病传播和扩散，导致传染范围扩大或者疫情、灾情加重的，此种行为是否构成犯罪？

答： 如果从事传染病防治工作的政府卫生行政部门工作人员瞒报、谎报、缓报感染人数，没有采取任何防范措施控制传染病传播和扩散，属于严重不负责任的情形，如果导致传染病传播范围扩大，感染人数增多，不仅可能会受到行政处分，还可能会因涉嫌传染病防治失职罪被追究刑事责任。

在预防、控制突发传染病疫情灾害的工作中，负有组织、协调、指挥、灾害调查、控制、医疗救治、信息传递、交通运输、物资保障等职责的国家机关工作人员，滥用职权或者玩忽职守，致使公共财产、国家和人民利益遭受重大

损失的，依照《刑法》的规定，以滥用职权罪或者玩忽职守罪定罪处罚。

法律法规及政策依据

（1）《中华人民共和国刑法》（2017 年 11 月 4 日修正）

第三百九十七条　国家机关工作人员滥用职权或者玩忽职守，致使公共财产、国家和人民利益遭受重大损失的，处三年以下有期徒刑或者拘役；情节特别严重的，处三年以上七年以下有期徒刑。本法另有规定的，依照规定。

国家机关工作人员徇私舞弊，犯前款罪的，处五年以下有期徒刑或者拘役；情节特别严重的，处五年以上十年以下有期徒刑。本法另有规定的，依照规定。

第四百零九条　从事传染病防治的政府卫生行政部门的工作人员严重不负责任，导致传染病传播或者流行，情节严重的，处三年以下有期徒刑或者拘役。

（2）《中华人民共和国传染病防治法》（2013 年 6 月 29 日修正）

第六十六条　县级以上人民政府卫生行政部门违反本法规定，有下列情形之一的，由本级人民政府、上级人民政府卫生行政部门责令改正，通报批评；造成传染病传播、流行或者其他严重后果的，对负有责任的主管人员和其他直接责任人员，依法给予行政处分；构成犯罪的，依法追究刑事责任：

（一）未依法履行传染病疫情通报、报告或者公布职责，或者隐瞒、谎报、缓报传染病疫情的；

（二）发生或者可能发生传染病传播时未及时采取预防、控制措施的；

（三）未依法履行监督检查职责，或者发现违法行为不及时查处的；

（四）未及时调查、处理单位和个人对下级卫生行政部门不履行传染病防治职责的举报的；

（五）违反本法的其他失职、渎职行为。

司法案例

案例 20：天津市卫健委一名二级巡视员被问责。

案例 21：中央赴湖北指导组派出督查组督查工作，“一问三不知”的湖北省黄冈市卫健委主任被提名免职。

案例 22：河北 5 名干部因疫情防控履职不力被查处。

案例23：广西壮族自治区河池市金城江区卫生健康局副局长隔离期间外出聚餐被免职。

案例24：在（2014）巴刑初字第57号刑事判决书中，时任广西壮族自治区巴马瑶族自治县卫生局分管疾病预防控制工作的副局长黎某被以传染病防治失职罪定罪。

十四、重大环境污染事故罪

问：随意丢弃疫情患者用过的口罩、防护用具等含有病原体的器物，此种行为是否构成犯罪？

答：违反《传染病防治法》等国家有关规定，向土地、水体、大气排放、倾倒或者处置含传染病病原体的废物、有毒物质或者其他危险废物，造成突发传染病传播等重大环境污染事故，致使公私财产遭受重大损失或者人身伤亡的严重后果的，依照《刑法》规定，以重大环境污染事故罪定罪处罚。

法律法规及政策依据

《中华人民共和国刑法》（2017年11月4日修正）

第三百三十八条　违反国家规定，排放、倾倒或者处置有放射性的废物、含传染病病原体的废物、有毒物质或者其他有害物质，严重污染环境的，处三年以下有期徒刑或者拘役，并处或者单处罚金；后果特别严重的，处三年以上七年以下有期徒刑，并处罚金。

十五、贪污罪、侵占罪、挪用公款罪、挪用资金罪定罪、挪用特定款物罪

问：自湖北武汉发生新冠肺炎疫情以来，红十字会再一次被舆论推到了风口浪尖，如果红十字会及其工作人员在疫情防护救援工作中存在违法犯罪行为，应当如何定罪处罚？

答：红十字会是具有公共事务管理职能的事业单位，除工勤人员以外的工

作人员，均应参照《公务员法》进行管理，依法属于国家工作人员。如果红十字会及其工作人员贪污、侵占用于预防、控制突发传染病疫情等灾害的款物或者挪用归个人使用，构成犯罪的，以贪污罪、侵占罪、挪用公款罪、挪用资金罪定罪，依法从重处罚。挪用用于预防、控制突发传染病疫情等灾害的救灾、优抚、救济等款物，构成犯罪的，对直接责任人员，依照《刑法》规定，以挪用特定款物罪定罪处罚。

法律法规及政策依据

《中华人民共和国刑法》（2017年11月4日修正）

第二百七十一条第二款　国有公司、企业或者其他国有单位中从事公务的人员和国有公司、企业或者其他国有单位委派到非国有公司、企业以及其他单位从事公务的人员有前款行为的，依照本法第三百八十二条、第三百八十三条的规定定罪处罚。

第二百七十二条第二款　国有公司、企业或者其他国有单位中从事公务的人员和国有公司、企业或者其他国有单位委派到非国有公司、企业以及其他单位从事公务的人员有前款行为的，依照本法第三百八十四条的规定定罪处罚。

第二百七十三条　挪用用于救灾、抢险、防汛、优抚、扶贫、移民、救济款物，情节严重，致使国家和人民群众利益遭受重大损害的，对直接责任人员，处三年以下有期徒刑或者拘役；情节特别严重的，处三年以上七年以下有期徒刑。

第三百八十二条　国家工作人员利用职务上的便利，侵吞、窃取、骗取或者以其他手段非法占有公共财物的，是贪污罪。

受国家机关、国有公司、企业、事业单位、人民团体委托管理、经营国有财产的人员，利用职务上的便利，侵吞、窃取、骗取或者以其他手段非法占有国有财物的，以贪污论。

与前两款所列人员勾结，伙同贪污的，以共犯论处。

第三百八十三条　对犯贪污罪的，根据情节轻重，分别依照下列规定处罚：

（一）贪污数额较大或者有其他较重情节的，处三年以下有期徒刑或者拘役，并处罚金。

（二）贪污数额巨大或者有其他严重情节的，处三年以上十年以下有期徒刑，并处罚金或者没收财产。

（三）贪污数额特别巨大或者有其他特别严重情节的，处十年以上有期徒刑或者无期徒刑，并处罚金或者没收财产；数额特别巨大，并使国家和人民利益遭受特别重大损失的，处无期徒刑或者死刑，并处没收财产。

对多次贪污未经处理的，按照累计贪污数额处罚。

犯第一款罪，在提起公诉前如实供述自己罪行、真诚悔罪、积极退赃，避免、减少损害结果的发生，有第一项规定情形的，可以从轻、减轻或者免除处罚；有第二项、第三项规定情形的，可以从轻处罚。

犯第一款罪，有第三项规定情形被判处死刑缓期执行的，人民法院根据犯罪情节等情况可以同时决定在其死刑缓期执行二年期满依法减为无期徒刑后，终身监禁，不得减刑、假释。

第三百八十四条　国家工作人员利用职务上的便利，挪用公款归个人使用，进行非法活动的，或者挪用公款数额较大、进行营利活动的，或者挪用公款数额较大、超过三个月未还的，是挪用公款罪，处五年以下有期徒刑或者拘役；情节严重的，处五年以上有期徒刑。挪用公款数额巨大不退还的，处十年以上有期徒刑或者无期徒刑。

挪用用于救灾、抢险、防汛、优抚、扶贫、移民、救济款物归个人使用的，从重处罚。

司法案例

案例 25：在（2016）鄂 01 刑终 1310 号刑事判决书中，时任武汉红十字会副秘书长的姚某被以贪污罪定罪处罚。

CHAPTER 12

第十二章 刑事法律风险（下）

撰 稿 人

北京市东卫律师事务所
刘洋 解瑞松
/
北京东卫（成都）律师事务所
范杰 周海浪 杨天宝 卿尚兵

新冠肺炎被确定为乙型传染病。为了依法严惩妨害疫情防控的各类违法犯罪行为，最高人民法院、最高人民检察院、公安部、司法部出台《关于依法惩治妨害新型冠状病毒感染肺炎疫情防控违法犯罪的意见》，最高人民检察院相继发布4批典型案例，为依法准确办理妨害疫情防控犯罪案件提供了有效指引。

企业及公民个人在疫情防控期间应当严格遵守法律规定，尤其是《刑法》的相关规定，否则极有可能面临刑事处罚。本章对妨害传染病防治、制假售假、哄抬物价、坑蒙拐骗、暴力伤医、非法经营、妨害公务、寻衅滋事等妨害疫情防控行为，进行系统梳理分析，预防企业及个人因做出不当行为引发刑事法律风险。

隐瞒疫情发生地的居住史或者接触史，未按规定居家隔离造成他人感染新冠病毒的，会面临怎样的刑事处罚？

答：由于新冠肺炎具有传染性强，且传播速度快的特点，加之该疫情发生于春节期间，人员流动性非常大，这给疫情防控工作带来了极大挑战。为了有效阻断病毒传播，防止疫情蔓延，各地都启动了公共卫生突发事件一级响应，依据《传染病防治法》《突发事件应对法》等法律法规，制定了多项疫情预防、控制措施，加强对确诊病人、疑似病人的诊疗，努力防治疫情，强化疫情发生地区返回人员的登记、管理，督促返回人员居家隔离，配合健康状况监测。因此，相关的个人依法负有配合执行疫情防控措施的责任和义务。对于不遵守相关防控规定，妨害传染病防治，引起新冠病毒传播或者有传播严重危险的，应当依法惩治。

根据最高人民法院、最高人民检察院、公安部、司法部《关于依法惩治妨害新型冠状病毒感染肺炎疫情防控违法犯罪的意见》的规定，对于已经确诊的新冠肺炎病人、病原携带者，拒绝隔离治疗或者隔离期未满擅自脱离隔离治疗，并进入公共场所或者乘坐公共交通工具的；对于疑似病人拒绝隔离治疗或者隔离期未满擅自脱离隔离治疗，并进入公共场所或者乘坐公共交通工具，造成新型冠状病毒传播的，视为故意传播新冠肺炎病原体，危害公共安全，以危险方法危害公共安全罪定罪处罚：对于其他拒绝执行卫生防疫机构依照《传染病防治法》提出的防控措施，如隐瞒疫区居住史或接触史，拒绝居家隔离的，引起新型冠状病毒传播或者有传播严重危险的，以妨害传染病防治罪定罪处罚。

法律法规及政策依据

《中华人民共和国刑法》（2017 年 11 月 4 日修正）

第一百一十四条　放火、决水、爆炸以及投放毒害性、放射性、传染病病原体等物质或者以其他危险方法危害公共安全，尚未造成严重后果的，处三年以上十年以下有期徒刑。

第一百一十五条　放火、决水、爆炸以及投放毒害性、放射性、传染病病原体等物质或者以其他危险方法致人重伤、死亡或者使公私财产遭受重大损失的，处十年以上有期徒刑、无期徒刑或者死刑。

过失犯前款罪的，处三年以上七年以下有期徒刑；情节较轻的，处三年以

下有期徒刑或者拘役

第三百三十条　违反传染病防治法的规定，有下列情形之一，引起甲类传染病传播或者有传播严重危险的，处三年以下有期徒刑或者拘役；后果特别严重的，处三年以上七年以下有期徒刑：

（一）供水单位供应的饮用水不符合国家规定的卫生标准的；

（二）拒绝按照卫生防疫机构提出的卫生要求，对传染病病原体污染的污水、污物、粪便进行消毒处理的；

（三）准许或者纵容传染病病人、病原携带者和疑似传染病病人从事国务院卫生行政部门规定禁止从事的易使该传染病扩散的工作的；

（四）拒绝执行卫生防疫机构依照传染病防治法提出的预防、控制措施的。

单位犯前款罪的，对单位判处罚金，并对其直接负责的主管人员和其他直接责任人员，依照前款的规定处罚。

甲类传染病的范围，依照《中华人民共和国传染病防治法》和国务院有关规定确定。

02 以暴力、威胁方法阻碍居委会、村委会工作人员为防控疫情而采取的防疫措施的，如何承担刑事责任？

答：妨害公务，是指以暴力、威胁方法阻碍国家工作人员依法执行职务的行为，侵害的对象是依法正在执行公务的国家工作人员。在新冠肺炎疫情防控期间，各级政府要求防控措施落实全覆盖进行，各地居委会、村委会等基层组织实际上承担了大量的疫情防控工作。在疫情防控措施的通告中，也对社区、村的履行防控主体责任以及职责要求做了明确的规定。因此，居委会、村委会工作人员在疫情防控期间按照防控措施的通告采取相应的措施，如防疫、检疫、强制隔离、隔离治疗等，可视为接受政府委托履行疫情防控职责，应当视为正在依法执行执行职务的国家工作人员。因此，以暴力、威胁方法阻碍居委会、村委会工作人员，将承担妨害公务罪的刑事责任。

最高人民法院、最高人民检察院、公安部、司法部《关于依法惩治妨害新型冠状病毒感染肺炎疫情防控违法犯罪的意见》对此也作了明确的规定，以暴力、威胁方法阻碍国家机关工作人员（含在依照法律、法规规定行使国家有关疫情防控行政管理职权的组织中从事公务的人员，在受国家机关委托代表国家机关行使疫情防控职权的组织中从事公务的人员，虽未列入国家机关人员编制但在国家机关中从事疫情防控公务的人员）依法履行为防控疫情而采取的防疫、检疫、强制隔离、隔离治疗等措施的，依照《刑法》第277条第1款、第3款的规定，以妨害公务罪定罪处罚。

法律法规及政策依据

《中华人民共和国刑法》（2017年11月4日修正）

第二百七十七条　以暴力、威胁方法阻碍国家机关工作人员依法执行职务的，处三年以下有期徒刑、拘役、管制或者罚金。

以暴力、威胁方法阻碍全国人民代表大会和地方各级人民代表大会代表依法执行代表职务的，依照前款的规定处罚。

在自然灾害和突发事件中，以暴力、威胁方法阻碍红十字会工作人员依法履行职责的，依照第一款的规定处罚。

故意阻碍国家安全机关、公安机关依法执行国家安全工作任务，未使用暴力、威胁方法，造成严重后果的，依照第一款的规定处罚。

暴力袭击正在依法执行职务的人民警察的，依照第一款的规定从重处罚。

03 发生“撕扯医务人员防护服”“向医务人员吐口水”等暴力伤医行为，行为人将承担怎样的刑事责任？

答：在新冠肺炎疫情防控期间，医护人员不顾个人安危，奋战在抗击新冠肺炎疫情第一线，他们冒着生命危险守护人民群众的生命安全和身体健康，其工作不仅应当得到应有的尊重，更应受到法律的保护。根据《传染病防治法》的规定，新冠肺炎感染者、疑似感染者、密切接触者及家属都有义务配合医务工作人员进行治疗或隔离观察。在诊疗过程中，“撕扯医务人员防护服”“向医务人员吐口水”等暴力伤医行为，严重扰乱了医院的诊疗秩序，不仅是对医生合法权益的一种侵犯，更是对他人生命健康权的一种践踏。只有为广大医疗人员提供安全的执业环境，才能切实有效地维护患者的利益。

2020年2月10日，最高人民检察院、最高人民法院、公安部、司法局联合发布的《关于依法惩治妨害新型冠状病毒感染肺炎疫情防控违法犯罪的意见》明确指出，在疫情防控期间，故意伤害医务人员造成轻伤以上的严重后果，或者对医务人员实施“撕扯防护装备”“吐口水”等行为，致使医务人员感染新型冠状病毒的，依照《刑法》第234条的规定，以故意伤害罪定罪处罚；随意殴打医务人员，情节恶劣的，依照《刑法》第293条的规定，以寻衅滋事罪定罪处罚。采取暴力或者其他方法公然侮辱、恐吓医务人员，符合《刑法》第246条、第293条规定的，以侮辱罪或者寻衅滋事罪定罪处罚。以不准离开工作场所等方式非法限制医务人员人身自由，符合《刑法》第238条规定的，以非法拘禁罪定罪处罚。

根据《刑法》的规定，构成故意伤害罪的，最高可判处死刑；构成寻衅滋事罪，最高可判处10年有期徒刑；构成非法拘禁罪，最高可判处死刑；即使量刑中最低的侮辱罪，也将面临3年以下有期徒刑。

法律法规及政策依据

《中华人民共和国刑法》（2017年11月4日修正）

第二百三十四条　故意伤害他人身体的，处三年以下有期徒刑、拘役或者管制。

犯前款罪，致人重伤的，处三年以上十年以下有期徒刑；致人死亡或者以特别残忍手段致人重伤造成严重残疾的，处十年以上有期徒刑、无期徒刑或者死刑。本法另有规定的，依照规定。

第二百三十八条　非法拘禁他人或者以其他方法非法剥夺他人人身自由的，处三年以下有期徒刑、拘役、管制或者剥夺政治权利。具有殴打、侮辱情节的，从重处罚。

前款罪，致人重伤的，处三年以上十年以下有期徒刑；致人死亡的，处十年以上有期徒刑。使用暴力致人伤残、死亡的，依照本法第二百三十四条、第二百三十二条的规定定罪处罚。

为索取债务非法扣押、拘禁他人的，依照前两款的规定处罚。

国家机关工作人员利用职权犯前三款罪的，依照前三款的规定从重处罚。

第二百四十六条　以暴力或者其他方法公然侮辱他人或者捏造事实诽谤他

人，情节严重的，处三年以下有期徒刑、拘役、管制或者剥夺政治权利。

前款罪，告诉的才处理，但是严重危害社会秩序和国家利益的除外。

通过信息网络实施第一款规定的行为，被害人向人民法院告诉，但提供证据确有困难的，人民法院可以要求公安机关提供协助。

第二百九十三条　有下列寻衅滋事行为之一，破坏社会秩序的，处五年以下有期徒刑、拘役或者管制：

（一）随意殴打他人，情节恶劣的；

（二）追逐、拦截、辱骂、恐吓他人，情节恶劣的；

（三）强拿硬要或者任意损毁、占用公私财物，情节严重的；

（四）在公共场所起哄闹事，造成公共场所秩序严重混乱的。

纠集他人多次实施前款行为，严重破坏社会秩序的，处五年以上十年以下有期徒刑，可以并处罚金。

04 在疫情防控期间，生产销售伪劣的防护物资，如何处罚？

答: 在疫情防控期间，作为防护物资的生产者、销售者，在生产、销售过程中，主观上以牟利为目的，客观上违反《产品质量法》等法律法规，实施掺杂掺假、以假充真、以次充好、以不合格产品冒充合格产品等行为，且销售金额达到5万元，将被追究生产、销售伪劣产品罪的刑事责任。

如果所生产、销售的产品系医用口罩、护目镜、防护物等医用防护物资，依据《医疗器械监督管理条例》的规定，这些物资均属于医疗器械。这些医疗器械若不符合医用标准，在使用中出现质量问题，将严重危及医护人员的生命健康。对此，根据我国法律的相关规定，将追究生产、销售不符合标准的医用器材罪的刑事责任。

法律法规及政策依据

《中华人民共和国刑法》（2017年11月4日修正）

第一百四十条　生产者、销售者在产品中掺杂、掺假，以假充真，以次充好或者以不合格产品冒充合格产品，销售金额五万元以上不满二十万元的，处二年以下有期徒刑或者拘役，并处或者单处销售金额百分之五十以上二倍以下罚金；销售金额二十万元以上不满五十万元的，处二年以上七年以下有期徒刑，并处销售金额百分之五十以上二倍以下罚金；销售金额五十万元以上不满二百万元的,处七年以上有期徒刑,并处销售金额百分之五十以上二倍以下罚金;销售金额二百万元以上的，处十五年有期徒刑或者无期徒刑，并处销售金额百分之五十以上二倍以下罚金或者没收财产。

第一百四十五条　生产不符合保障人体健康的国家标准、行业标准的医疗器械、医用卫生材料，或者销售明知是不符合保障人体健康的国家标准、行业标准的医疗器械、医用卫生材料，足以严重危害人体健康的，处三年以下有期徒刑或者拘役，并处销售金额百分之五十以上二倍以下罚金；对人体健康造成严重危害的，处三年以上十年以下有期徒刑，并处销售金额百分之五十以上二倍以下罚金；后果特别严重的，处十年以上有期徒刑或者无期徒刑，并处销售金额百分之五十以上二倍以下罚金或者没收财产。

05 如果企业生产的用于防治新冠肺炎的药品被认定为假药、劣药，将要承担何种法律责任？

答：药品的作用是预防、治疗、诊断疾病，有目的地调节人的生理机能。药品的质量，关乎人民群众的身体健康和生命安全。因此，药品生产企业要格外重视药品质量问题，确保生产出的药品符合国家标准。

生产出的药品具有以下情形之一的，将被认定为假药：一是药品所含成分与国家药品标准规定的成分不符；二是以非药品冒充药品或者以他种药品冒充此种药品；三是变质的药品；四是药品所标明的适应症或者功能主治超出规定范围。

具有以下几种情形之一的，药品将被认定为劣药：一是药品成分的含量不符合国家药品标准；二是被污染的药品；三是未标明或者更改有效期的药品；四是未注明或者更改产品批号的药品；五是超过有效期的药品；六是擅自添加防腐剂、辅料的药品；七是其他不符合药品标准的药品。

在疫情防控时期，控制药品质量尤为重要，一旦企业生产的用于防治新冠肺炎的药品被认定为假药或者劣药，将要承担生产假药罪、生产劣药罪的刑事责任。

法律法规及政策依据

（1）《中华人民共和国刑法》（2017年11月4日）

第一百四十一条　生产、销售假药的，处三年以下有期徒刑或者拘役，并处罚金；对人体健康造成严重危害或者有其他严重情节的，处三年以上十年以下有期徒刑，并处罚金；致人死亡或者有其他特别严重情节的，处十年以上有期徒刑、无期徒刑或者死刑，并处罚金或者没收财产。

本条所称假药，是指依照《中华人民共和国药品管理法》的规定属于假药和按假药处理的药品、非药品。

第一百四十二条　生产、销售劣药，对人体健康造成严重危害的，处三年以上十年以下有期徒刑，并处销售金额百分之五十以上二倍以下罚金；后果特别严重的，处十年以上有期徒刑或者无期徒刑，并处销售金额百分之五十以上二倍以下罚金或者没收财产。

本条所称劣药，是指依照《中华人民共和国药品管理法》的规定属于劣药的药品。

（2）《中华人民共和国药品管理法》（2019年8月26日）

第九十八条　禁止生产（包括配制，下同）、销售、使用假药、劣药。

有下列情形之一的，为假药：

（一）药品所含成份与国家药品标准规定的成份不符；

（二）以非药品冒充药品或者以他种药品冒充此种药品；

（三）变质的药品；

（四）药品所标明的适应症或者功能主治超出规定范围。

有下列情形之一的，为劣药：

（一）药品成份的含量不符合国家药品标准；

（二）被污染的药品；

（三）未标明或者更改有效期的药品；

（四）未注明或者更改产品批号的药品；

（五）超过有效期的药品；

（六）擅自添加防腐剂、辅料的药品；

（七）其他不符合药品标准的药品。

禁止未取得药品批准证明文件生产、进口药品；禁止使用未按照规定审评、审批的原料药、包装材料和容器生产药品。

06 在疫情防控期间，企业或者商家哄抬物价、囤积居奇，需要承担怎样的责任？

答：经营者在疫情防控期间，虚构购进成本、虚构本地区货源紧张或者市场需求激增、虚构其他经营者已经或者准备提价等虚假涨价信息并进行散布，使用“严重缺货”“即将全线提价”等紧迫性用语或者诱导性用语，推高价格预期，号召或者诱导其他经营者提高价格，都将被认定为哄抬物价的行为。

根据最高人民法院、最高人民检察院、公安部、司法部《关于依法惩治妨害新型冠状病毒感染肺炎疫情防控违法犯罪的意见》，在疫情防控期间，违反国家有关市场经营、价格管理等规定，囤积居奇，哄抬疫情防控急需的口罩、护目镜、防护服、消毒液等防护用品、药品或者其他涉及民生的物品价格，牟取暴利，违法所得数额较大或者有其他严重情节，严重扰乱市场秩序的，依照《刑法》第225条第4项的规定，以非法经营罪定罪处罚。

法律法规及政策依据

《中国人民共和国刑法》（2017年11月4日修正）

第二百二十五条　违反国家规定，有下列非法经营行为之一，扰乱市场秩序，情节严重的，处五年以下有期徒刑或者拘役，并处或者单处违法所得一倍以上五倍以下罚金；情节特别严重的，处五年以上有期徒刑，并处违法所得一倍以上五倍以下罚金或者没收财产：

（一）未经许可经营法律、行政法规规定的专营、专卖物品或者其他限制买卖的物品的；

（二）买卖进出口许可证、进出口原产地证明以及其他法律、行政法规规定的经营许可证或者批准文件的；

（三）未经国家有关主管部门批准非法经营证券、期货、保险业务的，或者非法从事资金支付结算业务的；

（四）其他严重扰乱市场秩序的非法经营行为。

07 假借募捐新冠肺炎防疫物资名义骗取财物，应当承担怎样的法律责任？

答： 慈善活动关系到广大人民群众特别是弱势群体的切身利益，一旦发生虚假募捐、欺诈等行为，对公益慈善事业和社会公信力都会带来严重损害。因此，《慈善法》第33条明确禁止任何组织或者个人假借慈善名义或者假冒慈善组织开展募捐活动，骗取财产。

在疫情防控期间，以非法占有为目的，虚构募集新冠肺炎防疫物资的事实，骗取他人捐赠财物，将被追究诈骗罪的刑事责任。根据最高人民法院、最高人民检察院、公安部、司法部《关于依法惩治妨害新型冠状病毒感染肺炎疫情防控违法犯罪的意见》，在疫情防控期间，捏造事实骗取公众捐赠款物，数额较大的，依照《刑法》第266条的规定，以诈骗罪定罪处罚。在疫情防控期间实施此类诈捐、骗捐违法犯罪行为，造成社会影响和危害更加恶劣，也会面临更严厉的处罚。上述意见规定，在疫情防控期间实施违法犯罪行为的，要作为从重情节予以考量。

法律法规及政策依据

《中华人民共和国刑法》（2017年11月4日修正）

第二百六十六条　诈骗公私财物，数额较大的，处三年以下有期徒刑、拘役或者管制，并处或者单处罚金；数额巨大或者有其他严重情节的，处三年以上十年以下有期徒刑，并处罚金；数额特别巨大或者有其他特别严重情节的，处十年以上有期徒刑或者无期徒刑，并处罚金或者没收财产。本法另有规定的，依照规定。

08 在疫情防控期间，商家在广告中夸大产品功效，宣称可以预防新冠肺炎，进行虚假宣传，诱导公众购买，对该行为如何评价？

答： 商家通过广告获取流量进而获得收益，属正常的经营行为，但是应当遵守《广告法》等相关法律规定，在广告中应当真实、合法、以健康的表现形式表达广告内容，不得含有虚假或者引人误解的内容，不得欺骗、误导消费者。

在新冠肺炎疫情防控期间，有针对性的预防和治疗新冠肺炎的药物尚在研发过程中，目前尚无权威结论。商家为了扩大营销，在广告中宣称其产品可以杀灭病毒，具有治疗或预防新冠肺炎功效，此类广告明显属于属虚假宣传。商家的这种虚假宣传行为，如果导致多人上当受骗，违法所得数额较大或者有其他严重情节，将被追究虚假广告罪的刑事责任。

法律法规及政策依据

《中国华人民共和国刑法》（2017 年 11 月 4 日修正）

第二百二十二条　广告主、广告经营者、广告发布者违反国家规定，利用广告对商品或者服务作虚假宣传，情节严重的，处二年以下有期徒刑或者拘役，并处或者单处罚金。

在网络上通过自媒体或其他方式编造、传播虚假疫情信息的，应如何追究责任？

答：网络空间从不是“法外之地”，网络江湖亦不是“丛林世界”。在虚拟的网络世界中，任何人都要对自己的言行负责，谨言慎行，不能编造虚假信息，扰乱公共秩序。特别是在疫情防控时期，编造、传播虚假的疫情信息，极易造成周围群众的恐慌，严重影响疫情防控工作。对于在网上编造虚假疫情信息，通过自媒体或者其他方式传播虚假疫情信息，扰乱公共秩序等违法犯罪行为，根据最高人民法院、最高人民检察院、公安部、司法部《关于依法惩治妨害新型冠状病毒感染肺炎疫情防控违法犯罪的意见》，将被追究编造、故意传播虚假信息罪的刑事责任。

法律法规及政策依据

《中国华人民共和国刑法》（2017 年 11 月 4 日修正）

第二百九十一条之一　投放虚假的爆炸性、毒害性、放射性、传染病病原体等物质，或者编造爆炸威胁、生化威胁、放射威胁等恐怖信息，或者明知是编造的恐怖信息而故意传播，严重扰乱社会秩序的，处五年以下有期徒刑、拘役或者管制；造成严重后果的，处五年以上有期徒刑。

编造虚假的险情、疫情、灾情、警情，在信息网络或者其他媒体上传播，或者明知是上述虚假信息，故意在信息网络或者其他媒体上传播，严重扰乱社会秩序的，处三年以下有期徒刑、拘役或者管制；造成严重后果的，处三年以上七年以下有期徒刑。

10 有利用互联网，编造、传播虚假疫情信息的，作为网络服务提供者，是否需要承担责任？

答：根据《网络安全法》《互联网信息服务管理办法》等相关规定，网络服务提供者、网络运营者应当加强对其用户发布的信息的管理，发现法律、行政法规禁止发布或者传输的信息的，应当立即停止传输该信息，采取删除等处置措施，防止信息扩散，保存有关记录，并向有关主管部门报告。

在疫情防控期间，如果网络服务提供者未按法律规定履行网络安全监管义务，经监管部门责令采取改正措施而拒不改正，致使虚假疫情信息或者其他违法信息大量传播的，将被追究拒不履行信息网络安全管理义务罪的刑事责任。

法律法规及政策依据

《中国华人民共和国刑法》（2017年11月4日修正）

第二百八十六条之一　网络服务提供者不履行法律、行政法规规定的信息网络安全管理义务，经监管部门责令采取改正措施而拒不改正，有下列情形之一的，处三年以下有期徒刑、拘役或者管制，并处或者单处罚金：

（一）致使违法信息大量传播的；

（二）致使用户信息泄露，造成严重后果的；

（三）致使刑事案件证据灭失，情节严重的；

（四）有其他严重情节的。

单位犯前款罪的，对单位判处罚金，并对其直接负责的主管人员和其他直接责任人员，依照前款的规定处罚。

有前两款行为，同时构成其他犯罪的，依照处罚较重的规定定罪处罚。

11 负有疫情防控职责的国家机关工作人员，在工作中严重不负责任，致使疫情扩散，应承担怎样的责任？

答：在新冠肺炎疫情防控期间，各地均启动了国家突发公共卫生事件一级响应机制，对突发新冠肺炎疫情采取了多项预防、控制措施。负有组织、协调、指挥、灾害调查、控制、医疗救治、信息传递、交通运输、物资保障等职责的国家机关工作人员，应当及时采取应对措施，如对发生新冠肺炎疫情的地区，感染新冠肺炎的病人、病原携带者、疑似病人，应当按照预防、控制突发传染病疫情等灾害工作规范的要求，做好防疫、检疫、隔离、防护、救治等工作；不能隐瞒、缓报、谎报或者授意、指使、强令他人隐瞒、缓报、谎报疫情、灾情；必须执行突发传染病疫情等灾害应急处理指挥机构的决定、命令。如果在疫情防控工作中，严重不负责任，不履职或者不正确履职，采取应对措施不当，防控失职失责，造成疫情扩散，致使公共财产、国家和人民利益遭受重大损失的，应当承担玩忽职守罪或滥用职权罪的刑事责任。

法律法规及政策依据

《中国华人民共和国刑法》（2017 年 11 月 4 日修正）

第三百九十七条　国家机关工作人员滥用职权或者玩忽职守，致使公共财产、国家和人民利益遭受重大损失的，处三年以下有期徒刑或者拘役；情节特别严重的，处三年以上七年以下有期徒刑。本法另有规定的，依照规定。

国家机关工作人员徇私舞弊，犯前款罪的，处五年以下有期徒刑或者拘役；情节特别严重的，处五年以上十年以下有期徒刑。本法另有规定的，依照规定。

12 国家工作人员通过虚开发票、虚列开支的形式，侵占用于预防、控制新冠肺炎的资金、物品，将面临怎样的处罚？

答：疫情发生后，国家紧急调拨了大量防控疫情急需的口罩、防护服、呼吸机等物品及大量资金，此外还有大量民间捐助的医疗物资。不论是国家调拨还是民间捐助的物资都需要进行规范管理，以发挥抗击疫情的最大作用。对这些物资的管理应由相关国家工作人员来进行。由于存在复杂的防疫局面，如果有国家工作员对上述物资通过虚开发票、虚列开支的形式侵占防控疫情的上述物资，据为己有，以实现自己的私利，若数额达到一定程度则可能涉及贪污罪，从而承担刑事责任。

需要特别明确指出的是，国家工作人员的范围包括如下几类：（1）在国家机关中从事公务的人员；国有公司、企业、事业单位、人民团体中从事公务的人员和国家机关、国有公司、企业、事业单位委派到非国有公司、企业、事业单位、社会团体从事公务的人员，以及其他依照法律从事公务的人员，以国家工作人员论。（2）村民委员会等基层组织人员协助人民政府从事行政管理工作，属于国家工作人员范畴。（3）通过伪造国家机关公文证件担任了国家工作人员，就属于国家工作人员，可以成为贪污贿赂犯罪的主体。（4）根据《刑法》第 382 条第 2 款规定，受国家机关、国有公司、企业、事业单位、人民团体委托管理、经营国有财产的人员，利用职务上的便利，侵吞、窃取、骗取或者以其他手段非法占有国有财物的，以贪污论。上述主体可以成为本罪的主体。这类人本不属于国家工作人员，但该款将他们拟制为国家工作人员。

可见，法律对国家工作人员的规定范围是比较明确的，由于对防控物资的管控涉及级别、多部门、多个主体，所以从中央到村民委员会、居委会；从国家机关到事业单位，如红十字会、国有公司，只要行为人符合法律的条件，都可以被认定为国家工作人员。那么在管控防疫物资的过程中，利用事务便利通过虚开发票、虚列开支方式侵占防控疫情物资的，都有可能被追究贪污罪的刑事责任。

法律法规及政策依据

《中国华人民共和国刑法》（2017 年 11 月 4 日修正）

第三百八十二条　国家工作人员利用职务上的便利，侵吞、窃取、骗取或者以其他手段非法占有公共财物的，是贪污罪。

受国家机关、国有公司、企业、事业单位、人民团体委托管理、经营国有财产的人员，利用职务上的便利，侵吞、窃取、骗取或者以其他手段非法占有国有财物的，以贪污论。

与前两款所列人员勾结，伙同贪污的，以共犯论处。

第三百八十三条　对犯贪污罪的，根据情节轻重，分别依照下列规定处罚：

（一）贪污数额较大或者有其他较重情节的，处三年以下有期徒刑或者拘役，并处罚金。

（二）贪污数额巨大或者有其他严重情节的，处三年以上十年以下有期徒刑，并处罚金或者没收财产。

（三）贪污数额特别巨大或者有其他特别严重情节的，处十年以上有期徒刑或者无期徒刑，并处罚金或者没收财产；数额特别巨大，并使国家和人民利益遭受特别重大损失的，处无期徒刑或者死刑，并处没收财产。

对多次贪污未经处理的，按照累计贪污数额处罚。

犯第一款罪，在提起公诉前如实供述自己罪行、真诚悔罪、积极退赃，避免、减少损害结果的发生，有第一项规定情形的，可以从轻、减轻或者免除处罚；有第二项、第三项规定情形的，可以从轻处罚。

犯第一款罪，有第三项规定情形被判处死刑缓期执行的，人民法院根据犯罪情节等情况可以同时决定在其死刑缓期执行二年期满依法减为无期徒刑后，终身监禁，不得减刑、假释。

13 为了应急，挪用预防、控制疫情的物资，将承担怎样的法律责任？

答：疫情来势凶猛，防疫所需的特定物资需求量大增，尤其是防疫的最前线，口罩、防护服、酒精等极为紧缺。此外，国家基于“全国一盘棋”的考虑，对防范能力薄弱或者受疫情影响严重的地区和人民进行救济或者帮助，以共渡难关。此时，这些防疫的物资都是具有特定用途的，不得随意挪用。如果有人对前述紧缺物资或者对特定地区、部分群众救济和帮助的物资擅自挪作他用的，必定会严重影响全国一盘棋的防疫战略，严重影响疫情紧急地区的防疫局面，严重影响困难群众的防疫大局，如果挪用数量多或者手段、情节严重，就可能涉及挪用特定款物罪，因此而被追究刑事责任。

法律法规及政策依据

《中国华人民共和国刑法》（2017年11月4日修正）

第二百七十三条　挪用用于救灾、抢险、防汛、优抚、扶贫、移民、救济款物，情节严重，致使国家和人民群众利益遭受重大损害的，对直接责任人员，处三年以下有期徒刑或者拘役；情节特别严重的，处三年以上七年以下有期徒刑。

14 为了防止疫情蔓延，未经批准擅自封堵道路，阻碍交通，如何评价该行为？

答：由于新冠肺炎具有隐蔽性高、传染性强的特点，为了防控疫情的需要，在一定区域内采取一定的封闭措施，减少人员流动，有效地阻止病毒传播，实属必要。但在采取封闭措施，特别是对道路交通采取封闭措施时，应当经过政府有关部门的批准。同时在采取封闭措施时，还要注意方式方法，不得采取破坏交通设施的方式对道路进行封闭。

疫情防控期间，未经政府部门批准，采取毁坏公路等方式封堵道路，阻碍交通，足以使汽车发生倾覆、毁坏危险的，将追究破坏交通设施罪的刑事责任。如果未经批准擅自封堵道路、阻碍交通，但未造成严重后果的，一般不以犯罪论处，由相应的主管部门予以纠正。

法律法规及政策依据

《中国华人民共和国刑法》（2017年11月4日）

第一百一十七条　破坏轨道、桥梁、隧道、公路、机场、航道、灯塔、标志或者进行其他破坏活动，足以使火车、汽车、电车、船只、航空器发生倾覆、毁坏危险，尚未造成严重后果的，处三年以上十年以下有期徒刑。

第一百一十九条　破坏交通工具、交通设施、电力设备、燃气设备、易燃易爆设备，造成严重后果的，处十年以上有期徒刑、无期徒刑或者死刑。

过失犯前款罪的，处三年以上七年以下有期徒刑；情节较轻的，处三年以下有期徒刑或者拘役。

15 为食用“野味”而购买国家重点保护的珍贵、濒危野生动物及其制品，需要承担何种责任？

答： 我国对珍贵、濒危的野生动物实行重点保护。国务院野生动物保护主管部门组织科学评估后制定重点保护动物名录，并根据评估情况每5年对名录进行调整。根据《野生动物保护法》的规定，禁止生产、经营使用国家重点保护野生动物及其制品制作的食品，或者使用没有合法来源证明的非国家重点保护野生动物及其制品制作的食品；禁止为食用非法购买国家重点保护的野生动物及其制品。

作为消费者，为了满足食欲，出于食用用途非法购买国家重点保护的珍贵、濒危野生动物及其制品，将被追究非法收购珍贵、濒危野生动物、珍贵、濒危野生动物制品罪的刑事责任。

法律法规及政策依据

《中国华人民共和国刑法》（2017年11月4日修正）

第三百四十一条第一款　非法猎捕、杀害国家重点保护的珍贵、濒危野生动物的，或者非法收购、运输、出售国家重点保护的珍贵、濒危野生动物及其制品的，处五年以下有期徒刑或者拘役，并处罚金；情节严重的，处五年以上十年以下有期徒刑，并处罚金；情节特别严重的，处十年以上有期徒刑，并处罚金或者没收财产。

16 在疫情防控期间，没有取得医师执业资格开展诊疗活动，可能会受到怎样的处罚？

答： 在我国，不论是医师执业，还是开设医疗机构，均实行医师执业注册制度。根据《执业医师法》《医疗机构管理条例》的有关规定，未经医师注册取得执业证书，不得从事医师执业活动。单位或者个人设置医疗机构，必须经县级以上地方人民政府卫生行政部门审查批准，并取得《医疗执业机构许可证》。未取得医师执业许可证或医疗执业机构许可证，擅自开展诊疗活动，将会给人民群众的身体健康造成极大伤害，将被追究非法行医罪的刑事责任。

特别是在新冠肺炎疫情防控期间，非法行医的诊疗行为，不仅危害群众健康，也会给疫情防控工作带来巨大风险，非法行医的黑诊所及其人员，由于不具备相应的检测手段，医疗技术差，业务水平低，极易出现错误诊断，延误患者病情，给患者生命健康带来极大危害。同时，非法行医的黑诊所及其人员，由于缺乏基本的消毒、隔离、防护设施，患者在就诊过程中，极易发生交叉感染，可能引发疫情扩散、蔓延。所以，对突发新冠肺炎疫情期间的非法行医行为将在量刑时予以从重处罚。

法律法规及政策依据

《中国华人民共和国刑法》（2017年11月4日修正）

第三百三十六条第一款　未取得医生执业资格的人非法行医，情节严重的，处三年以下有期徒刑、拘役或者管制，并处或者单处罚金；严重损害就诊人身体健康的，处三年以上十年以下有期徒刑，并处罚金；造成就诊人死亡的，处十年以上有期徒刑，并处罚金。

在疫情防控期间，强拿硬要或者任意损毁、占用公私财物，需要承担寻衅滋事的刑事责任？

答：在疫情防控期间，应当从两个方面考量强拿硬要或者任意损毁、占用公私财物的行为是否构成寻衅滋事罪。第一个是主观方面，必须是处于寻求刺激、发泄情绪、逞强耍横等，无事生非或者借故生非，也就是通常所讲的“流氓动机”。第二个是客观行为方面，强拿硬要或者任意损毁、占用公私财物必须要达到情节严重的程度。考虑到疫情防控的特殊性，此类寻衅滋事行为严重扰乱社会公共秩序，挑战社会公众底线，司法解释还特别提出了从重处罚的要求，以维护社会秩序稳定。

法律法规及政策依据

《中国华人民共和国刑法》（2017年11月4日修正）

第二百九十四条　有下列寻衅滋事行为之一，破坏社会秩序的，处五年以下有期徒刑、拘役或者管制：

（一）随意殴打他人，情节恶劣的；

（二）追逐、拦截、辱骂、恐吓他人，情节恶劣的；

（三）强拿硬要或者任意损毁、占用公私财物，情节严重的；

（四）在公共场所起哄闹事，造成公共场所秩序严重混乱的。

纠集他人多次实施前款行为，严重破坏社会秩序的，处五年以上十年以下有期徒刑，可以并处罚金。

PART TWO

下·篇

疫情防控
法律风险专论

COMMENTARIES

专论一

疫情下行政法律领域若干问题的思考

撰 稿 人

北京市东卫律师事务所

刘永林　温克志　刘泽宪　卢桂　李水燕　胡斌

疫情发生以来，全国上下都在为打赢这场“战疫”而努力。国家主席习近平、国务院总理李克强无时无刻不在关心疫情的防控情况，并组织召开相关会议对疫情防控工作进行部署。各级党委和政府亦积极响应中央的工作部署，及时落实中央关于防控工作的文件精神，疫情防控工作整体上取得了一定成效。为巩固在疫情防控过程中取得的成果，继续推进疫情防控工作，以及解决全国疫情防控工作中出现的一些情况，习近平主席在中央全面依法治国委员会第三次会议上发表讲话时指出：“当前，疫情防控正处于关键时期，依法科学有序防控至关重要。疫情防控越是到最吃劲的时候，越要坚持依法防控，在法治轨道上统筹推进各项防控工作，全面提高依法防控、依法治理能力，保障疫情防控工作顺利开展，维护社会大局稳定。”其重点强调，在疫情防控期间，所有的防控措施及行为都必须遵守法律规定、在法律的框架内进行，即依法防控疫情。

当前疫情下，依法防控的关键是必须先让政策制定者、执法者、普通民众和各类企事业单位等疫情防控参与者，了解和理解传染病暴发以及疫情防控方面法律是怎么规定的。比如，政府应出台什么防控措施，政府应该发布哪些防控信息；执法人员在疫情防控期间，针对危害和妨碍疫情防控行为人可采取哪些行政强制措施；执法人员自身应遵守哪些具体的规定，如果违反规定将受到哪些行政处分；普通民众在疫情暴发这一特殊时期应该遵守哪些规定，否则将受到哪些行政处罚；普通民众及企事业单位在其财产被征用后，享有哪些权利，权利受损时都有哪些救济措施等。唯有各参与主体均知晓上述内容，即在“知法”的前提下，才能更好地“守法”“执法”“司法”。疫情防控的参与主体如都能做到“依法防控”，也就可以最大程度避免政府发布的防控措施朝令夕改，警察在执法过程中粗暴及过度执法，司法人员在处理案件时生搬硬套法律规定、采用“一刀切”的方式处理案件，以及民众拒绝检查甚至暴力抗拒接受防疫措施等情形发生。本文旨在简述疫情防控各参与主体在疫情防控期间行政法领域的几方面主要问题，供读者参考。

一、疫情下违反防疫禁止性规定之行政强制措施

（一）行政强制措施的内涵

行政强制措施，是行政机关在行政管理过程中，为制止违法行为、防止证据损毁、避免危害发生、控制危险扩大的措施，依法对公民的人身自由实施暂时性限制，或者对公民、法人或者其他组织的财物实施暂时性控制的行为。行政强制措施属于行政强制行为，具有强制性、限权性、防御性、暂时性、非惩罚性、可诉性等特点。行政强制措施由法律设定，行政法规和地方性法规只能在法律允许范围内设定部分行政强制措施，法律法规以外的其他规范性文件不得设定行政强制措施。行政强制措施的实施主体是法律法规规定的行政机关和依法得到授权的组织，行政强制措施由行政机关具备资格的行政执法人员实施，行政强制措施权不得委托。行政强制措施是具体、单一的行政行为，不是抽象、

综合性的行政行为。

（二）行政强制措施种类及适用

根据《行政强制法》第9条的规定，行政强制措施的种类主要有：限制公民人身自由；查封场所、设施或者财物；扣押财物；冻结存款、汇款；其他行政强制措施。疫情防控期间的强制措施应当优先适用《传染病防治法》《突发公共卫生事件应急条例》等法律和行政法规中的特别规定，没有特别规定的，可以适用《行政强制法》中的一般规定。在防疫期间，采取合法有效的行政强制措施，可以更好地维护社会稳定和公共利益，有利于避免违法行为和危险事件的发生。

（三）行政强制措施相关规定

新冠肺炎病人、疑似病人和新冠肺炎病人密切接触者需要接受隔离治疗、医学观察措施的，应当配合卫生行政主管部门或者有关机构采取的医学措施。对新冠肺炎病人、病原携带者，应当予以隔离治疗，并根据医学检查结果确定隔离期限；疑似病人确诊前在指定场所单独隔离治疗。医疗机构内的病人、病原携带者、疑似病人的密切接触者，应当在指定场所进行医学观察和采取其他必要的预防措施。对于拒绝隔离、治疗、留验的检疫新冠肺炎病人、病原携带者、疑似检疫传染病病人和与其密切接触者，以及拒绝检查和卫生处理的可能传播检疫传染病的交通工具、停靠场所及物资，县级以上地方人民政府卫生行政部门或者铁路、交通、民用航空行政主管部门的卫生主管机构根据各自的职责，依照《传染病防治法》的规定，采取强制检疫措施；必要时，由当地县级以上人民政府组织公安机关予以协助。

卫生行政部门在履行监督检查职责时，发现被新冠肺炎病原体污染的公共饮用水源、食品以及相关物品，为防止新冠肺炎传播、流行，可以采取封闭公共饮用水源、封存食品以及相关物品或者暂停销售的临时控制措施，并予以检验或者进行消毒。在车船上发现新冠肺炎病人或者疑似新冠肺炎病人、可能感染新冠肺炎病人以及国务院卫生行政主管部门规定需要采取应急控制措施的新冠肺炎病人、疑似新冠肺炎病人及其密切接触者时，驾驶员或者船长应当组织有关人员依法封闭已被污染或者可能被污染的区域，禁止向外排放污物。对拒绝交通卫生检疫可能传播检疫新冠肺炎的车船、港站和其他停靠场所、承运人员、运输货物，卫生行政主管部门应当在交通行政主管部门协助下，依法采取强制消毒或者其他必要的交通卫生检疫措施。在非新冠肺炎疫区的交通工具上，如果发现新冠肺炎病人、病原携带者、疑似检疫新冠肺炎病人，交通工具负责人应当组织有关人员，对承运过新冠肺炎病人、病原携带者、疑似新冠肺炎病人的交通工具和可能被污染的环境实施卫生处理。

法律法规及政策依据

《突发公共卫生事件应急条例》第 44 条；《中华人民共和国传染病防治法》第 39 条、第 55 条；《中华人民共和国行政强制法》第 2 条、第 3 条、第 9 条、第 10 条；《突发公共卫生事件交通应急规定》第 26~28 条、第 43 条、第 44 条；《国内交通卫生检疫条例》第 8 条、第 10 条。

（四）行政强制措施相关案例

在疫情防控期间，公民、法人和其他组织应当遵守疫情防控相关法律法规，配合国家和政府做好疫情防控工作，避免因违反疫情防控的禁止性规定，而被采取强制性措施。实施疫情防控以来，在全国发生了多起民众因采取了危害或妨碍疫情防控行为，从而被执法部门采取行政强制措施的案例。

限制人身自由。湖北籍人员梅某于 2020 年 1 月 27 日自疫区来到佛山市，因拒绝居家隔离 14 天，被公安机关强制送至政府指定隔离点进行隔离；2020 年 1 月 23 日，四川南充孙某某在医生怀疑其疑似“新型冠状病毒感染者”的情况下，拒绝隔离治疗，被工作人员强制隔离治疗；2020 年 2 月 11 日，一名湖北籍女性为返回上海不被隔离而藏身轿车后备箱，在入沪高速路口被查获后被强制隔离观察。

查封场所、设施或者财物。2020 年 1 月 29 日，南通市通州区东社镇鲜德来酒楼因涉嫌违规交易野生动物制品，被江苏省南通市通州区市场监管局查封了经营场所，并被扣押黑水鸟冻品 26 只；2020 年 2 月 1 日，钦州市钦南区青城中央小区 k-party KTV 在疫情管控期间仍在营业，被执法人员现场查封，并查扣一台涉案音响设备；2020 年 2 月 12 日，无锡市锡山区安镇街道某快递企业因存在返岗人员未经检疫查验、疫情重点地区返锡人员未及时报告当地政府等情况，给疫情防控工作带来重大隐患，被无锡市邮政管理局当天查封相关场地并责令立即整改。

扣押财物。2020年2月2日，平邑县新华土产杂品店因销售“三无”飘安牌一次性医用口罩和酒精、84消毒液，被市场监管局当场查封扣押涉案酒精、84消毒液550斤，责令整改并处以罚款；2020年2月2日，犯罪嫌疑人旦某某、石某某两人因销售伪劣口罩被遵义市红花岗区公安机关采取强制措施，公安机关追缴伪劣口罩4300余个，扣押涉案赃款1万余元。

冻结存款、汇款。李某豪在疫情期间以卖口罩的名义在网上实施诈骗，被揭阳市揭西县公安局破获后，警方依法对涉案资金17,000多元进行扣押冻结。

二、疫情下对应急防控物资征用之行政征用补偿

（一）行政征用补偿相关概念

行政征用，是指行政主体出于公共利益的需要，依据法律法规的规定，强制性地取得行政相对人财产所有权、使用权或劳务并给予合理经济补偿的一种具体行政行为。行政补偿，是指行政主体因其合法行政行为导致行政相对人的合法权益遭受损失，依法由相应的行政机关弥补相对人损失的补偿。对行政征用的补偿，是指行政主体因其合法的行政征用行为对相对人的合法权益造成了损害，由相应的行政机关承担损害的补偿。行政征用补偿的主体是行政机关，补偿的对象是因行政征用而遭受损失的公民、法人和其他组织。行政征用补偿具有弥补损失、促进公平的性质，在行政征用补偿的过程中，需要遵循依法补偿、公平补偿、及时补偿的原则。

《宪法》第10条第3款规定“国家为了公共利益的需要，可以依照法律规定对土地实行征收或者征用并给予补偿”，第13条第3款规定“国家为了公共利益的需要，可以依照法律规定对公民的私有财产实行征收或者征用并给予补偿”，从宪法层面确立了行政征用的补偿原则。关于行政征用补偿的规定还散见于各种法律法规之中，其中《物权法》第44条作出了“因抢险、救灾等紧急需要，依照法律规定的权限和程序可以征用单位、个人的不动产或者动产。被征用的不动产或者动产使用后，应当返还被征用人。单位、个人的不动产或者动产被征用或者征用后毁损、灭失的，应当给予补偿”的一般规定；《突发事

件应对法》和《传染病防治法》等也有在特殊情况下行政征用与补偿的特别规定。在疫情防控期间，优先适用《突发事件应对法》和《传染病防治法》中关于行政征收和补偿的特殊规定，用法律为疫情防控阶段的行政征用与补偿保驾护航。

（二）行政征用及补偿规定

在新冠肺炎疫情这一突发公共卫生事件发生后，为维护公共利益、做好新冠肺炎疫情防控工作，国务院依法有权在全国范围或者跨省、自治区、直辖市范围内，县级以上地方人民政府依法有权在本行政区域内紧急调集人员或者调用储备物资，临时征用房屋、交通工具以及相关设施、设备。履行统一领导职责或者组织处置疫情的人民政府，必要时可以向单位和个人征用应急救援所需设备、设施、场地、交通工具和其他物资，并确保其处于良好状态、随时可以投入正常使用。被征用的财产在使用完毕或者新冠肺炎疫情应急处置工作结束后，应当及时返还。财产被征用或者征用后毁损、灭失的，应当给予补偿。

法律法规及政策依据

《中华人民共和国突发事件应对法》第12条、第45条、第49条、第52条；《中华人民共和国传染病防治法》第45条、第54条；《中华人民共和国宪法》第10条第3款、第13条第3款；《中华人民共和国物权法》第44条。

（三）行政征用相关案例

为防控疫情，公民、法人和其他组织应当依法配合政府及其相关部门为应对疫情而作出的合法行政征用行为。在疫情发生后，全国各地政府根据法律法规的规定，为疫情防控需要，采取了一系列的行政征用措施。例如武汉市政府征用5批医疗机构作为定点医院，用于收治新冠肺炎患者；征用武汉商学院、江汉大学、武汉船舶职业技术学院、武汉软件工程职业学院部分学生宿舍，用于武汉市疫情防控工作；征用洪山体育馆、武汉客厅、武汉国际会展中心等公共设施，用于建设“方舱医院”，专门收治轻症患者。上海市政府对总部在蒙特利尔的美迪康口罩公司上海工厂征用其生产的口罩，专门用于供应上海本地需求，政府对此次征用给予了补偿。江苏常州酒店女老板尹某积极响应政府征用宾馆酒店作为隔离医学观察点的决定，主动申请征用自己的酒店，并说道：“哪怕这次做完酒店不开了，我肯定要接！”在此期间，各方积极配合征用工作，全力服从疫情防控工作大局，为疫情防控赢得了宝贵时间。

公民、法人和其他组织在积极配合政府行政征用的同时，政府也应该合法实施行政征用行为。大理市政府和市卫健局就因截留征用重庆方面从海外采购的口罩而被通报批评，并被责令立即返还被征用的物资。

三、疫情下违反防疫禁止性规定之行政处罚

（一）行政处罚的内涵

行政处罚，是指行政主体为达到对违法者予以惩戒，促使其以后不再犯，有效实施行政管理，维护公共利益和社会秩序，保护公民、法人或其他组织的合法权益的目的，依法对行政相对人违反行政法律规范尚未构成犯罪的行为（违反行政管理秩序的行为），给予人身的、财产的、名誉的及其他形式的法律制裁的行政行为。行政处罚具有执法主体的特定性、处罚对象的行政违法性、处罚法定性、制裁性等特征。行政处罚实施的主体是法律规定的行政机关和被依法授权委托的组织，针对的是公民、法人和其他组织违法但尚未构成犯罪的行为。行政处罚遵循公正、公开原则，处罚必须以事实为依据，与违法行为的情节和社会危害程度相当。

（二）行政处罚种类及适用

根据《行政处罚法》第8条的规定，行政处罚种类主要有：警告；罚款；没收违法所得、没收非法财物；责令停产停业；暂扣或者吊销许可证、暂扣或者吊销执照；行政拘留；法律、行政法规规定的其他行政处罚。《行政处罚法》是行政处罚的一般性法律，其他法律法规中的行政处罚规定属于特殊规定，进行行政处罚时，优先适用相应法律法规中的行政处罚的特殊规定，《行政处罚法》起兜底作用。在疫情防控期间，优先适用《突发事件应对法》和《传染病防治法》以及其他防疫法律法规中的行政处罚规定。

（三）行政处罚相关规定

在疫情防控期间，公民、法人或其他组织，必须执行人民政府在紧急状态情况下依法发布的决定、命令；不得阻碍国家机关工作人员依法执行职务；不得散布谣言，谎报险情、疫情、警情或者以其他方法故意扰乱公共秩序；不得

编造并传播有关疫情发展或者应急处置工作的虚假信息，或者明知是有关疫情事态发展或者应急处置工作的虚假信息而进行传播。新冠肺炎病人、病原携带者、疑似新冠肺炎病人及其密切接触者不得隐瞒真实情况、逃避交通卫生检疫；不得故意传播传染病，造成他人感染；不得拒绝进行隔离治疗。个体或私营医疗保健机构，执行职务的医疗保健人员、卫生防疫人员和责任单位，不得不报、漏报、迟报疫情。

商家不得捏造、散布涨价信息，扰乱市场价格秩序；除生产自用外，不得超出正常的存储数量或者存储周期，大量囤积市场供应紧张、价格发生异常波动的商品，经价格主管部门告诫后仍继续囤积的，将受到严厉的处罚，构成犯罪的，将追究刑事责任。商家不得利用其他手段哄抬价格，推动商品价格过快、过高上涨，应配合执行法定的价格干预措施、紧急措施，共同维护市场价格的稳定，助力疫情防控战。商家应当遵守《野生动物保护法》及防疫期间相关法律法规的规定，不再生产、经营使用国家重点保护野生动物及其制品或者没有合法来源证明的非国家重点保护野生动物及其制品制作食品，或者为食用非法购买国家重点保护的野生动物及其制品。

饮用水供水单位供应的饮用水，应符合国家卫生标准和卫生规范，涉及饮用水卫生安全的产品，也应符合国家卫生标准和卫生规范。集中式供水单位供应的饮用水，应符合国家规定的《生活饮用水卫生标准》，单位自备水源必须经批准才能与城镇供水系统连接。应按城市环境卫生设施标准修建公共卫生设施，对垃圾、粪便、污水进行无害化处理；对被新冠肺炎病原体污染的污水、污物、粪便，应按规定进行消毒处理；对被新冠肺炎病人、病原携带者、疑似新冠肺炎病人污染的场所、物品，应按照卫生防疫机构的要求实施必要的卫生处理，不得造成新冠肺炎的医源性感染、医院内感染、实验室感染和致病性微生物扩散。生产、经营、使用消毒药剂和消毒器械、卫生用品、卫生材料、一次性医疗器材、隐形眼镜、人造器官等医疗产品，应符合国家卫生标准，避免造成新冠肺炎的传播、扩散。

违反上述规定的个人将可能被处以 5 日以上 10 日以下拘留，严重者可达 15 日，可以并处 500 元以下罚款；单位违反上述规定的将可能被责令限期改正，给予警告，责令停产停业，暂扣或者吊销许可证或者营业执照，没收违法所得，责令停建、关闭，责令停业整顿，处以100元以上500万元以下罚款。

法律法规及政策依据

《突发公共卫生事件应急条例》第52条；《中华人民共和国突发事件应对法》第64~66条；《中华人民共和国野生动物保护法》第49条；《中华人民共和国传染病防治法》第70条、第73条、第76条、第77条；《中华人民共和国治安管理处罚法》第25条、第50条；《价格违法行为行政处罚规定》第6条、第10条；国家发展改革委《关于界定哄抬价格违法行为有关问题的复函》；《传染病防治法实施办法》第66条、第71条；《国内交通卫生检疫条例》第13条、第14条；《突发公共卫生事件与传染病疫情监测信息报告管理办法》第41条；《中华人民共和国行政处罚法》第4条、第8条。

（四）行政处罚相关案例

公民、法人或其他组织应当积极配合政府的防疫工作，遵守相应的法律法规，以免受到行政处罚。在全国全力防控疫情的情况下，有人却漠视法纪，违反疫情防控相关法律法规，从而受到不同程度的行政处罚。

警告。2020年2月11日，遵义市杨某华因经营的茶馆内有大量人员聚集，违反防疫禁止性法规，被遵义市新区公安分局裁决予以行政警告。

罚款。2020年1月23日，北京市济民康泰大药房丰台区第五十五分店被北京市丰台区市场监管局认定构成哄抬价格的违法行为，拟处以300万元罚款的行政处罚；2020年2月1日，合肥市玉永大药房连锁有限公司因涉嫌销售无合格证明医用口罩，被市场监管局没收394袋口罩，罚款298,500元，并责令改正；2020年2月14日，胡某、隋某、张某某、郭某等4人因销售未依法注册且假冒他人名义生产的医用口罩和无证无照经营的违法行为，被长春市市场监管局宽城分局罚没合计77.7万元。

没收违法所得、没收非法财物。2020年1月24日，三亚市市场监督管理局认定，三亚采芝堂医药有限公司渔村分公司构成哄抬价格的违法行为，于1月28日对其作出没收违法所得、处违法所得5倍罚款、并责令其停业整顿5天的行政处罚；2020年1月26日，湖南永州市宁远县新百家商贸有限公司杨家岭分公司因涉嫌哄抬物价销售食用农产品，被处以没收违法所得6623.2元，并处违法所得 5 倍罚款 33,116 元。

责令停产停业。2020 年 2 月 23 日上午，台州市仙居县笑丽包子店因在经营场所留置顾客堂食，违反防疫相关规定，被责令整改，并停业 15 日；铜仁市松桃县蓼皋街道南门社区景山药房因不熟悉新冠肺炎疫情防控相关知识，违反防疫相关规定，被市场监管局责令停业整顿。

暂扣或者吊销许可证、暂扣或者吊销执照。2020 年 2 月 7 日，苏州工业园区君尚网吧在新冠肺炎疫情防控期间，违规擅自经营，被园区市场监管局吊销许可证；2020 年 1 月 31 日，因白云区江村农贸市场有人偷卖野生动物，广州市白云区市场监管局吊销广州市江村农贸综合批发市场发展有限公司营业执照、没收违法所得并处罚款。

行政拘留。2020 年 2 月 4 日，京山市民李某某在送岳父到仁和医院就诊过程中，与医生方某、胡某某、夏某某发生争执，被处以行政拘留 15 日的处罚；2020 年 2 月 4 日，黔南布依族苗族自治州荔波县吴某某由于酒后妨碍疫情排查工作，辱骂、踢打医务工作者被荔波县公安机关处以行政拘留 15 日的处罚。

四、疫情下不履行防疫法律法规中明确职责之行政处分

（一）行政处分的内涵

行政处分，是指国家行政机关依照行政隶属关系给予有违法失职行为的行政机关工作人员的一种惩戒措施。行政处分的实施主体是国家行政机关，实施对象是违法失职的行政机关工作人员，所以行政处分是国家行政机关的内部行为，是对行政机关工作人员尚不构成犯罪的违法失职行为给予的一种惩戒措施。行政处分是对行政机关内部工作人员过错行为的一种否定和惩戒，对未受到惩戒的人员，也有规范和警戒作用，所以行政处分具有内部性、强制性、惩戒性和规范性等特点。行政处分与政务处分不同，《公务员法》明确了“对同一违纪违法行为，监察机关已经作出政务处分决定的，公务员所在机关不再给予处分”的原则，政务处分依据的是《监察法》，其处分的对象比行政处分更广。

（二）行政处分种类

根据《公务员法》第 62 条的规定，行政处分的种类主要有：警告、记过、

记大过、降级、撤职、开除6种，为惩戒违法失职的行政工作人员提供了法律依据。疫情防控战对行政机关工作人员来说是一面“照妖镜”，对在“照妖镜”下现形的行政机关工作人员的违法失职行为要依法给予行政处分，构成犯罪的，依法追究刑事责任。

（三）行政处分相关规定

县级以上地方人民政府及其卫生行政主管部门应当依照《突发公共卫生事件应急条例》规定履行报告职责，不得对疫情隐瞒、缓报、谎报或者授意他人隐瞒、缓报、谎报。医疗卫生机构应依照规定履行报告职责，不得隐瞒、缓报或者谎报；在新冠肺炎暴发、流行时，应及时组织救治、采取控制措施。医疗卫生机构未依照规定履行疫情监测职责，拒绝接诊病人，拒不服从疫情应急处理指挥部调度的；未依照本规定，组织完成疫情应急处理所需要的紧急物资的运输的；对上级人民政府交通行政主管部门进行有关调查不予配合，或者采取其他方式阻碍、干涉调查的，医院及其相关失职人员将受到相应的处分。

县级以上地方人民政府及其有关部门对上级人民政府有关部门的调查不予配合，或者采取其他方式阻碍、干涉调查的；不服从上级人民政府对疫情应急处置工作的统一领导、指挥和协调的；未及时组织开展生产自救、恢复重建等善后工作的；截留、挪用、私分或者变相私分应急救援资金、物资的；不及时归还征用的单位和个人的财产，或者对被征用财产的单位和个人不按规定给予补偿的，将追究行政机关及相应领导人的责任。

县级以上人民政府卫生行政部门在可能发生新冠肺炎传播时应及时采取预防、控制措施；依法履行监督检查职责，对发现的违法行为及时查处；及时调查、处理单位和个人对下级卫生行政部门不履行新冠肺炎防治职责的举报。县级以上人民政府卫生行政部门在疫情调查、控制、医疗救治工作中玩忽职守、失职、渎职的，县级以上人民政府交通行政主管部门在疫情调查、控制工作中玩忽职守、失职、渎职的，拒不履行疫情交通应急处理职责的，轻者将受到行政处分，严重的可能被追究刑事责任。

新冠肺炎预防控制机构、医疗机构和从事病原微生物实验的单位，有不符合国家规定的条件和技术标准，对新冠肺炎病原体样本未按照规定进行严格管理，造成实验室感染和病原微生物扩散的；违反国家有关规定，采集、保藏、携带、运输和使用新冠肺炎菌种、毒种和新冠肺炎检测样本的；疾病预防控制机构、医疗机构未执行国家有关规定，导致因输入血液、使用血液制品引起经血液传播疾病发生的；未依法履行新冠肺炎疫情报告、通报职责，或者隐瞒、谎报、缓报新冠肺炎疫情的；未主动收集新冠肺炎疫情信息，或者对新冠肺炎疫情信息和疫情报告未及时进行分析、调查、核实的；发现新冠肺炎疫情时，未依据职责及时采取规定的措施的；故意泄露传染病病人、病原携带者、疑似新冠肺炎病人、密切接触者涉及个人隐私的有关信息、资料的，将受到行政处分。

医疗机构应按照规定承担本单位的新冠肺炎预防、控制工作、医院感染控制任务和责任区域内的新冠肺炎预防工作，并建立新冠肺炎疫情报告制度；发现新冠肺炎疫情时，应按照规定对新冠肺炎病人、疑似新冠肺炎病人进行医疗救护、现场救援、接诊、转诊，或者接受转诊；应按照规定对本单位内被新冠肺炎病原体污染的场所、物品以及医疗废物实施消毒或者无害化处置；按照规定对医疗器械进行消毒，按照规定销毁一次使用的医疗器具；在医疗救治过程中，应按照规定保管医学记录资料；按规定建立专门的流行病学调查队伍，进行新冠肺炎疫情的流行病学调查工作；在接到新冠肺炎疫情报告后，按规定派人进行现场调查，并按规定上报疫情或报告突发公共卫生事件。

在疫情防控工作过程中，行政机关及其工作人员不得妨碍或者拒绝执行政府采取的新冠肺炎防控紧急措施；医疗保健人员、卫生防疫人员不得拒绝执行各级政府卫生行政部门调集其参加控制疫情的决定；对控制新冠肺炎暴发、流行负有责任的部门不得拒绝执行政府有关控制疫情决定；不得无故阻止和拦截依法执行处理疫情任务的车辆和人员；新冠肺炎疫情暴发、流行时，应依法履行职责，避免新冠肺炎传播流行。

法律法规及政策依据

《突发公共卫生事件应急条例》第45~51条；《中华人民共和国突发事件应对法》第63条；《中华人民共和国传染病防治法》第65~72条、第74条；《行政机关公务员处分条例》第20条；《中华人民共和国价格法》第39条、第40条、第43条；《突发公共卫生事件交通应急规定》第43~46条；《传染病防治法实施办法》第 70 条；《国内交通卫生检疫条例》第 15 条；《突发公共卫生事件与传染病疫情监测信息报告管理办法》第 38~40 条、第 42 条；《中华人民共和国公务员法》第 61 条、第 62 条。

（四）行政处分相关案例

在疫情防控期间，行政机关工作人员应当依法履行职责，做好疫情防控工作，否则将因疫情防控工作不力，而受到不同程度的行政处分。

警告。2020 年 1 月 31 日，因乌兰察布市集宁区卫生计生综合监督执法局相关人员履职不力，集宁区卫生健康委员会副主任吉某某被处以警告处分。

降级。双鸭山市尖山区农业农村局工作人员李某、王某某因在 2020 年 1 月 29 日私自挪用单位防疫专用口罩被尖山区监委委务会给予降级处分；2020 年 1 月 26 日下午，湘岳医院接诊新冠肺炎疑似患者推诿迟缓，120 医生赵某未落实传染病防治首诊负责制，被给予降级处分，其他责任人员也受到相应处罚；2020 年 2 月 2 日，吉首市马颈坳镇安监站工作人员瞿某某因拒不服从疫情防控工作安排问题，受到降级处分，同时被开除党籍。

撤职。张家界市疾控中心慢性非传染性疾病防治科科长李某某擅离职守、临阵脱逃，携家人到泰国躲避疫情，被给予撤职处分。

开除。2020 年 2 月 13 日，郑州航空港经济综合实验区管委会经济发展局统计处副处长李某，因在疫情防控期间聚众饮酒、酒后驾车、殴打疫情防控工作人员受到开除党籍、开除公职处分。就黄某英自武汉返京后确诊新冠肺炎事件，对负有主要领导责任的湖北省司法厅党委书记、厅长谭某振，湖北省监狱管理局党委书记、局长郝某某，对负有重要领导责任的湖北省监狱管理局党委委员、副局长胡某某，党委委员、政治部主任张新华及刑罚执行处处长李某某，武汉女子监狱原党委书记、监狱长周某某，对负直接领导责任的武汉女子监狱副监狱长郭某某及负直接责任的刑罚执行科科长汤某某，对负有重要领导责任的武汉市东西湖区公安分局副局长尹某某都予以免职并进入立案审查调查阶段，其他人员由相应的单位处罚，上述人员将有可能面临被开除的行政处分。

五、疫情下防疫法律法规明确职责之疫情信息公开

（一）政府信息公开的内涵

政府信息公开包括“政府信息”和“公开”两个部分。《政府信息公开条例》第2条对政府信息的概念进行了界定，即指行政机关在履行行政管理职能过程中制作或者获取的，以一定形式记录、保存的信息。公开是指行政机关把政府信息通过各种渠道向社会公布，让社会公众知晓的过程。政府信息公开就是行政机关向社会公开政府信息，保障公民、法人和其他组织的知情权，提高政府工作透明度，发挥政府信息服务社会作用的制度。政府信息公开一般遵循谁制作谁公开的原则，采取主动公开和依申请公开的方式。政府信息公开坚持以公开为常态，不公开为例外，对于涉及公众利益的政府信息，应当主动、及时、准确地公开。新冠肺炎疫情属于突发公共事件，行政机关应当及时、主动地公开应急预案、预警信息及应对情况；对于虚假或者不完整的疫情防控信息，行政机关应当发布准确的政府信息予以澄清。在疫情防控期间，应优先适用《传染病防治法》和《突发公共卫生事件应急条例》等法律法规中关于疫情信息公开的规定，及时、准确地公开疫情防控情况，打好疫情防控战。

（二）政府信息公开相关规定

针对新冠肺炎疫情，行政机关应当主动公开新冠肺炎的应急预案、预警信息及应对情况。国务院卫生行政主管部门负责向社会发布新冠肺炎疫情信息，信息发布应当及时、准确、全面。国务院卫生行政主管部门对新发现的新冠肺炎，根据危害程度、流行强度，依照《传染病防治法》的规定及时宣布为法定传染病，采取甲类传染病的预防、控制措施。新冠肺炎暴发、流行后，由国务院卫生行政部门负责向社会公布疫情信息，也可以由其授权省、自治区、直辖市人民政府卫生行政部门向社会公布本行政区域的新冠肺炎疫情信息，同时公布新冠肺炎疫情信息应当及时、准确。

在疫情发生后，县级以上地方人民政府应当立即组织力量，按照预防、控制预案进行防治，切断新冠肺炎的传播途径，必要时，报经上一级人民政府决定，可以采取下列紧急措施并予以公告：（1）限制或者停止集市、影剧院演出或者其他人群聚集的活动；（2）停工、停业、停课；（3）封闭或者封存被新

冠肺炎病原体污染的公共饮用水源、食品以及相关物品；（4）控制或者扑杀染疫野生动物、家畜家禽；（5）封闭可能造成新冠肺炎扩散的场所。上级人民政府接到下级人民政府关于采取前款所列紧急措施的报告时，应当即时作出决定，并向社会公布采取的措施，及时让社会公众知晓，让公众更好地配合疫情防控工作。紧急措施的解除，由原决定机关决定并向社会及时宣布。县级以上地方人民政府报经上一级人民政府决定，可以宣布本行政区域部分或者全部为疫区；国务院可以决定并宣布跨省、自治区、直辖市的疫区。

法律法规及政策依据

《政府信息公开条例》第 2 条、第 5 条、第 6 条、第 19 条、第 20 条；《突发公共卫生事件应急条例》第 25 条、第 30 条、第 34 条、第 40 条；《中华人民共和国传染病防治法》第 4 条、第 19 条、第 38 条、第 41~43 条。

（三）政府信息公开相关案例

在疫情防控期间，行政机关及其工作人员应当依法履行疫情信息公开职责，做到信息及时公开、不传谣、不泄露工作信息，否则将受到相应处罚。2020 年 1 月 25 日，汇川区委第三巡察组副组长帅某擅自编辑敏感信息通过网络传播，造成不良影响，被给予诫勉谈话，责令作出书面检查处理。湖南冷水江市委办副主任蔡某某、市政府办副主任杨某不及时准确报送疫情防控工作信息，给全市疫情防控工作造成不利影响，被予以停职处理，并接受进一步调查。海南东方市公安局督察大队陈某、符某彪、符某才、唐某飞因泄露疫情防控工作信息被他人转发到网络传播，严重影响了全市疫情防控工作，被给予相应的处分。在疫情信息公开方面，虽然存在以上一些不好的现象，但是总体上做得很好。从 2020 年 1 月 27 日起，国家卫生健康委员会就每天举行新闻发布会通报疫情最新情况；微信、支付宝、百度、头条、360 等平台专门设置了最新疫情公布平台，聚合每天各省市的最新疫情情况，让社会公众了解疫情的最新动向；北京市制作了新冠肺炎病人进出过的社区地图，让大家了解北京市的疫情分布情况，有针对性地更好地做好疫情防控工作。

参考文献：

[1] 李明刚：《行政处罚的概念及特征》，载《技术监督实用技术》1996 年第 6 期。

[2] 姜明安：《行政法与行政诉讼法》，北京大学出版社、高等教育出版社 1999 年版。

[3] 程浩：《行政征用制度探析》，载《当代法学》2001 年第 4 期。

[4] 王鑫、袁朝：《试论行政强制措施的认定标准——从〈行政强制法〉第九条第五款谈起》，载《法制博览（中旬刊）》2013 年第 9 期。

[5] 《“政务处分”与“行政处分”有何区别？》，载搜狐网：https://www.sohu.com/a/253561822_263509.，最后访问日期：2020 年 2 月 28 日。

COMMENTARIES

专论二

浅析新冠肺炎疫情防控期间居住类房屋承租人权利保护

撰稿人

北京市东卫律师事务所
张涛　李国信

近日，网络媒体的两则报道引发社会公众的高度关注。第一则，广州一位女子（承租人）好不容易战胜新冠肺炎，欢天喜地地准备出院回家，却万万没想到房东（出租人）要退租。第二则，蛋壳公寓在疫情时期“强制”业主免租，但自己不给房客免租。此类事件的发生，对承租人的权利无疑是一种侵害。本文就这两则事件展开，谈谈疫情期间居住类房屋承租人权利的保护问题。

一、关于不可抗力、情势变更、公平原则的法律规定

（一）关于不可抗力

根据《民法总则》第180条和《合同法》第117条的规定，不可抗力是指不能预见、不能避免且不能克服的客观情况。同时，根据《合同法》第117条的规定，不可抗力属于法定的免责事由，因不归责于当事人的客观情况造成合同不能履行的，可以变更或者解除合同。因此，不可抗力的法律后果是直接免责，并通过变更或解除合同解决不可抗力带来的不利影响。

作为认定“不可抗力”构成要素之一的“不能预见”，是指行为人主观上对于某一客观情况的发生无法预测，此处的“不能预见”，应是根据现阶段科技发展水平，普通人对某一事件的发生没有预知能力。因此，判断某一客观情况是否符合“不能预见”这一构成要素时，应当把握两个标准：一是根据现有的科技发展水平，是否可以对某一客观事件做出预测，比如随着自然灾害预报水平的提高，对于暴雨导致的洪水灾害，普通人完全可以通过接收国家灾害预警部门发布的预警信息来提前得以预见，如果在国家有关部门已经发布了预警信息之后，当事人因未及时了解相关信息而实施的民事行为，在司法实践中，此种情形并不当然构成不可抗力。二是应以普通人或者一般人的预见能力作为判断标准，不能以专业人士的认识水平来判断。“不能克服且不能避免”，是指行为人即使已经尽到最大努力并且采取一切可能的措施，也无法避免客观事件的发生，无法克服该事件造成的后果。“客观情况”，是指独立于当事人行为之外的客观情况。

尽管立法中描述了“不可抗力”的3个属性特征，但是究竟哪些客观事件可以认定为不可抗力，立法中并没有进一步予以明确，对此，各国司法实践中具体的认定规则也不尽相同。应当注意的是，在涉外合同的履行中，不可抗力的认定及适用，更多的是尊重当事人在合同中关于不可抗力条款的具体约定。

（二）关于情势变更原则

根据最高人民法院《关于适用〈中华人民共和国合同法〉若干问题的解释（二）》第26条的规定，情势变更原则，是指合同成立以后客观情况发生了当事人在订立合同时无法预见的、非不可抗力造成的不属于商业风险的重大变化，

继续履行合同对于一方当事人明显不公平或者不能实现合同目的，当事人请求人民法院变更或者解除合同的，人民法院应当根据公平原则，并结合案件的实际情况确定是否变更或者解除。因此，情势变更的法律后果是基于公平原则变更或解除合同。

由于情势变更原则的适用，会导致合同履行事项变更甚至解除合同，因此，为了维护交易安全、稳定交易秩序，防止当事人滥用这一原则随意破坏已经达成的交易行为，最高人民法院在《关于正确适用〈中华人民共和国合同法〉若干问题的解释(二)服务党和国家的工作大局的通知》（法〔2009〕165号）中明确，根据民法通则、合同法规定的原则和精神，对于该原则应秉持严格适用的基本态度，在司法实践中，法官在自由裁量时应当正确理解、慎重适用；如果根据案件的特殊情况，确需在个案中适用的，应当由高级法院审核，必要时应报请最高人民法院审核。

因此，实践中在具体适用情势变更原则时，应当严格把握其适用条件。(1)关于情势变更的事实，主张依据情势变更原则对合同进行调整的基本事实，必须是导致合同基础丧失的事实，通常是造成合同目的落空的事实，该事实不可归责于当事人，既不属于不可抗力，也不属于商业风险。（2）客观情况的变化，是指引起情势变更的客观情况应为在合同成立以后发生的事实，如果其在合同成立之前已经存在，则该事实已经在当事人的预判之中，合同的成立以当事人承认该事实为基础，当事人不能要求进行事后调整，而应当自行承担由客观情况的变化带来的风险。（3）尽管客观情况发生在合同成立以后，但是当事人在订立合同时可以预见该事实的发生，则不适用该原则。（4）如果客观情况在合同订立前已经发生，但当事人在合同订立时不知道该事实已经发生，应当按照意思表示错误规则处理。(5)应当将情势变更与正常的商业风险进行区分，这也是当事人对“显失公平”的理解经常产生误区的情形。就市场供求关系变化、价格变动等商业风险而言，从事交易风险自负是市场经济的基本游戏规则，对于由此引发的不利后果，当事人应当自行承担。

司法解释中关于“明显不公平”的限定，并非要消除当事人应当承担的交易风险，而是禁止通过交易获得非法利益。司法实践中认定是否构成“显失公平”的情形，主要判定标准是，是否存在一方利用另一方的草率、无经验等订立合同，或者一方以较少的代价获得极大的利益从而违反基本的等价公平规则的情形，使合同履行产生不公平的交易结果。

（三）关于公平原则

《民法总则》第 6 条规定，民事主体从事民事活动，应当遵循公平原则，合理确定各方的权利和义务。《合同法》第 5 条规定，当事人应当遵循公平原则确定各方的权利和义务。公平原则是民法的一项基本原则，它要求民事主体从事民事活动时要秉持公平理念，公正、平允、合理地确定各方的权利和义务，并依法承担相应的民事责任。公平原则是人民法院审理民事纠纷应当遵守的基本裁判准则。

对于合同履行而言，公平原则要求双方当事人之间的权利和义务应当对等，既不能一方单纯承担义务另一方单纯享有权利，也不能双方享有的权利和义务严重不对称。例如，《合同法》第 39 条关于采用格式条款订立合同的情形，要求提供格式条款的一方应当根据公平原则确定合同双方权利和义务的具体内容。《合同法》第 40 条关于格式条款提供者的免责问题，提供格式条款一方免除其责任、加重对方责任、排除对方主要权利的条款无效。同时，公平原则要求合同当事人合理承担民事责任，在适用过错责任时，要求责任承担与过错程度相一致，在双方对损害结果均无过错时，彼此可以根据公平原则合理确定责任分担，可由双方分担损失。

二、关于疫情期间出租人是否有权单方解除合同

出租人要承租人退租、不允许继续租住，实质为单方解除房屋租赁合同的行为。若双方租赁合同中对解除合同的条件进行了明确约定，且承租人确实存在该情况，符合双方租赁合同约定解除合同条件，出租人有权单方解除合同，不允许承租人继续租住。若双方租赁合同未进行相关约定，需要明确是否存在《合同法》第 94 条所规定的合同法定解除情形及最高人民法院《关于适用〈中华人民共和国合同法〉若干问题的解释（二）》第 26 条规定的情形。

（一）如果承租人接触过感染患者或者属于疑似患者，出租人有权解除合同

如果承租人从疫区返回且存在发热、咳嗽等相关症状，或承租人接触过受

感染及疑似病患，此种情况下，可认定符合“情势变更”的适用条件，继续履行租赁合同将导致出租人或他人健康权及生命权受到严重威胁，出租人出租房屋也面临卫生及安全风险，继续履行租赁合同对出租人明显不公平，且将对公众健康安全产生重大威胁，合同基础丧失，出租人有权行使合同解除权，不允许承租人继续租住。如果承租人不是从疫区返回且没有发热、咳嗽等相关症状，也未曾接触过受感染及疑似病患，亦不存在《合同法》第94条之法定解除情形，出租人擅自解除合同，禁止承租人入住，则构成违约。

（二）合同解除后的法律责任

在出租人合法解除租赁合同的情况下，承租人应尽快另寻住处，如确有被感染的可能，应尽快就医，做好安全防护及隔离工作。在出租人违法解除合同禁止承租人入住的情况下，承租人有权要求出租人继续履行合同，继续使用租赁房屋；如出租人设置障碍导致承租人无法进入房屋，协商不成的，承租人可向法院起诉，要求出租人继续履行合同，承担违约责任，赔偿其损失。同时，承租人应通过录音录像、拍照、截屏等方式固定、保全相关证据，为后续维权甚至诉讼做好准备。

三、关于承租人因疫情影响无法实际使用租赁房屋能否要求解除租赁合同

（一）本次疫情属于不可抗力

本次疫情具有不能预见、不能避免且不能克服的特征，其性质属于法律上规定的不可抗力事件。2020年2月10日，全国人大常委会法工委相关负责人明确表示，当前我国发生新冠肺炎疫情，为了保护公众健康，政府采取了相应疫情防控措施。对于因此不能履行合同的当事人来说，本次疫情属于不能预见、不能避免并不能克服的不可抗力。

（二）承租人合同解除权取决于疫情是否影响合同目的实现

根据《合同法》规定，因不可抗力不能履行合同的，根据不可抗力的影响，部分或者全部免除责任，法律另有规定的除外。法律对不可抗力的适用也是有限制的，并不可以任意以不可抗力之名免除义务人的所有责任，也不是相关义

务人不经任何补救行为，就当然减轻或者解除其责任。具体到本次疫情对某一份合同的履行是否构成不可抗力，还需要结合合同的具体情况来判断。

在某些特定条件情况下，为发挥物的价值、减少财产浪费、有效利用资源、维持社会经济秩序和法律关系现状稳定，遵照民法的公平原则，对于实际上确实无法继续履行的房屋租赁合同，即使不完全符合法定或约定之解除条件，也应及时予以解除。在（2010）青民一终字第470号民事判决书中，二审法院认为，承租人与出租人签订房屋租赁合同并接收房屋后，于2009年6月10日通过起诉的方式通知出租人解除双方的合同，并明确表示其接收房屋后一直未实际使用该房屋。鉴于承租人并没有实际使用涉案房屋，若不解除涉案房屋租赁合同，一方面将导致涉案房屋长期闲置，另一方面将使承租人在不占有使用房屋的情况下承担租金损失。

结合该案例来看，若承租人因为疫情无法返回务工而不能继续使用房屋，的确造成了疫情期间的合同目的不能实现，但这是否足以作为解除合同的事由，还要看租赁合同未到期时间的长短、疫情的发生和持续的时间、承租人个人在疫情影响下的身体健康状况。如果疫情发生和持续时间相对于租赁合同期间，以及承租人的个人健康状况，只是暂时地、部分地影响到合同履行，承租人与出租人可协商通过延期、变更等方式继续履行合同；如果综合判断前述因素，足以构成合同目的不能实现的情况，则承租人提出退房，可以援引不可抗力条款解除合同。

（三）承租人可以采取的合理措施

出租人不同意解除合同的话，承租人可以采取以下方式履行义务并保留相关证据，待疫情结束后通过调解或诉讼途径解决双方的纠纷:（1)疫情发生后，承租人将受其影响而不能返回的情况及时通知出租人；（2）承租人应将因此而解除合同的通知告知出租人，以便让出租人及时采取措施尽量避免损失；（3）与出租人协商减轻或免除自己一方的责任，主动寻求解决办法，尽可能避免损失扩大；（4）对前述发出通知、采取措施等事项保存好证据。

四、关于非经营性承租人因疫情影响要求减免房租的问题

（一）承租人单纯以疫情影响为由不能免除其合同义务

《民法总则》第180条规定，因不可抗力不能履行民事义务的，不承担民事责任。法律另有规定的，依照其规定。不可抗力是指不能预见、不能避免且不能克服的客观情况。但“疫情发生”并不是当然的免责事由。房屋租赁合同签订后出租人已经交付房屋，其履行了房屋交付义务，因此，作为承租人的合同义务是支付租金，而当今处于支付手段多样化的信息时代，转账方式极为便利，疫情不足以构成承租人不缴纳租金的合法事由。承租人仅以“疫情发生”作为无法履行合同义务的事由，显然不能成立。

（二）承租人可以基于公平原则要求减免租金

结合以往的案例来看，如在（2004）沪二中民二（民）终字第354号民事判决中，二审法院认为，基于我国在2003年春夏季节发生“非典”疫情一事众所周知，而且当时娱乐业根据政府部门防治“非典”要求而停业是公知的事实，根据公平原则，承租人提出其停业3个月的租金应免除的理由成立，法院予以支持，故承租人所欠租金中应扣除3个月的租金。另外，最高人民法院在2003年6月11日下发的《关于在防治传染性非典型肺炎期间依法做好人民法院相关审判、执行工作的通知》（已废止）中明确，由于“非典”疫情原因，按原合同履行对一方当事人的权益有重大影响的合同纠纷案件，可以根据具体情况，适用公平原则处理；因政府及有关部门为防治“非典”疫情而采取行政措施直接导致合同不能履行，或者由于“非典”疫情的影响致使合同当事人根本不能履行而引起的纠纷，按照《合同法》第117条和第118条的关于“不可抗力”相关规定妥善处理。

从前述案例和最高人民法院的通知可以看出，公平原则和不可抗力被作为法院据以改变原有合同约定的重要依据。这说明，如何认定疫情这一影响因素要结合具体个案情况。在遇到广泛性疫情背景下，原合同约定的利益分配规则和追责机制是否以及如何进行调整，法官可以根据个案情况，决定适用公平原则、情势变更或不可抗力，进行判断认定。在上述案例中，终审法院并未明确把“非

典”疫情作为一种不可抗力，而是作为一种对合同一方利益有重大影响的情形，适用公平原则改判免租。最高人民法院的通知中则明确规定，“疫情”对履行合同一方权益有“重大影响的”，按公平原则处理；而如“疫情”导致履行合同不能的，可以适用“不可抗力”原则处理。

因此，在现有立法框架和司法实践中，判断新冠肺炎疫情影响下承租人在法律上能否获得利益的弥补或责任的减免，归根结底，要看本次疫情的发展是否改变了原有的合同基础，是否导致了继续履行合同发生明显不公、履行不能。就居住类房屋签订的住宅租赁合同而言，承租人的合同目的主要是租赁房屋用来居住，尽管疫情发生，但承租人仍然可以进入所租赁的房屋内居住，房屋的居住功能并未丧失，承租人不能以疫情发生之由认为合同目的无法实现。若承租人因疫情被隔离或被行政机关严格管制无法回到承租房屋，如要求继续履行双方租赁合同，可以与出租人沟通协商，按照公平原则，要求减免承租人部分租金，确定从疫情开始至今已发生的租金，并对可预计期间内的租金标准及租金支付时间进行协商。若承租人确因疫情无法确定返回务工城市，则应当及时与出租人协商变更、解除合同事宜，以免造成不必要的损失。

（三）“物业代持”模式中的法律风险

现在居住类房屋的租赁多为“物业代持”模式，亦可称“中资产模式”，是指长租公寓运营商通过租赁的方式，向出租人签订一定期限的租赁协议，装修改造后对外出租；这种模式在行业内也被称为“二房东模式”，中介主要从中赚取服务费、保洁费、维修费等利润。市场中自如公寓、魔方公寓等长租公寓运营商亦多采用此种模式。该种模式背后存在两个法律关系：（1）长租公寓运营商与出租人之间的房屋租赁关系；（2）长租公寓运营商与承租人之间的房屋租赁（转租）关系。在“物业代持”模式下，出租人与承租人之间的法律风险，主要存在于运营商将房屋转租给承租人并收取房租后，逾期或不向出租人支付租金，故而造成了出租人要求承租人腾空房屋，但承租人却主张其已经交了房租享有居住权的尴尬境地。

正因为在此种模式下，承租人的租金不是直接支付给出租人的，所以导致了此次疫情发生后，部分长租公寓运营商如蛋壳公寓出现了“两头吃”的行为。根据住房和城乡建设部、国家发展改革委、公安部、市场监管总局、银保监会、国家网信办等六部门于2019年12月13日联合下发的《关于整顿规范住房租赁市场秩序的意见》第6条的规定，房地产经纪机构不得赚取住房出租差价，故此，在疫情期间，房屋中介一方面要求业主减免房租，另一方面又向租户收取租金并从中赚取差价的行为是违反规定的。

参考文献：

[1] 孙蕾、刘尊知：《房屋租赁合同解除条件的司法完善》，载《人民司法·案例》2011年第14期。

[2] 孙闫：《从涉世博房屋租赁合同纠纷案看合同解除事由》，载《人民司法·应用》2010年第17期。

[3] 韩世远:《不可抗力、情势变更与合同解除》，载《法律适用》2014年第11期。

[4] 王磊:《"疫情"对房屋租赁合同履行及相关审判工作的影响及建议》，载"北京市第二中级人民法院"微信公众号2020年2月10日。

[5] 上海拍谱娱乐有限公司与上海新黄浦(集团)有限责任公司房屋租赁合同纠纷一案二审民事判决书[(2004)沪二中民二(民)终字第354号]。

[6] 青岛博龙比奥生物科技有限公司诉青岛恒立通实业有限公司房屋租赁合同纠纷一案二审民事判决书[(2010)青民一终字第470号]。

COMMENTARIES

专论三

合同解除后价格返还的计算标准

——兼论对合同无效后折价补偿计算标准的参照适用

撰 稿 人

陈怡伊博士

导语

自新冠肺炎疫情暴发以来，我国中央和地方各级行政部门纷纷出台相应的防控措施，如延长春节假期、延期复工时间、限制人员流动等。然而，这些措施在有效遏制了疫情蔓延的同时，却可能影响部分合同当事人的履约意愿或履约能力，使合同依约履行出现障碍。具体来说，疫情的暴发和持续可能导致合同履行变得不必要或不可能，从而使一方或双方的合同目的无法实现。或者合同虽未达到履行不能的程度，但如继续履行则对于一方当事人明显不公平或者不能实现合同目的，有违公平原则和诚实信用原则。另外，因为疫情带来的各种负面影响，当事人可能在履行期限届满之前，明确表示或者以自己的行为表明不履行主要债务；

或者一方当事人迟延履行主要债务，经催告后在合理期限内仍未履行。此外，还可能出现的情况是，依法行使不按抗辩权中止履行的当事人，在及时通知对方后，对方在合理期限内未恢复履行能力并且未提供适当担保。上述这些情形，均有可能导致合同解除制度的适用。根据《合同法》第97条规定："合同解除后，尚未履行的，终止履行；已经履行的，根据履行情况和合同性质，当事人可以要求恢复原状、采取其他补救措施，并有权要求赔偿损失。"虽然我国学界对"恢复原状"以及"采取其他补救措施"的请求权基础的认识并未统一，但对原物不能返还时，所应采取的方法为"价格返还"却无多少争议。然而，仍需探讨的问题是，此种情形所应返还的价格应以何者为计算标准，究竟应为合同约定的价格还是标的物的市场价值？对此，无论是现行法律、司法解释，还是2019年11月最高人民法院正式发布的《全国法院民商事审判工作会议纪要》（以下简称《会议纪要》）均未作出回答。然而，仔细研读《会议纪要》中的相关条文可知，在第33条关于"财产返还与折价补偿"的规定中，最高人民法院民二庭的前辈将当事人约定的价款作为折价补偿的计算基础。那么，同样都是价值返还，合同解除后恢复原状的价格返还是否可以适用合同无效、被撤销后折价补偿的计算标准？笔者在下文中将结合对《会议纪要》第33条规定的分析，尝试对这一问题作出回答。

一、合同无效时，以合同约定价款作为折价补偿的计算基础应有所限定

我国《民法通则》第61条和《合同法》第58条分别规定了民事法律行为无效、被撤销后的财产返还责任和合同无效、被撤销后的财产返还责任。后者还进一步确立了财产返还时以返还原物为原则，以折价补偿为例外的一般原则。《民法总则》第157条基本沿袭了《合同法》第58条的做法，只是将其中的"合同"替换成了"民事法律行为"。有学者在对此条规定之"前身"（《民法总则（草案）》第135条）进行评价时，指出其以简单概括的规定解决无效财产返还清算这一非常复杂的问题，有"大事化了"之不足。[①] 例如，上述条文未能对其与

① 汤文平：《法律行为解消清算规则之体系统合》，载《中国法学》2016年第5期。

不当得利返还清算之间的关系，以及在不能返还原物时，到底应依合同约定的价格作出折价补偿，还是应依所受利益的客观市价进行折价补偿，抑或是依受领人从转得人处所获对价为标准等问题作出回应。由于正式颁布并实施的《民法总则》第 157 条规定与《民法总则（草案）》中第 135 条规定基本相同（前者在后者基础上增加了“法律另有规定的，依照其规定”的规定），所以上述问题并未被解决，学界和实务届亦存在诸多争议。结合《会议纪要》第 33 条规定和最高人民法院民二庭编写的《〈全国法院民商事审判工作会议纪要〉理解与释义》[①] 中的相关条文释义可知，最高人民法院似乎有意将合同约定的价款作为计算折价补偿数额的基础计算标准。在笔者看来，这一做法充分体现了我国最高司法裁判者对当事人意思自治的尊重和保护，具有非常强的前瞻性。但仍需指出的是，以合同约定价格为基础进行返还并非适用于所有合同无效的情形，对此应予进一步分析。

首先引入两个案例。案例一：甲乙约定，甲将其市值 10 万元的手表以 30 万元高价卖给乙，该合同在双方履行完毕后因甲存在价格欺诈行为而撤销。倘若手表在乙某次外出时被盗而无法原物返还，则乙在进行价额偿还时，应返还其依合同约定所获之 30 万元对待给付，还是手表的 10 万元市价？案例二：设甲将市值 10 万元手表以 1 万元低价卖给乙，后合同因错误而撤销。倘若手表在乙某次外出时被盗，则乙在价额偿还时应返还其依合同约定所获之 1 万元对待给付，还是手表的 10 万元市价？

对于上述问题，按我国学界通说所持之客观市场价值标准说加以理解，则不仅在无权处分等因侵害他人权益而获益之情形，受领人应按标的物的客观市价进行价额偿还，且在合同无效、被撤销之情形亦是如此。[②] 另外，也有观点在采客观标准说的基础上，进一步指出，对于不当得利之返还，只要是没有正当理由获取的利益都应返还，而不应以合同约定的价款作为上限，因为合同请求权与不当得利返还请求权是两种各自独立的请求权，在对不当得利返还时应依不当得利返还规则确定相应的返还数额，而非以合同中的价格条款作为最高返

① 最高人民法院民事审判第二庭编著：《〈全国法院民商事审判工作会议纪要〉理解与适用》，人民法院出版社 2019 年版，第 265 页。

② 张广兴：《债法总论》，法律出版社 1997 年版，第 108 页；王利明主编：《中国民法典学者建议稿及立法理由（债法总则编、合同编）》，法律出版社 2005 年版，第 41 页。

还标准。[1] 此外，从我国最高立法机关的态度来看，按标的物的客观价值返还财产应为合同无效、被撤销后，因返还原物不能而进行折价补偿的不二之选。例如，我国《合同法》第 58 条规定了合同被确认为无效或被撤销时的返还规则，[2] 全国人大常委会法工委在对该条中的“不能返还或者没有必要返还的，应当折价补偿”进行“释义”时指出，“不能返还”指法律上的不能返还和事实上的不能返还。法律上的不能返还主要指原权利人因善意取得制度而无法获得原物返还的情形，此时返还义务人应按所受领的财产按当时的市价折价补偿给原权利人。事实上的不能返还主要指原物因毁损、灭失等情形而无法返还且不存在可替代物的情形，此时返还义务人亦应按所受领的财产按当时的市价进行折价补偿。“没有必要返还”则指所受领的财产因自身性质而无须“原物”返还的情形，具体又可细分为两种类型：第一种是所受领的财产为劳务或利益，第二种是所受领的财产为知识产权等无形财产。对于前者，应按照当时国家规定的价格确定返还数额，如国家没有作出相关规定，则按照市场价格或同类劳务的报酬标准确定返还数额。对于后者，亦应对权利人进行折价补偿。[3]

上述论见亦与德国和我国台湾学界民法大家们对不当得利价额偿还应以客观市场价值为标准的传统观点如出一辙。[4] 但在笔者看来，上述论见的共同问题在于并未说明为何客观市场价值标准亦应在我国成为折价补偿的通常标准。事实上，德国民法学界传统观点之所以将客观市场价值作为价额偿还时的通常计算依据，最直接的原因在于《德国民法典》第 818 条第 2 款对此直接作出了规定。根据该条规定：“取得之利益因其性质不能返还，或者受领人因其他原因以致不能返还的，受益人应当偿还其价额。”通常而言，因借贷消费、劳务、债务免除等而受有的利益在性质上是不能返还的，而原有利益在遗失、被盗、毁损

① 王利明：《债法总则》，中国人民大学出版社 2016 年版，第 218 页。

② 《中华人民共和国合同法》第 58 条规定：“合同无效或者被撤销后，因该合同取得的财产，应当予以返还；不能返还或者没有必要返还的，应当折价补偿。有过错的一方应当赔偿对方因此所受到的损失，双方都有过错的，应当各自承担相应的责任。”

③ 参见胡康生主编：《中华人民共和国合同法释义》，法律出版社 2009 年版。

④ Larenz/Canaris, Lehrbuch des Schuldrechts, Band II · Halbband2 Besonderer Teil, 13. Aufl., M ü chen1994, § 72 III2b. Koppensteiner, NJW 1971,1796 ff; Koppensteiner-Kramer,S.159ff., 161ff., 175f.; Goetzke, Subjektiver Werbegriff im Bereicherungsrecht,Acp 173(1993),289; Larenz, Zur Bedeutung des “Wertersatzes” im Breicherungsrecht, Festschrift fur v. Caemmerer(1978), S. 209.;Reuter/Martinek, Ungerechtfertigte Bereicherung, S.563; 史尚宽：《债法总论》，中国政法大学出版社 2000 年版，第 95 页；王泽鉴：《不当得利》，中国政法大学出版社 2002 年版，第 207 页；郑玉波：《民法债编总论》，三民书局 2002 年版，第 142 页；黄茂荣：《债法通则之四：无因管理与不当得利》，厦门大学出版社 2014 年版，第 172、265 页。

灭失、以及被转让等情形之下，原有利益在返还上也是难以实现的。因此在这些情形之下，返还的标的实际是原有利益的转化物，即其客观的价值，通常表现为价额。我国台湾地区“民法典”借鉴了《德国民法典》的上述规定，在第181条第2款规定，但依其利益之性质或其他情形不能返还者，应偿还其价额。其中的“价额”亦指标的物的客观价值。无独有偶，2014年通过一读程序的《欧洲共同买卖法》[①] 第173条第4款和由德国学者巴尔等人主导的《欧洲民法典(草案建议稿)》第Ⅶ.–5:103条第1款亦采客观价额标准。两者分别对价额赔偿的标准不系于约定的对待给付，而系于货物的客观价值作出规定。后者在评注解释里更是直接指出，约定的价格可能反映了不对等的谈判能力、占优势的谈判技巧、一方当事人异常的需要或者其他特殊性。[②]

但是，当前大陆法系国家解释论的最新发展趋势却与传统观点逐渐背离。越来越多的研究者都倾向于以当事人约定的价款作为合同无效、撤销乃至解除后折价赔偿的标准。其背后的理念是，当事人即使是在返还清算的框架里也要坚持可归因的有关约定，这是私法自治的一种必然延伸。[③] 于是决定是否由客观价额标准转向当事人约定的价格标准的关键因素之一就在于导致合同无效或被撤销的原因是否关乎当事人的意思表示，亦即约定的对待给付。如果答案为否定，那么以合同约定的价格返还就不存在障碍。其结果是，传统客观标准的适用空间被大大缩减了。

在我国，亦有学者对客观标准的局限性提出质疑。一种担忧为，如一味地按客观标准进行折价补偿，则可能会变相激励恶意当事人通过主张合同无效从而逃避合同有效时所产生的相应的法律后果(如承担违约责任，或按合同约定的价格交割)，有违公平原则和立法意旨。[④] 更有学者直接指出，折价补偿的具体数额原则上应为合同约定的价额，例外时为客观价值，应探究致合同无效的规范目的，判断其是否影响当事人的有偿约定，最终决定价值偿还的计算基准。[⑤]

---

① 参见张彤、戎璐译：《欧洲共同买卖法》，载梁慧星主编：《民商法论丛》(第58卷)，法律出版社2015年版，第624页。

② 参见巴尔、克莱夫主编：《欧洲私法的原则、定义与示范规则：欧洲示范民法典草案》(第5～7卷)，王文胜等译，法律出版社2014年版，第1074页。

③ Canaris, a. a. O.(Fn.21)，S. XXXIX.

④ 尹田：《论法律行为无效后的财产返还》，载《时代法学》2010年第5期。

⑤ 赵文杰：《论不当得利与法定解除中的价值偿还——以〈合同法〉第58条和第97条后段为中心》，载《中外法学》2015年第5期。

事实上，对无效合同的折价补偿问题，我国司法实践中的一种思路是将无效合同当有效处理，亦即对无效合同之折价补偿按合同约定的价格加以确定。

例如，在建筑工程合同纠纷中，我国《民法典合同编（草案二次审议稿）》第576条第1款规定，建设工程施工合同无效，但是建设工程经竣工验收合格的，可以参照合同关于工程价款的约定补偿承包人。该条规定即明确了建设工程施工合同无效但建设工程验收合格时，当事人可以依合同约定的工程价款确定补偿数额。其实早在此之前，《最高人民法院关于审理建设工程施工合同纠纷案件适用法律问题的解释》（以下简称《建设工程合同解释》）就在第2条规定了合同无效时当事人可以参照合同约定支付工程价款，[①] 而法院在核算工程实际支出（亦即工程成本）时亦倾向采主观标准说。具体来说，在确定工程价款时，存在三种结算方式：按合同约定结算、按定额结算、按市场价结算。法院对解决此类问题所采取的通常做法是“尊重协议约定为主，司法鉴定为辅”。[②] 例如，最高人民法院在“汕头公司与秦浪屿公司建设工程施工合同纠纷上诉案”[③] 中指出，在双方当事人就同一建设工程签订的多份施工合同均无效时，综合缔约时的建筑市场行情、利于当事人接受的角度、诉讼经济等因素，参照双方达成合意并实际履行的合同结算工程价款。另外，在不能依当事人约定的结算条款来结算，从而以司法鉴定的方式确定工程价款时，一般参照市场价而非定额价确定工程成本。例如，在另一则最高人民法院公报案例“齐河环盾钢结构有限公司与济南永君物资有限责任公司建设工程施工合同纠纷案”中，[④] 就本案的争点之一——合同无效后，当无法根据合同约定的价格确定工程造价款，而鉴定机构又给出了定额价和市场价两种参考标准时，应以何者为计算依据，最高人民法院采纳了市场价格标准。其理由为，虽然根据《建设工程合同解释》第2条规定，在建设工程合同无效时，可以主张按当事人约定的合同价格支付工程价款，但由于本案中涉及合同价格条款的3份合同真伪难辨，不能确认当事人对合同价格的约定的真实意思表示，故不能按合同约定的价格作为结算工程价款的依

① 最高人民法院《关于审理建设工程施工合同纠纷案件适用法律问题的解释》第2条规定：“建设工程施工合同无效，但建设工程经竣工验收合格，承包人请求参照合同约定支付工程价款的，应予支持。”

② 师安宁：《案例裁判规则解析二十八：建设工程合同司法实务问题（七）》，载《人民法院报》2014年6月30日，第7版。

③ （2011）民一终字第62号。

④ （2011）民提字第104号。

据，而应按鉴定机构出具的鉴定结论做出认定。当鉴定机构给出了定额价和市场价两种参考标准时，应以后者作为认定依据。根据《合同法》第 62 条第 2 项规定，[①] 由于建设工程造价并不属于政府定价或政府指导价，加之市场价更能够表现企业施工、技术和管理水平，也更贴近市场价格，接近建设工程的实际造价成本，更加符合公平原则，故应当以市场价为标准，来判定工程造价款。此外，在另一则最高人民法院公报案例“莫志华、深圳市东深工程有限公司与东莞市长富广场房地产开发有限公司建设工程合同纠纷案”[②] 中，就合同工程价款应按实结算还是按合同价结算这一争点，二审法院认为，“本案一审法院委托中介机构对已完成工程分别按合同及按实进行了结算，按实结算的工程造价远高于按合同价结算的工程造价。由于长富广场公司没有过错，讼争工程又已实际使用，那么依照公平和诚实信用原则，本案的处理就不能让无过错方长富广场公司承担合同外的损失。而且比照最高人民法院《关于审理建设工程施工合同纠纷案件适用法律问题的解释》第 2 条的规定，可以得出如下结论：除非合同无效的原因归于价格条款违反法律、行政法规的强制性规定，否则无效的施工合同仍应按照合同的约定确定工程造价。故一审法院比照原合同约定确定已完成工程的造价是正确的，予以维持”。在再审中，最高人民法院则进一步指出：“鉴于建筑工程的特殊性，虽然合同无效，但莫志华与东深公司的劳动和建筑材料已经物化在涉案工程中，依据最高人民法院《关于审理建设工程施工合同纠纷案件适用法律的解释》第 2 条的规定，建设工程无效合同参照有效合同处理，应当参照合同约定来计算涉案工程款。莫志华与东深公司主张应据实结算工程款，其主张缺乏依据。莫志华与东深公司不应获得比合同有效时更多的利益。涉案工程款应当依据合同约定结算。”

笔者认为，在建筑工程合同中，当合同被法院确认为“无效”时，以合同约定价格作为核算工程成本的依据，有其必然性。这是因为在现实中，承包方为了取得承揽工程的机会，在投标时往往愿意以压低价格的方式中标，并以低于市场指导价、建筑工程定额甚至低于成本价的价格与发包方签订相应的施工合同。在折价补偿时，如以市场指导价格或建筑工程定额作为核算工程成本的

① 《中华人民共和国合同法》第 62 条第 2 项规定：“价款或者报酬不明确的，按照订立合同时履行地的市场价格履行；依法应当执行政府定价或者政府指导价的，按照规定履行。”

② (2011) 民提字第 235 号。

依据，那么由此得到的结果则与该行业的平均施工水平接近，而非承包方实际投入成本的真实反映。此外，在市场指导价格或定额高于合同约定价格的情形下，如以前者作为折价补偿的计算标准，还可能会促使恶意承包方通过主张合同无效，从而获得高于其实际成本的额外收入。另外，在确定市场指导价格和定额时，往往还需要另行聘请专业的鉴定机构，这样不仅增加了司法成本，还不利于提高审判工作效率，甚至给一些为逃避法律责任而恶意拖延诉讼时间的主体提供了便利。所以，在此类合同中依合同约定的价格核算工程成本，可以避免使无效合同的承包人获得比合同有效时更多的利益。

但问题更深层次的原因恐怕在于，《建设工程合同解释》第 1 条所规定的导致建设工程合同无效的几种情形，[①] 从规范类型上来看，应属于管理性的禁止性规范，而违反这一类型的规范，并不必然导致合同的绝对无效。[②] 进一步说，在建设工程合同因承包方欠缺或者超越资质承揽工程而无效，或因欠缺资质的实际施工人借用有资质的其他施工企业名义而无效，或因应招标而未招标或者中标无效而无效的，在当事人已经履行完毕后，该合同应被确认为生效合同，而其中的价格条款，也应为有效，当事人仍应受其拘束。但是，承认该合同有效，并不是对违规从事生产经营活动的行为主体“网开一面”，由于其违反了管理性禁止性规范，仍应承担相应的行政责任。

在水路运输领域，最高人民法院的相关司法解释亦规定了因承运人没有取得国内水路运输经营资质而致使合同无效的情形下，如合同已实际履行，则对当事人要求依合同约定支付运费的，法院“可以适当予以保护”。具体来说，虽然国务院颁布的《国内水路运输管理条例》第 8 条第 1 款规定：“经营水路

① 最高人民法院《关于审理建设工程施工合同纠纷案件适用法律问题的解释》第 1 条规定：“建设工程施工合同具有下列情形之一的，应当根据合同法第五十二条第（五）项的规定，认定无效：（一）承包人未取得建筑施工企业资质或者超越资质等级的；（二）没有资质的实际施工人借用有资质的建筑施工企业名义的；（三）建设工程必须进行招标而未招标或者中标无效的。”

② 王轶：《民法原理与民法学方法》，法律出版社 2009 年版，第 248 页。王轶教授认为，对我国《合同法》中的规范类型可做如下分类：任意性规范、倡导性规范、授权第三人的法律规范、强行性规范及混合型规范。其中，违反效力性规范的合同绝对无效，但违反强行性规范的合同却未必如此。强行性规范可分为强制性规范和禁止性规范。后者又可细分为效力性禁止性规范和管理性禁止性规范。只有在违反效力性禁止性规范时，合同才绝对无效，而违反管理性禁止性规范，合同未必绝对无效。管理性禁止性规范可以表现为以下几种类型：属于市场准入资格、交易时间、场所等因素的禁止性规范和禁止特定履行行为的禁止性规范。对于前者，如在进入司法或仲裁程序时合同尚未履行，则应认定为绝对无效；如已经部分履行或完全履行，则应承认其效力，并由行政机关追究其相应的行政责任。对于后者，也不影响合同的效力，而应由行为主体承担相应的行政乃至刑事责任。

运输业务，应当按照国务院交通运输主管部门的规定，经国务院交通运输主管部门或者设区的市级以上地方人民政府负责水路运输管理的部门批准。”同时最高人民法院《关于国内水路货物运输纠纷案件法律问题的指导意见》（法发〔2012〕28 号，以下简称《水路货运纠纷指导意见》）第 3 条规定：“根据《国内水路运输管理条例》和《国内水路运输经营资质管理规定》的有关规定，从事国内水路运输的企业和个人，应当达到并保持相应的经营资质条件，并在核定的经营范围内从事水路运输经营活动。没有取得国内水路运输经营资质的承运人签订的国内水路货物运输合同，人民法院应当根据《合同法》第五十二条第(五)项的规定认定合同无效。”但该《水路货运纠纷指导意见》第 4 条第 1 款亦规定：“国内水路货物运输合同无效，但是承运人已经按照运输合同的约定将货物安全运输到约定地点，承运人请求托运人或者收货人参照合同的约定支付运费，人民法院可以适当予以保护。”然而，同样是针对当事人请求按照合同约定的价格支付相应报酬的主张，该《水路货运纠纷指导意见》第 4 条并未如《建设工程解释》第 2 条规定那样明确表示“应予支持”，而是采取了相对模棱两可的态度，即“可以适当予以保护”。这就使得法官在裁判时存在较大的自由裁量空间，甚至产生“同案不同判”的现象。例如，在“郭国仁诉成健通海水域货物运输合同纠纷案”[①] 中，武汉海事法院认为，原告郭国仁未举证证明其具备相应经营资质，所签订的涉案合同因违反《水路货运纠纷指导意见》第 3 条规定而无效。但“涉案合同虽归于无效，但原告郭国仁已按照合同约定将货物安全运输到目的港，根据《水路货运纠纷指导意见》第 4 条的规定，其请求托运人，即被告成健支付运费，本院可以予以保护”。换言之，本案法院对于已经履约的无效合同同样采取上述“将无效合同当有效处理”的做法，肯定了本案原告按照合同的约定支付运费的主张。然而，在另一则刊登在《人民司法·案例》上的典型案例“辽宁省营口锦达物流有限公司与河北省唐山市茂威船务有限公司水路货物运输合同纠纷上诉案”[②] 中，一审法院认为对没有取得水路运输经营资质的承运人所签订的国内水路货物运输合同，应当根据《合同法》第 52 条第 2 项的规定认定为无效。在本案中，合同无效后，由于承运人锦达公

① （2015）武海法商字第 01852 号。
② （2014）津海法商初字第 599 号；（2015）津高民四终字第 6 号。

司已实际运输了货物，托运人茂威公司获得的财产利益体现为承运人提供的运输劳务的价值，具体表现为双方约定的运费，故托运人应当返还承运人为完成运输所支付的费用。此外，在合同被确认为无效后，由于承运人和托运人另行达成的付款协议系双方真实意思表示，故托运人应按该协议的约定支付承运人尚未支付的运费和滞期费。二审法院维持了一审判决，但在其后发表的相关评析中，二审法院的认定思路似乎又与一审判决并不一致。围绕着“承运人未取得经营资质从事水路运输的法律后果”这一主题，二审法院法官认为对于已经实际履行的无效合同，托运人对其因此而取得的利益，亦即与托运人运输相当的劳务价值，应当依不当得利为价额偿还。但对折价补偿所参照的标准，却认为“合同中约定的运费不能成为约束双方返还的要件”。且由于托运人为善意受益人，其返还范围以现存利益为限，即应返还承运人运输劳务相对应的财产，按其实际为运输所支出的劳务成本（运输成本）计算，而对于承运人因运输可获得的利润则不予支持。换言之，在合同无效后，“对于承运人锦达公司付出的劳务，无法按照合同约定支持其主张的运费，而仅应支持其付出的劳务成本，即锦达公司因运输所支出的成本”。[①] 事实上，《国内水路运输管理条例》从规范类型上来说，仍为管理性的禁止性规范，违反该条例的合同并非为无效，合同中相应的价格条款也应为有效。与其说承运人履行的是合同无效后的不当得利返还责任，还不如说是基于有效合同的继续履行义务或违约责任。

在《民法总则》第153条对强制性规范进行类型区分的背景下，[②] 大量的因违反法律、行政法规的强制性规范而看似无效的合同被有效化、合法化，这就使得按照合同中的价格约定进行折价补偿具有了正当性。然而，真正的问题是，在合同因违反效力性禁止性规范而绝对、当然、自始无效时，当事人仍然以合同约定的价格作为合同无效后折价补偿的基础，其正当性何在？

在立足《合同法》第52条之规定并对强行性规范与强制性规范不加区分的前提下，合同无效乃绝对无效，而合同被撤销则属相对无效，虽然两者的法律后果均表现为《合同法》第58条中的财产返还责任，但在确定价额偿还时所采

① 杨泽宇、于铁男：《承运人未取得经营资质从事水路运输的法律后果》，载《人民司法·案例》2015年第24期。

② 《中华人民共和国民法总则》第153条规定：“违反法律、行政法规的强制性规定的民事法律行为无效，但是该强制性规定不导致该民事法律行为无效的除外。违背公序良俗的民事法律行为无效。”

的标准并不一致。据此，有学者指出，在撤销之情形，应根据撤销权人为无法返还已受领之给付的一方当事人还是其相对方，来决定是依标的物的客观市场价值计算折价补偿的数额，还是依当事人约定的价格来计算折价补偿的数额。由于撤销权人为善意当事人，在返还时应充分保护其利益，当其为无法返还已受领之给付的一方当事人时，对方当事人只能依客观标准要求其进行折价补偿。不过，当撤销权人为无法返还已受领之给付一方的相对方，则其有权请求对方当事人按合同约定的价格进行返还，将“无效合同当有效处理”。[①] 例如，在租赁合同因出租人价格欺诈而被撤销时，其应依客观之市场行情收取租金，而不得保留已收取的租金或要求承租人按约定的数额支付租金；但在租赁合同因承租人欺诈而被撤销时，则出租人可以要求保留其已收取的租金，或要求出租人按约定的数额支付租金。但在重大误解时，由于双方均为善意当事人，无论撤销权人是否为无法返还已受领给付一方的相对方，均应按合同约定的价格支付租金。

但是，在合同因内容或形式违法而绝对无效时，如依上述逻辑加以分析，则会陷入一种“两难境地”。在所受利益无法或没有必要返还时，一方面，由于此时双方当事人均非善意，故应遵循民事行为绝对无效之立法目的，按照不当得利价额偿还的一般规则依所受利益的市场价格而非当事人约定的价格来分配双方利益，从而使当事人之间的财产利益复归到事前状态。例如，在无效之租赁合同中，承租人应就其租赁期间的使用利益向出租人支付补偿费用，而不能按约定的价格支付租金；在绝对无效之承揽合同中，定作人如无法返还原物，则应向承揽人支付其已完成工作的价值补偿，而非支付承揽合同约定的价款。另一方面，如在折价补偿时严格适用客观标准，则依然无法较好地解决实践中当事人通过主张合同无效来逃避违约责任或按合同所约定的交易条件履约的问题，而只能继续通过司法解释等途径“突破”合同绝对无效时按客观市价返还的一般规则。可这样一来，又与民事行为绝对无效之立法目的不符。

所以，为避免上述矛盾的产生，首先应从区分不同的规范类型出发，并据此形成对法律行为（合同行为）有效还是无效，是全部有效、部分有效还是全

① 尹田：《论法律行为无效后的财产返还》，载《时代法学》2010 年第 5 期。

部无效之初步判断。在此基础上，再分析合同中的价格条款是否有效，来进一步确定在进行“价格返还”时应适用何种请求权以及何种计算标准。具体来说，根据《民法总则》第153条的规定，在初步判断时应根据该条规定对强行性规范和强制性规范做出区分。如民事行为（合同行为）违反的是效力性强行性规范，则该行为绝对无效，此时国家应对当事人的意思自治做出否定性评价，其中的价格条款亦应为无效，在返还时应依所受利益的客观市价计算价额偿还的数额。如民事行为（合同行为）违反的是管理性强行性规范，则该行为未必绝对无效。管理性禁止性规范可以表现为以下两种类型：属于市场准入资格、交易时间、场所等因素的禁止性规范和禁止特定履行行为的禁止性规范。[①] 在违反第一种带有一定“准入性”的禁止性规范之情形，如在进入司法或仲裁程序时合同尚未履行，则应认定为绝对无效，此时应探寻合同无效或被撤销之规范目的对价格条款的影响，如无效或被撤销事由不影响价格约定的形成，则应根据意思自治原则，按当事人约定的价额进行返还（如本文案例二；又如建筑承揽工程合同因承包方欠缺或者超越资质承揽工程、应招标而未招标或者中标无效、承包方非法转包或违法分包等情形而无效）；反之，如导致合同无效的事由直接影响到当事人在合同中对价格的约定，且又不能归责于给付受领人时（如本文案例一），则在价额偿还时应依标的物的客观市场价值加以计算，否则就会与无效规范的保护目的不符。[②] 但如该合同在进入到司法或仲裁程序时已经部分履行或完全履行，则应承认其效力，并由当事人依合同约定的价格继续履行合同项下的义务。同时，行政机关还应追究违法主体相应的行政责任。在违反禁止特定履行行为的禁止性规范时，也不影响合同的效力，此时不存在承担财产返还的法律责任一说，而应由当事人依照合同约定继续履行合同义务，并同时追究行为主体相应的行政责任乃至刑事责任。

当合同约定违反市场准入资格、交易时间、场所等因素的禁止性规范，在进入司法或仲裁程序时合同尚未履行的，合同虽无效，但却并不因此而直接得出合同中的价格约定亦为无效的结论，而是应探寻合同无效或被撤销之规范目的对价格条款的影响，从而决定将何者作为返还标准。其理由在于：其一，合

① 王轶：《民法原理与民法学方法》，法律出版社2009年版，第248页。
② 赵文杰：《论不当得利与法定解除中的价值偿还》，载《中外法学》2015年第5期。

同无效，只是当事人的效果意思不生效力，给付义务消灭，但双方所确定的给付和对待给付之间的等价牵连关系（有偿约定，Entgeltabrede）并不一定因此而受影响。如当事人做出的价格约定并非与合同无效事由相关，例如，合同系因违反法律的管理性强行性规范而无效，但双方约定的价格条款并未违反法律的效力性强行性规范，则应根据“意思自治，责任自负”的原理，按照合同约定的价款进行折价补偿。其二，当事人在合同中订立价格条款时，往往考虑到了市场因素等其他外部条件对交易的影响，具有一定的前瞻性和合理性，故依其约定的价格进行返还，也是充分保护当事人意思自治的一种体现。其三，质疑依合同约定价格对无效合同进行折价补偿者，常以高价买卖为例，认为此时由于当事人约定的交易价格高于市价，如在合同无效后按其高价返还，则无异于使无效合同的当事人（亦往往是价格欺诈者）实现其所预期的经济目的。其实不然，在合同无效时，根据《民法总则》第 157 条规定和《合同法》第 58 条规定，当事人除负财产返还义务（返还原物或折价补偿）外，还应对其过错行为负损害赔偿责任。唯有将不当得利返还责任与缔约过失责任或侵权损害赔偿责任有效结合，才能使无过错的善意当事人不因合同无效而受损，有过错的非善意当事人不因合同无效而获益。具体来说，对商品、服务的提供者，其可以要求对方按商品或服务的成本折价补偿；而对商品、服务的接受者而言，其可以要求对方按客观市价折价补偿。两者间的差额恰恰是商品或服务的提供者的利润。在正常市场交易活动中，对于市场价高于成本价之利润损失，出卖人、生产者或提供服务一方可以依缔约过失要求对方赔偿其信赖损失。同理，在非正常市场交易活动中，对于市场价低于成本价之损失，买受人或接受服务一方同样可就其差价部分要求生产者予以损害赔偿。[①] 其四，在违反准入性的禁止性规范而导致合同无效之情形，依当事人约定的价格进行折价补偿并不会发生鼓励不法行为的效果，因为此时当事人的行为同时还可能违反相应的行政管理法规，并因此而承担相应的不利后果。

① 徐国良：《无效施工合同归责的法理和司法实务研究》，载《兰州学刊》2009 年第 3 期。

二、合同解除时，采“恢复原状”进行价格返还时应有条件地参考适用合同无效时折价补偿的计算标准

我国合同法上的合同无效和合同解除制度均能使合同效力归于消灭，从而使当事人的权利义务关系回归到合同订立之前的最初状态。在法律效果上，两者均不同程度地表现为返还取得财物，或承担赔偿责任。值得探讨的是，在《会议纪要》已明确对合同不成立、无效或者被撤销后“折价补偿”的计算标准作出规定的情形下，对合同解除后可能产生的价格返还问题是否能参照适用同一标准。事实上，对上述问题的回应在很大程度上取决于对合同解除是否有溯及力的理解。

对于合同解除后“恢复原状”之性质为何，学界争议颇多。在德国和日本学说上存在直接效果说、间接效果说、折中说（清算关系说）和债务关系转换说四种理论。而我国理论上的分歧则主要集中在直接效果说和清算关系说两种学说。采直接效果说的学者以《合同法》草案和立法前后的学说为基础，认为由于我国不承认物权行为无因性理论，故“恢复原状”的请求权基础为所有物返还请求权，适用于能够原物返还的场合，且在返还时以给付时的价额为标准，至于当事人受有多少利益则不在考察范围。具体来说，在标的物为动产时，返还对象为有体物；在标的物为不动产且已办理过户登记时，应先将登记注销然后再恢复到原权利人名下。而“采取其他补救措施”的请求权基础为不当得利返还请求权，适用于标的物为金钱、劳务、使用利益，或发生毁损、灭失而无法原物返还的场合。[①] 采清算关系说观点的学者认为，恢复原状的性质为债权请求权，但既非所有物返还请求权，也非不当得利返还请求权，而“采取其他补救措施”亦为一种价值形态的“恢复原状”，两者的请求权基础并无不同。具体来说，一方面由于我国不承认物权行为无因性理论，但却以动产的交付和不动产的登记作为物权变动的生效要件，故在解除权人解除合同后，标的物的所有权并非自动、当然地在解除的意思效果到达被解除权人后复归于解除权人，故解除权人要求被解除权人返还财产并非属于物权请求权，而属于以“恢复原

① 参见崔建远：《解除权问题的疑问与释答（下篇）》，载《政治与法律》2005 年第 4 期；崔建远：《解除效果折衷说之评论》，载《法学研究》2012 年第 2 期。

状”来实现与《民法通则》第134条，后为《民法总则》第179条所规定的“返还财产”效果相似的债权请求权。另一方面，合同解除后，尚未履行的债务归于消灭，已经履行的债务，并不溯及既往的消灭，而是转化为一种以恢复原状为内容的清算关系，即旧债务以新的形式继续存在。由于在恢复原状完全实现前，有效合同依然存在，受领仍具有法律上原因，故不构成不当得利。此外，合同解除之“恢复原状”的具体内涵为全面返还所受领给付，而仅非返还现存利益，返还的内容包括标的物本身（原物返还或作价返还）、利息、果实及使用利益、费用等，甚至包括原物返还不能时的风险负担。

在我国司法实践中，一些法院对合同解除之法律效果的认定，似乎更接近“直接效果说”，并据此判定返还义务人依不当得利履行相应的返还责任。最高人民法院在其公报案例“广西桂冠电力股份有限公司与广西泳臣房地产开发有限公司房屋买卖合同纠纷案”①的“裁判摘要”部分，通过引述一审法院的判决理由，指出根据《合同法》第97条规定，合同解除导致合同关系归于消灭，故合同解除的法律后果不表现为违约责任，而是返还不当得利、赔偿损失等形式的民事责任。这似乎表明了最高人民法院对合同解除之性质采“直接效果关系说”的立场。不过，一审法院虽以不当得利作为原告桂冠公司要求被告泳臣公司在合同解除后返还财产的请求权依据，但却认为此时返还的数额仅为购房款，不涵盖其利息部分，理由为泳臣公司对桂冠公司“重置费损失的赔偿足以弥补桂冠公司的损失”，这显然混淆了不当得利与损害赔偿在制度机能上的不同，与不当得利返还应当包含原物所生孳息的一般规则不符。最高人民法院作为二审法院纠正了一审法院的做法，认为合同解除后，泳臣公司除应返还桂冠公司购房款外，还应返还相应的利息。而在地方法院，亦有法官认为合同解除后所表现的责任内容为不当得利返还。例如，在“姚京旗诉李柱、张世刚不当得利纠纷案”②中，二审法院北京市一中院指出《民法通则》第92条中的“没有合法根据”，“既可以指获得该不当利益自始没有合法根据，也可以指开始时具有合法根据，而之后由于某种事由的出现而导致一方再拥有该利益便缺乏合法根据，这种事由典型的如双方之间业已成立的合同被解除或被撤销”。又

① （2009）民一终字第23号。
② （2012）一中民终字第15302号。

如，在“黄甲等与陆某房屋买卖合同纠纷上诉案”[①] 中，二审法院上海市一中院认为，“房屋买卖合同系以房屋所有权转移为核心给付义务的一时性合同，履行行为不具有持续性。因此，此类合同解除具有溯及力，即导致合同关系自始消灭，已经完成的履行行为均丧失了合同依据”，并因此而构成“给付目的消灭”的不当得利。虽然在德国法上，其属于独立的清算关系，不适用不当得利返还的规则，但在我国法律上则无此限制，因合同解除具有溯及力而产生的返还关系在性质上应为不当得利。“所谓恢复原状，本质上就是一种不当得利返还关系。”而“本案中，陆某占有房屋系用于自住，因此在合同解除的前提下，黄甲一方确实具有主张陆某以市场租金标准承担房屋使用费的不当得利返还请求权基础”。此外，在“惠州中冠工业房产开发有限公司清算委员会与冠京华电子工业（惠州）有限公司不当得利纠纷一案”[②] 中，由于本案双方当事人的合资经营合同被中国国际经济贸易仲裁委员会裁决解除，为对中冠公司进行清算而依法成立了清算委员会。该委员会在其后的财产清查工作中发现冠京华电子公司存在非法占有中冠公司委托款项的行为，故诉至法院请求冠京华电子公司返还相应的款项及利息。广东高院经审理后认为，“冠京华电子公司收取委托人中冠公司的款项后，未能依约办妥受托事项，故其继续占有中冠公司的款项没有合法依据，损害了中冠公司的利益……冠京华电子公司的行为已构成不当得利，依法应将其不当取得的 375 万元返还中冠公司清算委员会……还应向中冠公司清算委员会返还 375 万元产生的相应利息”。

从上述案例亦可看出，法官对合同解除后“价格返还”内容的认识亦与合同无效、被撤销时折价补偿内容的认识并无差别，均表现为返还义务人所受领的给付及其利息。在我国学界，亦不乏有学者认为应对合同解除后的价格返还采取与合同无效、被撤销时的折价补偿相统一的计算标准。不仅如此，为贯彻意思自治理念，应对解除和无效后的价额返还均采主观说的标准，更多的以当事人约定的价格而非所受利益的客观市场价额进行返还。为证成该观点，有的学者从体系解释的角度出发，认为如采直接效果说，那么《合同法》第 97 条关于合同解除的规定应与《合同法》第 58 条关于合同无效、被撤销的规定内容相

① （2016）沪 01 民终 3250 号。
② （2009）粤高法民一终字第 8 号。

当,因为两者所欲解决的都是合同自始无效后的财产返还问题。如采清算关系说,两者虽在效力上不同,但都以实现返还原物为根本目的,若从寻求功能一致性的角度进行体系解释,那么依《合同法》第 58 条规定作为《合同法》第 97 条的解释依据,也较依其他规定更为合理。以此为基础,对合同解除之价格返还原则上应准用合同无效、被撤销后折价补偿的计算标准,考察当事人之间的有偿约定(等价牵连关系)在合同解除(无效、被撤销后)是否依然有效,从而决定采客观标准还是主观标准。[①] 另有学者从比较法的角度,通过分析德国在合同解除、无效、被撤销之返还清算规则上存在的大量差异以及评价矛盾之不足,以及近些年所展开的统合合同解除、无效、被撤销后返还清算法的经验,认为我国应避开物权行为有因性与无因性之争,以及合同解除后是否有溯及力以及是否产生新的债权债务关系还是返还清算关系之争,从解释论回归立法论,通过统合合同解除与合同无效之法律效果,建立一套相对独立的解消清算规则。[②]

笔者认为,就合同解除后所发生的法律效果与合同无效、被撤销后的法律效果应否统一这一问题,并不能照搬德国法上的"解释论"经验,更无必要进一步在立法上建立一套相对独立的规则体系。德国之所以将其解除法中的返还清算规则转用于合同无效、撤销之情形,有其特殊的制度背景。就合同解除这一情形,德国立法和学说上的观点是,由于《德国民法典》第 346 条第 2 款第 3 项明确规定,合同规定了对待给付的,在计算价额补偿时,必须以对待给付为基础,故在合同解除后的返还清算中应适用主观标准。而在合同无效和被撤销时,德国通说认为导致合同无效、被撤销的事由同样也会致使当事人的所有意思效果无效,双方当事人在合同中约定的对价给付亦无效——其结果是当发生价额偿还义务时,依标的物的客观市场价额确定相应的返还数额。不过亦有相反观点认为,只有当导致合同无效、被撤销的事由同样关乎合同的有偿约定(Entgeltabrede)时,该有偿约定(等价牵连关系)才不得在返还清算关系中继续发挥作用——其结果是当发生价额偿还义务时,以合同约定的价格作为价额偿还的计算标准。为何在财产返还因合同解除而发生时,《德国民法典》明确其主观标准说的立场,与财产返还因合同无效或被撤销而发生时,德国通说所

① 赵文杰:《论不当得利与法定解除中的价值偿还》,载《中外法学》2015 年第 5 期。
② 汤文平:《法律行为解消清算规则之体系统合》,载《中国法学》2016 年第 5 期。

采纳的客观标准说“划清界限”？笔者认为，这一“差别对待”在德国学界普遍对合同解除采“清算关系说”的认识背景下具有一定的正当性。对于合同解除，近些年来所形成的观点是：与合同无效不同，合同解除并不使合同溯及既往地消灭，而是发生一种以恢复原状为内容的清算关系，亦即旧的债务关系并不消灭，而是以新的方式继续存在。也正因如此，合同解除的返还规则与合同无效或被撤销的不当得利返还规则不同。在2002年德国债法改革暨《德国债法现代化法》实施以后，修订后的《德国民法典》在第346条和第347条中较为全面地规定了合同解除后的财产返还规则，从而排除《德国民法典》中不当得利相关规则的适用。从其规定来看，在合同解除后，当以价额补偿作为原物返还不能时的替代，应以当事人所约定的对待给付为计算标准，只有在当事人没有在合同中对此做出约定时，才适用第818条规定按标的物的客观价额返还。此外，《德国民法典》还规定了所有人—— 占有人返还规则（第985条以下）以解决所有物、占有物的返还问题，故修改后的《德国民法典》为处理财产的返还清算至少配备了“三驾马车”。这一方面使财产返还清算规则更为细致全面并具有针对性，但同时也因各个规则的制定时间不一、制定者及其所考虑的问题不同而引发了诸多评价矛盾。在这一背景下，立法统合论的呼声渐起，就连《德国债法现代化法》的立法者也在立法说明中承认应对合同解除时的返还和不当得利返还适用同样的原则。受其影响，越来越多的德国学者也倾向认为应对合同解除和合同无效、被撤销之返还问题作一并考察。就目前解释论的发展趋势看，即便是在因合同无效而引发的返还清算关系中，当事人也应受可归因的相关约定的继续约束，这是贯彻私法自治的一种必然延伸。换言之，在合同无效或被撤销后的返还问题中同样应适用主观标准说。

由此可见，虽然合同解除和合同无效、被撤销后的财产返还问题在《德国民法典》中受不同的法律规则所调整，但却在解释论的重构中趋于同一。以此为前提，以实现意思自治作为指导原则和终极目标，并进而对合同解除以及无效、被撤销后的价额返还一并采纳“主观标准说”并无不妥。但是，我国并未如德国一样以法律的形式直接规定合同解除后应按合同约定的对待给付进行价额补偿，也未以“清算关系说”作为合同解除的理论基础，不能当然的认为“解除后的合同并非无效，而是以另一种形式继续存在”，从而排除成立不当得利返还的可能。故我国不存在对合同解除后的价格返还适用“主观标准说”的制度和理论前提，更谈不上将“自己经济性决定的可归责性”这一贯穿德国民法之解除规则的基本原则转用到合同无效后的财产返还规则中去。

笔者亦不赞同以寻求功能一致性作为体系解释的依据，对合同法定解除直接“准用”合同无效时折价补偿的计算方法，毕竟合同解除与合同无效后的法律效果并不相同，如抛开合同解除之溯及力的有无而直接对两者进行体系统合，则有违《合同法》第 97 条之设立初衷。

有学者认为，在协议解除时，有无溯及力应取决于当事人之间的约定，无约定时由法院或仲裁机构根据具体情况加以确定。因客观原因而造成合同履行不能从而解除合同的，原则上无溯及力。因根本违约而解除合同的，如解除的合同为一时性合同，则原则上有溯及力。如解除的合同为继续性合同，则原则上无溯及力。① 笔者赞同上述见解。

对无溯及力的合同，合同解除的效果相当于使合同仅面向将来地消灭，解除前债权债务关系依然有效，与合同无效、被撤销时所发生的法律效力截然不同，不存在“准用”其返还规则一说。对已经履行的部分，由于在合同解除前，受领人受领给付时具有法律上原因，在合同解除后，该法律上原因并不因此而嗣后消灭，故不构成不当得利，也不得要求受领给付一方返还。②

对有溯及力的合同，合同解除的效果相当于使给付目的嗣后溯及既往地消灭，同合同无效、被撤销后的效果相同，故对已为给付的部分，如该给付不能返还或没有必要返还，则已为给付一方当事人可以依不当得利要求对方“价格返还”。在返还数额的确定上，此时原则上可以准用合同无效、被撤销时折价补偿的计算标准，但具体标准因合同解除之具体类型的不同而有所区分。在约定解除之情形，由于导致合同解除的事由可能出现在合同订立之初，从而影响到当事人有偿约定的形成，故需结合导致合同解除的事由是否影响当事人这一约定的做出来决定所采纳的具体标准：如导致合同解除的事由直接关乎合同中的价格条款时，则依标的物的客观市场价额返还；反之，则依当事人约定的价

① 崔建远：《合同法》，法律出版社 1998 年版，第 178~181 页。

② 对此，在学说上存在一些不同见解。有学者认为，在一方当事人已受领给付，而未向对方当事人为对待给付时，如不允许对方当事人“取回”其所为之给付，则对其不公。所以，从公平的角度，此时虽在法律事实上不构成不当得利，但亦应准用不当得利之法律效果，使给付一方得请求受领给付一方返还其所受领的给付。

格返还。在法定解除之情形，由于导致合同解除的事由往往与缔结合同无关，而与给付障碍相关，不会影响到对待给付约定的做出，故此时可以按当事人约定的价格返还。

结语

长期以来，合同无效或被撤销以及合同解除后的财产返还问题一直属于各国民法上备受争议的难题之一。从当今大陆法系各国解释论发展的最新趋势看，越来越多的观点倾向于认为：无论是在合同无效、被撤销之情形，还是在合同解除之情形，只要导致合同消灭、终止的原因无关当事人价格约定的形成，且该约定也不违背当事人的真实意思，且标的物不存在质量问题，则应在价格返还时按当事人约定的价格返还，否则即按标的物的客观市场价值返还。结合我国法律规定和司法实践，笔者认为对合同解除后采恢复原状亦即财产返还措施时，价格返还之计算标准可以在一定情形下参考适用合同无效时折价补偿的计算标准，但仍应注意两者作为两者不同的制度在确定价格返还的计算标准时所需考量的具体因素有所不同。在合同无效之情形，应当考察的范围包括：合同所违反的规范类型、案件进入司法或仲裁程序时合同的履行情况、合同无效或被撤销之规范目的对价格条款的影响等因素。而在合同解除之情形，应当考察的范围则为合同解除是否具有溯及力、合同解除的具体类型（约定解除抑或法定解除）以及具体解除事由是否关乎当事人所做出的有偿约定。另外，结合本文的上述分析，笔者认为，就本次新冠肺炎疫情而言，在因具备法定解除事由，如不可抗力或情势变更而解除合同之情形，应以当事人的合同价款作为“恢复原状”亦即价格返还的计算标准。其背后的原因在于，解除权总是以一个有效合同为前提，而在返还清算的框架内应尽可能广泛地维持合同性风险分配，以自己经济性决定的可归责性作为风险分担和利益分配的重点考察因素。毕竟，在法定解除之情形，由于合同履行障碍的出现往往并非基于当事人的过错，故此时以当事人约定的价格作为价格返还（恢复原状）的计算基础其实较合同无效之情形更具充足理由。

COMMENTARIES

专论四

疫情防控背景下企业“一带一路”项目法律风险防范

撰 稿 人

北京市东卫律师事务所
王兴尧

新冠肺炎疫情暴发，由武汉蔓延至全国。截至2020年2月4日，日本、泰国、新加坡、韩国、美国等24个国家发现确诊病例。2020年1月31日凌晨，世界卫生组织宣布，新型冠状病毒感染的肺炎疫情构成国际关注的突发公共卫生事件（PHEIC）。国家卫生健康委2020年2月8日将其暂且命名为“新型冠状病毒肺炎”，简称“新冠肺炎”。新冠肺炎疫情暴发导致的突发公共卫生事件，使很多中国企业在“一带一路”沿线国家和地区的项目面临着诸多不确定因素，因此需要高度关注并及时采取行之有效的风险控制预案，避免损失的发生和进一步扩大。为此，根据“一带一路”项目的特点，笔者归纳梳理了企业在投资项目运营中可能遇到的相关法律风险并做相应的风险防范提示。

一、国内企业向项目所在国派驻临时或长期工作人员的入境管制风险

2020年1月28日，国家移民管理局建议，近期有出国出境计划的内地居民合理确定出行时间，确有特殊情况需要出国出境的，应提前了解目的地国家和地区当前对人员入境管理的相关规定，避免因无法入境造成费用和时间损失；确需出境且前往国家、地区允许入境的，应提前到达出境口岸，留出足够时间接受相关部门检查；出现发热伴有咳嗽、呼吸困难等急性呼吸道感染病状的人员，应当立即停止出入境旅行并立即就医，如实向有关管理人员说明相关行程和搭载的交通运输工具信息，以便移民管理机构会同有关部门迅速采取排查措施。

2020年2月4日至16日，国家移民管理局发布提醒，近期有93,133个国家和地区采取入境管制措施，同时，全球各地的航空公司接连宣布停飞中国航班。其中多个国家为“一带一路”国家，如斯里兰卡和菲律宾暂停向中国旅客发放落地签；新加坡则暂停为持有中国湖北省签发护照的旅客发放各类签证，包括短期签证、单次或多次入境签证；俄罗斯政府将暂停向中国公民发放工作签证。

企业如果近期需要向项目所在国派遣工作人员或商务旅行时，建议先登录国家移民管理局官方网站（https://www.nia.gov.cn/），了解相关国家对入境的管制措施，同时还应密切关注项目所在国的入境管制措施，避免被限制入境，或入境后被采取隔离措施，甚至被遣返的后果。

上述国家和地区采取的入境管制措施，给工程承包项目带来了巨大的风险，可以预见，在目前疫情发展的态势下，短期内组织大量劳务派遣人员赴境外工作具有相当大的难度，建议企业可考虑与中国境内分包商协商终止分包合同，将土建等工作转由在当地分包，或在法律允许的范围内，由中国分包商将当地工作分包给当地公司，降低对工程进度的影响，尽可能避免或减轻因工程延期导致的违约责任。

二、货物出口需要防范的锚地检疫与入境管制风险

世界卫生组织（WHO）宣布中国武汉的新冠肺炎疫情为“国际关注的突发公共卫生事件”（PHEIC），虽然PHEIC只是一种卫生安全预警，不等于宣布中国是“疫区”，而且世界卫生组织也不建议各成员国对来自中国的货物实施贸易限制，对来自中国的人员出入境也没有强制性的限制要求，但提出了加强检验、检疫和必要时隔离的建议。

（一）锚地检疫风险

新冠肺炎疫情发生后，按照世界卫生组织和大多数国家的要求，对于来自中国或者曾经在中国港口停靠的海运船舶要进行锚地检疫，初步判定该船是否染疫，要求船长立即申报全体船员的健康状况，查看航海健康申报书和健康申明卡等文件及记录。在判定未染疫后才同意船舶进港停靠，并随即实施一系列的卫生处理。类似管控措施，对航天数少于15天的航线影响巨大。比如，马来西亚卫生部宣布“所有来自中国的船舶都将被隔离，直到马来西亚卫生部官员对船舶进行检查为止，如果检查发现所有船员和乘客都健康，并且船舶卫生文件仍然有效，则允许船员、乘客下船和进行卸货活动”。

（二）货物入境管制风险

随着新冠肺炎疫情在全球范围内传播蔓延，应当高度注意的是，类似措施可能成为常态，甚至不排除部分国家采取限制中国货物入境的管控措施，可能导致出口货物在目的港滞留、被拒收、退运甚至销毁的风险。

因此，企业在货物发运前，应当提前关注目的地国家是否可能采取货物入境管制措施，充分评估交货风险，与买方协商调整交易价格术语条件，比如尽可能采用信用证结算方式下的FOB/CIF交易条件，确保货物在起运港交至买方承运人后即完成交货义务，货物灭失风险即转移至买方。否则，在传统的银行托收模式下，对卖方而言，一旦发生买方拒收货物，造成货物在目的港（地）长期滞留，可能会导致两种极为不利的后果：一是会产生大量滞港费，卖方不得不采取退运的措施；二是根据某些国家的海关规定，货物到港后进口商应在一定期限内完成提货手续，否则货物将被罚没并进行拍卖，可能引发被罚没的风险。

为防范这一风险，企业可以投保国际货物运输保险，如投保海洋运输货物保险中的“一切险”及“一切险”所属的特别附加险。特别附加险有六种，分别为交货不到险、进口关税险、舱面险、拒收险、黄曲霉素险和扩展存仓火险，其中拒收险比较适用。在此特别提示，特别附加险必须另行申请加保。

三、关于涉外合同履行中认定疫情及政府采取的防控措施构成“不可抗力”的法律风险

（一）关于新冠肺炎疫情及政府采取的防控措施是否构成“不可抗力”的认定风险

在涉外合同履行中，疫情及政府采取的疫情防控措施是否构成不可抗力，不能一概而论。由于涉外合同的复杂性，在实际操作过程中，是否构成不可抗力，主要取决于合同对“不可抗力”及准据管辖法的约定。

1. 在涉外合同明确规定“流行病”“政府管制措施”属于不可抗力的情况下，即如果合同关于不可抗力条款，规定了“不可抗力”不能避免、不能预见、不能克服的一般标准，即使没有明确约定具体的“流行病”病种，仍可主张此次的新冠肺炎疫情构成不可抗力。因为该病毒属于首次发现的新型病毒，不能预见，对于该病毒尚无特效药，其防控必须依赖于由政府主导的大规模隔离，因此不能避免和克服。

例如，按照国际上最为通行的 FIDIC《设计采购施工（EPC）/ 交钥匙工程合同条件》（1999 年版）通用条款的规定，“不可抗力”系指某种特殊的事件或情况：（a）一方无法控制的；（b）该方在签订合同前，不能对之进行合理准备的；（c）发生后，该方不能合理避免或克服的；（d）不能主要归因于他方的。

2. 如果合同未明确约定不可抗力条款，应当根据合同所适用的准据管辖法 (governing law) 来判断，大陆法系国家法律对此有较为明确的规定，比如我国《合同法》第 117 条明确规定，当事人因不可抗力不能履行合同的可以免责。而普通法系国家法律中则不存在这个概念，尽管英国法律中有“履行受阻”（frustration of contract）的概念、美国法律中有“商业不能”（commercial impracticability）

的概念、普通法有“合同受阻”(frustration of contract)的概念，但不存在不可抗力的概念。并且构成合同受阻或商业不能的门槛非常高，合同受阻将直接导致合同终止，故此，在普通法中，“不可抗力”主要依赖于当事人在合同中的明确约定。

3. 如果当事人均属于《联合国国际货物销售合同公约》(以下简称《公约》)缔约国的居民，除非双方在合同中明确排除《公约》的适用，否则合同条款应依据《公约》进行解释，《公约》第79条中规定，当事人对由于某种非他所能控制的障碍造成的不履行义务不负责任，而且对于这种障碍，没有理由预期他在订立合同时能考虑到或能避免或克服它或它的后果。

因此，如果合同中没有约定不可抗力条款，企业可视情形，据合同准据管辖法或《公约》主张此次的新冠肺炎疫情及政府采取的疫情防控措施构成不可抗力。

(二)关于“不可抗力”认定中的程序义务

在不可抗力的认定和通知的过程中，应严格遵循准据管辖法的规定及合同约定的程序。企业应当依法取得不可抗力事实证明书，及时向合同相对方发出不可抗力通知，提出延长履行期限、增加或减少费用的请求，乃至解除合同，采取积极有效措施，减少不可抗力所造成的损失并防止损失扩大。如果未按照以上程序进行，需承担相应的违约责任。

根据国务院批准的《中国国际贸易促进委员会章程》的规定，中国国际贸易促进委员会(以下简称贸促会)可以出具不可抗力证明。我国贸促会于2020年1月30日宣布，如有中国企业因受疫情影响导致无法如期履行或不能履行国际贸易合同的，可向贸促会申请办理与不可抗力相关的事实性证明(即《不可抗力证明》)。自2月6日起，全国贸促系统各授权证明书出证机构一律免费为企业出具与新冠肺炎疫情相关不可抗力事实性证明书。各地企业可登录中国贸促会商事认证中心线上认证平台 http://www.rzccpit.com/，在线、免费申办新冠肺炎疫情相关不可抗力事实性证明书。

据贸促会商事认证中心副主任闫芸介绍，不可抗力事实性证明书已得到全球200多个国家和地区政府、海关、商会和企业的认可，在域外具有较强的执行力。2020年2月2日，贸促会向浙江湖州某汽配制造企业出具全国首份新冠肺炎疫情不可抗力事实性证明书。

但中国企业应该认识到，《不可抗力证明》只能作为认定不可抗力事件的证据之一。中国企业不应期望仅依赖该证明即可以免于履行协议，还应认真研究双方签订的合同，根据合同中“不可抗力”的约定及管辖地法律的规定，加强与合同相对方的沟通协调，以争取对方谅解，达成一致。

四、境外投资协议签订、履行过程中的法律风险

境外投资协议有别于跨境贸易合同和工程承包合同，涉及交易条件的设定、交易价格的调整、价款的给付、政府审批、交易标的交割以及违约责任、合同变更、终止、解除等诸多环节。

因新冠肺炎疫情及政府采取的疫情防控措施导致投资协议在签订和履行过程中出现问题，按照通理，对于《投资协议》或《购买协议》项下的认购价款的支付是不得援用不可抗力的。因此，除可以主张“不可抗力”进行抗辩之外，还应高度关注政府审批时间对合同约定履行期限的影响。例如，国家发改委发布的《企业境外投资管理办法》规定，核准文件、备案通知书有效期为 2 年，确需延长有效期的，投资主体应当在有效期届满的 30 个工作日前向出具该项目核准文件或备案通知书的机关提出延长有效期的申请。投资项目所在国的政府审批大多亦有相关的要求。通常，投资协议对合同双方取得有权机关的审批、合同价款的支付有明确的时间要求，并且伴有相关分手费或反向分手费的约定，如有违约行为，违约方将承担合同终止、解除或违约赔偿的责任。

国内企业“一带一路”项目涉及的领域、范围非常广泛，适用的法律也相对复杂，既有中国法律，也有项目所在国法律，有时还要适用国际条约和双边协议。在当前新冠肺炎疫情发生背景下，笔者仅选取了比较有共性的几个问题做出风险提示，并期待对企业控制相关风险有所裨益。

COMMENTARIES

专论五　疫情下不可抗力的认定及对合同履行的影响

撰 稿 人

北京市东卫律师事务所

顾燕玲

一、关于疫情作为不可抗力事件的认定

（一）关于不可抗力的法律规定

不可抗力作为民事责任法定的免责事由以及合同的法定解除原因，各国民事立法中的规定不尽相同，概括起来有三种学说标准：一是“客观说”，其核心要义在于表明不可抗力是一种不能避免并且不能抗拒的客观情况；二是“主观说”，即从行为主体的角度，来描述不可抗力是一种行为人已经尽最大努力但仍旧无法预见的客观情况，对于行为主体而言，已经超出其预知能力范围；三是“折中说”，该学说强调不可抗力作为一种客观事件，行为主体虽然尽最大努力，既无法预见也无法避免。

关于不可抗力，我国立法中基本采纳的是“折中说”标准，

《合同法》第 117 条、第 118 条以及《民法总则》第 180 条均有规定，即是指不能预见、不能避免并不能克服的客观情况。不可抗力的因素一般包括：（1）自然灾害，如台风、地震、洪水、冰雹等；（2）政府行为，如征收、征用等；（3）社会异常事件，如罢工、骚乱等。根据法律规定及民法学理论，不可抗力的基本特征是：（1）不能预见；（2）不能避免；（3）不能克服；（4）该事件属于独立于当事人行为或者不可归因于当事人任何一方的客观情况。不能预见，是指对于不可抗力事件的发生根本无法预见。如果能预见或者应该能预见，则不构成不可抗力。不能避免，是指无法采取任何措施加以避免。如果出现了不可预见的事件，但造成的后果还是可以避免的，就不能构成不可抗力。不能克服，是指对不可抗力事件的后果，毫无办法克服和阻止。

应当注意的是，在英美普通法中，没有不可抗力的概念，对于合同履行的影响效果，比较接近的概念是"合同阻却"原则。在英美普通法中，出于信守契约精神，一旦合同订立生效后，对于合同的变更履行或合同解除，法院或仲裁机构通常会采用比较严格的标准；除非当事人在合同中明确约定"不可抗力"条款的含义及对合同履行的具体影响，此时法院或者仲裁机构会充分尊重当事人的契约自由。

（二）司法实践中关于不可抗力的认定

立法中规定中界定了"不可抗力"的四个属性特征，但是究竟哪些具体客观事件可以认定为不可抗力，并没有进一步予以明确，对此，各国司法实践中对不可抗力具体的认定规则也不尽相同。在司法实践中，对于合同无法履行或迟延履行的违约责任，当事人往往以不可抗力事件作为抗辩的理由。关于不可抗力条款的争议，更多的源自当事人对不可抗力事件的认定采取了简单化或者片面化的理解。因此，需要厘清司法实践中对不可抗力认定中存在的认识误区。司法实践中关于不可抗力事件认定中的争议主要集中在两个方面：一是关于自然灾害是否构成不可抗力事件的认定；二是关于政府产业政策的调整是否构成不可抗力事件的认定。

1. 关于自然灾害是否构成不可抗力事件

自然灾害，作为当事人不能避免与不能克服的客观情形，在一般人的理解中，通常最为符合不可抗力的特征，比如地震。司法实践中争议较大的情形，是关于洪水灾害、台风等恶劣天气，是否属于不可抗力事件，主要是在水陆运输合同中涉及该争议。

关于恶劣气象灾害是否构成不可抗力，法院的基本裁判观点是，要根据合同履行中的具体情况来判定，主要包括两种具体情形：一是如果灾害预报部门事先已经发布预警信息，在合同履行过程中遭遇上述灾害，因不符合“不能预见”这一构成要件，通常不会认定为不可抗力事件；二是在运输合同履行前，即使灾害预报部门没有发布相关灾害预警信息，但是作为专业从事航运经营业务的承运人，应当及时发现气象变化并提前采取预防措施，此种情形通常不符合不可抗力中的“不能预见”的构成要件，即对于专业从事航运经营业务的承运人，恶劣天气的变化属于“能够预见”的情形。例如，在《广东红土地物流有限公司、中国平安财产保险股份有限公司广东分公司合同纠纷再审审查与审判监督民事裁定书》[(2018) 最高法民申 3910 号] 中，最高人民法院在裁判说理部分认为，在案涉事故发生前，气象部门已经多次提醒并对风暴潮的来临进行了预报，红土地公司关于风暴潮不可预测的主张没有事实依据，同时不能举证证明其采取了必要措施应对风暴潮，对于该公司关于货损是因不可抗力造成的抗辩主张，不予支持。在《丰都县恒丰航运有限公司、中国人民财产保险股份有限公司大连市分公司海上、通海水域货物运输合同纠纷再审审查与审判监督民事裁定书》[（2018）最高法民申 2024 号] 中，对于航运公司在运输过程中遭遇的气象灾害是否应当认定为不可抗力，最高人民法院在裁判说理部分认为，承运人作为专业从事航运经营的公司，应当具有相应的航运及管货经验，应当及时发现气象变化并提前采取预防措施，对气象灾害及损害结果的发生应当能够预见，因此不符合不可抗力的构成要件。

2. 关于政府产业政策的调整能否构成不可抗力事件

在司法实践中，关于政府产业政策的调整能否构成不可抗力的争议，主要集中在化解产能过剩的钢铁、煤炭及其他资源类行业中。当事人在无法履行合同时（不排除其中存在恶意逃废债务的行为），往往以政府产业政策调整属于不可抗力为由主张免责。此种情形中，法院在裁判时通常考虑的因素主要有两个：一是政府发布的产业调整政策是否具有强制性，即当事人是否因产业政策被政府相关部门强制关停；二是应当区别政府产业调整政策与正常商业风险。例如，在《福建省蓝图节能投资有限公司、酒钢集团翼城钢铁有限责任公司合同纠纷二审民事判决书》[(2017)最高法民终654号]中，最高人民法院在裁判说理部分中认为，国家发布的关于去产能的政策，属于为化解产能过剩、优化产业升级对各级地方政府的指导性意见，与冀钢公司停产无直接关系；冀钢公司的停产，是为了适应市场环境而实施的减亏战略，是企业正常经营策略调整，属于一般商业风险的范畴，不属于合同中约定的不可抗力条款的范围。合同因停产无法履行，不能以不可抗力为由主张免责。在《北京泽华化学工程有限公司、重庆建峰工业集团有限公司技术转让合同纠纷再审民事判决书》[(2018)最高法民再271号]中，最高人民法院在裁判说理部分中认为，“产品价格持续下滑，且设备未进行采购”等原因均属于正常的商业风险，并非当事人无法预见、无法避免或无法克服的情形，因此，建峰公司不能继续履行涉案合同的原因不属于“不可抗力”。

（三）新冠肺炎疫情应当认定为不可抗力事件

本次新冠肺炎疫情是否构成不可抗力，不能一概而论，需要根据关于不可抗力的法律规定、特征及参考司法实践中对过往疫情影响合同履行的认定，结合具体合同的情况来进行判断。

本次新冠肺炎疫情，世界卫生组织已于2020年1月30日宣布认定为构成国际关注的突发公共卫生事件（PHEIC）。2003年“非典”疫情期间，最高人民法院发布的《关于在防治传染性非典型肺炎期间依法做好人民法院相关审判、执行工作的通知》（法〔2003〕72号，现已废止），对“非典”疫情的认定也是没有一概而论，根据“非典”疫情对合同履行影响的不同程度，区分了不可抗力情形和情势变更的“公平分担原则”情形。本次新冠肺炎疫情对社会生产生活的影响与2003年“非典”疫情对社会生产生活的影响有很多相似之处，因此，该通知的观点在此仍可作为参考。2020年2月10日，对于本次新冠肺炎疫情，全国人大常委会法工委表示，对于因疫情防控不能履行合同的当事人来说，属于不能预见、不能避免并不能克服的不可抗力。根据《合同法》的相关规定，因不可抗力不能履行合同的，根据不可抗力的影响，部分或者全部免除责任，但法律另有规定的除外。

因此，本次新冠肺炎疫情可认定为不可抗力事件，本文下面就讨论当疫情构成不可抗力事件时对合同履行的影响。

二、疫情构成不可抗力时对合同履行的影响

不可抗力是独立于当事人的行为之外，不受当事人意志所支配的现象，是行为人不可抗拒的力量。行为人完全因为不可抗力不能履行民事义务，表明行为人的行为与不履行民事义务之间不存在因果关系，表明行为人没有过错，因此，要求行为人对自己无法控制的情形承担责任，对行为人来说是不公平的。因此，很多国家和地区都将不可抗力作为免除行为人承担民事责任的事由予以规定。按照《合同法》第 94 条、第 117~119 条以及《民法总则》第 180 条的相关规定，根据疫情影响程度的不同，对合同的处理存在以下几种情形：

1. 因疫情影响合同完全不能履行或者合同目的不能实现，可全部免责和解除合同。根据《合同法》第 94 条的规定，因不可抗力致使不能实现合同目的，当事人可以解除合同，该情形属于解除合同的法定事由。《民法总则》第 180 条中规定，因不可抗力不能履行民事义务的，不承担民事责任。法律另有规定的，依照其规定。因此，受疫情不可抗力影响，当事人可以按照法律规定请求解除合同、免除全部责任。但在司法实务中，对这类情形通常是严格审查谨慎对待的，要结合合同的性质、合同目的以及不可抗力事件的影响程度，具体判断可否解除合同、可否全部免责。如果疫情不足以导致合同目的完全不能实现，则不能以不可抗力为由主张解除合同，仍需严格按照原合同约定继续履行合同义务。

2. 因疫情影响合同义务部分不能履行的部分免责，继续履行合同。部分免责，在实践中主要是指受不可抗力影响期间的合同义务免除，不可抗力事件结束后，原合同仍继续履行。需要注意的是，金钱债务的迟延履行责任，不因不可抗力事由而免除。

3. 疫情发生前迟延履行合同义务的，不能免除责任。《合同法》第 117 条中规定，当事人迟延履行后发生不可抗力的，不能免除责任。因此，属于这类情形的不能免除责任。

4. 当事人应当及时履行通知义务并采取止损措施。受疫情影响，不能履行合同义务的当事人，应当及时通知合同相对方，以减轻给对方造成的损失，并

提供相关证明。《合同法》第118条规定，当事人一方因不可抗力不能履行合同的，应当及时通知对方，以减轻可能给对方造成的损失，并应当在合理期限内提供证明。

如果受疫情影响，不能履行合同义务的一方没有及时通知合同相对方，给对方造成了一定损失的，这部分损失是不能免除的。

应当注意的是，通常情况下，因不可抗力不能履行合同义务的，不承担民事责任。但法律规定在特殊情形下，因不可抗力不能履行合同义务也要承担民事责任。例如，根据《民用航空法》第160条的规定，民用航空运输中导致他人损害的，因不可抗力的自然灾害造成的，不能免除民用航空器经营人的责任，除非能够证明损害是武装冲突、骚乱或者是因受害人故意造成的，才能免除其责任。民航飞机在空中遭雷击坠毁，造成地面人员伤亡，航空公司不能以不可抗力为由主张对受害人免责。又如，根据《邮政法》第48条的规定，因不可抗力造成的已经保价的邮件损失，邮政企业不能免除赔偿责任。

三、应对疫情影响合同履行的合理建议

在疫情防控期间，合同当事人要尽快对正在履行或将要履行的合同进行梳理审查，以判断是否受疫情影响，并采取相应措施。具体建议如下：

1. 对处于履行期间的合同，检查其是否存在迟延履行行为，避免因迟延履行造成不能适用免责的情形。

2. 如果受疫情影响，无法按照合同约定及时履行合同义务，则要及时以书面形式告知对方合同履行不能或履行困难的情况，以避免扩大损失。

3. 对于合同签订后尚未履行的，可协商解除或延期履行。

4. 对于合同履行的基础发生变更，但还有履行可能的，可以与合同相对方协商重新签订合同或延期履行等。

5. 注意收集、固定构成不可抗力的证据。如有关政府部门因控制疫情而发布的疫情防控措施或命令；贸促会等有关第三方机构出具的不可抗力证明；当事人住院、被隔离观察等的相关证明。

6. 对于已收到开庭传票的当事人，如果当事人、诉讼代理人因疫情在接受

治疗、隔离、管制等无法参加庭审等诉讼活动的，要根据《民事诉讼法》的规定，及时向法院申请延期审理并提供相关证明。

综上，在疫情构成不可抗力的情况下，要根据各地疫情影响的不同程度，当地政府采取的不同措施，结合具体情况具体对待，不能因为疫情构成了不可抗力，就当然认为可以免除债务人的全部责任。合同各方要审慎、客观地评估合同履行情况，根据不同地区政府发布的疫情防控措施和规定，查看是否直接影响合同目的的实现或对合同履行产生履行障碍，以综合判断是继续履行合同还是解除合同。

COMMENTARIES

专论六

疫情防控期间合同履行中情势变更原则的具体适用

撰 稿 人

北京市东卫律师事务所
万龙凤　刘桂芹

新冠肺炎疫情的迅速传播蔓延对部分合同的履行产生影响，因疫情引起的合同履行障碍及责任承担，成为众多企业关注的问题。新冠肺炎疫情在个案中如何定性？对合同履行产生重大影响使得履约成本显著增加，或合同履行导致一方明显不公平，是否可以依据情势变更原则主张合同解除或者变更履行？在此，本文对新冠肺炎疫情防控期间合同履行情势变更原则的具体适用问题试做分析，仅供参考。

一、情势变更原则的含义

根据最高人民法院《关于适用〈中华人民共和国合同法〉若

干问题的解释(二)》(以下简称《合同法解释(二)》)第26条的规定，情势变更原则，是指在合同成立以后，客观情况发生了当事人在订立合同时不能预见的、非不可抗力造成的不属于商业风险的重大变化，继续履行合同对于一方当事人明显不公平或者不能实现合同目的，当事人请求人民法院变更或者解除合同的，人民法院应当根据公平原则，并结合案件的实际情况确定是否变更或者解除合同。

情势变更原则作为契约严守原则的例外情形，合同法中该制度的本意在于，在合同履行过程中出现不可归责于双方当事人某种特定情况时，如果造成合同基础丧失或者动摇，继续履行合同导致将明显不公平的结果或者不能实现合同目的，此时通过司法权力的强行介入，变更原合同中已经达成合意的条款甚至解除原合同，在双方当事人意思自治之外，以公平原则为价值目标，重新分配合同交易中当事人各自应当获得的利益和担负的风险。

市场经济中，市场主体间的产品交易、资金流转，受市场供求关系变化的影响可能会产生大量纠纷，为防止情势变更原则滥用而影响市场正常的交易秩序，最高人民法院《关于正确适用〈中华人民共和国合同法〉若干问题的解释(二)服务党和国家的工作大局的通知》(法〔2009〕165号)中规定，如果根据案件的特殊情况，下级法院在审理商事合同纠纷时，确需在个案中适用情势变更原则的，应当由高级人民法院审核。必要时应提请最高人民法院审核。

二、情势变更原则的适用

从情势变更原则的适用效果上看，是对契约自由原则的“动摇”，故此对其适用应当严格控制，尤其是应当将其与不可抗力事件、商业风险进行区分；不可抗力属于法定的免责事由，商业风险则属于当事人应当自行负担的交易风险。情势变更原则的适用要件，主要包括五个方面：一是必须有情势变更的事实；二是情势变更的事实发生于合同成立之后，履行完毕之前；三是情势变更事实的发生不可归责于当事人；四是属于当事人缔约时不可预见的事实；五是继续履行原合同将会产生显失公平的结果或者不能实现合同目的。

(一)关于如何认定“无法预见”

适用情势变更原则的重要要件之一，是在合同成立之后出现了当事人缔约时无法预见的客观重大变化。在确定是否可预见时，应审查三个因素：其一，预见的时间，当事人无法预见的时间应当是合同缔结之时；其二，预见的标准，该标准应为主观标准，即以遭受不利益一方当事人的实际情况为准；其三，风险的承担。如果当事人在缔约时能够预见情势变更，则表明当事人愿意承担情势变更风险，没有情势变更原则发挥作用的余地。如果根据合同的性质可以确定当事人自愿承担一定程度的风险，亦不能适用情势变更原则。

最高人民法院《关于当前形势下审理民商事合同纠纷案件若干问题的指导意见》（法发〔2009〕40号，以下简称《民商事合同纠纷指导意见》）第一部分第2条规定，人民法院在适用情势变更原则时，应当充分注意到全球性金融危机和国内宏观经济形势变化并非完全是一个令所有市场主体猝不及防的突变过程，而是一个逐步演变的过程。在演变过程中，市场主体应当对于市场风险存在一定程度的预见和判断。人民法院应当依法把握情势变更原则的适用条件，严格审查当事人提出的“无法预见”的主张，对于涉及石油、焦炭、有色金属等市场属性活泼、长期以来价格波动较大的大宗品标的物以及股票、期货等风险投资型金融产品标的物的合同，更要慎重适用情势变更原则。

（二）情势变更与不可抗力

按照《合同法解释二》第26条的规定，当事人主张适用情势变更原则的客观情况不属于不可抗力，换句话讲，在出现使合同目的无法实现的客观情况属于不可抗力时，不能以情势变更为由主张变更或解除合同。司法解释的上述规定，似乎背后的原因在于，《合同法》第94条已经赋予了当事人法定解除权，如果因不可抗力导致合同目的不能实现的，当事人应当通过行使法定解除权来保护其合法权益，即合同法对不可抗力影响合同履行已经设置了单独救济途径，没有必要通过情势变更原则进行救济。

尽管《合同法解释二》第26条将不可抗力排除在情势变更原则适用范围之外，但理论界与司法实务界对此均存在争议。最高人民法院的审判实践中，对上述司法解释进行了扩张解释。在公报案例“成都鹏伟实业有限公司与江西省永修县人民政府、永修县鄱阳湖采砂管理工作领导小组办公室采矿权纠纷案”中，最高人民法院在判决中明确，因不可抗力导致合同继续履行对一方当事人明显不公平时，当事人有权要求变更合同。

最高人民法院在裁判说理部分中认为，鹏伟公司在履行本案《采砂权出让合同》过程中遭遇鄱阳湖36年未遇的罕见低水位，导致采砂船不能在采砂区域作业，采砂提前结束，未能达到《采砂权出让合同》约定的合同目的，形成巨额亏损。这一客观情况是鹏伟公司和采砂办在签订合同时不可能预见到的，鹏伟公司的损失也非商业风险所致。在此情况下，仍旧依照合同的约定履行，必然导致采砂办取得全部合同收益，而鹏伟公司承担全部投资损失，对鹏伟公司而言是不公平的，有悖于合同法的基本原则。鹏伟公司要求采砂办退还部分合同价款,实际是要求对《采砂权出让合同》的部分条款进行变更,符合合同法和本院《关于适用〈中华人民共和国合同法〉若干问题的解释》的规定，本院予以支持。

（三）情势变更与商业风险

《民商事合同纠纷指导意见》第一部分第3条中规定，人民法院要合理区分情势变更与商业风险。商业风险属于从事商业活动的固有风险，诸如尚未达到异常变动程度的供求关系变化、价格涨跌等。情势变更是当事人在缔约时无法预见的非市场系统固有的风险。

商业风险，是指市场主体在交易中自愿承担的交易风险。在市场经济中，要求市场主体的各种交易中给付和对价给付都达到完全的对等是不可能的，从事交易必然要承担风险，并且该种风险都是交双方自愿承担的，其造成的不平衡在法律允许的限度范围之内。商业风险属于从事商业活动所固有的风险，作为合同成立基础的客观情况的变化未达到异常的程度，包括一般的市场供求变化、价格涨落等。对商业风险，是当事人能够预见的；对情势变更的事实，当事人不能预见。在发生情势变更时按照公平原则处理，并非要免除市场主体应承担的正常商业风险，而是禁止限制获得超过法律允许的利益。

（四）慎重适用情势变更

《民商事合同纠纷指导意见》第4条规定，在调整尺度的价值取向把握上，人民法院仍应遵循侧重于保护守约方的原则。适用情势变更原则并非简单地豁免债务人的义务而使债权人承受不利后果，而是要充分注意利益均衡，公平合理地调整双方利益关系。在诉讼过程中，人民法院要积极引导当事人重新协商，改订合同；重新协商不成的，争取调解解决。为防止情势变更原则被滥用而影响市场正常的交易秩序，人民法院决定适用情势变更原则作出判决的，应当按照最高人民法院《关于正确适用〈中华人民共和国合同法〉若干问题的解释（二）服务党和国家工作大局的通知》（法〔2009〕165号）的要求，严格履行适用情势变更的相关审核程序。如果根据案件的特殊情况，确需在个案中适用的，应当由高级人民法院审核。

三、情势变更原则的法律效力

情势变更原则的效力，是指由于情势变更发生所引起的法律后果。情势变更对当事人的合同效力影响表现为变更合同和解除合同两个方面。

变更合同，是指当事人需向人民法院或仲裁机构申请，经法院或仲裁机构审查认为情势变更的情形存在，但认为合同尚有履行的价值时，通过变更可以使合同双方的权利义务重新达到平衡，使合同的履行变得公正合理。合同变更措施主要包括增减标的数额的给付、标的物的变更、履行方式变更等。解除合同，是指法院或仲裁机构通过审理认为，合同的履行已无意义或通过变更并不能消除不公平结果，则终止合同关系，彻底消除不公平现象。解除合同的情形主要是指合同目的因情势变更不能实现、合同履行因情势变更丧失履行基础等。

在具体案件中是否适用情势变更原则，适用时是发生合同变更的效力还是合同解除的效力，当事人应当主动提出诉求，由法院或仲裁结合案件具体情况依法裁决。

四、新冠肺炎疫情的法律性质

本次新冠肺炎疫情，世界卫生组织已于2020年1月30日宣布认定为构成国际关注的突发公共卫生事件（PHEIC）。2003年“非典”疫情期间，最高人民法院发布的《关于在防治传染性非典型肺炎期间依法做好人民法院相关审判、执行工作的通知》（法〔2003〕72号，现已废止），对“非典”疫情的认定也是没有一概而论，根据疫情对合同履行影响的不同程度，区分了不可抗力情形和情势变更的“公平分担原则”情形。本次新冠肺炎疫情对社会生产生活的影响与2003年“非典”对社会生产生活的影响有很多相似之处，因此，该通知的观点在此仍可作为参考。2020年2月10日，对于本次新冠肺炎疫情，全国人大常委会法工委表示，对于因疫情防控不能履行合同的当事人来说，属于不能预见、不能避免并不能克服的不可抗力。根据合同法的相关规定，因不可抗力不能履行合同的，根据不可抗力的影响，部分或者全部免除责任，但法律另有规定的除外。

根据《合同法解释二》第26条关于情势变更原则的规定及《合同法》第117条关于不可抗力的规定，新冠肺炎疫情事件作为一种不可预见的客观事实，在情势变更原则与不可抗力的适用上存在相似之处：一是二者均在缔约时无法预见；二是二者均对合同的履行产生重大影响。但不可抗力对合同能否履行的影响程度要重于情势变更，而情势变更法定的法律后果更加多样化，既可以变更合同，也可以解除合同等。在个案中，在某一具体合同关系中，则需要根据合同目的、政府行为的影响程度、因果关系等因素综合认定，需要根据当事人的商业利益、案情的契合度等考虑提出何种诉讼主张。在受新冠肺炎疫情影响可适用情势变更原则、不可抗力条款之外，还需要与正常的商业风险相区分。

五、新冠肺炎疫情防控期间企业的违约风险防范

鉴于目前新冠肺炎疫情的发展对各类合同履行均存在潜在影响，疫情被世界卫生组织列为国际关注的突发公共卫生事件，会给国际贸易及相关合同的履行带来一定的影响。全国各地采取的交通管制、限制外出、延长春节假期及不得提前复工等一系列防控措施，势必会对合同的履行产生影响。为降低企业合同履行风险及减少不必要的损失，笔者提出如下建议。

（一）尽快评估风险，及早采取防范措施

新冠肺炎疫情暴发需尽快对合同履行的现实和潜在的影响进行评估，对企业正在履行以及将要履行的合同作及时梳理。若因疫情导致合同履行存在困难的，及时与对方就合同后续履行方案等事宜进行沟通，依据情况做出变更或解除合同的书面文件，规避后续纠纷。

（二）审查合同约定，正确适用法律规范

因新冠肺炎疫情可能受到影响的合同，需尽快审查合同中的相关条款约定，

如合同中是否包括“不可抗力”条款，是否明确约定将“传染性疾病”或“瘟疫”作为不可抗力的情形，确定应对疫情影响适用的法律规定。

（三）及时通知，防止损失扩大

受新冠肺炎疫情影响，若企业无法按照合同约定及时履行义务或已经完全无法履行合同义务，应当尽快向合同相对方发送书面函件或电子邮件，对因疫情导致企业无法按约履行合同或已经不能完全履行合同的情况做出明确说明，并提出按照何种情形对合同做出变更或解除的书面通知（邮件形式亦可，若合同中对通知时间和方式有约定的，应按照合同约定执行），并附上有关政府部门关于延长春节假期或延迟企业复工的行政指令作为证明文件。如对方有异议的，企业可寻求律师的专业意见，并可进一步请求法院或仲裁机构确认变更合同或解除合同的效力。

（四）及时收集和固定证据，为潜在诉讼纠纷做好准备

受新冠肺炎疫情影响，合同若无法按约定履行，合同双方需提高证据意识，避免纠纷进入诉讼或仲裁后因证据不利而陷入被动。为做到有备无患，企业还应注意收集不能履行合同的证明文件，包括：（1）有关政府部门因控制疫情而发布的行政措施、行政命令、通知、公告等；（2）合同双方协商的往来函件、邮件、通知、沟通记录等；（3）权威或有关第三方机构出具的不可抗力证明文件；（4）若涉及债务人被确诊为新冠肺炎患者或者疑似病例被隔离观察的，应提供住院证明、诊断证明、出院证明及被隔离观察的相关证明等。

（五）疫情期间签订合同应对风险做出合理安排

当事人在疫情暴发后拟订立合同的，基于合同双方意思自治原则，应当结合行业、地域和交易本身的实际情况，充分评估疫情及其防控措施可能给合同履行造成的影响，疫情在合同履行、合同责任产生的法律结果等在合同中做出事先安排。明确将新冠肺炎等传染病疫情约定为不可抗力或情势变更，对受疫情影响的合同履行及其责任分配做出明确约定等。

附录：关于情势变更原则的法律规定

1. 情势变更原则最早在最高人民法院《关于印发〈全国经济审判工作座谈会纪要〉的通知》（1993年5月6日　法发〔1993〕8号）中提出，该通知现

已失效。

2. 最高人民法院《关于审理涉及农村土地承包纠纷案件适用法律问题的解释》(2005年7月29日 法释〔2005〕6号)第16条规定,因承包方不收取流转价款或者向对方支付费用的约定产生纠纷,当事人协商变更无法达成一致,且继续履行又显失公平的,人民法院可以根据发生变更的客观情况,按照公平原则处理。

3. 最高人民法院《关于审理建设工程合同纠纷案件的暂行意见》第27条规定,建设工程合同约定对工程总价或材料价格实行包干的,如合同有效,工程款应按该约定结算。因情势变更导致建材价格大幅上涨而明显不利于承包人的,承包人可请求增加工程款。但建材涨价属正常的市场风险范畴,涨价部分应由承包人承担。

4. 最高人民法院《关于适用〈中华人民共和国合同法〉若干问题的解释(二)》(2009年4月24日 法释〔2009〕5号)第26条规定,合同成立以后客观情况发生了当事人在订立合同时无法预见的、非不可抗力造成的不属于商业风险的重大变化,继续履行合同对于一方当事人明显不公平或者不能实现合同目的,当事人请求人民法院变更或者解除合同的,人民法院应当根据公平原则,并结合案件的实际情况确定是否变更或者解除。

5. 最高人民法院《关于当前形势下审理民商事合同纠纷案件若干问题的指导意见》(2009年7月7日 法发〔2009〕40号),就人民法院在当前形势下审理民商合同纠纷案件中的若干问题,确定了必须审慎适用情势变更的基本原则,在个案适用时应当按照最高人民法院《关于正确适用〈中华人民共和国合同法〉若干问题的解释(二)服务党和国家的工作大局的通知》(2009年4月27日 法〔2009〕165号)的要求,严格履行适用情势变更的相关审核程序。

6.《中华人民共和国民法典(草案)》首次将情势变更制度纳入法律条文,其中第533条规定,合同成立后,合同的基础条件发生了当事人在订立合同时无法预见的、不属于商业风险的重大变化,继续履行合同对于当事人一方明显不公平的,受不利影响的当事人可以与对方重新协商;在合理期限内协商不成的,当事人可以请求人民法院或者仲裁机构变更或者解除合同。人民法院或者仲裁机构应当结合案件的实际情况,根据公平原则变更或者解除合同。

COMMENTARIES

专论七

新冠肺炎疫情下中小企业租金减免问题实例探析及对策[①]

撰 稿 人

北京市东卫律师事务所
张涛　孙晨飞

新冠肺炎疫情暴发后，省（自治区、直辖市）政府先后启动重大突发公共卫生事件Ⅰ级响应。疫情的暴发被世界卫生组织宣布为构成国际关注的突发公共卫生事件（PHEIC），对本就不明朗的全球经济形势而言更是雪上加霜。同时，本次疫情对国内经济的冲击也是不言而喻，尤其对房屋租赁市场产生了较大影响。为了有效控制疫情扩散，减少人员流动、做好自我隔离防护是防治疫情的核心要求，但房子作为不动产又不会移动。相关报告显示，目前我国房屋租赁行业已达万亿市值，根据业主和承租人的不同，主要可以分为国有企业、民营企业、个人三类。

① 本文案例均来自“中国裁判文书网”。

在这场疫情防控阻击战中，大量中小企业受到的冲击更为明显，营业收入急剧下滑甚至无法冲抵租金成本。面对疫情影响，中小企业作为承租人，是否可以要求减免租金甚至变更、解除租赁合同，如何减少因疫情造成的损失，如何共同承担损失等，本文通过对相关事项的梳理，结合法律、政策规定和大数据呈现的相关实务判例，对这些问题进行了初步分析探究，希望对中小企业依法保护合法权益能有所帮助。

一、政府有关部门的政策及行业协会的倡议

目前多地政府出台了支持中小企业共渡难关的政策措施。

（一）北京市关于减免中小企业租金的扶持政策

北京市人民政府办公厅 2020 年 2 月 5 日发布《关于应对新型冠状病毒感染的肺炎疫情影响促进中小微企业持续健康发展的若干措施》，其中专门就中小企业减免租金问题制定了相关优惠政策。具体内容包括：

1. 减免中小微企业房租

中小微企业承租京内市及区属国有企业房产从事生产经营活动，按照政府要求坚持营业或依照防疫规定关闭停业且不裁员、少裁员的，免收 2 月份房租；承租办公用房的，给予 2 月份租金 50% 的减免。对承租其他经营用房的，鼓励业主（房东）为租户减免租金，具体由双方协商解决。对在疫情期间为承租房屋的中小微企业减免租金的企业，由市区政府给予一定资金补贴。对在疫情期间为承租房屋的中小微企业减免租金的特色园、科技企业孵化器、大学科技园、众创空间、创业基地、文化产业园、视听园区等各类载体，优先予以政策扶持。鼓励在京中央企业参照执行。

2. 给予房租补贴

对符合条件的小微、初创型文化企业房租，通过“房租通”政策给予房租补贴。对受疫情影响严重或在疫情防控工作中保障市民基本生活的重点连锁餐饮（早餐）、菜店（生鲜超市）、便利店等网点设立项目，对其给予房屋租金等支持，支持比例上限由原 50% 提高至 70%。对于因疫情影响暂停举办的展会项目，如年内继续在京举办且参展中小微企业数量超过参展企业总数的 50%，

给予一定的场租费用补贴。

（二）上海市关于减免中小企业租金的扶持政策

上海市人民政府关于印发《上海市全力防控疫情支持服务企业平稳健康发展若干政策措施的通知》，其中关于减免中小企业租金的措施主要包括：中小企业承租本市国有企业的经营性房产（包括各类开发区和产业园区、创业基地及科技企业孵化器等）从事生产经营活动的，先免收2月、3月两个月租金；对间接承租的企业，应确保租金减免落到实处，使实际经营的中小企业最终受益。鼓励国有企业在协商情况下通过减免缓交等方式尽可能多让利给中小企业，相关减收影响在经营业绩考核中予以认可。鼓励大型商务楼宇、商场、园区等各类市场运营主体为实体经营的承租户减免租金。主动为租户减免房产或土地租金的企业，缴纳房产税、城镇土地使用税确有困难的，可申请减免相应的房产税、城镇土地使用税。

（三）南京市关于减免中小企业租金的扶持政策

南京市人民政府发布《关于促进中小微企业稳定发展的若干措施》，对承租国有资产类经营用房的困难中小微企业，免收1个月房租、减半收取2个月房租。对承租其他经营用房的，鼓励业主（房东）为租户减免租金，具体由双方协商解决。对在疫情期间为企业减免租金的创业园、科技企业孵化器、创业基地等各类载体，优先予以政策扶持。对参与疫情房租减免的单位、企业和个人，根据实际收取的房租收入减免相关税费。

（四）其他地区关于减免中小企业租金的政策

苏州市人民政府发布文件要求，减免中小企业房租。对承租国有资产类经营用房的中小企业，1个月房租免收、2个月房租减半。对租用其他经营用房的，鼓励业主（房东）为租户减免租金，具体由双方协商解决。

广东省公寓管理协会发布《致全省业主（房东）的减租倡议书》、深圳市龙岗区工业和信息化局发《攻克时艰，这座城因为你们而温暖——关于适当减免辖区企业租金的倡议书》、济南市房地产中介行业协会《凝心聚力共抗疫情 致全市业主（房东）减免租金的倡议书》，辽宁、长沙、珠海等地的房地产协会也先后发出倡议书，倡议在抗击疫情期间适度减免各类经营主体租户租金。

二、民营企业业主减免中小企业租金的做法

面对疫情，多家民营企业业主响应号召，主动减免租金费用。万达集团对全国各地所有万达广场的商户，免除从1月24日至2月25日内的全部租金及物业费，预计万达将减免租金30亿元至40亿元。龙湖集团对10城39个商场所有商户推出67天租金（含物管费、推广费）减半措施，覆盖重庆、成都、北京、上海、杭州、苏州、南京等10座城市，涉及超过4500家合作品牌。华润置地、新城控股、大悦城、保利商业、富力集团……也相继推出不同力度的减免租金措施。

三、承租人能否主动要求减免租金

政府有关部门出台措施减免承租国有企业房产租金，部分民营企业主动减免商户房租，体现了齐心协力、共渡难关的高尚道德情怀。按照依法防控疫情的法治要求，在疫情防治期间，承租人能否主动要求业主减免租金、可以减免到什么程度以及是否应支持解除租赁合同等问题和由此引发的各种纠纷，必须在法治的框架内妥善解决。

（一）关于“不可抗力”与“情势变更”的相关法律规定

承租人能否以受疫情影响为由主动要求减免租金，从法律上讲，其实质是租赁合同履行问题，具体而言，是合同履行中遇到障碍能否变更或者解除合同，从而部分免除或者全部免除租金支付义务的问题，其中的关键是如何理解及适用“不可抗力”与“情势变更”制度。

关于“不可抗力”与“情势变更”的法律规定，主要有《合同法》第117条、《民法总则》第180条、最高人民法院《关于适用〈中华人民共和国合同法〉若干问题的解释（二）》第26条。依据《合同法》第117条、《民法总则》第180条关于不可抗力的规定，不可抗力是指不能预见、不能避免并不能克服的客观情况；最高人民法院《关于适用〈中华人民共和国合同法〉若干问题的解释（二）》第26条规定了情势变更原则的适用规则，即合同成立以后客观情况发生了当事人在订立合同时无法预见的、非不可抗力造成的不属于商业风险的重大变化，

继续履行合同对于一方当事人明显不公平或者不能实现合同目的，当事人请求人民法院变更或者解除合同的，人民法院应当根据公平原则，并结合案件的实际情况确定是否变更或者解除。

可抗力与情势变更不同，不可抗力虽然也可以引起合同的变更或者解除，但对不可抗力造成不能履行合同的损害后果，原则上对当事人实行免责原则；情事变更原则以损失公平分担为目的。尽管二者的法律后果不同，但两项制度的目标均在于避免在异常事件的影响下僵化履行合同可能造成的实质不公，所以两种制度在裁判结果上的差异远不及其在概念上的差异那么明显。关于承租人能否以受疫情影响为由主动要求减免租金这一问题，应通过对上述两项制度法理本质的差异化分析，结合具体情形处理。

（二）相关实务判例中关于减免租金的裁判观点分析

新冠肺炎疫情能否构成不可抗力或情势变更进而成为请求减免租金的理由，对此不可一概而论。通过大数据分析查询技术检索过往的相关判例，相关的数据统计如下表所示。

支持减免租金的判例		不支持减免租金的判例	
数量	**裁判文书**	**数量**	**裁判文书**
8	（2019）甘07民终212号	4	（2017）吉04民终441号
	（2018）晋04民终2272号		（2013）辽审二民抗字第14号
	（2018）鲁06民终268号		（2011）白民初字第107号
	（2014）厦民初字第275号		（2007）桂民四终字第1号
	（2008）绍中民一终字第143号		
	（2004）沪一中民二（民）终字第32号		
	（2004）沪二中民二（民）终字第354号		
	（2004）沪一中民二（民）终字第1289号		

根据大数据统计分析来看，大部分判例还是支持对租金进行减免的。通过系统总结分析上述判例中法官的裁判理由发现，法院在进行裁判时主要考虑以下几个因素：（1）疫情及其防控措施是否使租赁合同的基础条件发生巨大变化，继续按原合同履行是否对承租人一方明显不公［参见（2007）桂民四终字第1号］；（2）疫情及其防控措施与租赁合同的履行障碍，二者是否具有因果关系，

疫情及其防控措施对合同履行构成障碍的严重程度［参见（2013）辽审二民抗字第14号］；（3）承租人对于合同履行是否有过错。

尽管2003年最高人民法院发布的《关于在防治传染性非典型肺炎期间依法做好人民法院相关审判、执行工作的通知》（已失效）第3条第1款第3项规定，由于“非典”疫情原因，按原合同履行对一方当事人的权益有重大影响的合同纠纷案件，可以根据具体情况，适用公平原则处理，但是上述规定已经废止。同时由于“情势变更”的法律规定直到2009年才在最高人民法院《关于适用〈中华人民共和国合同法〉若干问题的解释（二）》中正式确立，并且对于该原则的适用，最高人民法院采取应当谨慎适用的基本态度，在程序上则明确提出要求，即认为确有必要适用时应当报高级人民法院乃至最高人民法院审核。故此，在司法实践中出现不支持减免租金的判例。

司法实践中，如果支持对房租进行减免的话，那么进一步的问题是应该减免到什么程度、是否可以支持解除合同。根据《合同法》第117条的规定，因不可抗力不能履行合同的，根据不可抗力的影响，部分或者全部免除责任，但法律另有规定的除外。首先，受疫情不利影响的租赁合同双方可以进行协商，协商过程中均应遵循诚实信用原则，采取适当措施防止损失扩大。其次，减免的范围应该与疫情的不利影响程度相适应，具体而言，部分商户可能因疫情防控行政措施而完全关停、不再营业，部分租户可能只是减少营业时间或者因疫情影响而导致客流量减少。最后，对于是否可以解除合同的问题，法院对援引不可抗力请求解除合同的审查标准普遍比较严格，如果不可抗力没有达到致使合同目的不能实现的程度，则当事人无权解除合同。

（三）不同租赁类型下租金减免的处理规则

面对政府出台的减免租金扶持政策，符合条件的企业可以直接适用当地规定主张减免租金。对于不符合条件的承租人，或者当地没有具体政策规定的承租人能否主张减免租金，下文根据法律规定及司法实践裁判规则，针对不同类型租赁合同，对于租金减免问题提供有针对性的建议。

1. 写字楼等办公物业租金减免

本次新冠肺炎疫情期间，各地陆续出台延期复工或错峰复工的政策，导致一些企业无法正常办公，外来返工人员原则上要在家隔离14日以后方可回到企业复工。因此，即使企业复工，但因部分员工无法及时复工，在一定程度上影响了承租人使用承租房屋从事正常经营活动。

对于绝大多数继续运营的商业楼宇，承租人在继续占有及使用物业，只是在使用程度上有所减少，或者使用物业的困难和不便有所增加，但并不足以导致租赁合同在此期间根本无法履行，承租人在此期间继续支付租金不足以造成明显不公平的结果。例如，随着科技的发展，企业可通过多种技术手段实现远程办公，尽管员工受疫情防控政策影响无法进入办公室办公，但承租房屋内的数据存储设备、局域网络服务设备在延期复工期间可以远程使用。在此种情形下，企业要求减免办公物业租金的，通常很难得到支持，除非所承租办公物业因疫情被封闭，导致承租人无法使用。

对于因疫情及政府、业主的限制复工措施而停止运营的楼宇，企业无法继续使用场地、导致企业无法正常复工的，可以认定为不可抗力事件。企业作为承租人有权主张减免相应的租金，减免租金的范围，宜以企业实际复工时间为准。

2. 工厂、车间等工业物业租金减免

对于工厂、车间等生产经营场所，承租人与出租人一般签订期限较长的租赁合同，双方彼此建立相对稳定的履约基础。通常情况下，新冠肺炎疫情并不能导致厂房无法使用，工厂并未被政府要求关闭，厂房的仓储、保管等功能并未受疫情影响，承租人以不可抗力为由要求减免租金的主张一般不能得到支持；但在特定情形下，不排除符合情势变更原则的构成要件，依据公平原则由双方共同分担损失。

对于疫情防控必需的生物医药、医疗器械、空气净化及卫生防护用品等生产单位，以及市民生活必需的供水、供气、供电、通信、超市、农贸市场、农副产品供应等企业，在做好疫情防控的前提下都应正常经营。因此，上述企业在疫情期间正常开展经营活动，不在受限制范围，无论该企业是否实际从事生产经营活动，均无法主张减免租金。

3. 餐饮娱乐、休闲消费等商业物业租金减免

相较于其他物业类型，商业物业作为直接面向公众经营的场所，受到疫情的影响通常更为直接、明显。为避免疫情大范围蔓延，政府相继关停或限制餐饮、影院、洗浴、酒吧等人员密集场所营业，上述承租人因无法实际开展经营活动，

经营收入基本等同于零，甚至需要承担原材料、产品采购的成本亏损。疫情及政府行政措施的影响对租赁双方造成一定期间内的履行障碍，承租人基于租赁合同承租并使用商业场所的目的阶段性落空。此时，疫情的影响可以认定为不可抗力事件，理论上承租人可以主张减免停业期间的相应租金。但也应在个案中具体判断，不宜一概而论地支持或否定。

四、中小企业承租人应对疫情影响应当注意的问题

从目前疫情的严重程度和政策倾向来看，受影响的承租人以新冠肺炎疫情为由请求减免租金获得支持的可能性还是比较大的。但考虑到业主更具经济实力，且普遍都有人数众多的内外部法律团队负责处理纠纷，中小企业租户与业主进行租金减免的沟通协商或者通过诉讼手段维护自身权益的时候，选择专业律师还是十分必要的。中小企业承租人在与业主谈判沟通时，应当注意以下问题：

（一）及时通知业主，采取适当减损措施，防止损失扩大

《合同法》第118条规定，当事人一方因不可抗力不能履行合同的，应当及时通知对方，以减轻可能给对方造成的损失，并应当在合理期限内提供证明。因此，受到新冠肺炎疫情影响后，及时通知业主相关事项，是承租人应尽的法律义务。

（二）收集留存相关证明、证据

收集留存政府部门通知、公告、命令等，以证明疫情防控措施导致租赁合同不能履行或对合同履行影响严重。同时，注意固定和收集与业主沟通协商所产生的证据，如往来函件、邮件、聊天记录等，特别是受到疫情影响后，依照法律规定向业主发送的通知或重新协商的内容和发送、接收过程。

参考文献：

[1]韩世远：《不可抗力、情事变更与合同解除》，载《法律适用》2014年第11期。

[2]李利等：《新冠肺炎疫情下民营企业法律风险防范及建议》，载“北京

市第一中级人民法院”微信公众号：https://mp.weixin.qq.com/s?__biz=MzI5NTkxMDU2NQ==&mid=2247487656&idx=1&sn=481460ee48186630ee04419229d78078&chksm=ec4d3d62db3ab47450b1326d39af2ad8272f9c6abde569a74eb78454926935d7a98b3e4e1f97&mpshare=1&scene=1&srcid=0312oAQN02U4s3uuqWI2zJst&sharer_sharetime=1584011428936&sharer_shareid=77c9d9914f5813d73699b71b39beb84d&exportkey=Af45e4CXeQI3LzbeIUJBcuM%3D&pass_ticket=8BxpOP54x09%2Bx3xjWqLMbB23qFKfzbxo%2FXoURFxNN1E%2FufNWzCDS5Th3qQu0dUpP#rd，最后访问日期：2020 年 3 月 12 日。

COMMENTARIES

专论八

疫情防控期间公民个人信息保护与公众知情权的平衡

撰稿人

北京东卫（天津）律师事务所
张金玲　刘玉娟

新冠肺炎疫情期间，中国首次运用了大数据和人工智能技术对疫情进行监测、防控与社会治理。数字时代对个人信息的采集、处理与分析让肺炎疫情防控更加高效精准，但也出现了个人信息被滥用、泄露等情况。微信、论坛和微博等社交媒体上总是能看到诸如“某某小区确诊病例密切接触者信息表”“某某疑似病例信息采集表”等确诊人员、密切接触人员和武汉返乡人员的个人信息被疯狂转发。此外，各个超市、门店均采取测量体温进店登记等措施，登记信息中包含公民姓名、性别、家庭住址、手机号码、乘坐车次、病情程度等个人信息，甚至还包括个人身份证号码等重要个人信息。这些个人信息一旦被泄露，患病者及密切接触者可能将遭受歧视、人身攻击，其人格权利可能遭受侵害。2020年2月5日，在疫情防控的关键时刻，中央全面依法治国委员会第三次会议明确要求全面提高依法防控、依法治理能力，为疫情防控工作提供有力的法治保障。因此，在疫情防控期间，一方面，国家相关部门及工作人员应切实遵守公民个人信息保护的一般法律规则和原则，做到全面依法防控；另一方面，公民个人需提高自我防护意识，加强个人信息保护。

一、问题的提出

2020年1月28日，湖南省益阳市广电家园等居民住宅小区的业主微信群内出现《关于益阳市第四人民医院报告一例新型冠状病毒感染的肺炎病例的调查报告》电子版内容及截图，内容涉及市民章某及其亲属等11人的个人隐私信息。经查，当日8时35分，益阳市赫山区卫生健康局副局长舒某通过微信将《关于益阳市第四人民医院报告一例新型冠状病毒感染的肺炎病例的调查报告》转发给赫山区财政局财评股工作人员段某。9时50分，段某通过微信将该调查报告电子版转发给赫山区财政局监督股股长邓某。9时52分，邓某将该调查报告电子版转发至其亲戚群。随后，该群成员徐某（教师）将调查报告电子版转发至广电家园业主群。不久，该信息被迅速转发传播。舒某等人将属于内部工作文件且涉及多人隐私的调查报告转发给无关人员进而传播至微信群，违反了疫情防控工作纪律并侵害了他人隐私，造成严重社会影响。事发后，舒某等四人主动接受调查。经益阳市纪委监委同意，赫山区纪监委决定对舒某予以党纪立案调查，对段某、邓某给予诫勉谈话，由相关部门对徐某给予通报批评。

2020年2月7日，江苏省淮安市涟水县公安局网安大队巡查发现，有人利用群众对口罩迫切需求的心理，制作名为"涟水县防护口罩预约服务"的网页发布至微信朋友圈、微信群，假借预约口罩，非法获取公民个人信息。淮安网安部门经过缜密侦查，迅速锁定犯罪嫌疑人薛某，并于2月8日将其抓捕归案。薛某自2013年大学毕业后，在外地一家互联网公司做技术运维，2019年回到涟水老家做教育咨询工作。近期，在新冠疫情期间，薛某盘算如何更好地利用"机会"做教育咨询的相关生意，突发奇想，萌生了利用口罩预约服务获取网民个人信息的想法，打算将这些信息用于宣传和推广自己的生意。经查，薛某共非法获取公民姓名、电话号码、身份证号码、家庭住址等公民个人信息 5530 条。目前，淮安警方已对此立案侦查，案件正在进一步侦办中。

疫情防控期间，类似泄露公民个人信息的报道层出不穷，2020 年 1 月 29 日，天柱县某社区计生工作人员杨某，为满足朋友好奇心，将用于疫情排查工作的人员信息表发送给其好友吴某，后吴某将名单转发给龙某，龙某又转发至微信群扩散，致使部分自疫区返回天柱人员的正常生活受到干扰，侵害了公民个人合法权益，造成不良社会影响。2 月 5 日，天柱县公安局依法对杨某作出行政拘留 10 日，并处罚款 5000 元的处罚。2 月 1 日，来自内蒙古鄂尔多斯的王某擅自将疫情排查人员名单转发至 3 个微信群，泄露公民个人信息，被处以行政拘留 10 日。2 月 5 日，天津警方发布通报，天津市一女子泄露涉及疫情的公民个人隐私，造成不良社会影响，被公安机关依法行政拘留 7 日。

从上述事例中，我们不难发现，随着大数据和人工智能技术的不断发展，大数据挖掘和利用的“宝藏”——个人信息正面临着空前的保护危机，这一危机在疫情防护期间尤其严重。疫情中侵犯公民个人信息的行为比比皆是，主要类型有违法在同事群、家庭群、小区群发布疫情相关人员的信息，非法搜集个人信息用作他用等。这类行为在不同程度上影响了涉事公民个人的正常生活，损害了他们的合法权益，轻者需承担行政责任，重者已涉嫌刑事犯罪。泄露信息主体以防疫工作人员居多，他们在防疫工作中搜集到相关信息，未做好信息保密工作，致使公民个人信息泄露，造成不良社会影响。在此，结合疫情防控的现实情况进一步剖析公民个人信息保护与公众知情权的平衡，总结个人信息保护相关法律规定及信息泄露后的法律责任与救济，以期推动疫情防护工作合法合规，提升公民的自我保护意识。

二、公民个人信息保护和公众知情权的平衡

（一）个人信息的含义及属性

2017 年 6 月 1 日施行的《中华人民共和国网络安全法》是第一部采用“识别性”模式明确界定个人信息概念的法律，其第 76 条第 5 款规定了“个人信息”

的内涵与外延。“个人信息”，是指以电子或者其他方式记录的能够单独或者与其他信息结合识别自然人个人身份的各种信息，包括但不限于自然人的姓名、出生日期、身份证件号码、个人生物识别信息、住址、电话号码等。最高人民法院、最高人民检察院《关于办理侵犯公民个人信息刑事案件适用法律若干问题的解释》（法释〔2017〕10号）第1条将其内涵增加了“账号密码、财产状况、行踪轨迹等”。《信息安全技术 个人信息安全规范》进一步细化增加了“健康生理信息、交易信息”等，并且采用列举形式将个人信息的范围和类型列示在附录中。

从理论上讲，通常认为个人信息具有三重属性，即人格利益属性、公共利益属性、财产利益属性。人格利益属性指在收集、处理与利用具有识别信息主体功能的个人信息的过程中，非法提供、泄露或滥用个人信息会侵犯公民的人格尊严，给信息主体造成损害或者使其遭受歧视，进而损害信息主体的财产权益。因此，法律有必要对其进行保护以满足自然人的人格尊严需要，同时也间接保护自然人的财产安全。公共利益属性则从社会进步与社会公平、知识获取的角度，将信息界定为知识与公共利益。为保障知情权、促进有效决策与社会公平，当个人信息与公共利益相关时，法律会倾向于保护公共利益并推动一定程度的个人信息公开。财产利益属性指信息社会注重对信息进行利用，信息因而具有商业利益与经济价值。数字时代的大数据技术以及互联网商业的发展，让个人信息成为极具商业价值的数据资源。从促进经济发展考虑，法律并不禁止获取个人信息，但强调获取与使用的合法性，规定个人信息合法获取与使用的方式及相应的法律责任。

（二）公众知情权

知情权的概念，最早是由美国的肯特·库勃提出的，其在一次针对美国联邦政府消极对待政府信息公开的官僚主义倾向的演讲中，呼吁政府“尊重公众知情权”，建议将知情权作为公民的基本权利提升到宪法权利的高度予以保护。有学者认为，知情权概念有广义与狭义之分。广义的知情权，是指公民有从官方或非官方获知有关情况的权利，包括寻求、接受和传递信息情报的自由，泛指公民享有知悉、获取各种信息的权利，包括经济、政治、文化等各个领域的信息，如患者对医疗情况的知情权。狭义的知情权，主要是指了解、知悉官方有关情况的权利。

我国法律规定中，对知情权概念并没有明确统一的界定。在理论界，学者们都认为知情权应当作为公民的宪法权利。从法律逻辑上讲，公众知情权是政府信息公开的法理基础，其具有宪法权利的特征，是一项综合性权利，包括经济领域、社会政治领域、文化生活领域等各个方面的知情权；知情权是基础性权利，公民享有的政治权利便是以知情权为基础才得以顺利行使，如公民选举权便是以知情权为基础来行使的。知情权兼具公共权利与私权利双重属性，一方面知情权是重要的政治权利，带有公共权利属性；另一方面带有明显的私权利属性，具有民法上人格权的性质。

（三）公民个人信息保护与公众知情权的平衡

在疫情防控期间，政府信息公开，保障公众知情权，提高疫情防护的透明度，体现了公民个人信息的公共利益属性。根据我国相关法律规定，为了公共卫生利益，单位和个人需配合相关部门工作人员进行信息采集工作，接受调查，履行如实提供相关信息的义务。但个人信息具有人格属性，从理性经济人角度出发，部分公民因担心个人信息泄露或其他风险，从而做出隐瞒接触史、出行史的行为，逃避与疫情相关的信息采集与调查，此种做法对疫情防控十分不利。出于应对公共卫生突发事件、维护公共卫生利益的需要，法律应为实现对疫情有效防控而赋予对个人信息利用更大的价值；但与此同时，法律应强化对个人信息采集以及之后各个环节的保护，以平衡公共利益与个人利益之间的冲突，找准个人信息保护与公众知情权保障的平衡点，既确保个人的人格尊严与安全，又推动疫情防控的法治化，维护社会秩序。

在新冠肺炎疫情防控中，大数据技术的运用使得对个人信息的采集与处理获得了前所未有的规模，几乎覆盖社会所有成员。为了公共利益，收集患者、疑似患者的个人信息是符合相关法律规定的，个人权利一定程度上让位于公共利益，比如，排查上报湖北返乡人员和确诊患者信息，确实能够帮助相关部门及时掌握疫情情况，快速切断传播途径。但是，海量的个人信息对数字经济而言是巨大的数据金矿，如果适当的法律限制与有效的监管缺失，在获取商业利润的诱惑下，不法分子很可能非法利用个人信息，进而给公众日常生活带来风险。因此，应严格禁止对在疫情防控中收集的个人信息进行商业化利用的行为，严格规范已采集的个人信息的处理与保管，使疫情中所有被采集个人信息的对象获得心理安全，并切实尊重和保障每个人的人格尊严。

2020年2月4日中央网络安全和信息化委员会办公室发布的《关于做好个人信息保护利用大数据支撑联防联控工作的通知》明确规定，收集联防联控所必需的个人信息，应参照国家标准《个人信息安全规范》。在信息收集时，坚持最小范围原则、依法原则、比例原则，收集对象原则上限于确诊者、疑似者、密切接触者等重点人群，一般不针对特定地区的所有人，防止形成对特定地域人群的事实上歧视。信息收集主体、收集程序合法，信息公开合法，合理掌握公开力度，不能指名道姓、识别特定人，而是遵循善意提醒的原则，做到仅收集与疫情防控相关的个人信息，仅公开必要的个人信息，应将信息公开给公民个人带来的损失和损害降到最低。

三、公民个人信息保护的法律分析

（一）公民个人信息保护的法律规定

在疫情防控期间，为保护公民个人信息安全，国家各个部门相继出台相关政策。2020年1月30日，交通运输部发布紧急通知，明确要求依法严格保护个人隐私和个人信息安全，除因疫情防控需要，向卫生健康等部门提供乘客信息外，不得向其他机构、组织或者个人泄露有关信息、不得擅自在互联网散播。同年2月4日，中央网络安全和信息化委员会办公室发布《关于做好个人信息保护利用大数据支撑联防联控工作的通知》，强调要依法确定个人信息收集的主体、规范、用途和保密义务的法治原则，并重申和指引了依法打击和惩治违规违法收集、使用和公开个人信息的法律条款。2020年2月10日，最高人民法院、最高人民检察院、公安部、司法部联合颁发的《关于依法惩治妨害新型冠状病毒感染肺炎疫情防控违法犯罪的意见》进一步明确，网络服务提供者在一定条件下致使违法信息大量传播的，依照《刑法》第286条的规定，构成拒不履行信息网络安全管理义务罪，以及疫情防控期间的行政违法行为应当从严从重处罚的原则等。2020年2月，工业与信息化部印发《关于支撑开展疫情联防联控工作切实加强个人信息保护的通知》，对加强个人信息保护提出相关要求。上述政策文件的出台，都是坚持运用法治思维和法治方式，实现对公民个人信息的保护。

自2003年以来，在总结“非典”疫情下法律法规不完备不系统的基础上，国家相关部门出台和修订了一批法律、法规和规章等，进一步完善公民个人信息的保护的条款。《民法总则》第111条规定，自然人的个人信息受法律保护。任何组织和个人需要获取他人个人信息的，应当依法取得并确保信息安全，不得非法收集、使用、加工、传输他人个人信息，不得非法买卖、提供或者公开他人个人信息。该法条对侵犯公民个人信息的行为进行规定，并为受害者维权提供了法律依据。《网络安全法》《信息安全技术个人信息安全规范》及相关司法解释等均对个人信息保护进行相关规定。此外，《数据安全法(草案)》亦对个人信息保护作出详细的规定，全国人大常委会法工委发言人表示，《个人信息保护法》已列入2020年全国人大常委会立法工作计划。由此可见，国家在治理层面高度重视对公民个人信息的保护问题。

（二）个人信息收集的合法主体及法律依据

各级人民政府、县级以上人民政府其他部门、各级疾病预防控制机构及医疗机构、国务院卫生行政主管部门或者其他有关部门指定的专业技术机构、街道、乡镇以及居民委员会、村民委员会是个人信息收集的合法主体。

2020年2月4日中央网络安全和信息化委员办公室颁布的《关于做好个人信息保护利用大数据支撑联防联控工作的通知》明确规定，除国务院卫生健康部门依据《网络安全法》《传染病防治法》《突发公共卫生事件应急条例》授权的机构外，其他任何单位和个人不得以疫情防控、疾病防治为由，未经被收集者同意收集使用个人信息。《传染病防治法》第5条、第6条第2款、第12条，《突发公共卫生事件应急条例》第36条、第40条，均对个人信息收集的主体做出规定。此外，《突发事件应对法》赋予政府多项应急权力，比如在居委会、村委会和有关单位建立专职或兼职信息报告员制度；公民、法人或其他组织有报告突发事件信息的义务。

基于社会公共利益等合理理由搜集公民个人信息的主体，在信息搜集后要严格履行好保密义务。《传染病防治法》规定了疾控中心和医疗机构的保密义务，《网络安全法》规定了网络运营者、网络产品或者服务的提供者等的安全保护义务。此外，公安部门、教育部门、铁路公路航空运输部门、物业服务公司、基层工作人员和旅店业服务单位，应特别注意对已收集到的个人信息的保护。上述单位和个人在疫情防护工作及日常工作中，能够不同程度掌握大量的公民信息，包括身份信息、健康信息、行踪轨迹信息和居住信息，等等。在联防联控的大背景下，疫情防控任务往往落实到社区、村委会等基层组织，更要提高对个人信息的保护力度。各部门及工作人员应妥善保管收集到的个人信息，及时依规上报涉疫情人员的信息，避免信息外泄、披露，侵犯公民合法权益。

四、侵犯公民个人信息的法律责任及救济

公民个人信息泄露事件频发，在呼吁国家加强立法重视个人信息保护的同时，公民要提高自身防范意识，加强个人信息自我保护，做到信息泄露的事前预防和权益被侵犯后的及时补救。

（一）民事责任与救济

在大数据应用的背景下，大多数侵犯公民个人信息的案件，往往以成千上万的公民个人信息数据一同泄露的形式发生，其影响后果不堪设想。基于疫情防护的客观需要，大量的公民个人信息被收集利用，因未尽到信息保密义务导致的纠纷频发。泄露个人信息涉及的民事责任，主要包括侵权责任、违约责任等。《民法总则》第 111 条规定，自然人的个人信息不得非法买卖、提供或者公开。为保护个人合法权益，受害人可以根据《侵权责任法》、最高人民法院《关于确定民事侵权精神损害赔偿责任若干问题的解释》、最高人民法院《关于审理利用信息网络侵害人身权益民事纠纷案件适用法律若干问题的规定》，确定自己的诉讼请求，包括停止侵害、消除影响、恢复名誉、赔礼道歉、赔偿损失等。信息主体可根据受损类型向人民法院提起民事诉讼。起诉时，应当向有管辖权的法院提出，包括被告所在地、本人受侵害所在地和非法公开个人信息的设备终端所在地的法院。

（二）行政责任与救济

在疫情防控期间，因侵害公民个人信息承担行政责任的主体，包括普通公民和国家各相关部门工作人员。这种侵权的主要表现为两种类型：一是普通公民非法获取、传播个人信息尚不构成刑事犯罪的；二是国家各相关部门工作人员在疫情防控工作中未尽到保密义务，致使信息主体个人信息被泄露。

从行政责任类型上看，分为日常管理和应急管理中的行政责任。在日常管理方面，《网络安全法》第 64 条规定，公安机关应当追究泄露公民个人信息行为的行政责任，《居民身份证法》第 19 条规定，相关领域工作人员履行职责、提供服务过程中泄露居民身份证记载的公民个人信息的，由公安机关追究其行政责任。上述规定与《治安管理处罚法》第 42 条的规定，是特别法和一般法的关系。在应急管理方面，《传染病防治法》第 68 条和第 69 条规定，卫生行政主管机关应当追究疾控中心和医疗机构故意泄露公民个人信息的行政责任。《基本医疗卫生与健康促进法》第 92 条规定，不得非法买卖、提供或者公开公民个人健康信息。《突发公共卫生事件与传染病疫情监测信息报告管理办法》第 14 条规定，医疗卫生人员承担未经当事人同意不得将病人有关信息向社会公开的保密义务。

上述法律法规规定了各类有权收集个人信息的主体未履行相关义务、故意泄露公民个人信息，造成个人信息受到侵害等而应承担的法律责任。合法权益遭受侵害的信息主体，可到相关部门检举或投诉，有关主管部门可对泄露者施以警告、没收违法所得、罚款、拘留、责令暂停相关业务、吊销营业执照等处罚。

（三）刑事责任与救济

在疫情防控期间，发生的涉嫌刑事犯罪的案例类型，主要是一些不法人员采用欺骗等不法手段，非法收集公民个人信息的情况，如前述的徐某利用预约售卖口罩的方式，非法获取公民个人信息。《刑法》第 253 条之一规定了侵犯公民个人信息罪："国家机关或者金融、电信、交通、教育、医疗等单位的工作人员，违反国家规定，将本单位在履行职责或者提供服务过程中获得的公民个人信息，出售或者非法提供给他人，情节严重的，处三年以下有期徒刑或者拘役，并处或者单处罚金。窃取或者以其他方法非法获取上述信息，情节严重的，依照前款的规定处罚。单位犯前两款罪的，对单位判处罚金，并对其直接负责的主管人员和其他直接责任人员，依照各该款的规定处罚。"

从上述法律条文规定来看，侵犯公民个人信息的犯罪行为主要有两种，即提供型和非法获取型。提供信息包括出售、发布、泄露，最高人民法院、最高人民检察院《关于办理侵犯公民个人信息刑事案件适用法律若干问题的解释》第 3 条明确规定，向特定人提供公民个人信息，以及通过信息网络或者其他途径发布公民个人信息的，应当认定为《刑法》第253条之一规定的“提供公民个人信息”；未经被收集者同意，将合法收集的公民个人信息向他人提供的，属于《刑法》第253条之一规定的“提供公民个人信息”，但是经过处理无法识别特定个人且不能复原的除外。非法获取信息包括窃取以及违反国家法律规定购买、收购、交换信息，或者在履行职责、提供服务过程中收集公民个人信息。最高人民法院、最高人民检察院《关于办理侵犯公民个人信息刑事案件适用法律若干问题的解释》第5条的规定将构成犯罪的条件细分为3个层次：一是行踪轨迹信息、通信内容、征信信息、财产信息50条以上；二是住宿信息、通信记录、健康生理信息、交易信息等其他可能影响人身、财产安全的公民个人信息500条以上；三是其他以外的公民个人信息5000条以上。泄露个人信息的主体应承担刑事责任的，信息主体受到侵害时可向公安部门报案。

参考文献：

[1] 李亚娟：《数字化疫情防控如何保护个人信息》，载《学习时报》2020年3月6日，第3版。

[2] 李步云：《信息公开制度研究》，湖南大学出版社2002年版。

[3] 蔡伟民：《政务公开理论与实践》，中国农业出版社2009年版。

[4] 曾加、李鑫：《个人信息权二元利益保护》，载《宁夏大学学报》(人文社会科学版)2014年第2期。

[5] 郭炳栋：《个人信息的民法保护研究》，河南大学法学系2019年硕士学位论文。

[6] 赵秉志：《公民个人信息刑法保护问题研究》，载《华东政法大学学报》2014年第1期。

[7] 董华建：《大数据时代下个人信息的民法保护》，载《法制博览》2019年第26期。

[8] 史卫民：《大数据时代个人信息保护的现实困境与路径选择》，载《情报杂志》2013年第12期。

COMMENTARIES

专论九 疫情防控期间医美广告发布应注意的几点问题

撰稿人
北京东卫（成都）律师事务所
范蜀黔

对绝大多数医美机构来说，2020年的第一季度无疑是一个冷季。新冠肺炎毫无征兆地来临，隔离是简单而又行之有效的方法，医美行业天然是需要密切接触的，加之春节前后又是医美行业传统的“黄金获客期”，医美机构在暂停营业期间，开发出更多种的营销手段，各种各样的广告是其中最主要的手段。医美广告一直存在未严格按相关法律、法规规范的情况，在因疫情影响“获客”途径减少的情况下，医美机构更要规范相关广告行为，厘清有关概念，明确法律规范，以保证其合法运营。本文将对医美机构广告存在的问题作出分析，并对疫情期间医美广告应注意的问题提出建议，希望对各医美机构有所帮助。

一、商业广告、互联网广告、医疗广告等相关概念的法律规定

商业广告，是指在中华人民共和国境内，商品经营者或者服务提供者通过一定媒介和形式直接或者间接地介绍自己所推销的商品或者服务的商业广告活动。

互联网广告，是指通过网站、网页、互联网应用程序等互联网媒介，以文字、图片、音频、视频或者其他形式，直接或者间接地推销商品或者服务的商业广告；具体形式包括：含有链接的文字、图片或者视频广告、电子邮件广告、付费搜索广告、商业性展示中的广告及其他通过互联网媒介推销的商品或服务。

医疗广告，是指利用各种媒介或者形式直接或间接地介绍医疗机构或医疗服务的广告。

二、法律、法规中关于医疗广告的禁止内容及审查要求

医疗服务信息广告中，信息发布的基本原则为真实性原则、合法性原则、必要性原则、规范性原则。为体现这些基本原则，法律、法规主要规定了以下具体内容。

1. 广告使用数据、统计资料、调查结果、文摘、引用语等引证内容的，应当真实、准确，并表明出处。引证内容有适用范围和有效期限的，应当明确表示。

2. 禁止使用“国家级”“最高级”“最佳”等用语。

3. 医疗、药品、医疗器械广告不得含有下列内容：

（1）表示功效、安全性的断言或者保证；

（2）说明治愈率或者有效率；

（3）与其他药品、医疗器械的功效和安全性或者其他医疗机构比较；

（4）利用广告代言人作推荐、证明；

（5）法律、行政法规规定禁止的其他内容。

4. 除医疗、药品、医疗器械广告外，禁止其他任何广告涉及疾病治疗功能，并不得使用医疗用语或者易使推销的商品与药品、医疗器械相混淆的用语。

5. 广告有下列情形之一的，为虚假广告：

（1）与商品或者服务有关的允诺等信息与实际情况不符，对购买行为有实质性影响的；

（2）以虚假或者引人误解的内容欺骗、误导消费者的其他情形。

6. 发布医疗、药品、医疗器械、农药、兽药和保健食品广告，以及法律、行政法规规定应当进行审查的其他广告，应当在发布前由有关部门（以下简称广告审查机关）对广告内容进行审查；未经审查，不得发布。

超出上述原则及规范对医疗机构、医疗服务广告宣传的，均可构成违反医疗广告宣传的禁止性规定，将有可能按照《广告法》及相关授权性行政条例进行处理。国家对广告特别是医疗类广告监管是非常严格的，那些“顶级大师”“名家”“领军人物”“明星御用”等炫目的名词必须休矣！

三、医美机构在广告宣传上存在的一些不合规做法

（一）大量不合规使用夸大性宣传及不规范用词

1. 打开医美机构的广告，“资深专家”“最佳”“首席”“顶级”“泰斗”“殿堂级大师”之类的广告词比比皆是，而与“最”“极”“级”“一”“首”等有关的禁止使用的极限词更是多见！类似“最先进”“最新技术”“第一”“唯一”“首家”“顶级”“世界领先”等用词也是不合规的。

2. 关于疗效，很多医美机构在广告中喜欢采用绝对性或明显误导性词语，如：根治、无痕、不留疤、无痛、无副作用、效果显著、无死角、当天见效、立等见效等。最简单的一个例子，怎么才叫“无痛”？对于不同的个体其标准显然无法统一，仅将这一点投诉为欺骗性用语，机构就很难反驳。

3. 在诊疗服务项目中充斥着大量杜撰的非规范用语，如“欧式芭比眼”“达拉斯鼻”“美人雕”“冻龄术”等，其本身含义就不明确，不适宜用于广告宣传。

4. 在药品或器械领域，也存在大量非规范用语的情形。如“美白针”“童颜针”“瘦脸针”“水光针”等杜撰的非注册商品名在广告中均是禁止使用的，但在医美机构的广告宣传中却较为常见。

（二）成因

笔者认为医疗本身就是一件极其复杂的事，特别是医美在一定意义上是对健康人群进行操作，所以对相关规范的执行应该更严格。如果我们放松了相关管理，出问题的概率则可能成倍增长。

在实践中，对用科普论文、媒体访谈等方式进行的软广告，从业机构应当注意，科普文章最好是医务人员书写，不能出现由个别营销人员编造抄袭的情况；对于药品和器械，仅能使用注册的专业名词和商品名，不得杜撰、臆造词汇；对从业医生的广告中不得出现技术职称，更不允许将“本领域专家”等非医学专业技术职称用于广告；此外，术前术后对比照依规也禁止出现。

对行业而言，相互彼此诋毁绝不可取。当免费成为很多医美机构最后手段时，其实说明机构本身运营出了极大问题。现在已经很少有消费者会相信“天上掉馅饼”的闹剧，反而，他们会更坚信“羊毛出自羊身上”的简单真理。

四、疫情期间给医美广告的几点建议

1. 疫情当前，应与国家各项大政方针保持高度一致，避免与政府行为相悖。医美这种必须与消费者近距离接触的行业，更应严格按照相关部门要求落实到位，不得以任何形式在未得到政府部门同意开业的情况下私自开业。

2. 加强企业管理，树立危机意识。营销部门要严格按照《广告法》和《医疗广告管理办法》进行线上宣传，避免任何可能造成密切接触的活动及宣传，以兼顾广告宣传的安全性与有效性。

3. 清查已有项目并对项目安全性进行逐一复查，包括伦理审查等。对新项目更要谨慎宣传，不能使用“提高免疫力”“抑制病毒感染”等可能引起误导的宣传语。

4. 以更灵活的方式进行客情维护。可通过电话、微信的方式点对点和顾客沟通，或在营销宣传的过程中推送一些自制的小视频，如病毒防护知识、皮肤日常护理、健身操、发送电子贺卡等，给予客户更多的关怀，为疫情过后创造消费先机。

5. 由于控制疫情的需要，更多的人能通过机构运营的公众号、微博、微信、抖音、快手等媒体来了解医美机构。自媒体的阅读与传播率对机构带客有相当作用，机构一方面要根据上述说明注意广告宣传的合法性；另一方面也要加大对线上营销渠道的关注。目前由于自我防护及隔离需要，很多事件无法进行核实，所以一旦出现负面信息，将对机构产生无法估量的损失。针对谣言应及时联系网站及发布者删除并进行辟谣，对其中可能存在的不正当竞争等违法行为，医美机构可以向行政机关投诉及委托律师采取法律手段解决，以保证其合法利益不受侵犯。

2020 年的新冠肺炎疫情会对医美行业造成很大的影响，但我们必将取得抗疫决战的全面胜利。相对于医美行业而言，这是一个最坏的时间，也是最好的时间，因为在疫情过后，所有在疫情期间所付出的努力与布局都会得到回报，合法合规经营的医美机构必能挺过冬天，迎来山河万象的春天。

相关法律法规：

《中华人民共和国广告法》第 2 条、第 9 条第 3 款、第 11 条、第 16 条、第 17 条、第 28 条、第 46 条；《互联网广告管理暂行办法》第 3 条；《医疗广告管理办法》第 2 条。

COMMENTARIES

专论十

疫情防控期间租赁合同及仓储保管合同履行中的法律风险防范

撰 稿 人

北京市东卫律师事务所
钱汪龙

新冠肺炎疫情的突然暴发，严重影响了公众的工作和生活。在世界卫生组织（WHO）宣布将新冠肺炎疫情列为国际关注的突发公共卫生事件（PHEIC）后，195 个缔约国采取不同等级的疫情监视、旅行和贸易限制等措施。为应对新冠肺炎疫情，国务院及各级地方政府相继出台疫情防控、民生保障、经济发展等政策措施。疫情作为一种突发公共卫生事件，除了危及公众的人身安全以外，其对经济活动产生的冲击更需要高度关注。从法律的视角观察疫情对经济活动主体的影响，进而提出切实有效的风险预防及解决方案，可能更有利于实现依法防控疫情的总体要求。

在疫情防控期间，经济活动主体受到的冲击，主要表现为各类市场主体在合同履行中遭遇障碍或者阻却情形，其核心问题是合同是否可以由此变更或者解除，以及变更或者解除后如何分担损失或分配法律责任，其中涉及不可抗力作为法定免责事由的认定、情势变更合同履行原则的合理适用。本文拟以租赁合同和仓储保管合同为例，聚焦于疫情防控期间上述两类合同履行中的特殊法律风险，以期对相关企业预防与化解法律风险有所裨益。

一、关于新冠肺炎疫情是否应当认定为不可抗力事件

根据《民法通则》第 153 条、《民法总则》第 180 条、《合同法》第 117 条的规定，不可抗力，是指不能预见、不能避免且不能克服的客观情况。根据上述立法规定，“不可抗力”具有三个基本特征，即行为人主观认知上不能预见、客观行为上不能避免且不能克服、是一种独立于行为人之外的客观事件。

不可抗力作为民事责任的法定免责事由以及合同的法定解除原因，对于合同履行及当事人责任分配具有重要影响。但是究竟哪些客观事件可以认定为不可抗力，立法中并没有进一步予以明确。通常认为可以构成不可抗力的情形主要包括：（1）自然灾害，最常见的情形，比如地震；关于洪水灾害与台风，是否属于不可抗力事件，要看合同履行的具体情况，如果事先灾害预报部门没有预警，在合同履行过程中遭遇上述灾害，通常应当认定为不可抗力事件。（2）战争，各国立法及司法实践通常都将战争作为不可抗力事件对待。（3）社会骚乱事件，比如罢工，对此，各国在司法实践中的处理并不相同。（4）国家法律政策的变化，比如国家颁布法律或调整产业政策导致的合同无法履行的情形，或者国家发布特殊禁令的情形。

关于本次疫情的法律性质，全国人大常委会法工委相关负责人代表立法机关给出明确意见：为了保护公众健康，政府也采取了相应疫情防控措施。对于因此不能履行合同的当事人来说，这属于不能预见、不能避免并不能克服的不可抗力。上述意见与最高人民法院在 2003 年“非典”疫情期间颁发的《关于在防治传染性非典型肺炎期间依法做好人民法院相关审判、执行工作的通知》（已失效）中的观点一致。该通知规定，因政府及有关部门为防治“非典”疫情而

采取行政措施直接导致合同不能履行，或者由于“非典”疫情的影响致使合同当事人根本不能履行而引起的纠纷，按照《合同法》第 117 条和第 118 条的规定妥善处理。故此，对于因政府采取相应疫情防控措施而不能履行合同的当事人，新冠肺炎疫情应当认定为不可抗力事件，当事人可以依据不可抗力免责条款根据具体情况主张部分或全部免除其合同责任。

在适用不可抗力条款主张减轻或者免除合同责任时，需要注意的是，疫情作为一种不可抗力的客观情况，必须发生在合同成立以后、履行以前。比如，北京市第二中级人民法院课题组在《法律适用》2003 年第 6 期上发表的《正确处理“非典”疫情构成不可抗力免责事由案件》认为，要从严把握非典型肺炎疫情构成不可抗力免责事由的认定标准，即非典型肺炎疫情作为一种不可抗力的客观情况，必须发生在合同成立以后、履行以前。如果非典型肺炎疫情发生在当事人一方合同订立以前或者迟延履行合同期间，则不能认定为不可抗力。而且，非典型肺炎疫情作为不可抗力事件，必须影响到合同的正常履行。如果在合同履行中遇到非典型肺炎疫情，但并没有导致当事人不能按合同履行，此种情况下不能将非典型肺炎疫情视为不可抗力。要严格甄别不可抗力事件，防止债务人以不可抗力为借口借非典型肺炎疫情逃避合同义务。

二、租赁合同履行中的法律风险

租赁合同的双方当事人分别为出租人和承租人。租赁合同期内，当事人如因疫情影响而在客观上确实无法履行合同义务的，可以适用不可抗力免责条款要求全部或部分免除责任。例如，疫情期间，某商场因政府强制要求关门歇业的，虽未能按合同约定保障商场的持续营业，但由于未能履行义务系因不可抗力导致，商场无须承担相应的合同责任。再如，承租人因其所在地区封城，确实无法按时交纳租金，同样可以适用不可抗力免责条款，主张全部或部分免除其违约责任。

需要特别说明的是，主张以不可抗力条款免除部分或者全部责任能否得到法院支持，关键要考察不可抗力因素的影响与合同不能履行之间是否存在因果关系，即造成合同不能履行的原因是否为不可抗力事件。尽管发生了不可抗力事件，但是并没有影响合同当事人履行合同义务的，则该当事人不能以此为由拒绝履行合同义务。一般而言，有权以不可抗力事件主张免责的，通常是承担主要合同义务的当事人。比如在买卖合同中，交付标的物的当事人，通常承担合同主要义务，如果因为政府相关部门采取疫情防控的行政管制措施，导致其无法正常开工生产，从而无法履行按期交货义务，该当事人可以不可抗力事件为由主张免除在合同约定的期限内交货的义务。该当事人可以与对方当事人协商迟延履行，如果迟延履行已经没有实质意义，则可以解除合同。但是，在交货一方已经履行交货义务时，对于履行支付义务的当事人而言，疫情本身通常并不会造成其支付合同款项的障碍，其不能以此为由要求免除其支付货款的义务。故此，对于不可抗力条款的适用是有一定的限制条件的，否则构成对不可抗力免责条款的过度适用。

在租赁合同中，承租人是否可以要求减免租金，要看合同的具体情形。

第一种情形，如果出租人已经交付租赁物，承租人通常不得以不可抗力为由拒绝履行租金支付义务。但是如果承租人的经营活动因疫情受到较大影响，营业收入下降无法承担租金负担、继续履行租赁合同可能会对承租人造成明显不公平，或者因疫情影响工程建设无法开工、租赁设备始终处于闲置状态，此时承租人可以依据公平原则、情势变更原则，向法院请求变更或者解除合同；如果租赁合同允许迟延履行，通常可以请求迟延履行租金支付义务，即在疫情期间予以减免租金。例如，在商业物业租赁中，受疫情影响，商场虽未歇业，但几无客流。这种情况下，应当考虑商户营业额的显著减少这一因素，适当降低疫情期间的租金。在最高人民法院发布的《关于在防治传染性非典型肺炎期间依法做好人民法院相关审判、执行工作的通知》（已失效）中，对该种情形的处理亦有明确的指导意见，即由于“非典”疫情原因，按原合同履行对一方当事人的权益有重大影响的合同纠纷案件，可以根据具体情况，适用公平原则处理。

第二种情形，因受疫情影响，如果出租人无法将租赁物按合同约定的期限交付给承租人，出租人可以不可抗力为由主张迟延履行交付租赁物的义务，并可以免除迟延履行的违约责任。在合同迟延履行不影响合同目的的条件下，在疫情解除后，出租人应当及时履行合同义务。合同双方约定同时履行或者出租人应当先为履行的情况下，在出租人迟延履行时，承租人可以根据《合同法》第66条同时履行抗辩条款及第67条先履行义务条款，拒绝履行支付租金义务。

比如，在租赁设备时，当合同签署后，因受疫情采取交通管制措施影响，出租人无法按约定时间将设备运送至承租人处，出租人可以以不可抗力为由主张免除延迟提供租赁物的违约责任；但是，一旦封交通管制解除，出租人应尽快将租赁物运送至承租人处。对于承租人而言，如因受疫情采取交通管制措施影响确实无法在租赁期届满返还租赁设备的，可免除迟延履行违约责任，或者因出租人无法按时交付租赁设备有权拒接支付租金。在交通管制措施影响解除后，当事人仍未履行合同义务的，属于客观上能够履行义务而主观上怠于履行，即构成违约，应当承担违约责任。

又如，在汽车租赁合同中，承租人因计划春节假期期间前往甲地旅游而提前与当地的出租人签署了汽车租赁合同。但春节假期前，出租人的车辆因甲地疫情严重全部被政府征用于疫情防治而无法向承租人提供。如前所述，出租人无须承担违约责任。疫情结束后，因春节假期已过，双方汽车租赁合同期限已届满，合同目的已经无法实现，再向承租人提供车辆已无实际意义，因此无须再向承租人交付车辆。同样，如果是承租人因所在地采取交通管制措施无法按时前往甲地提取车辆的，也不必承担未按时提车的违约责任。如果疫情管制措施解除后，春节假期已过，再提取车辆已无实际意义，承租人也无须再继续履行提取车辆的合同义务。

由于现实生活的多样性，新冠肺炎疫情给租赁合同双方当事人带来的影响可能较为复杂，无法一概而论。在很多情况下，疫情作为不可抗力事件，虽未导致当事人完全不能履行合同，但对当事人的权益造成了重大的影响，此时应当综合考虑实际情况，本着公平原则确定双方义务的履行。故此，在租赁合同项下，受新冠肺炎疫情影响，当事人无法履行合同义务的，其违约责任可以免除。新冠肺炎疫情导致合同不能履行的客观情形消失后，当事人应及时继续履行合同义务，否则应当承担违约责任，除非当事人继续履行合同义务已客观上不可能或者没有实际意义。此外，对于受新冠肺炎疫情影响的其他合同义务，应根据实际情况适用公平原则具体判断其履行方式。

三、仓储保管合同履行中的法律风险

众所周知，在本次新冠肺炎疫情发生后，各地物流、仓储企业在医疗物资、生活物资的运输和分配过程中发挥了重要作用。在仓储保管合同履行过程中，争议的焦点问题往往是，保管货物的损失是否由于不可抗力导致。如果货物损失是因不可抗力造成，则保管人免除部分或全部责任；如果货物损失并非因不可抗力造成，则保管人需要承担相应的赔偿责任。

因此，在新冠肺炎疫情防控期间，针对仓储保管合同中的保管人，本文做如下风险提示：

第一，签署仓储保管合同之前，保管人应当对自身资质和能力进行充分评估，尤其要充分考虑因政府部门采取行政措施可能带来的合同履行风险。在合同签订过程中，在合同条款中提前对不可抗力事件的范围及责任分配方式予以明确约定，以降低因此带来的影响和损失。

第二，在合同履行期间遇到新冠肺炎疫情等不可抗力事件时，保管人应当采取积极措施，本着为存货人利益着想的角度，从合同目的出发，避免给所存货物造成更大的损失。只有这样，才可能引用不可抗力来对抗存货人主张的责任赔偿。

第三，根据《合同法》第117条的规定，当事人迟延履行后发生不可抗力的，不能免除责任。可见，尽管保管人可以依据不可抗力主张免责，但是对于仓储合同中明确约定保管人需要按时履行的义务，由于保管人自身原因导致迟延履行的，即使发生不可抗力，保管人依然要承担相应的违约责任。

第四，根据《合同法》第118条的规定，当事人一方因不可抗力不能履行合同的，应当及时通知对方，以减轻可能给对方造成的损失，并应当在合理期限内提供证据证明。可见，在履行仓储保管合同过程中，遇到新冠肺炎疫情等不可抗力事件时，建议首先以书面形式通知合同相对方，告知可能存在的货物损失风险。通常情况下，遇到新冠肺炎疫情等不可抗力事件，医院或政府相关部门会配合出具相应的证据材料，由此保管人应当在合理期限内联系医院或政府相关部门提供证明，以证明因新冠肺炎疫情等不可抗力事件的发生，导致保管人无法全部或部分履行合同。

本次新冠肺炎疫情对当事人民事权利义务直接产生影响的案件，将随着疫情逐渐结束而集中产生，希望因新冠肺炎疫情的防控产生民商事纠纷的当事人，相互理解、相互支持，从公平合理的角度出发，尽量通过协商沟通的方式解决问题。

COMMENTARIES

专论十一

疫情防控期间企业合同履约风险提示及实操指引

撰　稿　人

北京东卫（成都）律师事务所研值律师团队

律师：颜莉　苗培　赵子戈　罗维　律师助理：苟银亮　唐宇航　田鑫林

新冠肺炎疫情给社会经济秩序稳定带来一定的影响，许多行业因此遭受了较大损失。春节假期之后，各地政府鼓励企业根据疫情防控要求并结合自身实际情况，安排职工通过电话、网络等远程联络方式，居家办公完成相应工作；不具备远程办公条件的企业，可以安排职工采取错时、弹性等灵活方式开展工作。符合复工条件的企业，在采取科学有效防控措施、确保员工安全健康前提下，自行决定复工复产时间，有序组织复工复产。目前除湖北省之外的各行业企业，都在陆续复工。

应当高度关注的是，在复工后，不同行业的企业可能会面临诸多亟待化解的法律风险，尤其是疫情引发的大量合同履行问题，其中应当处理好的一个关键细节，就是如何搜集保存相关证据，为日后的争议处理奠定扎实的基础。本文通过分析本次疫情对各行业企业的不同影响，按照不同的合同类型进行较为系统的梳理，尝试以“对症下药、量身定做”的方式，为企业有效化解疫情防控期间的合同履行风险，提供专业的实务操作建议。

一、新冠肺炎疫情的法律性质

（一）关于不可抗力的法律规定

关于何为“不可抗力”，我国立法中基本采纳的是“折中说”标准，《民法通则》第153条、《民法总则》第180条、《合同法》第117条，几乎采用了完全一致的定义，即所谓的“不可抗力”，是指不能预见、不能避免且不能克服的客观情况。根据上述立法规定，“不可抗力”具有三个基本特征，即行为人主观认知上不能预见、客观行为上不能避免且不能克服、是一种独立于行为人之外的客观事件。

作为“不可抗力”构成要素之一的“不能预见”，是指行为人主观上对于某一客观情况的发生无法预测。此处的“不能预见”，应是根据现阶段科技发展水平，普通人对某一事件的发生没有预知能力。因此，判断某一客观情况是否符合“不能预见”这一构成要素时，应当把握两个标准：一是根据现有的科技发展水平，是否可以对某一客观事件做出预测，比如随着自然灾害预报水平的提高，对于暴雨导致的洪水灾害，普通人完全可以通过接收国家灾害预警部门发布的预警信息来提前得以预见。如果在国家有关部门已经发布了预警信息之后，当事人因未及时了解相关信息而实施了民事行为，在司法实践中，此种情形并不当然构成不可抗力。二是应以普通人或者一般人的预见能力作为判断标准，不能以专业人士的认识水平来判断。

“不能克服且不能避免”，是指行为人即使已经尽到最大努力并且采取一切可能的措施，也无法避免客观事件的发生，无法克服该事件造成的后果。“客观情况”，是指独立于当事人行为之外的客观情况。

（二）司法实践中关于“不可抗力”的具体认定

尽管立法中描述了“不可抗力”的三个属性特征，但是究竟哪些客观事件可以认定为不可抗力，立法中并没有进一步予以明确，对此，各国司法实践中具体的认定规则也不尽相同。通常认为可以构成不可抗力的情形主要包括：（1）自然灾害，最常见的情形，比如地震。关于洪水灾害与台风，是否属于不可抗力事件，要看合同履行的具体情况，如果事先灾害预报部门没有预警，在合同履行过程中遭遇上述灾害，通常应当认定为不可抗力事件。（2）战争，各国立法及司法实践中通常都将战争作为不可抗力事件对待。（3）社会骚乱事件，比如罢工，对此，各国司法实践中的处理并不相同。（4）国家法律政策的变化，比如国家颁布法律或调整产业政策导致的合同无法履行的情形，或者国家发布的特殊禁令的情形，对此，各国司法实践中的具体认定并也不相同。

（三）本次新冠肺炎疫情应当认定为不可抗力事件

2020年2月10日，在全国人大常委会法工委就疫情防控有关法律问题召开的发布会中，法工委相关负责人明确表示：当前发生的新冠肺炎疫情这一突发公共卫生事件，属于不能预见、不能避免并不能克服的不可抗力。

根据《民法总则》《合同法》的相关规定，本次新冠肺炎疫情，符合不可抗力“无法预见、不可避免、不能克服的客观情况”三个典型特征，其性质应当界定为不可抗力事件；因不可抗力不能履行合同的，根据不可抗力的影响，部分或者全部免除责任，但法律另有规定的除外。应当注意的是，合同当事人主张因不可抗力减轻或者免除责任的，必须证明合同不能履行或者不能完全履行的情形与不可抗力之间存在因果关系。承担合同主要义务的当事人，如承担生产、交货、运输义务的当事人，会因不可抗力导致合同履行不能，承担支付义务的当事人通常不能以不可抗力为由拒绝支付货款。

二、房地产开发行业

（一）商品房买卖合同履行的风险提示及实操指引

1. 企业逾期交房法律风险

（1）风险提示

逾期交房法律风险，是指因受疫情影响导致施工进度受阻，房地产开发企业无法及时按照商品房买卖合同向买受人交房的法律风险。

（2）实操指引

房地产开发企业处理逾期交房法律风险，应当采取的合理措施主要有以下两点：

①及时发出不可抗力通知。房地产开发企业应当根据《商品房买卖合同（预售）》中关于不可抗力的条款，及时对买受人发出通知，说明本次疫情对双方签订的合同造成的影响，即无法按照合同约定的时间向买受人交房。

②及时收集、固定并发送相关证据。应当收集当地政府发布的关于建设施工类企业复工的要求和通知，作为附件同时发送给向买受人。例如，根据成都市住房和城乡建设局、成都市卫生健康委员会下发的《关于做好房地产开发领域新型冠状病毒感染的肺炎疫情防控工作的通知》要求，房地产开发企业一律不得在Ⅰ级应急响应期间组织商品房交付活动。

2. 逾期签订合同法律风险

（1）风险提示

逾期签订合同风险，是指买卖双方已经签订认购协议，但因受疫情影响无法按照认购协议约定的时间签订《商品房买卖合同（预售）》的法律风险。

（2）实操指引

房地产开发企业处理逾期签订合同风险，应当采取的合理措施主要包括：立即向买受人发出通知，双方协商一致对签订《商品房买卖合同（预售）》的签约时间进行变更，并说明本次疫情对认购协议履行造成的影响。例如，根据成都住宅与房地产协会于2020年1月25日发出的通知，要求各开发企业一律不得对外开放商品房售楼部（案场），故无法按照原《认购协议》约定的时间履行正式签约义务。经过双方充分沟通，如果因买受人的原因无法达成延期签约时间或者买受人不愿再履行认购协议的，也可以协商解除合同。

3. 逾期办理证照的法律风险

（1）风险提示

逾期办理证照的法律风险，是指因受疫情影响，房地产开发企业无法按照约定的期限为购房者办理房屋产权证照的风险。

（2）实操指引

在疫情防控期间，房地产开发项目如果存在批量为买受人办理房产证的情形，房地产开发企业应当及时向业主发出通知，告知因受到本次疫情影响将导致不动产办理时间延后。例如，根据成都市不动产登记中心网上办事大厅在2020年2月4日发布的《应对疫情，成都市不动产登记中心这样办》，明确说明为避免人群聚集，防止交叉感染，对于批量业务要“延后办”，将申请现场办理批量件业务的时间调整至疫情防控期后，具体时间另行通知。

4. 无法履行房屋保修责任的风险

（1）风险提示

无法履行房屋保修责任的风险，是指房地产开发企业因疫情的影响无法按期履行保修义务的风险。

（2）实操指引

《房屋建筑工程质量保修办法》第9条规定，房屋建筑工程在保修期限内出现质量缺陷，建设单位或者房屋建筑所有人应当向施工单位发出保修通知。施工单位接到保修通知后，应当到现场核查情况，在保修书约定的时间内予以保修。因此，在通常情况下，保修书中并不会约定法定节假日等假期可相应顺延维修时间。房地产开发企业能否基于疫情主张迟延履行保修义务，取决于其延迟履行是否与因疫情采取的管控措施之间存在必然的因果关系。如果确实因为政府有关部门控制疫情发布的行政措施或命令等原因，致使房地产开发企业无法落实保修工作的，则开发商在相关管控措施解除后，应尽快安排工作人员进行维修，在此情况下，房地产开发企业无须承担逾期履行保修义务的违约责任。但需要注意的是，房地产开发企业应注意收集因疫情原因而不能履行合同的证明文件。

（二）贷款类合同履行的风险提示及实操指引

1. 风险提示

企业因疫情影响导致销售停滞或交易中断，可能引发原有的贷款合同无法按期还贷的风险。

在中国银保监会等发布的《关于进一步强化金融支持防控新型冠状病毒感染肺炎疫情的通知》中，明确金融机构要通过加大融资支持、适当下调贷款利率、增加信用贷款和中长期贷款等方式，支持相关企业战胜疫情灾害影响，对受疫情影响严重的企业到期还款困难的，可予以展期或续贷。

2. 实操指引

企业若因本次疫情影响导致还贷延期的，建议采取如下化解风险措施：

（1）与金融机构共同协商应对方案，争取金融机构加大融资支持、适当下调贷款利率、增加信用贷款和中长期贷款等；（2）对于受疫情影响严重的借款企业，到期确实还款困难的，可以考虑向金融机构申请展期或续贷；（3）受疫情影响较大的批发零售、住宿餐饮、物流运输、文化旅游等行业，以及有发展前景但受疫情影响暂遇困难的企业，应积极争取在疫情防控期间的特殊金融政策支持；（4）中小微企业如果贷款合同在疫情期间到期的，可以申请办理续贷或展期。

比如，成都市人民政府 2020 年 2 月 6 日发布的《关于有效应对疫情稳定经济运行 20 条政策措施》中，明确加大金融财税支持力度，确保中小微企业融资总量增加、利率下降。人行成都分行营管部专项安排 10 亿元低成本再贷款、再贴现资金支持辖内金融机构发放疫情防控相关贷款和防疫相关企业的票据融资需求。中小微企业存量贷款疫情防控期间到期办理续贷或展期，利率按原合同利率下浮 10%，新增贷款利率原则上按基准利率下浮 10%。银行机构不抽贷、断贷、压贷，可采用延长还款期限、减免逾期利息、无还本续贷、信贷重组等方式增加贷款投放。但上述政策为成都市金融支持政策，各地企业需要以贷款银行所在地发布的政策为准。

（三）建设工程施工合同履行的风险提示及实操指引

1. 风险提示

在疫情防控期间，因采取交通或施工管制措施，可能无法按照合同进度进行建设施工，导致建设工程施工合同存在违约风险。

2. 实操指引

通常房地产开发企业作为建设工程施工合同的总包方（建设单位），在建设工程施工类合同的履约中，可以采取以下措施：

（1）双方应合理确定停工和复工日期

因新冠肺炎疫情在春节期间暴发，大多数企业已放假，因此停工日期可根据建设双方的合同约定、停工通知、施工日志等确定。对于复工日期，应当根据政府发布的规范性文件，结合疫情造成的持续性影响进行判断，这些影响包括工人无法正常返工、材料设备因交通管制或物流限制无法采购、运输等。应当注意的是，在疫情解除后，发包人应及时发出复工通知。

（2）承包人应及时判断疫情是否可能导致材料或人工成本上涨

因疫情导致的材料、人工成本、防疫措施等各项费用增加，对于合同履行而言，并非属于不能避免、不能克服的客观情况，并不能直接导致合同无法履行，因此上述情形不属于不可抗力。在各项费用增加的情况下，如合同中已设置调整价格的机制，则可以按照合同约定调整价格；如合同为固定总价，则在涨价超出合理预期、继续履行合同对承包人显失公平的情况下，承包人可以主张适用情势变更进行调价。根据最高人民法院《关于适用〈中华人民共和国合同法〉若干问题的解释(二)》第26条的规定，合同成立以后客观情况发生了当事人在订立合同时无法预见的、非不可抗力造成的不属于商业风险的重大变化，继续履行合同对于一方当事人明显不公平或者不能实现合同目的，当事人请求人民法院变更或者解除合同的，人民法院应当根据公平原则，并结合案件的实际情况确定是否变更或者解除。

（3）发包人应及时收集、固定有关疫情影响的相关证据

在新冠肺炎疫情防控期间，发包人应注意及时收集、固定有关停复工、采购、运输、劳动者到岗、政府管制措施等相关的证据文件，根据施工合同的约定及时发出有关停、复工的申请或指令，根据合同约定积极采取通知、确认、索赔等措施。

三、房地产经纪行业

（一）销售代理类、招商类合同风险提示及实操指引

1. 风险提示

因发生疫情导致合同所约定的考核任务无法完成。

2. 实操指引

在发生疫情后，由于政府相关部门为防控疫情发布的政策性文件，导致房地产经纪类公司（以下简称公司）无法开展销售、招商工作的，公司应在第一时间与甲方进行沟通协商，确认顺延考核期至疫情解除后，同时协商确认相关

人员调度并达成协议安排。若甲方不同意顺延，应以书面函件告知甲方因此次疫情影响客观上完成现阶段考核任务已无可能性，并援引相关法律条款告知甲方，因疫情影响己方有权依据法律规定顺延考核任务。

（二）包销类合同风险提示及实操指引

1. 风险提示

因发生疫情导致阶段性兜底回款及期满后的回购风险。

2. 实操指引

建议公司应及时与甲方沟通并采用书面函件告知：（1）顺延包销期限。建议在开始沟通时尽量先把时间拉长，如甲方有异议，可再进一步协商，主要考虑疫情影响存在持续性，不知何时能解除，故此顺延期限越长对公司越有利。（2）顺延各阶段回款期限。

（三）整体购买类合同风险提示及实操指引

1. 风险提示

整体购买类合同履行出现争议时，在性质上最终被认定为买卖合同。而合同的实质内容是包销业务，因受疫情影响公司无法形成对外销售，销售资金不能及时回笼，可能存在逾期支付当期购房款的风险。

2. 实操指引

建议公司应及时与甲方公司沟通，并及时收集和形成以下证据材料：（1）尽管公司与甲方公司签署的是整体购买协议，但应当通过协商出具由双方认可的书面说明，表明合同内容的实质是一种包销行为，主要系通过销售回款向甲方支付购房款；（2）收集公司工作人员与甲方公司工作人员的工作记录，重点收集实际操作中有关甲方明知合同交易模式的实质并共同参与合同履行的情况，甲方工作人员在销售现场负责管理并收取购房款等相关证据；（3）第一时间与甲方公司沟通，顺延款项支付时间，具体操作模式参照包销类函件的拟定。

（四）投资类合同风险提示及实操指引

1. 风险提示

公司在签署包销协议或者整体购买协议时，前期往往垫付巨额资金，因此，大部分公司会考虑引进投资人共同投资。因受疫情影响，是否能够按照投资合同约定的期限返还投资人投资本金及收益，可能会成为双方的争议焦点。

2. 实操指引

建议公司应在第一时间与投资人协议沟通，顺延投资收益的分配或者本金的退还时间，并形成新的协议安排。

（五）广告类合同风险提示及实操指引

1. 风险提示

公司在对外销售或者招商过程中，往往会引进广告公司对外宣传，因受本次疫情影响，应当充分关注广告合同的履约风险。

2. 实操指引

建议公司应梳理疫情期间须履行的广告合同，区分不同合同类型，向广告公司发出书面通知及时止损：（1）针对必须在疫情期间履行完毕的广告合同，超过该期间投放即失去商业价值的，如果确实无法履行，公司应尽快发函解除广告合同；（2）针对并非需要在疫情期间履行完毕的合同，可以与广告公司协商延期履行。

（六）运营管理类合同风险提示及实操指引

1. 风险提示

因疫情影响，运营管理费无法及时收取的风险、商铺租户提出减免租金的风险及小业主租金支付风险。

2. 实操指引

针对无法及时收取运营管理费及商铺租户提出减免租金的问题，建议公司应积极与商户进行协商解决，严禁采用“一刀切”或者过于强势的操作方式，避免引发商户大面积退租风险；应本着公平、合理的原则，积极协商适当减免租金或者损失，双方共同分担风险损失共渡难关，同时及时关心商户状态，做好相应的情绪安抚工作。

针对小业主租金支付问题，公司应积极与小业主沟通，本着公平的原则，双方共同分担因疫情影响不能营业期间的租金，并适当顺延租金支付时间。

（七）实操中的有关注意事项

1. 注意收集政府相关政策性文件并及时发送对方。发送相应函件时，应以双方合同约定的对接人为准，如果合同中没有明确约定，建议直接发送给其法定代表人，并以合同中载明的联系方式发送，确保送达的有效性。同时，公司应书面告知对方，双方应协商减轻或者免除因受疫情影响公司延迟履行的法律责任。

2. 如果合同相对方在疫情发生前存在未履约的情形，比如佣金、租金、运营管理费应当支付而未支付，公司应及时发送催款函，要求其及时履行合同义务。特别提示，合同相对方不能以受疫情影响为由拒绝支付已达结算条件的应付款项。

3. 对于销售、招商类合同，尽管因疫情影响不能驻场销售、招商，但公司可通过线上销售、招商的方式，进行房源的推广销售及招商，尽量减少公司的损失。

四、互联网行业

新冠肺炎疫情对各个行业均产生了不同程度的影响，总体而言，对于具有轻资产特征的互联网行业的冲击小于传统产业；但中小企业受人力成本、融资困难等因素的影响，始终存在较大运营压力。新冠肺炎疫情对各个行业的具体影响，从短期来看，一方面，首先是在线旅游等网络生活服务业受到冲击较大，其次是网约车、广告业、跨境电商、网络营销等产业，交易规模均有不同程度下滑；另一方面，以网络游戏为代表的网络文化娱乐产业稳中有升，形成新的行业增长点。从长期来看，互联网医疗、在线教育、远程办公等线上服务需求的激增，会促使传统产业的数字化转型升级提速，产业互联网将迎来新的市场增长空间。在把握互联网产业未来机遇的同时，更应处理好疫情防控期间互联网行业的法律风险，以期实现产业的可持续发展。

（一）风险提示

新冠肺炎疫情引发的互联网行业风险主要表现在以下两个方面：

1. 企业经营性风险

因新冠肺炎疫情的影响，互联网企业经营性风险，主要表现为经营困难导致的财务风险。一方面，企业交易萎缩营业收入下滑，导致现金流紧张；另一方面，企业需要固定支出的房屋租金、人力成本、贷款利息等成本费用没有减少，企业持续经营面临较大挑战。从行业类型来看，首先，在线旅游等互联网企业，因各地政府采取疫情防控措施导致交通管制、景区暂停开放、酒店暂停服务，订单大幅下降，营业收入锐减。其次，网络零售业务中，物流配送效率受疫情影响显著下降，时效性最强的“即日送达”和“次日送达”服务出现明显延后，导致电子商务交易效率大幅下降。再次，跨境出口电商行业受到短期冲击，部分跨境零售买家宣布调整补货计划，要求延迟发货，或是直接提出退款退货，中小跨境电商遭遇生存危机。最后，互联网广告业务，网络营销作为互联网企业的主要盈利点之一，一直以交叉补贴方式支撑非盈利网络业务的正常运营，受实体经济下滑影响，广告主大幅缩减广告投放预算，互联网企业网络营销业务受挫。

2. 网络安全法律风险

在本次疫情中，网络运营者监管、审查不利，存在大量不实、虚假信息，对个人信息安全未提供有效保障，导致大量个人信息泄露。同时，一些网络游戏开发平台，在未经法律准许的情况下开展运营推广活动，游戏内容存在违规情形，可能引发民事侵权责任、行政处罚风险乃至刑事法律风险。

（二）实操指引

1. 关于网络开发、线上运营、线上服务合同

（1）全面梳理合同与分析评估合同关键条款

大多数互联网行业可能因疫情影响无法复工，对疫情发生之前签订的合同，如何履行可能会产生两种结果：一是疫情作为一种不可抗力事件，导致产品生产、销售、服务合同不能实际履行或者延期履行；二是如果合同继续履行，对一方当事人明显不公平。此时公司作为合同的一方当事人，应尽快对当前或未来可能履行的合同进行全面系统梳理，详细了解合同的内容，重点关注有关合同违约、合同履行、合同责任免除的条款，通过分析与评估，做到有的放矢。

（2）区别不同合同类型并采取合理的风险处置措施

认真评估所在地区采取的疫情防控措施对合同履行的影响，尤其是对产品生产完成时间的影响，尽快与合同相对方沟通疫情影响下合同履行的实际情况，并保持一定的联络频率，及时告知疫情对合同履行影响的最新情况以及已经采取的措施和做法等。

第一种情形，针对线上旅游业务、线上酒店预订和机票预订业务，在疫情发生后，应在第一时间与消费者沟通协商是否能延期履行，比如另行选定旅游时间或者改签，如果协商无法达成一致，应同时协调线上平台一并做好退费安排。

第二种情形，针对产品开发、产品销售、跨国电商、广告推广类等业务，公司经评估后确定，在合同约定的期限内因疫情原因无法交付产品的，化解风

险的处置措施分为两步：

第一步，应当在第一时间履行通知义务，并采取合理措施避免损失扩大。比如向对方发送“因不可抗力无法按约履行的书面通知”。送达应采用挂号信、邮政快递等方式，并保留好发件凭证，同时在邮政网站上及时下载并保存对方的签收凭证。在特殊情况下，可以先使用微信、短信、彩信等方式通知对方当事人，然后再用邮政快递方式送达。特别提示，如果双方在合同中对不可抗力的通知方式有特别约定的，企业应按照合同约定的方式告知对方。

第二步，详细准备有关部门采取疫情防控措施对合同履行实际影响的各种证据材料、继续履行合同将会形成损失的证据材料，比如因疫情无法复工、原材料成本大幅上涨、客流量锐减等，建议双方根据公平原则及诚实信用原则协商合理的解决方案。

2. 关于互联网运营合同

公司应尽量维持互联网平台的运行，若因疫情影响实在无法提供技术服务等，应及时通知相对方，并在与其协商后决定是否在相关互联网平台采取下架、通知等处理方式，将不可抗力的风险降至最低。

3. 关于民事侵权责任、行政责任及刑事责任

网络运营者监管不力，可能面临承担民事侵权责任、行政责任及刑事责任的风险。网络运营平台应建立个人信息保密安全机制并在运营业务中切实执行。疫情防控期间，网络运营者对于网友的发言及评论，应当特别关注有关疫情信息的传播内容，对发布的不实内容、未经官方证实的传言等进行有效管理。运营推广活动的内容应合法合规，以积极正面宣传为导向，不得从事戏谑、调侃疫情以及医护人员等行为，避免网络平台成为法外之地。

4. 合同不可抗力条款的合理使用

互联网企业在合理运用不可抗力条款时应重点关注以下几个方面的内容：

（1）合同中应当明确约定，通知内容包括具体原因、影响的程度、拟采取的减损措施等，通知一般应采用书面形式，可以约定以电子邮件及纸质文件邮寄方式送达以及通过微信、短信、电话等形式通知。

（2）在合同中明确约定关于不可抗力的证明文件以及发送不可抗力通知需要附带证明材料。①可抗力证明，官方媒体刊登的政府有权机关发布的疫情管

控命令、通知、公告，可以作为临时证明；待事后再向有关部门取得正式证明材料。证明材料必须是具体的、充分的。例如，交通受影响的，出具交通主管部门的证明；员工到岗受影响的，提供人力资源和社会保障部门的证明；能源供应受影响的，提供能源供应主管机关或公用事业单位的证明；履行合同义务的关键核心员工因患肺炎需住院治疗的，病愈后要向对方当事人提供住院证明、诊断证明；被隔离留观的，要提供隔离相关的证明。②合同履行障碍和疫情间因果关系的证据，包括但不限于邮件、各类纸质文件、照片、视频、网络信息等。

（3）应当保存好双方沟通协商的有关证据。在邮件送达后，及时在 EMS 网站上查询函件寄送详情并将送达签收情况打印留存，将原件、邮寄单、聊天记录等和收集的材料一同作为证据妥善保存。

五、教育行业

（一）就读协议风险

2020 年 2 月 27 日召开的中央应对新冠肺炎疫情工作领导小组会议强调，各地和相关部门要根据疫情防控情况，将大中小学、幼儿园等开学开园时间原则上继续推迟。根据上述精神，各地教育主管部门相继发布了推迟开学的规定，如四川省教育厅 2020 年 2 月 13 日发布通知《全省各级各类学校 2 月底前暂不开学》，具体开学时间将视疫情防控情况，经科学评估后确定，届时提前向社会公布。

1. 风险提示

因疫情原因开学时间被推迟，如果各个学校签订的《就读协议》或学校发布的相关通知载明了正式返校时间，可能存在因疫情原因无法履行协议的风险以及学生私自返校引发感染风险。

2. 实操指引

学校应通过微博、微信、家长群、学生群等渠道，向学生和家长宣传普及疫情防治知识和防控要求，指导学生安排好在家的学习和生活；对于留校学生要做好疫情防治和教育管理服务工作。学校通知后保存好相关邮件、短信电话录音等证据。

（二）预约类协议风险

1. 风险提示

如果学校、幼儿园、培训机构与家长签订了《预约入学协议》或《培训协议》，由于该类协议约定了明确的入学或参与培训的时间，可能存在因疫情原因无法履行协议的风险。

2. 实操指引

学校、幼儿园、培训机构应及时通过 EMS 邮件或对方预留的邮箱及电话，告知对方按教育主管部门规定调整入学时间，并保存相关邮件及录音，并在开学或开始培训后与对方签订新的协议，避免对方主动发出《解约函》。

（三）培训费退还纠纷风险

1. 风险提示

在民办学校和培训机构等单位与家长签订的相关协议中，尽管约定了有关培训费不予退还的条款，但在疫情防控期间，培训机构可能会面临被要求退还学费的风险。

2. 实操指引

根据关于“非典”期间合同纠纷的法院裁判观点，如果双方发生纠纷起诉到法院，法官通常会视情况判决培训机构减少培训费。因此，建议学校本着公平的原则，与家长协商解决未开学期间学费（培训费）的问题，或通过开设“线上课堂”，采用继续提供服务的方式解决停课问题。

（四）房屋租赁类合同风险

1. 风险提示

培训学校因疫情无法正常开展教学、收取学费，不能按时缴纳房租的风险。

2. 实操指引

建议各培训机构积极运用当地政府的补贴政策，并本着公平合理的原则与房东充分协商，适当减免租金或者或适当顺延缴纳租金时间，避免房东因培训机构未按时交租而解除合同或收取高额违约金。

（五）关于采购合同的风险

1. 风险提示

因疫情影响，对于采购的物品，学校可能无法及时收货以及在约定验收期限内进行验收的风险。

2. 实操指引

建议根据合同约定的联系方式联系对方或直接联系对方的法定代表人，确定是否可以按期收到货物。对于需要调整交货时间以及无法按期验收的，应当告知对方，并另行协商交货时间和验收期限，并注意保留通知的相关证据。

（六）毕业生协议签订风险

1. 风险提示

人力资源社会保障部、教育部、财政部、交通运输部、国家卫生健康委《关于做好疫情防控期间有关就业工作的通知》中，鼓励高校和用人单位利用互联网进行供需对接，实行网上面试、网上签约、网上报到，引导用人单位适当延长招聘时间、推迟体检时间、推迟签约录取，可能会产生毕业生协议签订的有关风险。

2. 实操指引

高校应提前核实招聘单位的信息，在公开的网站进行双选会、招聘会活动。在签订纸质协议前，应先通过传真、电子邮件等形式与用人单位和毕业生签订协议；已经签订纸质协议的，应再次和用人单位进行确认。

六、软件和信息技术服务行业

（一）关于软件开发类合同履行的风险提示及实操指引

1. 逾期交付的风险

（1）风险提示

因防控疫情的需要，一些创业园区、写字楼、物业服务企业延期复工，在疫情之前签订的软件开发合同可能面临无法履行或者延期履行的风险。

（2）实操指引

梳理公司相关软件开发合同，关注开发交付时间、交付条件、交付地点等内容，如有可能因本次疫情导致逾期交付的，应当及时向合同相对方发送《不可抗力告知函》。《不可抗力告知函》应当描述清楚本次疫情发生的时间，国家有关部门发布的相关防控政策、延期复工政策等以及单位员工因配合疫情防控的需求出现返工难等情况。根据相关法律规定，在函件中明确，公司因受疫情防控的影响导致延期交付，可以根据不可抗力主张顺延交付日期，并可免除部分或全部责任，商请合同相对方予以配合。后续可与相对方就合同履行相关事宜签订《补充协议》，共同协商，互助互谅，将疫情带来的影响降至最低。

2. 逾期验收的风险

（1）风险提示

因疫情影响可能导致无法按照合同约定的期限进行验收的风险。

（2）实操指引

对于无须现场验收的开发产品，双方可协调工作人员对已经完成开发的产品远程验收；对于确须现场验收而因疫情影响无法验收的，若超过合同中约定的验收期限，不能视为验收合格或产生相应的违约责任，双方须另行协商验收期限。如果合同中约定在完成相应的软件开发并进行验收的情况下才能开展下一步软件开发，须待对方公司完成验收后开展下一步工作。

（二）关于软件销售类合同履行的风险提示及实操指引

1. 无法按期交付的风险

（1）风险提示

对于软件销售合同，如果约定的交付产品时间在疫情防控期间，因受到疫情影响导致可能无法按期交付的风险。

（2）实操指引

建议根据公司复工情况与对方协商变更交付日期。因不可抗力风险可能影响产品交付时间，企业可以以疫情为抗辩理由主张免除责任，明确告知对方产品已经满足约定的交付条件，因疫情影响推迟交付，不应承担逾期交付的违约责任。应当注意的是，因疫情对产品交付期限的影响周期无法直接、准确判断，企业可能无法免除逾期交付产品全部的法律责任。

2. 疫情期间无法履行维修义务的风险

（1）风险提示

销售的软件在疫情期间出现故障，可能无法在合同约定的期限内修复。

（2）实操指引

建议公司与对方积极沟通，确定能否通过远程方式进行维修维护。如果最终确定确须现场维修维护的，因疫情因素无法实现的，公司应书面告知对方无法履行合同约定的维修义务，是因不可抗力事件导致的，并明确告知其暂停使用相应软件，若在此期间继续使用软件或相关数据可能会造成的损失由其自行承担。

3. 逾期付款的风险

承担付款义务的当事人，可以通过网上银行、手机银行、电话银行等多种渠道履行义务，疫情不会对付款造成实质性影响，付款义务与疫情影响不存在因果关系，故此承担付款义务的当事人不能以不可抗力为由要求迟延付款。对于已经交付产品，对方未向公司支付合同价款的，公司应当发出《书面通知函》，要求其在疫情期间按照合同约定时间支付价款。

（三）关于专利申请的风险提示及实操指引

公司相关专利申请，受本次疫情的影响，无法在《专利法》或者《专利法实施细则》规定的期限或者国务院专利行政部门指定的期限办理申请手续，导致其权利丧失的，自障碍消除之日起 2 个月内，最迟自期限届满之日起 2 年内，可以向国务院专利行政部门请求恢复权利。

七、专业技术服务行业

（一）关于设计类合同风险提示及实操指引

1. 风险提示

在疫情发生前签订的设计服务类合同、工程技术与规划管理类合同、工程管理服务类合同、工程勘察设计类合同、规划管理等设计类服务合同等，因疫情防控原因导致暂时不能或无法按期履行合同义务的风险。

2. 实操指引

公司作为合同的当事方，需尽快对当前或未来可能履行的合同进行全面梳理和评估。详细了解合同的内容，尤其对于合同违约、合同履行、合同责任免除的条款进行重点梳理和分析，做到有的放矢。化解风险的处置措施分为两步：

第一步，应当在第一时间履行通知义务，并采取合理措施避免损失扩大。比如向对方发送“因不可抗力无法按约履行的书面通知”，送达应采用挂号信、邮政快递等方式，并保留好发件凭证，同时在邮政网站上及时下载并保存对方的签收凭证。在特殊情况下，可以先使用“微信、彩信”等方式通知对方当事人，然后再用邮政快递方式送达。特别提示，如果双方在合同中对不可抗力的通知方式有特别约定的，企业应按照合同约定的方式告知对方。

第二步，详细准备有关部门采取疫情防控措施对合同履行实际影响的各种证据材料、继续履行合同将会形成损失的证据材料，比如因疫情无法复工、原材料成本大幅上涨，客流量锐减等，建议双方根据公平原则及诚实信用原则协商合理的解决方案。

（二）提供现场服务类合同风险提示及实操指引

1. 风险提示

在工程勘察、测绘服务、施工合同等合同中，公司作为提供服务方通常需要派出相关人员参与，因疫情防控原因可能造成不能及时完成合同约定事项，导致合同不能按期履行的风险。

2. 实操指引

建议公司应当及时履行通知义务，以书面形式及时告知对方公司，避免损失扩大。若该类合同成果必须在规定时间内提交，则超期将导致合同目的无法实现。不能履行合同义务的情况可分为合同全部不能履行和合同部分不能履行。对于合同全部不能履行的，公司应及时以书面方式通知对方解除合同，合同自通知到达对方时解除，或由双方协商一致解除合同。被通知一方如有异议，应在收到解除通知之日起 3 个月内向法院起诉主张异议。对合同部分不能履行或暂时不能履行的，当事人可协商变更合同，约定延期履行或部分履行。

对于公司已经履行合同义务或者合同约定付款期限届满，对方未按约定履行付款义务的，公司应当书面通知要求其按照合同约定时间支付价款。因付款可以通过网上银行、手机银行、电话银行等多种渠道履行义务，所以疫情不会对付款造成实质性影响，故此不能以疫情属于不可抗力为由拒绝履行付款义务。

COMMENTARIES

专论十二 认罪认罚从宽制度中律师辩护权的有效行使

撰 稿 人

北京东卫（天津）律师事务所

张金玲 孟祥然

在新冠肺炎疫情防控期间，各地看守所暂停律师会见，对刑事律师的工作影响比较大。律师一方面应对政府相关部门采取的特殊防控政策予以理解和配合；另一方面应要转换思路，灵活开展辩护工作。在疫情结束后，各地法院、检察院处理刑事案件的压力会增大，有可能导致辩护的有效性受到影响。认罪认罚从宽制度的依法适用，可以有效减轻法院、检察院处理案件的压力；而辩护律师通过积极协商，也能够为犯罪嫌疑人争取到合理的从宽量刑建议。

认罪认罚从宽制度作为司法制度改革和刑事诉讼立法中的一个重点问题备受关注，自2016年认罪认罚从宽制度试点工作开始，在刑事案件中适用该制度的比例逐年增多，较好地实现了节约司法资源、提高司法效率的制度设计目标。但是，在认罪认罚从宽制度的适用中如何保障犯罪嫌疑人的合法权利，是司法实践中需要高度重视的问题。在认罪认罚案件中，保障律师辩护权的有效行使是实现案件公平公正的关键所在，应进一步明确律师在认罪认罚从宽制度中的定位，推动认罪认罚案件中围绕有效辩护展开的律师深度参与，从而构建控辩协商的正当程序。

一、有效辩护概述

（一）认罪认罚制度中的有效辩护

随着刑事辩护制度的发展，刑事案件有效辩护的观念逐渐成为辩护律师的工作重点，从“被告人有权获得辩护”到“被告人有权获得律师帮助”，再到“被告人有权获得律师的有效帮助”，代表了刑事辩护制度发展的 3 个重要阶段。从辩护权的保障及实现的要求出发，被追诉人不再仅仅满足于有律师提供辩护，更希望通过律师尽职尽责的辩护活动，对案件的裁判发挥积极有利的影响，最大程度地保障其合法权益。 在认罪认罚制度中同样需要律师的有效辩护，通过认罪认罚制度的发展历程可以看到，律师的积极参与一直是认罪认罚从宽制度的应有之义。

自 2016 年 9 月开始，全国人大常委会陆续通过并发布《关于授权最高人民法院最高人民检察院在部分地区开展刑事案件认罪认罚从宽制度试点工作的决定》（以下简称该决定）。该决定正式授权最高人民法院和最高人民检察院在北京、天津等 18 个城市开展认罪认罚从宽制度的试点工作。该决定同时明确了律师在认罪认罚从宽制度中具体的参与方式，包括在看守所设立值班律师和辩护人在案件侦查及审查起诉阶段的作用。

2018 年 10 月全国人大常委会修改了《刑事诉讼法》，将刑事案件认罪认罚从宽制度试点工作经验成果总结后上升为法律规范，规定“犯罪嫌疑人、被告人自愿如实供述自己的罪行，承认指控的犯罪事实，愿意接受处罚的，可以依法从宽处理”，并在全国范围内推行。

2019 年 10 月 24 日，最高人民检察院联合最高人民法院、公安部、国家安全部、司法部召开新闻发布会，共同发布《关于适用认罪认罚从宽制度的指导意见》（以下简称《指导意见》）。《指导意见》对认罪认罚从宽制度的基本原则、当事人权益保障、律师辩护权的行使作出具体规定。根据上述规定，律师的参与成为认罪认罚制度的重要组成部分。尽管认罪认罚制度对于节约司法资源具有重大作用，但我们应当看到，在该制度的施行中存在辩护律师参与比例不高、法律援助律师辩护质量参差不齐等情况。因此，如何确保在该类案件中律师提供高质量的有效辩护，成为司法实践中一个亟待解决的现实问题。

定罪是对被告人的否定性评价，被告人认罪的自愿性、明知性和明智性，是认罪认罚从宽程序具备正当性的前提，律师的有效辩护是该程序正当性的必要保障。在认罪认罚从宽制度中，律师辩护权的有效行使能够确保司法公正和司法高效的统一。

（二）有效辩护的重要性

在认罪认罚从宽的案件中，被告人一旦认罪认罚，便意味着失去了无罪辩护的机会，也丧失了法律正当程序保护的权利。律师有效辩护可以防止犯罪嫌疑人被迫认罪，有学者认为，有效辩护除了保护犯罪嫌疑人、被告人的辩护权以外，还体现了辩护活动受国家的保护。

第一，有效辩护有利于更好地保障犯罪嫌疑人的合法权益。

认罪认罚从宽制度主要适用于判处 3 年以下有期徒刑、管制、拘役的刑罚案件，此类案件在整个刑罚体系属于轻微的刑事犯罪。大部分轻微刑事犯罪的犯罪嫌疑人往往文化水平不高，缺乏法律专业知识，尤其是在其对自身犯罪行为的性质与危害后果不清楚的情况下认罪认罚，可能不利于保障犯罪嫌疑人的人权。在司法实践中，侦查机关和检察机关可能存在有罪推定的倾向，由此导致对犯罪嫌疑人合法权益保护的意识不足，此时律师的有效辩护成为保障司法公正的重要因素，律师通过提供专业法律指导意见，帮助犯罪嫌疑人清楚地了解自己的罪名，理解其行为性质及违法后果，清醒理智地认识到认罪认罚可能给本人带来的法律后果，从而能够充分保障犯罪嫌疑人的合法权益，律师通过有效辩护为其争取最大程度地从宽处理。

第二，维护正当程序，确保司法公正。

在认罪认罚案件中，犯罪嫌疑人在缺乏法律知识以及心理较为脆弱的情况下，与拥有强大的国家强制力的侦查与检察机关对抗，无疑是一种力量悬殊的博弈。专业的律师参与，可以对侦查机关的侦查程序进行有效监督，实现控辩双方平等，从而维护犯罪嫌疑人的合法权益和司法程序的公正性。

第三，提高司法公信力。

在司法实践中，因为暴力取证等原因导致的冤假错案，在一定程度上损害了司法公信力。在各类刑事案件中，律师提供有效的辩护，可以使公民在公正的环境下充分行使辩护权，有利于提高司法公信力。同时，律师的辩护质量与刑事案件的公正裁决，在一定程度上体现了社会治理的法治水平。

第四，律师辩护的有效性是对认罪认罚从宽制度科学性的检验。

每一项刑事法律制度的改革和创新，都需要辩护律师参与其中并发挥重要作用。认罪认罚从宽制度是我国刑事法律制度的一项重要创新，其承载了司法公正基础之上效率最大化的改革目标。认罪认罚从宽制度中，律师能否实现有效辩护，往往是检验该项制度科学性与合理性的试金石。

二、认罪认罚案件中律师实现有效辩护的现实困境

（一）侦查阶段律师证据调取困难

要真正做到有效辩护，获取有利于犯罪嫌疑人的证据是基础保障。在侦查阶段，一方面，律师没有阅卷权。根据《刑事诉讼法》的规定，律师只能自审查起诉之日才可以查阅、摘抄、复制本案的证据材料；另一方面，律师在侦查阶段可以行使调查取证权，但是证据持有者或者证人不配合的情况普遍存在，导致该权利无法真正实现。有数据显示，律师取证遇到证据持有人不配合的情形高达91.2%。如果律师申请调取证据，由于需要提供“相关线索或者材料”，办案机关经常以辩护律师没有相关线索或者材料为由而予以拒绝。

（二）侦查阶段律师辩护意见无法发挥应有效果

根据《刑事诉讼法》的规定，在侦查阶段，律师可以采取申请变更强制措施、代理申诉控告、了解案情等方式为犯罪嫌疑人提供帮助，从而保障犯罪嫌疑人的合法权益。但是在侦查阶段，由于侦查人员与辩护律师存在“角色”上的冲突，大部分律师的辩护意见容易被忽略，或者以不属于律师职权范围为由被拒绝。因此，在司法实践中，尽管大多数的侦查机关会按照程序接收辩护律师的辩护意见，但辩护意见被采纳的概率很低，律师在侦查阶段提出的各种辩护意见基

本流于形式，很难对犯罪嫌疑人起到有效的帮助作用。

（三）值班律师未能充分发挥作用

在认罪认罚从宽制度的试点时期，相关规定明确建立法律援助值班律师制度，法律援助机构在人民法院、看守所派驻法律援助值班律师；犯罪嫌疑人、被告人申请提供法律援助的，应当为其指派法律援助值班律师。在《指导意见》中，尽管赋予值班律师阅卷权，但因其不是犯罪嫌疑人的辩护人，很难通过分析案卷为犯罪嫌疑人提供进一步的法律帮助。在司法实践中，值班律师往往不能主动为在押犯罪嫌疑人提供法律帮助，而是在检察机关与犯罪嫌疑人达成认罪认罚意向后，值班律师才会参与进来，作为见证律师在认罪认罚具结书上签字。

（四）值班律师与辩护人衔接不畅，辩护意见不能被有效采纳

与认罪认罚从宽制度相对应的一项重要刑事制度，就是刑事辩护全覆盖制度，按照该制度的规定，刑事案件在法院审判阶段，如果犯罪嫌疑人没有辩护人，法院应当通知法律援助机构为其指派法律援助律师出庭为其辩护。在这两种制度相结合的过程中，会出现为犯罪嫌疑人提供的辩护无法衔接的情形，即值班律师作为见证律师在认罪认罚具结书上签字，案件进入审判阶段后，法院会另行指派法律援助律师作为犯罪嫌疑人的辩护人。当辩护人出现与认罪认罚不同的法律意见后，往往因为犯罪嫌疑人已经签署认罪认罚具结书而导致辩护人的辩护意见不能被有效采纳。

三、律师有效辩护的实现路径

在认罪认罚案件中，由于被告人已经签署认罪认罚具结书，此时不论是公诉人还是法官，大多数都会认为本案的证据及事实已不存在疑点，可以进入速裁程序尽快结案。为了保障犯罪嫌疑人在认罪认罚案件中的合法权益，辩护律师应当为被告人提供有效辩护。

（一）确保被告人认罪的自愿性

犯罪嫌疑人对认罪认罚从宽制度的初步了解，往往是在侦查阶段通过侦查人员向其出示的认罪认罚从宽告知书，但大多数犯罪嫌疑人对认罪认罚的具体

内涵理解不够透彻，认为只要认罪认罚就能从宽处理，对其享有的诉讼权利以及认罪认罚后的后果都没有清楚的认知。此时，律师作为其辩护人，同侦查机关对犯罪嫌疑人的自愿认罪告知相比，更能取得犯罪嫌疑人的信任，通过提供细致的法律咨询服务，使其充分了解应享有的诉讼权利及认罪认罚的性质、法律后果。应当注意的是，即使有些案件符合认罪认罚从宽的适用条件，一些被告人也表示愿意认罪认罚，律师也应当对其全面告知并讲解诉讼权利，特别是其享有的反对强迫自证其罪权利，并询问其在侦查讯问中有无受到暴力、威胁、引诱及欺骗的情况，确保被追诉人认罪的自愿性。

（二）灵活转变律师的辩护思路

在传统的刑事辩护中，律师往往采用的是“对抗式”辩护，但在认罪认罚案件中，辩护律师除了原有的辩护职能外，还有认罪认罚见证人的职能。在某些特定案件中，辩护律师通过详细透彻的法律分析，主动为犯罪嫌疑人分析认罪认罚的利弊，及时与公诉人沟通案件情况，通过采用协商式辩护，维护犯罪嫌疑人的权益，通过认罪认罚为犯罪嫌疑人争取到最大限度地从轻量刑。

（三）在刑事案件的各阶段及时发挥律师辩护职能

在案件的侦查阶段，犯罪嫌疑人往往面对侦查机关的多次讯问，精神处于高度紧张之中，此时辩护律师应当及时会见犯罪嫌疑人，为其提供法律帮助，确保其认罪认罚的自愿性。在审查起诉阶段，辩护律师应当及时去检察院调阅卷宗，保持与公诉人的沟通，即使案件确定按照认罪认罚的程序处理，针对某些证据存在的问题及时向公诉人提出法律意见，也应确保犯罪嫌疑人的各项权利。在案件的审判阶段，如已作认罪认罚，仍应提出相应的辩护意见，确保法院的最终判决符合认罪认罚具结书的量刑区间，以保护被告人的权利。如未作认罪认罚，因认罪认罚在刑事诉讼的各个阶段均能做出，故不排除在案件的审判阶段针对具体案件与被告人及承办人沟通，推动适用认罪认罚从宽制度，为被告人争取到较轻的刑罚。

（四）确保被告人审慎选择刑事审判程序

在认罪认罚的案件中，大部分的法院均会采用刑事速裁程序。刑事速裁程序确实能够起到便利开庭、节约司法资源的作用，但速裁程序是对普通审判程序的简化乃至放弃，此时，辩护人应当及时向被告人解释认罪认罚速裁程序的相关规定并做好记录工作，并由被告人在笔录上签字确认，防止被告人反悔时对律师提出无效辩护的责难。

（五）提高法律援助律师的补贴标准使律师提供有效辩护

在某些案件中，个别辩护人不惜牺牲委托人的利益来炒作案件，借以提高自己的知名度；甚至为了营造对自己有利执业环境，不愿与控方对抗，沦为第二公诉人，背离了维护委托人利益的基本立场。从司法实践来看，“当事人强调的是结果，辩护律师注重的则是过程”。在刑事辩护全覆盖制度下，辩护人除了接受被告人家属的委托，还有相当一部分是接受法律援助机构的指派。一般来说，接受被告人家属委托的辩护人往往更能主动地维护被告人的权益，尽职尽责地行使辩护人的职权；而法律援助律师往往带有公益性，因此建议提高对法律援助律师的补贴标准，充分发挥法律援助机构的衔接作用，确保法律援助律师的辩护权利得到应有的尊重和保障。

（六）强化对有效辩护权的保障

有效辩护的实现不仅需要辩护律师的个人努力，还需要相应的制度保障来保证有效辩护的实现。以天津市为例，2019 年度天津全市检察机关审结审查起诉刑事案件 15,238 件 22,748 人，其中适用认罪认罚从宽制度 16,040 人，平均适用率为 70.5%，其中，2019 年 12 月适用率达 83%；在全市检察机关提出确定刑量刑建议的占 60.73%，量刑建议法院采纳率为 87.05%；全市检察机关认罪认罚从宽案件不起诉处理 1239 人，占全部不起诉人数的 74.4%，法院判处拘役、管制等刑罚 4618 人，占判决人数的 35.06%，判处缓刑 5862 人，占判决人数的 44.51%。通过上述数据可以清晰地看到，认罪认罚从宽制度在节约司法资源上具有明显优势，但同样通过该组数据，可以发现天津地区法院对量刑建议的采纳率为 87.05%，对于在法院未采纳量刑建议的案件中，律师能否发挥有效辩护同样值得关注。

认罪认罚的量刑建议，一般是被告人认可和接受的量刑幅度区间，对于法院未采纳量刑建议的案件，尤其是加重被告人刑罚的案件，实际上违反了认罪认罚的制度本意，当然不排除存在量刑偏轻的情况。对于法院未采纳检察机关量刑建议的情况，承办法官应在判决书主文中进行释法明理，以使被告人和辩护人能够知悉法院加重刑罚的理由。在判决之后，一方面辩护律师可以及时会见被告人征询其是否上诉意见；另一方面辩护律师如认为判决过重也可以向检察机关提出申请，请求检察机关以法院未采纳其量刑建议提出抗诉。例如，在浙江省仙居县检察院办理的一起案件中，检察机关认为，一审法院无故未采纳量刑建议，违反了《刑事诉讼法》的有关规定，适用法律错误，依法提出抗诉。台州市人民检察院审查认为抗诉理由成立并出庭支持抗诉。

"诉讼公正，也称司法公正，是司法的灵魂和生命线。"认罪认罚从宽制度实际上体现的是司法效率，但相比于司法效率，公正永远是第一位的。在确保司法公正的前提下，进行司法制度改革和创新，以提高效率，节约司法资源。对认罪认罚的犯罪嫌疑人、被告人的权利保障不能缺位，而律师的有效辩护是制度性保障的基石。律师是法律职业的共同体，特别是在刑事辩护领域，律师辩护权能否有效行使，在一定程度上体现了一个国家法治水平的高低。

COMMENTARIES

专论十三 新冠肺炎疫情背景下的公司合规特别指引

撰 稿 人

北京市东卫律师事务所合规部

邵男 张燕

2020 年年初开始席卷全国的新冠肺炎疫情在持续蔓延，面对突如其来的灾难，全社会迸发出不畏艰难、同舟共济的强大精神，齐心协力、共克时艰。在这场与病毒的殊死博弈中，一些社会组织、机构、企业，明显暴露出自身在“合规”管理方面的短板。究其原因，既有合规制度缺失所谓“历史欠账”，也有因合规规范执行不力引发的“翻车事故”。事实上，在人类的历史上，并非所有的组织、企业和个人在灾难面前会束手无策，反观那些能够在沧海横流中岿然不动或异军突起者，身上无不闪耀着“合规”的理性光辉。

灾难是一面镜子，它无比冷峻地映照出一些社会主体长期以来累积的症灶；在祈愿新冠肺炎疫情早日消亡的同时，更希望每个人都能冷静下来，理性地反思“合规”对于社会乃至个人的价值，让“合规”去呵护迷失的方舟，用“合规”为企业的基业长青护航！

一、劳动用工领域公司合规特别指引

序号	规范名称	具体内容
1	国务院办公厅《关于延长2020年春节假期的通知》	一、延长2020年春节假期至2月2日（农历正月初九，星期日），2月3日（星期一）起正常上班。…… 三、因疫情防控不能休假的职工，应根据《中华人民共和国劳动法》规定安排补休，未休假期的工资报酬应按照有关政策保障落实。
2	《中华人民共和国劳动法》	**第四十四条第（二）项** 有下列情形之一的，用人单位应当按照下列标准支付高于劳动者正常工作时间工资的工资报酬： （二）休息日安排劳动者工作又不能安排补休的，支付不低于工资的百分之二百的工资报酬。 **第九十二条** 用人单位的劳动安全设施和劳动卫生条件不符合国家规定或者未向劳动者提供必要的劳动防护用品和劳动保护设施的，由劳动行政部门或者有关部门责令改正，可以处以罚款；情节严重的，提请县级以上人民政府决定责令停产整顿；对事故隐患不采取措施，致使发生重大事故，造成劳动者生命和财产损失的，对责任人员依照刑法有关规定追究刑事责任。
3	《中华人民共和国劳动合同法》	**第八十八条** 用人单位有下列情形之一的，依法给予行政处罚；构成犯罪的，依法追究刑事责任；给劳动者造成损害的，应当承担赔偿责任： （一）以暴力、威胁或者非法限制人身自由的手段强迫劳动的； （二）违章指挥或者强令冒险作业危及劳动者人身安全的； （三）侮辱、体罚、殴打、非法搜查或者拘禁劳动者的； （四）劳动条件恶劣、环境污染严重，给劳动者身心健康造成严重损害的。
4	《劳动保障监察条例》	**第二十六条** 用人单位有下列行为之一的，由劳动保障行政部门分别责令限期支付劳动者的工资报酬、劳动者工资低于当地最低工资标准的差额或者解除劳动合同的经济补偿；逾期不支付的，责令用人单位按照应付金额50%以上1倍以下的标准计算，向劳动者加付赔偿金： （一）克扣或者无故拖欠劳动者工资报酬的； （二）支付劳动者的工资低于当地最低工资标准的； （三）解除劳动合同未依法给予劳动者经济补偿的。

续表

序号	规范名称	具体内容
5	人力资源社会保障部办公厅《关于妥善处理新型冠状病毒感染的肺炎疫情防控期间劳动关系问题的通知》	一、对新型冠状病毒感染的肺炎患者、疑似病人、密切接触者在其隔离治疗期间或医学观察期间以及因政府实施隔离措施或采取其他紧急措施导致不能提供正常劳动的企业职工，企业应当支付职工在此期间的工作报酬，并不得依据劳动合同法第四十条、四十一条与职工解除劳动合同。在此期间，劳动合同到期的，分别顺延至职工医疗期期满、医学观察期期满、隔离期期满或者政府采取的紧急措施结束。 二、企业因受疫情影响导致生产经营困难的，可以通过与职工协商一致采取调整薪酬、轮岗轮休、缩短工时等方式稳定工作岗位，尽量不裁员或者少裁员。符合条件的企业，可按规定享受稳岗补贴。企业停工停产在一个工资支付周期内的，企业应按劳动合同规定的标准支付职工工资。超过一个工资支付周期的，若职工提供了正常劳动，企业支付给职工的工资不得低于当地最低工资标准。职工没有提供正常劳动的，企业应当发放生活费，生活费标准按各省、自治区、直辖市规定的办法执行。 三、因受疫情影响造成当事人不能在法定仲裁时效期间申请劳动人事争议仲裁的，仲裁时效中止。从中止时效的原因消除之日起，仲裁时效期间继续计算。因受疫情影响导致劳动人事争议仲裁机构难以按法定时限审理案件的，可相应顺延审理期限。 四、各地人力资源社会保障部门要加强对受疫情影响企业的劳动用工指导和服务，加大劳动保障监察执法力度，切实保障职工合法权益。
6	《中华人民共和国传染病防治法》	**第三十一条** 任何单位和个人发现传染病病人或者疑似传染病病人时，应当及时向附近的疾病预防控制机构或者医疗机构报告。 **第四十一条** 对已经发生甲类传染病病例的场所或者该场所内的特定区域的人员，所在地的县级以上地方人民政府可以实施隔离措施，并同时向上一级人民政府报告；接到报告的上级人民政府应当即时作出是否批准的决定。上级人民政府作出不予批准决定的，实施隔离措施的人民政府应当立即解除隔离措施。在隔离期间，实施隔离措施的人民政府应当对被隔离人员提供生活保障；被隔离人员有工作单位的，所在单位不得停止支付其隔离期间的工作报酬。隔离措施的解除，由原决定机关决定并宣布。

续表

序号	规范名称	具体内容
7	《职工带薪年休假条例》	**第三条** 职工累计工作已满1年不满10年的，年休假5天；已满10年不满20年的，年休假10天；已满20年的，年休假15天。国家法定休假日、休息日不计入年休假的假期。 **第五条第一款、第二款** 单位根据生产、工作的具体情况，并考虑职工本人意愿，统筹安排职工年休假。 年休假在1个年度内可以集中安排，也可以分段安排，一般不跨年度安排。单位因生产、工作特点确有必要跨年度安排职工年休假的，可以跨1个年度安排。

二、民事领域公司合规特别指引

序号	规范名称	具体内容
1	《中华人民共和国民法通则》	**第一百五十三条** 本法所称的“不可抗力”，是指不能预见、不能避免并不能克服的客观情况。
2	《中华人民共和国民法总则》	**第一百八十条** 因不可抗力不能履行民事义务的，不承担民事责任。法律另有规定的，依照其规定。 不可抗力是指不能预见、不能避免且不能克服的客观情况。 **第一百九十四条** 在诉讼时效期间的最后六个月内，因下列障碍，不能行使请求权的，诉讼时效中止： （一）不可抗力； （二）无民事行为能力人或者限制民事行为能力人没有法定代理人，或者法定代理人死亡、丧失民事行为能力、丧失代理权； （三）继承开始后未确定继承人或者遗产管理人； （四）权利人被义务人或者其他人控制； （五）其他导致权利人不能行使请求权的障碍。 自中止时效的原因消除之日起满六个月，诉讼时效期间届满。

续表

序号	规范名称	具体内容
3	《中华人民共和国合同法》	**第一百一十七条** 因不可抗力不能履行合同的，根据不可抗力的影响，部分或者全部免除责任，但法律另有规定的除外。当事人迟延履行后发生不可抗力的，不能免除责任。 本法所称不可抗力，是指不能预见、不能避免并不能克服的客观情况。 **第一百一十八条** 当事人一方因不可抗力不能履行合同的，应当及时通知对方，以减轻可能给对方造成的损失，并应当在合理期限内提供证明。 **第一百八十六条** 赠与人在赠与财产的权利转移之前可以撤销赠与。 具有救灾、扶贫等社会公益、道德义务性质的赠与合同或者经过公证的赠与合同，不适用前款规定。

三、刑事领域公司合规特别指引

序号	规范名称	具体内容
1	《中华人民共和国刑法》	**第一百一十四条** 放火、决水、爆炸以及投放毒害性、放射性、传染病病原体等物质或者以其他危险方法危害公共安全，尚未造成严重后果的，处三年以上十年以下有期徒刑。 **第一百一十五条** 放火、决水、爆炸以及投放毒害性、放射性、传染病病原体等物质或者以其他危险方法致人重伤、死亡或者使公私财产遭受重大损失的，处十年以上有期徒刑、无期徒刑或者死刑。 过失犯前款罪的，处三年以上七年以下有期徒刑；情节较轻的，处三年以下有期徒刑或者拘役。 过失犯前款罪的，处三年以上七年以下有期徒刑；情节较轻的，处三年以下有期徒刑或者拘役。 **第二百二十五条** 违反国家规定，有下列非法经营行为之一，扰乱市场秩序，情节严重的，处五年以下有期徒刑或者拘役，并处或者单处违法所得一倍以上五倍以下罚金；情节特别严重的，处五年以上有期徒刑，并处违法所得一倍以上五倍以下罚金或者没收财产： （一）未经许可经营法律、行政法规规定的专营、专卖物品或者其他限制买卖的物品的；

续表

序号	规范名称	具体内容
		（二）买卖进出口许可证、进出口原产地证明以及其他法律、行政法规规定的经营许可证或者批准文件的； （三）未经国家有关主管部门批准非法经营证券、期货、保险业务的，或者非法从事资金支付结算业务的； （四）其他严重扰乱市场秩序的非法经营行为。 **第三百三十条** 违反传染病防治法的规定，有下列情形之一，引起甲类传染病传播或者有传播严重危险的，处三年以下有期徒刑或者拘役；后果特别严重的，处三年以上七年以下有期徒刑： （一）供水单位供应的饮用水不符合国家规定的卫生标准的； （二）拒绝按照卫生防疫机构提出的卫生要求，对传染病病原体污染的污水、污物、粪便进行消毒处理的； （三）准许或者纵容传染病病人、病原携带者和疑似传染病病人从事国务院卫生行政部门规定禁止从事的易使该传染病扩散的工作的； （四）拒绝执行卫生防疫机构依照传染病防治法提出的预防、控制措施的。 单位犯前款罪的，对单位判处罚金，并对其直接负责的主管人员和其他直接责任人员，依照前款的规定处罚。 甲类传染病的范围，依照《中华人民共和国传染病防治法》和国务院有关规定确定。 违反国家规定，排放、倾倒或者处置有放射性的废物、含传染病病原体的废物、有毒物质或者其他有害物质，严重污染环境的，处三年以下有期徒刑或者拘役，并处或者单处罚金；后果特别严重的，处三年以上七年以下有期徒刑，并处罚金。 **第二百七十七条** 以暴力、威胁方法阻碍国家机关工作人员依法执行职务的，处三年以下有期徒刑、拘役、管制或者罚金。 以暴力、威胁方法阻碍全国人民代表大会和地方各级人民代表大会代表依法执行代表职务的，依照前款的规定处罚。 在自然灾害和突发事件中，以暴力、威胁方法阻碍红十字会工作人员依法履行职责的，依照第一款的规定处罚。 故意阻碍国家安全机关、公安机关依法执行国家安全工作任务，未使用暴力、威胁方法，造成严重后果的，依照第一款的规定处罚。 暴力袭击正在依法执行职务的人民警察的，依照第一款的规定从重处罚。

续表

序号	规范名称	具体内容
		第二百九十一条 聚众扰乱车站、码头、民用航空站、商场、公园、影剧院、展览会、运动场或者其他公共场所秩序，聚众堵塞交通或者破坏交通秩序，抗拒、阻碍国家治安管理工作人员依法执行职务，情节严重的，对首要分子，处五年以下有期徒刑、拘役或者管制。 **第二百九十三条** 有下列寻衅滋事行为之一，破坏社会秩序的，处五年以下有期徒刑、拘役或者管制： （一）随意殴打他人，情节恶劣的； （二）追逐、拦截、辱骂、恐吓他人，情节恶劣的； （三）强拿硬要或者任意损毁、占用公私财物，情节严重的； （四）在公共场所起哄闹事，造成公共场所秩序严重混乱的。 纠集他人多次实施前款行为，严重破坏社会秩序的，处五年以上十年以下有期徒刑，可以并处罚金。
2	《中华人民共和国治安管理处罚法》	**第五十条** 有下列行为之一的，处警告或者二百元以下罚款；情节严重的，处五日以上十日以下拘留，可以并处五百元以下罚款： （一）拒不执行人民政府在紧急状态情况下依法发布的决定、命令的； （二）阻碍国家机关工作人员依法执行职务的； （三）阻碍执行紧急任务的消防车、救护车、工程抢险车、警车等车辆通行的； （四）强行冲闯公安机关设置的警戒带、警戒区的。 阻碍人民警察依法执行职务的，从重处罚。
3	最高人民法院、最高人民检察院《关于办理妨害预防、控制突发传染病疫情等灾害的刑事案件具体应用法律若干问题的解释》	**第二条** 在预防、控制突发传染病疫情等灾害期间，生产、销售伪劣的防治、防护产品、物资，或者生产、销售用于防治传染病的假药、劣药，构成犯罪的，分别依照刑法第一百四十条、第一百四十一条、第一百四十二条的规定，以生产、销售伪劣产品罪，生产、销售假药罪或者生产、销售劣药罪定罪，依法从重处罚。 **第三条** 在预防、控制突发传染病疫情等灾害期间，生产用于防治传染病的不符合保障人体健康的国家标准、行业标准的医疗器械、医用卫生材料，或者销售明知是用于防治传染病的不符合保障人体健康的国家标准、行业标准的医疗器械、医用卫生材料，不具有防护、救治功能，足以严重危害人体健康的，依照刑法第一百四十五条的规定，以生产、销售不符合标准的医用器材罪定罪，依法从重处罚。 医疗机构或者个人，知道或者应当知道系前款规定的不符合保障人体健康的国家标准、行业标准的医疗器械、医用卫生材料而购买并有偿使用的，以销售不符合标准的医用器材罪定罪，依法从重处罚。

续表

序号	规范名称	具体内容
		第四条 国有公司、企业、事业单位的工作人员，在预防、控制突发传染病疫情等灾害的工作中，由于严重不负责任或者滥用职权，造成国有公司、企业破产或者严重损失，致使国家利益遭受重大损失的，依照刑法第一百六十八条的规定，以国有公司、企业、事业单位人员失职罪或者国有公司、企业、事业单位人员滥用职权罪定罪处罚。 **第五条** 广告主、广告经营者、广告发布者违反国家规定，假借预防、控制突发传染病疫情等灾害的名义，利用广告对所推销的商品或者服务作虚假宣传，致使多人上当受骗，违法所得数额较大或者有其他严重情节的，依照刑法第二百二十二条的规定，以虚假广告罪定罪处罚。 **第六条** 违反国家在预防、控制突发传染病疫情等灾害期间有关市场经营、价格管理等规定，哄抬物价、牟取暴利，严重扰乱市场秩序，违法所得数额较大或者有其他严重情节的，依照刑法第二百二十五条第（四）项的规定，以非法经营罪定罪，依法从重处罚。 **第七条** 在预防、控制突发传染病疫情等灾害期间，假借研制、生产或者销售用于预防、控制突发传染病疫情等灾害用品的名义，诈骗公私财物数额较大的，依照刑法有关诈骗罪的规定定罪，依法从重处罚。 **第八条** 以暴力、威胁方法阻碍国家机关工作人员、红十字会工作人员依法履行为防治突发传染病疫情等灾害而采取的防疫、检疫、强制隔离、隔离治疗等预防、控制措施的，依照刑法第二百七十七条第一款、第三款的规定，以妨害公务罪定罪处罚。 **第十条** 编造与突发传染病疫情等灾害有关的恐怖信息，或者明知是编造的此类恐怖信息而故意传播，严重扰乱社会秩序的，依照刑法第二百九十一条之一的规定，以编造、故意传播虚假恐怖信息罪定罪处罚。 利用突发传染病疫情等灾害，制造、传播谣言，煽动分裂国家、破坏国家统一，或者煽动颠覆国家政权、推翻社会主义制度的，依照刑法第一百零三条第二款、第一百零五条第二款的规定，以煽动分裂国家罪或者煽动颠覆国家政权罪定罪处罚。 **第十三条** 违反传染病防治法等国家有关规定，向土地、水体、大气排放、倾倒或者处置含传染病病原体的废物、有毒物质或者其他危险废物，造成突发传染病传播等重大环境污染事故，致使公私财产遭受重大损失或者人身伤亡的严重后果的，依照刑法第三百三十八条的规定，以重大环境污染事故罪定罪处罚。

续表

序号	规范名称	具体内容
4	最高人民检察院、公安部《关于公安机关管辖的刑事案件立案追诉标准的规定（一）》	**第四十九条** 违反传染病防治法的规定，引起甲类或者按照甲类管理的传染病传播或者有传播严重危险，涉嫌下列情形之一的，应予立案追诉： （一）供水单位供应的饮用水不符合国家规定的卫生标准的； （二）拒绝按照疾病预防控制机构提出的卫生要求，对传染病病原体污染的污水、污物、粪便进行消毒处理的； （三）准许或者纵容传染病病人、病原携带者和疑似传染病病人从事国务院卫生行政部门规定禁止从事的易使该传染病扩散的工作的； （四）拒绝执行疾病预防控制机构依照传染病防治法提出的预防、控制措施的。 本条和本规定第五十条规定的“甲类传染病”，是指鼠疫、霍乱；“按甲类管理的传染病”，是指乙类传染病中传染性非典型肺炎、炭疽中的肺炭疽、人感染高致病性禽流感以及国务院卫生行政部门根据需要报经国务院批准公布实施的其他需要按甲类管理的乙类传染病和突发原因不明的传染病。

四、行政及其他领域公司合规特别指引

序号	规范名称	具体内容
1	《中华人民共和国传染病防治法》	**第三条第三款** 乙类传染病是指：传染性非典型肺炎、艾滋病、病毒性肝炎、脊髓灰质炎、人感染高致病性禽流感、麻疹、流行性出血热、狂犬病、流行性乙型脑炎、登革热、炭疽、细菌性和阿米巴性痢疾、肺结核、伤寒和副伤寒、流行性脑脊髓膜炎、百日咳、白喉、新生儿破伤风、猩红热、布鲁氏菌病、淋病、梅毒、钩端螺旋体病、血吸虫病、疟疾。 **第十二条** 在中华人民共和国领域内的一切单位和个人，必须接受疾病预防控制机构、医疗机构有关传染病的调查、检验、采集样本、隔离治疗等预防、控制措施，如实提供有关情况。疾病预防控制机构、医疗机构不得泄露涉及个人隐私的有关信息、资料。 卫生行政部门以及其他有关部门、疾病预防控制机构和医疗机构因违法实施行政管理或者预防、控制措施，侵犯单位和个人合法权益的，有关单位和个人可以依法申请行政复议或者提起诉讼。

续表

序号	规范名称	具体内容
		第二十九条　用于传染病防治的消毒产品、饮用水供水单位供应的饮用水和涉及饮用水卫生安全的产品，应当符合国家卫生标准和卫生规范。 饮用水供水单位从事生产或者供应活动，应当依法取得卫生许可证。 生产用于传染病防治的消毒产品的单位和生产用于传染病防治的消毒产品，应当经省级以上人民政府卫生行政部门审批。具体办法由国务院制定。 **第三十一条**　任何单位和个人发现传染病病人或者疑似传染病病人时，应当及时向附近的疾病预防控制机构或者医疗机构报告。 **第五十四条**　县级以上人民政府卫生行政部门在履行监督检查职责时，有权进入被检查单位和传染病疫情发生现场调查取证，查阅或者复制有关的资料和采集样本。被检查单位应当予以配合，不得拒绝、阻挠。 **第七十七条**　单位和个人违反本法规定，导致传染病传播、流行，给他人人身、财产造成损害的，应当依法承担民事责任。
2	《中华人民共和国国家卫生健康委员会2020年第1号公告》	**第一条**　将新型冠状病毒感染的肺炎纳入《中华人民共和国传染病防治法》规定的乙类传染病，并采取甲类传染病的预防、控制措施。 **第二条**　将新型冠状病毒感染的肺炎纳入《中华人民共和国国境卫生检疫法》规定的检疫传染病管理。
3	《中华人民共和国突发事件应对法》	**第十一条**　有关人民政府及其部门采取的应对突发事件的措施，应当与突发事件可能造成的社会危害的性质、程度和范围相适应；有多种措施可供选择的，应当选择有利于最大程度地保护公民、法人和其他组织权益的措施。 公民、法人和其他组织有义务参与突发事件应对工作。 **第十二条**　有关人民政府及其部门为应对突发事件，可以征用单位和个人的财产。被征用的财产在使用完毕或者突发事件应急处置工作结束后，应当及时返还。财产被征用或者征用后毁损、灭失的，应当给予补偿。 **第二十二条**　所有单位应当建立健全安全管理制度，定期检查本单位各项安全防范措施的落实情况，及时消除事故隐患；掌握并及时处理本单位存在的可能引发社会安全事件的问题，防止矛盾激化和事态扩大；对本单位可能发生的突发事件和采取安全防范措施的情况，应当按照规定及时向所在地人民政府或者人民政府有关部门报告。

续表

序号	规范名称	具体内容
		第三十九条 地方各级人民政府应当按照国家有关规定向上级人民政府报送突发事件信息。县级以上人民政府有关主管部门应当向本级人民政府相关部门通报突发事件信息。专业机构、监测网点和信息报告员应当及时向所在地人民政府及其有关主管部门报告突发事件信息。 有关单位和人员报送、报告突发事件信息，应当做到及时、客观、真实，不得迟报、谎报、瞒报、漏报。 **第四十九条第（八）项、第（九）项** 自然灾害、事故灾难或者公共卫生事件发生后，履行统一领导职责的人民政府可以采取下列一项或者多项应急处置措施： （八）依法从严惩处囤积居奇、哄抬物价、制假售假等扰乱市场秩序的行为，稳定市场价格，维护市场秩序； （九）依法从严惩处哄抢财物、干扰破坏应急处置工作等扰乱社会秩序的行为，维护社会治安； **第五十四条** 任何单位和个人不得编造、传播有关突发事件事态发展或者应急处置工作的虚假信息。 **第六十四条** 有关单位有下列情形之一的，由所在地履行统一领导职责的人民政府责令停产停业，暂扣或者吊销许可证或者营业执照，并处五万元以上二十万元以下的罚款；构成违反治安管理行为的，由公安机关依法给予处罚： （一）未按规定采取预防措施，导致发生严重突发事件的； （二）未及时消除已发现的可能引发突发事件的隐患，导致发生严重突发事件的； （三）未做好应急设备、设施日常维护、检测工作，导致发生严重突发事件或者突发事件危害扩大的； （四）突发事件发生后，不及时组织开展应急救援工作，造成严重后果的。 前款规定的行为，其他法律、行政法规规定由人民政府有关部门依法决定处罚的，从其规定。 **第六十六条** 单位或者个人违反本法规定，不服从所在地人民政府及其有关部门发布的决定、命令或者不配合其依法采取的措施，构成违反治安管理行为的，由公安机关依法给予处罚。

续表

序号	规范名称	具体内容
		第六十七条 单位或者个人违反本法规定，导致突发事件发生或者危害扩大，给他人人身、财产造成损害的，应当依法承担民事责任。 第六十八条 违反本法规定，构成犯罪的，依法追究刑事责任。
4	《突发公共卫生事件应急条例》	**第二条** 本条例所称突发公共卫生事件（以下简称突发事件），是指突然发生，造成或者可能造成社会公众健康严重损害的重大传染病疫情、群体性不明原因疾病、重大食物和职业中毒以及其他严重影响公众健康的事件。 **第二十四条** 国家建立突发事件举报制度，公布统一的突发事件报告、举报电话。 任何单位和个人有权向人民政府及其有关部门报告突发事件隐患，有权向上级人民政府及其有关部门举报地方人民政府及其有关部门不履行突发事件应急处理职责，或者不按照规定履行职责的情况。接到报告、举报的有关人民政府及其有关部门，应当立即组织对突发事件隐患、不履行或者不按照规定履行突发事件应急处理职责的情况进行调查处理。 对举报突发事件有功的单位和个人，县级以上各级人民政府及其有关部门应当予以奖励。 **第三十六条** 国务院卫生行政主管部门或者其他有关部门指定的专业技术机构，有权进入突发事件现场进行调查、采样、技术分析和检验，对地方突发事件的应急处理工作进行技术指导，有关单位和个人应当予以配合；任何单位和个人不得以任何理由予以拒绝。 **第五十一条** 在突发事件应急处理工作中，有关单位和个人未依照本条例的规定履行报告职责，隐瞒、缓报或者谎报，阻碍突发事件应急处理工作人员执行职务，拒绝国务院卫生行政主管部门或者其他有关部门指定的专业技术机构进入突发事件现场，或者不配合调查、采样、技术分析和检验的，对有关责任人员依法给予行政处分或者纪律处分；触犯《中华人民共和国治安管理处罚法》，构成违反治安管理行为的，由公安机关依法予以处罚；构成犯罪的，依法追究刑事责任。

续表

序号	规范名称	具体内容
		第五十二条 在突发事件发生期间，散布谣言、哄抬物价、欺骗消费者，扰乱社会秩序、市场秩序的，由公安机关或者工商行政管理部门依法给予行政处罚；构成犯罪的，依法追究刑事责任。
5	《中华人民共和国价格法》	**第十四条第（一）项、第（三）项** 经营者不得有下列不正当价格行为： （一）相互串通，操纵市场价格，损害其他经营者或者消费者的合法权益； （三）捏造、散布涨价信息，哄抬价格，推动商品价格过高上涨的；
6	《价格违法行为行政处罚规定》	**第六条** 经营者违反价格法第十四条的规定，有下列推动商品价格过快、过高上涨行为之一的，责令改正，没收违法所得，并处违法所得5倍以下的罚款；没有违法所得的，处5万元以上50万元以下的罚款，情节较重的处50万元以上300万元以下的罚款；情节严重的，责令停业整顿，或者由工商行政管理机关吊销营业执照： （一）捏造、散布涨价信息，扰乱市场价格秩序的； （二）除生产自用外，超出正常的存储数量或者存储周期，大量囤积市场供应紧张、价格发生异常波动的商品，经价格主管部门告诫仍继续囤积的； （三）利用其他手段哄抬价格，推动商品价格过快、过高上涨的。 行业协会或者为商品交易提供服务的单位有前款规定的违法行为的，可以处50万元以下的罚款；情节严重的，由登记管理机关依法撤销登记、吊销执照。 前两款规定以外的其他单位散布虚假涨价信息，扰乱市场价格秩序，依法应当由其他主管机关查处的，价格主管部门可以提出依法处罚的建议，有关主管机关应当依法处罚。 **第十五条第一款** 政府价格主管部门进行价格监督检查时，发现经营者的违法行为同时具有下列三种情形的，可以依照价格法第三十四条第（三）项的规定责令其暂停相关营业：

续表

序号	规范名称	具体内容
		（一）违法行为情节复杂或者情节严重，经查明后可能给予较重处罚的； （二）不暂停相关营业，违法行为将继续的； （三）不暂停相关营业，可能影响违法事实的认定，采取其他措施又不足以保证查明的。
7	《传染性非典型肺炎防治管理办法》	**第九条第一款** 任何单位和个人发现传染性非典型肺炎病人或者疑似传染性非典型肺炎病人（以下简称病人或者疑似病人）时，都应当及时向当地疾病预防控制机构报告。 **第十条** 任何单位和个人对传染性非典型肺炎疫情，不得隐瞒、缓报、谎报或者授意他人隐瞒、缓报、谎报。 **第二十条** 病人或者疑似病人以及密切接触者及其他有关单位和人员，应当配合疾病预防控制机构和医疗机构采取预防控制措施。拒绝配合的，请公安机关按照条例第四十四条的规定予以协助。 **第三十八条** 有关单位和人员有下列行为之一的，由县级以上卫生行政部门责令改正，可以处五千元以下罚款，情节较严重的，可以处五千元以上两万元以下的罚款；对主管人员和直接责任人员，由所在单位或有关部门给予行政处分；构成犯罪的，依法追究刑事责任： （一）对传染性非典型肺炎病原体污染的污水、污物、粪便不按规定进行消毒处理的； （二）造成传染性非典型肺炎的医源性感染、医院内感染、实验室感染或者致病性微生物扩散的； （三）生产、经营、使用消毒产品、隔离防护用品等不符合规定与标准，可能造成传染病的传播、扩散或者造成传染病的传播、扩散的； （四）拒绝、阻碍或者不配合现场调查、资料收集、采样检验以及监督检查的； （五）拒绝执行疾病预防控制机构提出的预防、控制措施的； （六）病人或者疑似病人故意传播传染性非典型肺炎，造成他人感染的。

续表

序号	规范名称	具体内容
8	最高人民法院、最高人民检察院《关于新型冠状病毒疫情防控期间诉讼服务和申诉信访工作的通告》	**第一条**　即日起，最高人民法院本部、第一、第二、第三、第四、第五、第六巡回法庭和知识产权法庭诉讼服务和群众来访接待场所暂时关闭，恢复接待时间视疫情形势变化另行通知； **第二条**　当事人需要提交申请再审材料、申诉信访或者申请其他诉讼服务事项的，请通过最高人民法院诉讼服务网或者邮寄方式提交，查询咨询事项可拨打 12368 诉讼服务热线联系办理。
9	市场监管总局《关于坚决维护防疫用品市场价格秩序的公告》	一、凡捏造、散布涨价信息，大量囤积市场供应紧张的防疫用品，大幅度提高销售价格，串通涨价，以及其他违反价格法律法规的行为，各级市场监管部门要依法从严从重从快查处，典型案例及时予以公开曝光。 二、广大经营者要切实履行社会责任，严格依法经营，合法合理行使自主定价权，严格执行政府依法制定的价格干预措施和紧急措施，做到明码标价、诚信经营。 三、广大群众积极监督，发现串通涨价、哄抬价格或者其他价格违法行为的，及时拨打 12315 举报。
10	市场监管总局《关于新型冠状病毒感染肺炎疫情防控期间查处哄抬价格行为的指导意见》	一、经营者不得捏造、散布防疫用品、民生商品涨价信息。经营者有捏造或者散布的任意一项行为，即可认定构成《价格违法行为行政处罚规定》第六条第（一）项所规定的哄抬价格违法行为。 二、经营者存在以下情形的，可以认定为捏造涨价信息。 （一）虚构购进成本的； （二）虚构本地区货源紧张或者市场需求激增的； （三）虚构其他经营者已经或者准备提价的； （四）虚构可能推高防疫用品、民生商品价格预期的其他信息的。 三、经营者存在以下情形的，可以认定为散布涨价信息。 （一）散布捏造的涨价信息的； （二）散布的信息虽不属于捏造信息，但使用“严重缺货”“即将全线提价”等紧迫性用语或者诱导性用语，推高价格预期的； （三）散布言论，号召或者诱导其他经营者提高价格的；

续表

序号	规范名称	具体内容
		（四）散布可能推高防疫用品、民生商品价格预期的其他信息的。 四、经营者有以下情形之一，可以认定构成《价格违法行为行政处罚规定》第六条第（二）项所规定的哄抬价格违法行为。 （一）生产防疫用品及防疫用品原材料的经营者，不及时将已生产的产品投放市场，经市场监管部门告诫仍继续囤积的； （二）批发环节经营者，不及时将防疫用品、民生商品流转至消费终端，经市场监管部门告诫仍继续囤积的； （三）零售环节经营者除为保持经营连续性保留必要库存外，不及时将相关商品对外销售，经市场监管部门告诫仍继续囤积的。 生产环节、批发环节经营者能够证明其出现本条第（一）项、第（二）项情形，属于按照政府或者政府有关部门要求，为防疫需要进行物资储备或者计划调拨的，不构成哄抬价格违法行为。 对于零售领域经营者，市场监管部门已经通过公告、发放提醒告诫书等形式，统一向经营者告诫不得非法囤积的，视为已依法履行告诫程序，可以不再进行告诫，直接认定具有囤积行为的经营者构成哄抬价格违法行为。 五、经营者出现下列情形之一，可以认定构成《价格违法行为行政处罚规定》第六条第（三）项所规定的哄抬价格违法行为。 （一）在销售防疫用品过程中，强制搭售其他商品，变相提高防疫用品价格的； （二）未提高防疫用品或者民生商品价格，但大幅度提高配送费用或者收取其他费用的； （三）经营者销售同品种商品，超过1月19日前（含当日，下同）最后一次实际交易的进销差价率的； （四）疫情发生前未实际销售，或者1月19日前实际交易情况无法查证的，经营者在购进成本基础上大幅提高价格对外销售，经市场监管部门告诫，仍不立即改正的。 经营者有本条第（三）项情形，未造成实际危害后果，经市场监管部门告诫立即改正的，可以依法从轻、减轻或者免予处罚。

续表

序号	规范名称	具体内容
		本条第（四）项“大幅度提高”，由市场监管部门综合考虑经营者的实际经营状况、主观恶性和违法行为社会危害程度等因素，在案件查办过程中结合实际具体认定。 六、出现下列情形，对于哄抬价格违法行为，市场监管部门可以按无违法所得论处。 （一）无合法销售或者收费票据的； （二）隐匿、销毁销售或者收费票据的； （三）隐瞒销售或收费票据数量、账簿与票据金额不符导致计算违法所得金额无依据的； （四）实际成交金额过低但违法行为情节恶劣的； （五）其他违法所得无法准确核定的情形。 七、出现下列情形，对于无违法所得或者视为无违法所得的哄抬价格违法行为，市场监管部门应当依据《价格违法行为行政处罚规定》第六条规定的情节较重或者情节严重的罚则进行处罚；经营者违法所得能够明确计算的，应当依法从重处罚。 （一）捏造或者散布疫情扩散、防治方面的虚假信息，引发群众恐慌，进而推高价格预期的； （二）同时使用多种手段哄抬价格的； （三）哄抬价格行为持续时间长、影响范围广的； （四）哄抬价格之外还有其他价格违法行为的； （五）疫情防控期间，有两次以上哄抬价格违法行为的； （六）隐匿、毁损相关证据材料或者提供虚假资料的； （七）拒不配合依法开展的价格监督检查的； （八）其他应当被认定为情节较重或者情节严重的情形。 八、经营者违反省级人民政府依法实施的价格干预措施关于限定差价率、利润率或者限价相关规定的，构成不执行价格干预措施的违法行为，不按哄抬价格违法行为进行查处。 九、市场监管部门发现经营者哄抬价格违法行为构成犯罪的，应当依法移送公安机关。

续表

序号	规范名称	具 体 内 容
		十、各省、自治区、直辖市市场监管部门可根据本意见，报经省级人民政府同意，出台认定哄抬价格违法行为的具体标准以及依法简化相关执法程序的细化措施，并向市场监管总局（价监竞争局）备案。在本意见出台前，省级市场监管部门或者其他有关部门经省级人民政府同意，已经就认定哄抬价格违法行为作出具体规定的，继续执行。 十一、国家有关部门宣布疫情结束之日起，本意见自动停止实施。
11	国家知识产权局《与疫情相关的办理商标业务期限相关问题解答》	一、哪些商标业务可适用期限中止? 当事人办理商标业务补正、审查意见书回文、商标规费缴纳、同日申请提供使用证据和协商回文、撤销连续三年不使用注册商标提供使用证据，办理商标异议、商标驳回复审、不予注册复审、无效宣告复审、撤销复审的申请、答辩、补充证据，以及请求无效宣告的答辩、补充证据等商标业务，因疫情导致其不能在法定期限或指定期限内提出的，相关期限自权利行使障碍产生之日起中止，待权利行使障碍消除之日继续计算。 二、什么是“权利行使障碍产生之日”和“权利行使障碍消除之日”? 权利行使障碍产生之日是指当事人因新型冠状病毒感染肺炎开始住院、隔离，或者因所在地区疫情防控措施不能正常办理商标业务之日。 权利行使障碍消除之日是指当事人因新型冠状病毒感染肺炎住院治疗、隔离结束，或者所在地区开始复工、人员管控结束之日。 基于本次疫情的特殊情况，为最大限度保障当事人权益，当事人同时存在上述时间的，适用对其最有利的时间作为权利行使障碍产生和消除之日。 三、如何主张期限中止? 当事人在办理上述商标业务时，一并提交适用期限中止的书面申请，申请书应列明当事人疫情期间所在地区、权利行使障碍原因和消除时间，并提交相应的证明材料。

续表

序号	规范名称	具体内容
		四、主张期限中止可以提交哪些证明材料? 当事人应提供感染治疗、被隔离或者被管控期限等证明材料，但当事人所在地区政府公开发布的延迟复工通知除外。 为减轻受疫情影响的当事人负担，针对多件同类业务申请以相同事由主张期限中止的，可以仅提交一份证明材料，将该证明材料随其中一个案件提交，其他案件仅需在适用期限中止申请书中写明该证明材料所在案件的申请号。 五、因疫情未能及时办理商标续展怎么办? 当事人因疫情未能在宽展期内办理商标注册续展申请手续，可能导致其商标权利丧失的，可以自权利行使障碍消除之日起2个月内提出续展申请，并参照解答四附送相关证明材料。

后 记

2020年注定是不平凡的一年。春节期间，新冠肺炎疫情的突然暴发，牵动着国人的心。一时间，举国上下，齐心协力，共克时艰。在这场与病毒赛跑的战“疫”中，无数“无名英雄”义无反顾奔赴没有硝烟但危机四伏的“战场”，他们中既有白衣天使，也有军人警察；既有党员干部，也有普通群众。这些新时代最可爱的人冒着生命危险默默无闻地奋战在防疫一线，用自己的血肉之躯为国人构起一道防控病毒传播的“钢铁长城”。

习近平总书记在中央全面依法治国委员会第三次会议中强调：“疫情防控越是到最吃劲的时候，越要坚持依法防控。”习总书记高屋建瓴的讲话启示我们，防控疫情决不能离开法律乱作为。在依法战“疫”稳定大局的行动中，律师作为职业法律人应当大有作为。

为助力疫情防控，在北京市东卫律师事务所党总支书记、主任郝春莉律师的亲自规划主持下，东卫所执行主任张世国律师精心组织和统筹安排东卫疫情防控专刊的撰写和刊发。为集中展示疫情防控期间东卫律师积极建言献策的丰硕成果，倾力服务依法防控疫情的战略部署，提高突发事件中法律专业研究水平，促进同行专业服务技能深度交流，专刊编委会将东卫总所及相关分所律师、专家顾问、实习律师共同撰写的23篇专业类文章进行系统整理，并汇编形成《东卫疫情防控专刊》，专刊对疫情防控期间的新情况、新举措及时作出了评估和预判，提出了切实有效的建议或解决方案。

本专刊编撰的宗旨，一方面，期冀为在疫情中从事生产生活的企业或个人提供合法合规的指引，预防可能产生的冲突，降低乃至避免法律风险；另一方面，为化解现有冲突提供专业完备的法律依据，有效缓解社会矛盾，促进社会和谐稳定。针对疫情所涉法律问题突发性、广泛性、紧迫性的特点，编委会在编撰时仅对部分专刊文章的形式进行了统一调整，来不及对文章的内容进行深入推敲。仓促之际，难免有挂一漏万、失之精湛之处，诚待日后臻于完善，不足之处，敬请读者批评指正。

专刊的形成，充分体现了东卫所全体律师秉持的责任担当、法治精神、法律思维和专业特长。在此，衷心感谢专刊收录文章的每一位作者，以及刘洋、冯发海、刘洋（女）、裴学龙、刘泽宪、卢桂、胡斌、刘永林、计新雷等为本专刊编辑所付出的努力。

特别感谢上海、南京、长沙、成都等东卫分所同仁的共同参与和巨大支持！

编　委　会

2020 年 3 月 8 日